新编吐蕃石刻集

巴擦·巴桑旺堆 编著

XZCB 西藏人民出版社

图书在版编目（CIP）数据

新编吐蕃石刻集 / 巴桑旺堆编著 . -- 拉萨 : 西藏人民出版社 , 2024.7

ISBN 978-7-223-07666-1

Ⅰ . ①新… Ⅱ . ①巴… Ⅲ . ①吐蕃 – 石刻 – 汇编
Ⅳ . ① K877.4

中国国家版本馆 CIP 数据核字 (2024) 第 068193 号

新编吐蕃石刻集

编　　著	巴擦・巴桑旺堆
策　　划	扎西欧珠
责任编辑	扎西欧珠
封面设计	格次　洛桑群培
责任印制	扎西桑珠
出版发行	西藏人民出版社（拉萨市林廓北路20号）
印　　刷	西藏山水印务技术有限公司
开　　本	710 × 1000　1/16
印　　张	24.75
字　　数	260千
版　　次	2024年10月第1版
印　　次	2024年10月第1次印刷
印　　数	01–1,000
书　　号	ISBN 978-7-223-07666-1
定　　价	120.00元

吐蕃石刻文字综述

古代藏民族十分重视历史典籍及其传承，在《朗氏家族史》中有一句名言："不知祖先之典籍，犹如被遗弃的门巴之儿"，表明藏族先民在很早的时候就关注记载本民族历史的文献。吐蕃时期的古藏文石刻文字是古藏文文献中的瑰宝，也是中华民族珍贵历史文献的重要组成部分。吐蕃藏族先人把关于政治、经济、军事、文化、宗教等方面的内容记录在石壁上，为我们留下了十分宝贵的第一手历史资料。

11 世纪藏族历史进入藏传佛教后弘期，由于受佛教再度盛行的影响，藏族历史文献的记述方法发生重大变化，开始对原有记载世俗历史的文献进行曲解，插入许多新奇佛教历史传说，使藏族古代历史面貌笼罩在浓厚的佛教史观下。此后，问世的大多数历史文献中，反映世俗历史的吐蕃石刻文字受到了冷遇，基本处于边缘化的地位。

一、吐蕃石刻国内研究情况

尽管如此，从 15 世纪至 18 世纪还是有些藏族先人或多或少地对吐蕃碑刻给予了一定的关注。早在 1422 年，藏历第七饶迥水虎年，就有人抄录了《赤德松赞墓碑》《琼结达孜桥头碑》《噶迥寺碑》《工布刻石》《唐蕃会盟碑》等五个碑刻，并汇成一册（下称《水虎年五碑刻录文》）流传了下来。据传，18 世纪著名佛教高僧、历史学家噶托·仁增次旺诺布（1698–1755）的藏书中收藏有此册子。15 世纪历史学家达仓·班觉桑布所著《贤者喜乐瞻部洲明鉴》（曾译作《汉藏史集》）中对拉萨雪碑涉及的达札路恭的业绩有简略的记述。16 世纪的巴卧祖拉陈瓦的史学名著《贤者喜宴》中收录了桑耶寺碑碑文全文。第五世达赖喇嘛的《西藏王臣记》对唐蕃会盟碑记载的大唐与吐蕃和睦相处关系以“天上日月，地上甥舅”的美好词语给予了高度赞誉。汉文文献记载表明，早在唐代，《全唐文》也收录了关于唐蕃会盟的汉文盟辞：《盟吐蕃题柱文》。到清代，拉萨唐蕃会盟碑的汉文盟辞更是备受关注。乾隆、嘉庆年间驻藏大臣松筠编著（也有和宁编著一说）的《卫藏通志》，道光年间的驻藏大臣孟保的《西藏奏疏》都收录有唐蕃会盟碑汉文盟辞全文。可以说，最早研究吐蕃碑刻的当推中国汉藏学者。近现代中国学者研究吐蕃碑刻富有成果。1909 年考古学家、金石学家罗振玉，1933 年民国著名语言学家罗常培教授先后刊布过唐蕃会盟碑的拓片。此外姚薇元、陈寅恪、任乃强等先生先后发表过《唐蕃会盟碑跋》《吐蕃彝泰赞普名号年代考》《唐蕃甥舅和盟碑考》等研究文章。藏族学者根敦群培和霍康索朗边巴先生曾抄录、关注和研究过噶迥寺碑文。

新中国成立后，中国古代民族史研究掀开了新的一页。研究吐蕃碑刻，中央民族大学王尧教授成绩卓著。20 世纪 70 年代王尧教授开始给学生讲授吐蕃碑刻，1982 年出版《吐蕃金石录》一书，由文物出版社出版，收录了 10 座碑刻：《唐蕃会盟碑》《恩兰·达扎路恭记功碑》（即《拉萨雪碑》）、《第穆萨摩崖刻石》（今称《工布雍仲增刻石》）、《谐拉康碑甲》（即《西碑》）、《谐拉康碑乙》（即《东碑》）、《谐拉康刻石》（本书称《恰喀墓残碑》）、《赤德松赞墓碑》《噶迥寺建寺碑》《桑耶寺兴佛证盟碑》《楚布江浦建寺碑》。王尧教授的《吐蕃金石录》是国内第一本系统研究吐蕃碑刻的汉文学术著作，极大地推动了国内学者对吐蕃碑刻的研究，尤其是藏族青年学者从王尧教授的著作中汲取学术营养，获益匪浅。1984 年由民族出版社出版了中央民族大学索南吉（陈践）教授编著的藏文版《吐蕃碑刻钟铭选录》，此后，西北民族大学贡确次丹教授出版了藏文版《古代藏文文书》等学术著作，所有这一切进一步推动了吐蕃碑刻的深入研究。

改革开放以后吐蕃石刻的研究进入了一个繁荣时期，陆续新发现 20 多处吐蕃时期的石刻，为研究古代藏族历史提供了新史料。笔者于 2012 年出版的拙作《吐蕃碑刻与摩崖石刻汇编》（藏文）一书收录有 21 处碑文和摩崖石刻文，书中在前人研究的基础上对碑文和摩崖石刻所涉及的一些问题作了一些补充解读,但鉴于多种原因,拙作在石刻文字的录文和解读上仍存在不少错录、误解。2018 年出版的青海民族大学恰嘎·旦正教授的《藏文碑刻研究》是新时期藏文碑刻研究的重要成果。青年学者夏吾卡先的新著《吐蕃碑刻的考古学研究》一书，从考古学的视角，以勇于探索的精神对吐蕃碑刻进行了研究。

1987 年以来，恰白·次丹平措和马林先生关于察雅仁达摩崖石刻，西北民族大学贡确次丹和白玛本关于青海玉树贝廓摩崖石刻，冯智等学者对云南丽江格子墓碑，次仁曲杰和达瓦次仁两先生对阿里普兰碑等的研究文章引起了学术界关注。尤其是近 30 多年来，学术界对《察雅仁达吐蕃摩崖石刻》的造像艺术和题记的研究热心不减，研究成果接踵而至，相关文章多达近十篇，其中张建林、夏格旺堆等编写的《西藏察雅丹玛札摩崖造像调查报告》和霍巍教授所撰《论藏东吐蕃造像与吐蕃高僧益西央》是两篇重要研究成果，对藏学界有很大启示。2016 年笔者通过对察雅仁达摩崖石刻的实地考察，发表了《关于仁达吐蕃摩崖石刻几个问题》（汉文）一文，对以往学术界长期关注或感到困惑的一些研究难点，提出了一些新的研究心得。近十年来，四川大学中国藏学研究所、四川大学考古系、四川大学博物馆的学者们对青海玉树、西藏芒康的吐蕃历史文化遗迹进行了艰辛细致的考古工作，为我们深入了解吐蕃文明的演变历史提供了新的线索。

二、吐蕃石刻国外研究情况

19 世纪藏学成为国际上一个学术研究领域后，西方学者开始关注吐蕃碑刻。根据黎吉生和李方桂的书中所提供的信息，1880 年布希尔（Bushell）在英国《皇家亚洲学会学报》（JRAS）上发表了研究唐蕃会盟碑的文章《西藏古代历史——基于汉文资料的研究》（The Early History of Tibet.From Chinese Sources），并附有唐蕃会盟碑西面碑文的拓片。1909年至1911年英国人瓦德尔（Waddell）也在英国《皇家亚洲学会学报》（JRAS）上陆续发表了研究唐蕃会盟碑和拉萨雪碑的文章。瓦德尔是在1904年随荣赫鹏所率英国侵略军进入拉萨的，他的文章肤浅，解读带有政治偏见。布希尔和瓦德尔对这座吐蕃碑刻的研究得益于两个条件：一是两座石碑坐落于拉萨，有拍照、抄录和复制拓片的机会；二是两座石碑的文字内容主要反映了唐蕃关系，而唐蕃关系在《唐书》等汉文历史典籍中均有较多的记载，布希尔等人有条件借助汉文历史典籍英译文对碑文开展初步研究。此后对吐蕃碑刻研究的国外学者主要有弗兰克、寺本婉、佐藤长、山口瑞风、图齐、黎吉生、李方桂、柯蔚南等人，其中日本学者寺本婉也刊布过《唐蕃会盟碑》的拓片。意大利学者图齐刊布了桑耶寺碑研究文章和图照。

1951年后，英国人黎吉生先后在1952年、1965年和1985年出版了研究吐蕃碑刻的英文版专著《西藏古代碑刻研究文集》（A Corpus of Early Tibetan Inscriptions）。1985年出版的书中收录了12座碑文和摩崖石刻，比王尧教授1982年出版的《吐蕃金石录》多收录了《琼结桥头碑》和《洛扎摩崖石刻》。黎吉生曾在1936年到1949年期间先后出任英印政府和印度政府（1947年印度独立）驻西藏商务代表，有机会在拉萨、山南等地对碑刻进行临摹和拍照。作为一名一贯仇视中国的西方政客，严格意义上其著作《西藏古代碑刻研究文集》（1952年版）不属于纯学术研究，其书在对唐蕃会盟碑和拉萨雪碑的解读上，借学术研究之名，歪解历史，鼓吹所谓的“西藏独立”，对此，王尧教授在《吐蕃金石录》中作了尖锐的批判。1987年美籍华人学者李方桂和美国学者柯蔚南合作在中国台湾地区出版了英文版《古代西藏碑文研究》（A Study of the Old Tibetan Inscriptions），2007年该书由王启龙教授翻译成中文在拉萨出版。《古代西藏碑文研究》一书收录了14座碑刻和摩崖石刻，比王尧教授的《吐蕃金石录》一书多收录了《琼结达孜桥头碑》《洛扎摩崖石刻》

《扎叶尔巴刻石》和《敦煌365窟》题记。李方桂和柯蔚南合作的著作在吸收其他学者研究成果的基础上，从语言学的角度对碑文释读、翻译、词汇解释等方面作了一些新视角的研究。

三、吐蕃石刻涉及的主要内容

吐蕃碑刻和摩崖石刻按其内容大约可分十个方面。第一是政治上君臣互信盟约，第二是为佛法兴盛君臣证盟的盟约，第三是赞普记功碑，第四是吐蕃与唐朝会盟，第五是赞普和历史人物墓碑，第六是为修建佛寺和雕刻佛像而立的石碑，第七是岩壁上镌刻佛像时所刻祈愿文，第八是镌刻佛像时的重要题记，第九是与佛像、题记一道雕刻的经文，第十是体现历史事件的石刻文字。

第一、关于体现政治上君臣互信的盟约。吐蕃时期君臣经常举行各类大小会盟，以便确定、巩固、约束各自之间的关系和职责。盟约刻在石壁上，传于后世，以示永世遵守。按吐蕃惯例，重要的君臣盟誓还需要有王妃、邦国君主等参加。此类盟约碑刻和摩崖石刻有《拉萨雪碑》《工布朗喀碑》《工布雍仲增刻石》《谐拉康西碑》《谐拉康东碑》《洛扎摩崖石刻》等。如《拉萨雪碑》是赞普赤松德赞与权臣额兰·达扎路恭之间的盟约。碑文首先阐述大臣达扎路恭对吐蕃王室的忠诚和所作出的贡献，而后赞普以盟约形式郑重许诺达扎路恭家族世世享有彭域千户府千户长职权和不低于大银字的告身。若达扎路恭子孙后代犯有罪行，只要无逆叛之心，既不以法律条文惩处，也不以夺命之罪论处，其家族臣奴、土地、牲畜不予没收。又如，《工布雍仲增刻石》是赞普赤德松赞应工布邦主工噶波王所请颁给的盟约，盟书开篇追溯了工布邦国君主工噶波王作为吐蕃王室后裔的历史渊源，尔后赞普明确工噶波王所享有的邦国权益，重申地方官员不得侵犯其所属的土地、臣民，不得强制性地加重工噶波王缴纳的赋税。

第二、为佛法兴盛君臣证盟的盟约，有《桑耶寺碑》《噶迥寺碑》。在赤松德赞、赤德松赞两位赞普执政时期，大力推行扶持和保护佛教政策，佛教在吐蕃的传播与发展达到了高峰，这自然引起了苯教徒及信仰苯教大臣的激烈反对，最终导致了尖锐的政治斗争。为了保护佛教的正常传播，平息苯教徒的反抗，崇信佛法的赞普通常采取与王妃、邦国君主、大臣举行兴佛盟誓的方法，并把盟约勒石立碑，要求参与盟誓的所有君臣以誓言表示永远信奉、保护佛教。以《桑耶寺碑》为例，碑文中以盟誓的形式要求赞普的子孙后代和臣僚要以出世之神、世间诸神和梵天等为证，为保护佛法起誓，护佑吐蕃各地修建的佛堂永世不弃，永不损毁。又如《噶迥寺碑》，赤德松赞修建噶迥寺，为了永世弘扬佛法，与王妃、邦国君主、众大臣会盟，亲署盟约，并将盟约勒石以示永传。

第三、赞普记功碑，如《琼结达孜桥头碑》，记述赤松德赞以仁政善法治天下，广布恩泽于民众，颂扬其以武功扬威东西南北、拓土扩疆的文韬武略。

第四、关于吐蕃与唐朝的会盟，以《唐蕃会盟碑》为证，用汉藏两种文字热情讴歌吐蕃与唐朝的甥舅情谊，社稷如一，百姓安宁，永结和睦的盛世。

第五、赞普与历史人物的墓碑，有《赤松德赞墓碑》《丽江吐蕃格子墓碑》《恰喀墓碑》。墓碑记述了墓主人的生平事迹，如《赤德松赞墓碑》记述了赞普的丰功伟绩，表明赤德松赞思虑深沉，深谋远虑，其治下吐蕃全境富庶，内无纷争，百姓安乐。

第六、为修建佛寺和雕刻佛像而立的石碑，有《楚布寺碑》《普兰碑》。碑文记述某大臣或豪族以何缘分修建佛寺，以及修建佛寺后所享有的权益。如《楚布寺碑》记录了赞普赤祖德赞时期，尚蔡邦·达桑聂朵为仰报赤祖德赞之隆恩，为弘扬赞普之功德修建佛寺。赞普为此颁旨，申明寺院寺产包括奴户、农田、牧场不上收，不转赠，不予征收赋税。

第七、岩壁上镌刻佛像时所刻祈愿文题记，有《甘肃扁都口石佛寺》题记、《瓜州榆林25窟》题记、《敦煌365窟》题记、《石渠须巴山刻石》等。如《扁都口石佛寺》题记申明岩壁上的佛像“为赞普之功德和众生利益比丘巴廓益西央所造”。又如《石渠须巴山刻石》祈愿“为赞普赤松德赞功德，愿众生离苦获无上菩提果位。”

第八、岩壁上镌刻佛像时的重要题记，有《察雅仁达摩崖石刻》题记和《玉树贝廓摩崖石刻》题记。这类题记历史信息量大，如《察雅仁达摩崖石刻》题记明言佛像和经文镌刻于藏历木猴年（804），镌刻团队由以高僧巴廓益西央为首的吐蕃人和唐人组成。

第九、与佛像、题记一道雕刻的经文，如《察雅仁达摩崖石刻》记录的《普贤行愿经略文》，《玉树贝廓摩崖石刻》记录的《普贤行愿陀罗尼经》，《玉树勒巴沟摩崖石刻四文》《邓柯隆绒摩崖石刻》等。

第十、体现历史事件的石刻，有《扎叶尔巴刻石》《巴尔蒂斯刻石》《都兰血渭塘吐蕃墓出土刻石》《桑耶寺新发现吐蕃刻石》等。《扎叶尔巴刻石》虽然仅刻有 2 名比丘名和 2 名俗臣名，但隐约体现了吐蕃末期扎叶尔巴寺的历史宗教情况。《巴尔蒂斯刻石》则表明了吐蕃统治古勃律时期的佛教传播情况。

四、吐蕃石刻保存或遗留情况

目前，吐蕃石刻文字保存或遗留情况按石碑、摩崖石刻和刻石划分，石碑存在八种情况。第一种是至今石碑整体保存完好，文字基本清晰的有《桑耶寺碑》《丽江吐蕃格子墓碑》《普兰碑》。第二种是石碑遗存完好，但局部文字漫漶不清的有《唐蕃会盟碑》《拉萨雪碑》《赤德松赞墓碑》。第三种是石碑碑身整体遗留较好，但大部分文字因千年风雨侵蚀，模糊不清，如《工布朗喀碑》。第四种是石碑碑体遗留完好，但文字基本上漫漶，无法释读的有《琼结达孜桥头碑》。第五种是在“文化大革命”中碑身惨遭破坏，但碑刻主体仍存在，大部分文字清晰可辨的有《谐拉康西碑》《楚布寺碑》。第六种是在“文化大革命”中石碑惨遭破坏，碑身现已荡然无存的有《噶迥寺碑》《谐拉康东碑》。第七种是碑身断为几块，残碑文字无法辨认的有《昌钦碑》。

第八种是历史上碑身早已成为残石，文字大部分漫漶的有《恰喀墓碑》。

摩崖石刻和刻石也存在八种情况。第一种是摩崖石刻题记遗留较好，文字基本清晰的有《察雅仁达摩崖石刻》题记、《洛扎摩崖石刻》。第二种是洞窟和佛寺题记完好清晰的，有《瓜州榆林25窟》题记和《甘肃扁都口石佛寺》题记。第三种是摩崖石刻上的部分文字漫漶的，有《邓柯隆绒摩崖石刻》《石渠须巴山石刻》《芒康嘎托新发现摩崖石刻》。第四种是摩崖石刻原刻题记基本上衍化不清的，有《玉树贝纳摩崖石刻》题记。第五种是摩崖石刻经文文字部分漫漶不清的，有《察雅仁达摩崖石刻普贤行愿经略文》《玉树贝廓摩崖石刻普贤行愿陀罗尼经》《玉树勒巴沟摩崖石刻大般若颇罗密多心经》等。第六种是洞窟岩壁上的题记部分漫漶不清的，有《敦煌365窟》。第七种是刻石遗存完好、文字清晰的，有《工布雍仲增刻石》《都兰血渭塘吐蕃墓刻石》《扎叶尔巴刻石》。第八种是刻石为残石、文字残存的，有《巴尔蒂斯刻石》《桑耶寺新发现吐蕃刻石》。

五、吐蕃石刻文字的史料价值

自11世纪以来，藏族历史进入了藏传佛教后弘期，古代历史的记述方法开始发生变化，在佛教史观下新的历史文献对古代历史的叙述极力掺杂和加重佛教历史的成分，无论是王统历史还是人物传记均写成了佛教教法源流史。即便依据旧的世俗历史史料追述吐蕃历史时，也基本上舍弃了政治、军事等世俗历史，附会许多新的神奇佛教历史传说，吐蕃历史几乎压缩成佛教的传播、发展、演变史，以致松赞干布、赤德松赞、赤祖德赞三名吐蕃重要历史人物，也被佛教语言美化成观世音、文殊、金刚持三菩萨化身的“法王三祖”。在这种佛教史观下，对原有古代世俗历史的记载逐渐趋于消亡，致使此后的藏族历史文献中基本上看不到类似吐蕃石刻文字和敦煌吐蕃历史文书风格的史籍。诚然，13世纪成书的《弟吾教派源流》，16世纪问世的《贤者喜宴》等史学著作中不乏一些珍贵的古代历史资料，尤其是14世纪和15世纪成书的史学名著《红史》和《青史》中收录了部分译成藏文的《唐书·吐蕃传》珍贵史料。但是身为佛教徒的历史学家主观上对古文献中的世俗历史记载视而不见，或不屑一顾。14 世纪著名萨迦派高僧、历史学家索南坚赞曾直言在撰写《西藏王统记》过程中虽搜集、阅览了许多古代史料，但因与佛法关系不大，故弃之不用。索南坚赞所言古代史料应是记述吐蕃世俗历史的相关史料，设想在《西藏王统记》中如果保存或引用许多古代珍贵世俗历史资料的话，后人的研究可以说将受益无穷。

相比佛教后弘期的历史文献，目前研究古代藏族史的学者们把吐蕃石刻视作具有极高可信度和重大研究价值的史料。此就以几座石刻文字为例说明其史料价值。

（一）《工布雍仲增刻石》中关于工布邦国君主工噶波王的历史，弥补了藏族古代史上重要的缺漏。刻石中的直贡赞普是第七代悉补野赞普的记载，既可纠正后世传统史料中把直贡赞普视作第八代悉补野赞普的错误观点，又可证实敦煌吐蕃历史文书相同记载的真实性。应该说，石刻文字所具有的真实性是我们考证其他文献资料准确性的依据。

（二）石刻文字记述的历史事件与新旧《唐书》等汉文史料可互相印证。如《琼结达孜桥头碑》历史上的抄本（即水虎年五碑刻录文）关于赞普赤松德赞时期吐蕃势力“西临大食、东达陇山”的记载，《拉萨雪碑》关于吐蕃军队攻陷唐京师，唐代宗逃往陕州一事的记述，均与汉文史料中的相关记载相吻合。

（三）《察雅仁达摩崖石刻》题记为我们研究吐蕃时期僧人何时出任僧相这一重要历史事件提供了第一手资料。以往传统史籍认为吐蕃第一个僧相出现在赤祖德赞在位时期（815–838/841），而《察雅仁达摩崖石刻》题记印证了早在其父赤德松赞在位时期（799/800–815）的藏历木猴年（804），僧人钵阐布云丹、洛吞堂已经位列僧相。这一重要记载为我们研究吐蕃时期僧人何时掌握政教大事、宗教干预政治提供了珍贵史料。

（四）《玉树贝廓摩崖石刻》题记可纠正传统史学名著《西藏王统记》等的错误记载。根据14世纪问世的《西藏王统记》记载，丹玛摩崖上的佛像和经文是文成公主远嫁吐蕃时期路途上所雕刻。这种历史传说近千年来在丹玛民间广为流传。此处丹玛摩崖即为玉树贝廓摩崖，丹玛为今青海玉树一带地名，也称上丹玛。《玉树贝廓摩崖石刻》题记明确记载，岩壁上的佛像和经文是在赤德松赞在位期间藏历火狗年（806）所镌刻。这一记载说明贝廓摩崖石刻并非文成公主时期的历史遗产，事实上比文成公主于唐贞观十五年即641年远嫁吐蕃时大约晚了165年。

（五）吐蕃石刻文作为一千多年前的古藏文，其语法、语言风格以及书写字体具有吐蕃时期文字特点，是今人研究古藏文以及藏文演变与发展历史的珍贵资料。

自然，吐蕃石刻作为一千多年以前藏民族先人给后人留下的宝贵历史文化遗产,其研究价值不仅体现在历史研究方面,还对诸如古代藏族的政治制度、宗教传播、军事活动、民族文化交往等方面能够提供十分珍贵的史料。通过对吐蕃石刻文字所涉及内容的研究考证，能够弥补、纠正11世纪以来传统史籍中所缺载的或被曲解的历史。可以说，吐蕃石刻文字的史料可靠性和真实性是后期著作无法比拟的。

回顾一百多年来国内外学者对吐蕃碑刻和摩崖石刻的研究历程，应该说取得了许多重要成果。1980年以后国内外研究吐蕃石刻取得了许多新成绩，尤其中国学者成绩卓著，但仍有一些缺憾之处，即还没有一本较为完整的汉文吐蕃石刻汇编，没有体现改革开放以来新时期中国学者在吐蕃石刻研究领域中的最新成果。1982年文物出版社出版的王尧教授的《吐蕃金石录》一书仅收录了10座吐蕃碑刻，2006年西藏人民出版社出版了王启龙教授翻译的李方桂、柯蔚南所著英文版《古代西藏碑文研究》的汉译本，也只有14座吐蕃石刻文字。

本书《新编吐蕃石刻集》，收录了29座吐蕃碑刻和摩崖石刻文字，是一本至今收录吐蕃石刻文字最多的汇编汉文本。书中大部分碑刻和摩崖石刻由解题、正文、校勘、译文、译文注释等五部分组成。解题由碑刻和摩崖石刻的历史渊源、现状、国内外研究状况，以及录文的出处与其校勘的相关说明等构成。录文由国际上通用的拉丁转写体和藏文原文构成。录文及校勘主要依据是笔者多次奔赴各地实地考察时对遗存碑刻的抄录和拍摄的高质量数码照片，以及同仁提供的拓片、抄录的文字，同时参照了王尧教授以及英国人理查逊、美籍学者李方桂的碑刻录文。译文多为新译，《唐蕃会盟碑》东面盟辞译文和唐朝历史人物的考证参考了王尧教授的《吐蕃金石录》，译文注释中涉及的唐代历史事件的释读和考证主要参照史料是新旧《唐书·吐蕃传》、王尧教授的《吐蕃金石录》和李方桂的《古代西藏碑文研究》。

目　录

综　述

体　例

体 例

一、碑文正文藏文配以国际通用的拉丁字母转写，转写体例如下：

ka = ཀ　kha = ཁ　ga = ག　nga = ང

ca = ཅ　cha = ཆ　ja = ཇ　nya = ཉ

ta = ཏ　tha = ཐ　da = ད　na = ན

pa = པ　pha = ཕ　ba = བ　ma = མ

tsa = ཙ　tsha = ཚ　dza = ཛ　wa = ཝ

zha = ཞ　za = ཟ　va = འ　ya = ཡ

ra = ར　la = ལ　sha = ཤ　sa = ས

ha = ཧ　a = ཨ

i = ི　u = ུ　e = ེ　o = ོ

gya = གྱ　g–ya = གཡ

国际上有时用’来表示འ，即 ’ = འ

本文则用 va 来表示འ, 即 va = འ

二、古藏文特殊拼写字体转写规则说明如下：

（一）元音 i 反写则以斜体 i 来表示。

g*i* ≠ gi གྀ་ ≠ གི་　civ*i* ≠ civi ཅིའྀ་ ≠ ཅིའི་

（二）上下叠字中的后加字、再后加字在基字上面或下面，则以斜体来表示后加字再后加字，以此类推。

na*m* ≠ nam ནཾ་ ≠ ནམ་　rna*m* ≠ rnam རྣཾ་ ≠ རྣམ་

yu*m* ≠ yum ཡུཾ་ ≠ ཡུམ་

gsu*m* ≠ gsum གསུཾ་ ≠ གསུམ་

bka*v* ≠ bkav བཀཱ་ ≠ བཀའ་

da*ng* ≠ dang དྔ་ ≠ དང་

gna*r* ≠ gnar གནྲ་ ≠ གནར་

zha*n* ≠ zhan གཞྣ་ ≠ གཞན་

ya*ng* ≠ yang，ཡྔ་ ≠ ཡང་

rab*s* ≠ rabs རབྶ་ ≠ རབས་

la*v* ≠ lav ལཱ་ ≠ ལའ་

shi*ng* ≠ shing ཤིྔ་ ≠ ཤིང་

ba*v*o ≠ bavo，བཱོ་ ≠ བའོ་

bstsa*nd* བསྩནྡ་ ≠ བསྩནད་

bzhug*s* ≠ bzhugs བཞུགས་ ≠ བཞུགྶ་

bstsig*s* ≠ bstsigs གཙིགས་ ≠ གཙིགྶ་

（三）基字置于前加字在下，则基字以斜体表示。

b*ka* ≠ bkav བྐ་ ≠ བཀའ་

（四）简缩体，即在词组中相接的两个字形相同，其中后一基字带有元音，则缩写为一个带有元音字，缩写的字以斜体来表示。

gna*ngo* ≠ gnang ngo གནངོ་ ≠ གནང་ངོ་

stsog*ste* ≠ stsogs ste སྩོགསྟེ་ ≠ སྩོགས་སྟེ་

nyam*su* ≠ nyam su ཉམསུ་ ≠ ཉམས་སུ་

gu*du* ≠ gud du གུདུ་ ≠ གུད་དུ་

三、句首符号和音节符号

（一） 三个斜体表示句首符号 yig mgo （ཡིག་མགོ་）；

/// = ༄༅།

（二）一个斜体表示单句符号 chig shad （ཆིག་ཤད་）；

/ = །

（三）两个斜体表示双句符号 nyis shad （ཉིས་ཤད་）；

// = ། །

四、校勘中的参照的资料以简略文字表示。如：

王尧（1982）：表示 1982 年文物出版社出版的王尧著《吐蕃金石录》汉文版。

黎吉生（1985）：表示 1985 年出版的黎吉生著《A Corpus of Early Tibetan Inscriptions》。

索南吉（1984）：表示 1984 年民族出版社出版的索南吉著《吐蕃碑刻钟铭选》藏文版。

李方桂（1987）：表示 1987 年出版，2007 年王启龙所译李方桂、柯蔚南著《古代西藏碑文研究》。

一、桑耶寺碑

（一）解 题

此碑立于今山南市扎囊县桑耶寺大殿大门左侧，国际藏学界亦称之为“桑耶寺碑刻（Inscription of bSam-yas Tsuglagkhang)”，王尧先生称之为“桑耶寺兴佛证盟碑”。

石碑坐西朝东，今完好无损。碑体通高 4.90 米。碑首为日月造型，碑身长方形，高 3.60 米，宽平均 0.80 米，厚 0.40 米。上书 21 列，132 字，古藏文楷体。碑座为圆形束腰仰覆莲花座 。

桑耶寺碑碑文局部

此碑当立于桑耶寺建成开光之际。那么桑耶寺何时建成开光，传统藏文史料记载不一，众说纷纭。归纳起来有两种基本说法：一是藏历兔年开始修建，后一轮兔年落成，费时 12 年之久，即水兔年（763）始建，木兔年（775）竣工。这一说法最早出现在伪托为吐蕃文书，实则是 11 世纪及其后问世的《拔协》（sba bzhed）一书中，其他后期众多史籍亦采纳了此说。第五世达赖喇嘛在《西藏王臣记》一书中对此说提出了批评，认为兔年开始动工，后一轮兔年建成一说是后期某些史学家所杜撰，缺乏史实依据，赤松德赞以举国之力修筑桑耶寺，不会花费长达 12 年之久。第五世达赖喇嘛提出的观点是兔年开始修建，羊年建成，并在建成当年举行开光仪式。此羊年建成一说与《贤者喜宴》“赤松德赞盟约”相吻合。由于第五世达赖喇嘛未曾说明兔年和羊年的相配五行，当下藏学界多数学者认为桑耶寺是藏历木兔 775 年开始修建，藏历土羊 779 年落成，历时 5 年。

此说主要基于以下两点史实。一是敦煌古藏文历史文书 P.T.1288 记载，赤松德赞生于藏历水马年（742），木羊年（755）即位。年少时，大权旁落，崇信苯教的权臣尚·玛香把持朝政，颁布尊苯毁佛的法令。对此少年赤松德赞无能无力。虽然有信佛大臣韦·赛囊等人力劝赤松德赞引进佛法，但赞普表示，鉴于崇信苯教的大臣当权，尊佛引佛当从长计议。至赤松德赞年届 24 岁，才萌生并有引进佛法的一系列举措，根据《贤者喜宴》和《韦协》的记载，赞普 24 岁时首先废除了原先崇苯大臣依据所谓卦算和恶兆而颁布的禁止佛教传播的法令。其次，赞普正式派人迎接印度高僧菩提萨埵（寂护）大僧前来吐蕃传法，但是佛教作为一种新的外来信仰，与吐蕃固有的苯教尖锐对立，赤松德赞引进佛法过程费尽周折，赞普本身最初对佛教是否适合吐蕃社会，民众是否会全然接受新的信仰思潮秉持着一种怀疑态度，于是派大臣前往菩提萨埵跟前探究佛法原理，查证有无外道邪咒。再次，又让佛苯举行辩论，赞普要探明两种宗教教义谁优谁劣。以此推断，正式修建桑耶寺时经过了许多年月。断言兔年，即 763 年开始修建桑耶寺，在时间、思想等方面无法具备建寺条件，加之时年赤松德赞才年满 21 岁。由此可见，桑耶寺是藏历木兔年（775）开始修建，藏历土羊年（779）落成之说是有依据的，是成立的。

桑耶寺碑文拓片

研究或关注桑耶寺碑的最早学者当为 16 世纪噶举派佛学大师、著名史学家巴卧·祖拉称瓦。成书于藏历第九饶迥木鼠年（1564）的史学名著《贤者喜宴》

收录了碑刻全文。近现代研究可追溯到上世纪二三十年代，最初由英国人查尔斯·贝尔（Charles Bell）于1921年和1935年期间对石碑进行了拍照及录文。此后由英国人黎吉生（H.E.Richardson）依据抄录和拍照的文字于1949年在英国《皇家亚洲学会学报》（JRAS）刊物上刊布了碑文的完整图照和文字。再有意大利著名藏学家图齐（G.Tucci）于1950年、1967年、1973年先后三次刊布碑文部分图照，并配有研究文字。1982年文物出版社出版了中央民族大学著名藏学家王尧教授所著《吐蕃金石录》一书，收录的碑文与《贤者喜宴》的录文进行了互相勘定。

下录碑文是在笔者2011年和2023年新抄录和所拍高清照片，以及友人提供的拓片基础上形成的，由于现存碑文清晰可辨，所录文字基本上准确无误。需要指出的是，2006年前后桑耶寺僧人给碑刻石壁涂红，文字描金，结果一些双分音点符（tsheg drag）未能按碑刻原文正确涂描，现辨认起来有一些难度。

（二）碑 文

1. /// ra sa: dang/ brag: mar: gy*i*

༄༅། ར་ས༔ དང། བྲག༔ མར༔ གྱྀ༔

2. gtsug: lag: khang: las: stsogs:

གཙུག༔ལག༔ཁང༔ལས༔སྩོགས༔

3. par:/ dkon:mcog:/ gsum

པར༔། དཀོན༔མཆོག༔། གསུམ་

4. gyi rten btsugs ba:dang/ sang:

གྱི་རྟེན་བཙུགས་པ༔དང་། སངས༔

5. rgyas:gy*i*:chos:/ mdzad:pa: vd*i* /

རྒྱས༔གྱྀ༔ཆོས༔། མཛད༔པ༔འདི་།

6. nam: du yang my*i*: gtang: mav: zhig

ནམ༔དུ་ཡང་མྱྀ༔གཏང༔མ༔ཞིག་

7. par: bgy*i* vo:/ yo: byad: sbyard /

པརཿབགྱི་འོཿ། ཡོཿབྱདཿསྦྱརད་།

8. pav: yang / de las: myi; dbr*i*: myi:

པའཿཡང་། དེ་ལསཿམྱིཿདབྲིཿམྱིཿ

9. bkyung bar: bgy*i* vo:/ dav: phyin:

བཀྱུང་བརཿབགྱི་འོཿ། དའཿཕྱིནཿ

10. cad / gdung: rabs: re re: zhing: yang:

ཅད་། གདུངཿརབསཿརེ་རེཿཞིངཿཡངཿ

11. btsan po: yab sras: gyis: vd*i*:/

བཙན་པོཿཡབ་སྲསཿགྱིསཿའདིཿ།

12. bzhin y*i* dam: bcavo:/ de las:

བཞིན་ཡི་དམཿབཅའོཿ། དེ་ལསཿ

13. mnav: kha: dbud:pav: dag: gyang:/

མནའཿཁཿདབུདཿཔཿདགཿགྱངཿ།

14. myi: bgy*i*: myi: bsgyur: bar:/ vj*i*g:

མྱིཿབགྱིཿམྱིཿབསྒྱུརཿབརཿ། འཇིགཿ

15. rten las:/ vdavs: pav: dang /

རྟེན་ལསཿ། འདའསཿཔའཿདང་།

16. vj*i*g: rten gyi: lha dang / my*i* ma: yin:

འཇིགཿརྟེན་གྱིཿལྷ་དང་། མྱི་མཿཡིནཿ

17. bav:/ thams: cad gyang:dphang: du /

བའཿ། ཐམསཿཅད་གྱངཿདཔངཿདུ་།

18. gsol: te / btsan po: yab: sras da*ng*:

གསོལཿཏེ་། བཙན་པོཿཡབཿསྲས་དྔཿ

19. rje blon gun gyis dbu snyung: dang bro:/

རྗེ་བློན་གུན་གྱིས་དབུ་སྙུངཿདང་བྲོཿ།

20. bor ro:/gtsigs: gy*i*: yi: ge: zh*i*b:

བོར་རོ༔། གཙིགས༔གྱི༔ཡི༔གེ༔ཞིབ༔

21. mo: gc*i*g: ni gud na mch*i*s so/

མོ༔གཅིག༔ནི་གུད་ན་མཆིས་སོ།

（三）校 勘

现存碑文清晰可辨，录文是依据新抄录文字、数码图照和拓片而成，对王尧、黎吉生、李方桂的录文中的极个别错字和6处音节符号的异同等作了一一校勘，此处不作校勘说明。

桑耶寺碑文拓片

（四）译 文

在逻些、扎玛等佛堂，[1]立三宝所依，宣佛陀之法，[2]永世不弃，不损毁。佛堂资具[3]，不减不废。而今起，后世代代子孙赞普父子要立今日之般誓约，[4]不作背弃誓言之事。以出世之神、世间诸神和非天[5]等立为证盟[6]。赞普父子[7]及众君臣[8]结盟立誓，盟约细文存于另处[9]。

（五）译文考释

桑耶寺碑文拓片局部

【1】逻些、扎玛等佛堂

逻些是 ra sa 的音译，拉萨之地古名。唐代译作逻娑、逻些，如《旧唐书·吐蕃传》曰：“其国都城号为逻些城”，823 年始有拉萨一名，见于唐蕃会盟碑。此处逻些佛堂指今之拉萨大昭寺。扎玛是 brag mar（后期拼写为 brag dmar）之音译，是以桑耶为中心邻近四周地域的泛称，如扎玛噶曲（brag dmar kwa chu，位于桑耶寺东南面）、扎玛真桑（brag dmar mgrin bzang，位于桑耶寺北面，赤松德赞出生地及王宫名）等等。意大利藏学家图齐等误认为，扎玛单指桑耶寺以北赤松德赞王宫所在地（见李方桂著，王启龙译《古代西藏碑文研究》）。佛堂为 tsug lag kang 之古译，唐代汉文吐蕃史料中多有“佛堂”一词，其对应藏文应是 tsug lag kang（祖拉康）一词。故今从唐史，译作“佛堂”。黎吉生和李方桂把 tsug lag kang 一词译作 temple，王尧先生译作“神殿”。“逻些、扎玛等佛堂”中的“等”字还包括热莫齐（即今之小昭寺）、昌珠等佛堂。今“祖拉康”在汉文中通常被译作寺院或寺庙，其实桑耶寺建成前吐蕃无所谓的三宝俱全之寺庙，所建皆为佛堂。此处所谓逻些佛堂是为立三宝所依处，应视作赤松德赞时期对早期佛堂的泛泛之称。

【2】立三宝所依，宣佛陀之法

佛教术语中的供奉三宝，即寺院供奉佛、法、僧，寺院为三宝所依。在寺庙殿堂、经堂中所供奉的佛像等被称为能依。立三宝所依，宣佛陀之法，说明了桑耶寺是供奉佛、法、僧的寺院，为所依的场所，是传授佛法的胜迹。赞普赤松德赞借助修建桑耶寺，不仅供奉三宝，而且迎请菩提萨埵、莲花生两名印度佛法大师，剃度第一批吐蕃僧人，设立桑耶译经院翻译佛经，为佛教在吐蕃真正立足，为后来藏传佛教的形成奠定了牢固基础。

【3】资具

yo: byad: 之意译，佛教术语。此处指佛堂和出家人所需生活饮食着衣资具。如云比丘 13 资具，或 6 资具，就指的是比丘的 13 种或 6 种生活用具、器物等。

【4】而今起，后世代代子孙赞普父子要立今日之般誓约

dav: phyin: cad/ gdung: rabs: re re: zhing: yang: btsan po: yab sras: gyis: vdi: bzhin yi dam: bcavo:/ 此译作“而今起，后世代代子孙赞普父子要立今日之般誓约”。《吐蕃金石录》中把词句译作：“今后，每一代子孙，均需要按照赞普父子所作之盟誓，发愿。”此供参考。

【5】出世之神、世间诸神和非天

佛教术语。脱离生死轮回，到达涅盘称之为出世、出世间，是佛法孜孜以求的境界。所谓出世之神，即指登上菩萨之地，显现出菩萨之相的诸神。世间诸神则指世间护法的地方各种神类。非天，又称阿修罗，佛家所指介于神与人之间的一类众生，六趣之一。

【6】证盟

古代藏族先民十分看重盟誓，尤其是立盟起誓称之为证盟，常以日月或神灵名号来证盟。佛教传入并立足于吐蕃后，证盟对象中又多了三宝、菩萨及佛教护佑神灵等的名号。

【7】赞普父子

赞普父子指赤松德赞（742–797）和三个王子，即大王子牟尼赞普、二王子木如赞（mu rug btsan）、三王子赤德松赞。赤松德赞为 8 世纪后半叶之吐蕃著名赞普，在位 42 年（755–797）。大王子牟尼赞，唐史称足之间，于 797 年继赞普位，在位不到两年被母后毒死。二王子木如赞似乎亦夭折（参见《谐拉康西碑》），三王子赤德松赞约在 799 年即位，在位 16 年后于藏历木羊年（815）去世。

【8】众君臣

君指赞普赤松德赞，臣包括王妃、邦国君主和众大臣。按吐蕃习俗，凡事关为政教大事举行盟誓时，通常赞普与王妃、各邦国之主、众臣皆要结盟起誓。

【9】盟约之细文存于另处

吐蕃时期君臣之间经常举行盟誓，盟约内容以文字记述，其底本作为重要档案，往往会妥善保存在王室的重要库府中，此处“盟约之细文存于另处”中“另处”可能指桑耶寺外的王室库府。

二、拉萨雪碑

（一）解 题

此碑现立于拉萨布达拉宫前雪村正前偏东，国际藏学界称之为 Inscription of Lha sa Zhol，即拉萨雪碑。藏语中既称为“雪碑”（zhol rdo ring），又称作“雪外碑”（zhol rdo ring phyi ma），以区别于布达拉宫正面上山进宫台阶口所立无字碑——内碑。王尧先生称作“恩兰·达札路恭记功碑”。

拉萨雪碑最初立于恩兰·达札路恭的世袭领地恩兰芝（ngan lam kri）一地，“芝”（kri）一地早期地名为“驰”（phri），如成书于 15 世纪的史学名著《贤者喜乐瞻部洲明鉴》（陈庆英研究员译作《汉藏史集》）木刻本载："记载达札路恭的功绩的石碑立于'驰'（phri）"地。20世纪80年代民族出版社出版的《贤者喜乐瞻部洲明鉴》中"phri"误印成"phyi"。大约17世纪末"驰"一地开始称作"芝"（kri），今"芝"一地即为拉萨市城关区蔡公堂街道白定村"芝"自然村。

拉萨雪碑近照

1690年甘丹颇章地方政权摄政第斯桑杰嘉措修建布达拉红宫时，把这座石碑从"芝"地移立到布达拉宫下雪村前。今布达拉红宫大殿的回廊壁画539号以图文并茂形式刻画和记载了石碑通过拉萨河上的船只从"芝"运送来的情景。壁画题记曰"芝地大石碑，……因其极其沉重，三艘木船不堪负重，由扎董·欧白以架桥方式运来。"从此，此碑以"雪碑"之名著称。20世纪80年代，布达拉宫前扩建广场和大道，此碑从原处向东南侧移约70多米。

拉萨雪石碑坐南朝北，碑首为庑殿上火焰宝珠式，碑身呈方柱形，碑座为三层台阶式方石。碑体通高约6.00米，宽0.40米，碑体基本完好无损，只是碑身下部有几行文字已磨损，无法复原。

现碑身北、南、东三面镌刻有文字，北面为正面，书68行，约存562字；南面书74行，约532字；东面书16行，63字。由于千年风雨剥蚀，加之人为破坏，北面第68行，南面第30至40行，第60至71行间文字多有磨损、脱落，推测起来已难以辨认的约有60至65字。东面文字清晰可辨。

关于此石碑竖立时间，一是碑文记载了达札路恭参与攻打长安一事，此事发生在藏历水兔年，唐代宗广德元年，即763年。二是根据碑文，达札路恭职衔为内臣、议事大臣和“卫茹禁卫军”千户府千户长，这一记载说明，立碑之时达札路恭还未荣升为“大相”（blon che）。根据敦煌古藏文历史文书P.T.1287所载，达札路恭是在继琛·结息秀丁（钦，即mchims在唐史中称为琛）出任“大相”的。779年桑耶寺建成之际，琛·结息秀丁还在“大相”大位上。又根据《唐书》，达札路恭出任大臣当在783年前。由此可知，立碑时间当在763年至779年之间。

研究此碑最早的是15世纪史学家大仓·班觉桑布。成书于藏历第七饶迥木虎年（1434）的其史学名著《贤者喜乐瞻部洲明鉴》中引述了碑文中的达札路恭的事迹。近现代国际上关注此碑最早者为英国人瓦德尔（Waddell）。1904年瓦德尔随荣赫鹏所谓的“远征军”侵入拉萨期间抄录了碑文，四年后在英国《皇家亚洲学会学报》（*JRAS*）上发表了颇为肤浅的译文和解读。1952年英国人黎吉生在英国《皇家亚洲学会学报》上第一次刊布了碑文较为完整的图照和文字。其基础是他自已于1946年、1950年所拍照片文字及录文，并参考了英国人贝尔提供的资料。黎吉生在1952年和1965年先后出版了两个版本的《西藏古代碑刻文集》一书。需要指出的是，黎吉生在1952年版文章中对碑文的解读过程中借考证历史事件为口，实则歪曲历史，挑拨藏汉民族关系。王尧先生在《吐蕃金石录》中严正批驳了黎吉生的错谬，指出此人“对碑文的兴趣不

拉萨雪碑南侧局部

是语言、历史和文献学本身，而是根据当时英国的殖民政策，企图利用碑文中记载的历史事件挑拨汉藏关系，煽动分裂情绪，破坏中国统一。”王尧先生的《吐蕃金石录》问世后，相继解读和研究此碑的主要国内外学者有索南吉、高瑞、李方桂、库秋、龙布杰、恰噶·旦正等。

下录碑文以笔者 2008 年所拍数码图照所显文字为基础，参照王尧和黎吉生的录文而形成。除了已遭损毁文字外，其他所录文字在石碑上清晰可辨。黎吉生、王尧、李方桂的录文中有些叠加体书写形式的文字（brtsegs yig，即基字与后加字、再后加字以上下叠加形式来书写）、单分音点符（tsheg）和双分音点符（tsheg drag，双圆点叠加的书写形式）等未能如实录下，与碑文不符，本录文对此直接纠正，不在校勘中重复说明。需要说明的是，碑刻的某些行首刻有的双分音点符，现因磨损辨认较为困难，一些未能如实正确抄录。

（二）碑 文

北 面

1. /// blon stag: sgra: klu khong /

༄༅། བློན་སྟགཿསྒྲཿཀླུཿཁོང་།

2. dku: rgyal: gtsigs: gnang

དཀུཿརྒྱལཿགཙིགསཿགནང་

3. bv*i*: mdo/ rdo: rings: la: y*i*: ge*r*: （1）

བའིཿམདོ། རྡོཿརིངསཿལཿཡིཿགེརཿ

4. bris: bav//

བྲིསཿཔའ།།

5. /// btsan: pho: khr*i*: srong: lde: brtsan

༄༅། བཙནཿཔོཿཁྲིཿསྲོངཿལྡེཿབརྩན་

拉萨雪碑北面刻文

6. kyi: zha: snga: nas/ dbu: snyung gnang

ཀྱིཿཞཿསྔཿནས། དབུཿསྙུང་གནང་

7. dste/ / blon: stag: sgra: klu: khong gi bu tsha

སྟེ། །བློནཿསྟགཿསྒྲཿཀླུཿཁོང་གི་བུ་ཚ་

8. rgyud: vphel: la nam: nam: zhar: zhar （2）

རྒྱུདཿའཕེལདཿལ་ནམཿནམཿཞཿཞར་

9. :dngul gy*i*: yi: ge: chen po gcig//

ཿདངུལ་གྱྀཿཡིཿགེཿཆེན་པོ་གཅིག།།

10. na: myi dbab: par: g–yung drung:/

ནཿམྱི་དབབཿཔརཿགཡུང་དྲུངཿ།

11. :du stsald phar gnang ngo //

ཿདུ་སྩལད་ཕར་གནང་ངོ་།།

12. :btsan pho:（3）sras: dbon sku: tse（4）rab*s*:（5）

ཿབཙན་ཕོཿསྲསཿདབོན་སྐུཿཚེ་རབྶཿ

13. ri: zhing yang / zla gong g*i*: bu: tsha rgyud:

རིཿཞིང་ཡང་། ཟླཿགོང་གྀཿབུཿཚ་རྒྱུདཿ

14. :vphel las: gc*i*g/ zham vbri*ng*/（6）

ཿའཕེལད་ལསཿགཅིག། ཞམཿའབྲི།

15. :na nang kor yad cad du: gzhug

ན་ནང་ཀོར་ཡད་ཅད་དུཿགཞུག་

16. :cing tshal: zar rtag: du mch*i*s: pa*r*:（7）

ཿཅིང་ཚལཿཟར་རྟགཿདུ་མཆིསཿཔྲཿ

17. :gnang ngo / /zla: gong bu:tsha: rgyud:

ཿགནང་ངོ་། །ཟླཿགོང་བུཿཚཿརྒྱུདཿ

18. vpheld: la rje: blas: gy*i*: rngo: thog: pav*i*:

འཕེལདཿལ་རྗེཿབླསཿགྱྀཿརྔོཿཐོགཿཔའྀཿ

19. rnams j*i*: tsam: du rngo: thog: par bka*s*/ (8)

རྣམས་ཇིཿཙམཿདུ་རྔོཿཐོགཿཔར་བཀས།

20. bkur zh*i*ng bstod par gnang ngo /

བཀུར་ཞིང་བསྟོད་པར་གནང་ངོ།

21. zla: gong g*i*: bu: tsha: rgyud gyis/ /btsan po

ཟླཿགོང་གིཿབུཿཚཿརྒྱུད་གྱིས། །བཙན་པོ་

22. zha: sngar / /glo: ba: ma: rings: (9) na/ nongs:

ཞཿསྔར། །གློཿབཿམཿརིངསཿན། ནོངསཿ

23. myig: gzhan c*i*: byung yang rung:/ srog:/

མྱིགཿགཞན་ཅིཿབྱུང་ཡང་རུངཿ། སྲོགཿ།

24. srid: la: my*i*: dbab: par/ /bkav gyod gyi

སྲིདཿལཿམྱིཿདབབཿཔར། །བཀའ་གྱོད་གྱི་

25. tshig: *ci* la: bab: pa: las/// bkav: gyod:

ཚིགསཿཅི་ལཿབབཿཔཿལས།། །བཀའཿགྱོདཿ

26. na: gts*i*g: gis: smad: *ci*ng bskyung (10) bar

ནཿགཙིགཿགིསཿསྨདཿཅིང་བསྐྱུང་བར་

27. gnang ngo / / zla: gong gi: tsha: pheld: (11) la*s*:

གནང་ངོ། །ཟླཿགོང་གིཿབུཿཚཿཕེལདཿལསཿ

28. la: la: zhig/ rabs: chad na rabs: chad /

ལཿལཿཞིག། རབསཿཆད་ན་རབསཿཆད།

29. ky*i*: khol: yul: dang / nor phyugs/ blar: myi

ཀྱིཿཁོལཿཡུལཿདང་། ནོར་ཕྱུགས། བླརཿམྱི་

30. bzhes: par/ phu: nu: pho: (12) gang: nye: ba: stsald

བཞེསཿཔར། ཕུཿནུཿཔོཿགངཿཉེཿབཿསྩལད་

31. par:gngango // /blon: stag: sgra: klu: khong /

པཿགནངོ།། །བློནཿསྟགཿསྒྲཿཀླུཿཁོང་།

32. gi: bu: tsha rgyud pheld /（13）dku: rgyal: gy*i*: yi: gev

གི༔བུ༔ཚ་རྒྱུད་ཕེལད་། དཀུ༔རྒྱལ༔གྱི༔ཡི༔གེའ་

33. lag: na: vchang vchang ba: zh*i*g: rabs: chad

ལག༔ན༔འཆང་འཆང་བ༔ཞིག༔རབས༔ཆད་

34. dam: bkyon bab: na: yang / dngul: gy*i*: yi: ge:

དམ༔བཀྱོན་བབ༔ན༔ཡང་། དངུལ༔གྱི༔ཡི༔གེ༔

35. :blar: my*i*: bzhes: par / /blon: stag: sgra: klu: khong /

༔བླར༔མྱི༔བཞེས༔པར་། །བློན༔སྟག༔སྒྲ༔ཀླུ༔ཁོང་།

36. :dang / zla: gong gi: bu: tsha: rgyud gang nye: ba gc*i*g

༔དང་། ཟླ་གོང༔གི༔བུ༔ཚ༔རྒྱུད་གང་ཉེ༔བ་གཅིག

37. :dngul: gy*i* yi ge: chen: pho:（14）g–yung: drung du stsald

དངུལ༔གྱི་ཡི་༔གེ༔ཆེན༔ཕོ༔གཡུང༔དྲུང་དུ་སྩལད་

38. :par: gnang ngo // / blon: stag: sgra: klu: khong gi/

༔པར༔གནང་ངོ་།། །བློན༔སྟག༔སྒྲ༔ཀླུ༔ཁོང་གི་

39. :pha:zla: gong gi: bu: tsha: rgyud vpheld gy*i* rnams/

༔ཕ༔ཟླ༔གོང་གི༔བུ༔ཚ༔རྒྱུད་འཕེལད་གྱི་རྣམས།

40. :zhang lon: yi: ge: pav*i* thang da*ng* / dmag: sum: rgyar/

༔ཞང་ལོན༔ཡི༔གེ༔པའི༔ཐང་དྣ། དམག༔སུམ༔རྒྱར།

41. :gnang ngo // /sku: srungs: vphan: yul: pav*i*/

༔གནང་ངོ།།། སྐུ༔སྲུངས༔འཕན༔ཡུལ༔པའི།

42. :stong dpon du gzhan su yang myi: gzhug: pa*r* /

༔སྟོང་དཔོན་དུ་གཞན་སུ་ཡང་མྱི༔གཞུག༔པར།

43. :blon stag: sgra: klu: khong *g*i: myes: po: gsas:sleb*s*:/

༔བློན་སྟག༔སྒྲ༔ཀླུ༔ཁོང་གི༔མྱེས༔པོ༔གསས༔སླེབས༔།

44. :gyi: bu: tsha: rgyud pheld（15）las: gang rngo: thog: pav:/

༔གྱི༔བུ༔ཚ༔རྒྱུད་ཕེལད་ལས༔གང་རྔོ༔ཐོག༔པའ༔།

45. :dmangs: vdrang ba: gcig/ sku: srungs: vphan: （16）

:དམངསཿའདྲང་བཿགཅིག། སྐུཿསྲུངསཿའཕན:

46. :yul pav*i*: stong dpon g–yung drung du stsald

:ཡུལ་པའྀཿ་སྟོང་དཔོན་གཡུང་དྲུང་དུ་སྩལད་

47. par: gnang ngo / /ngan lam: gsas: slebs:

པརཿགནང་ངོ། །ངན་ལམཿགསསཿསླེབསཿ

48. :kyi: bu: tsha: rmyud vpheld / nam: zhar:gyang sde: sku:/

:ཀྱིཿབུཿཚཿརྨྱུད་འཕེལད། ནམཿཞརཿགྱང་སྡེཿསྐུཿ།

49. srungs: su: gnang ba: las/ sde: cha: gudu: my*i*: spov: myi

སྲུངསཿསུཿགནང་བཿལས། སྡེཿཆཿགུདུཿམྱྀཿསྤོའཿམྱི་

50. :bsgyur bar gnang ngo // /zla: gong: gi: bu: tshav:

:བསྒྱུར་བར་གནང་ངོ།།།ཟླཿགོངཿགིཿབུཿཚའཿ

51. :rgyud vpheld gy*i* lag: na: bran: zhing vbrog: sog:

:རྒྱུད་འཕེལད་ཀྱྀ་ལགཿནཿབྲནཿཞིང་འབྲོགཿསོགཿ

52. :tshal: las: stsogs: te: dbang ngo cog/ blar myi: bzhes

:ཚལཿལསཿསྩོགསཿཏེཿདབང་ངོ་ཅོག། བླར་མྱིཿབཞེས་

53. :bmyi: dbr*i*: gzhan kyis: myi: dphrog: （17）khong ta: dag: ::myi:

བམྱིཿདབྲྀཿགཞན་ཀྱིསཿམྱིཿདཕྲོགཿཁོང་ཏཿདགཿམྱི་

54. :dgav: na nye: ring dang: bzang ngan my*i* brje: bar:

:དགའཿན་ཉེཿརིང་དངཿབཟང་ངན་མྱྀ་བརྗེཿབརཿ

55. gnang ngo // /zla: gong gi: bu: tsha: rgyud vpheld la:

:གནང་ངོ།།།ཟླཿགོང་གིཿབུཿཚཿརྒྱུད་འཕེལད་ལཿ

56. :la: la: zhig g*i*s: sha: khon gyi bag: du: srog: srid: la:/

:ལཿལཿཞིག་གྀསཿཤཿཁོན་ཀྱི་བགཿདུཿསྲོགཿསྲིདཿལཿ།

57. :dmav: bar: byed: ba: zh*i*g: yod na/ bkav: non bla:/

:དམའཿབརཿབྱེདཿཔཿཞིགཿཡོད་ན། བཀའཿནོན་བླཿ།

58. :nas: mdzad par gnang ngo / / /zla: gong gi: bu: tsha:

:ནསཿམཛད་པར་གནང་ངོ། །ཟླཿགོང་གིཿབུཿཚཿ

59. :rgyud pheld gy*i*s: glo: ba: ma rings na phr: ma: my*i*: gstsan*d*

:རྒྱུད་ཕེལད་གྱིསཿགློཿབཿམ་རིངས་ན་ཕྲཿམཿམྱིཿགསྩནད་

60. :klan: （18） ka: my*i*: btsal: my*i*: bkyon bar: gnang ngo ///

:ཀླནཿཀཿམྱིཿབཙལཿམྱིཿབཀྱོན་བརཿགནང་ངོ།།།

61. :bu: tsha: vpheld gy*i*: nang nas: la: la: zhig/ /btsan: po:

:བུཿཚཿའཕེལད་གྱིཿནང་ནསཿལཿལཿཞིག། །བཙནཿཔོཿ

62. :zha: sngar glo: ba: rings: yang dag: par gyurd na gang

:ཞཿསྔར་གློཿབཿརིངསཿཡང་དགཿཔར་གྱུརད་ན་གང་

63. :nyes: pav*i*: skor / （19） bkav: gyod rmavo/ /phu （20） nu bo: gzhan:/

:ཉེསཿཔའིཿསྐོར་། བཀའཿགྱོད་རྨའོ། །ཕུ་ནུ་བོཿགཞནཿ།

64. :khrin: la: my*i*: gdags: srog: srid: la:my*i* dbabs par gna*ng*

:ཁྲིནཿལཿམྱིཿགདགསཿསྲོགཿསྲིདཿལཿམྱི་དབབས་པར་གནང་

65. ngo//

ངོ། །

66. /// mdor nav: blon: stag: sgra: klu: khong gi: pha: zla: gong

༄༅། མདོར་ནའཿབློནཿསྟགཿསྒྲཿཀླུཿཁོང་གིཿཕཿཟླཿགོང་

67. :gi: bu: tsha: rgyud pheld srog ×× dang srid de bar thug*s*:

:གིཿབུཿཚཿརྒྱུད་ཕེལད་སྲོག་×× དང་སྲིད་དེ་བར་ཐུགསཿ

68. :gong mdzad de ××× ××× ×××（21）

:གོང་མཛད་དེ་××× ××× ×××

南 面

1. /// btsan pho: khri: lde: gtsug:

༄༅། བཙན་ཕོཿཁྲིཿལྡེཿགཙུགཿ

2. rtsan: gyi ring lav //

རྩན༔ གྱི་རྀང་ལའ། །

3. /// ngan lam klu khog gis//

༄༅། ངན་ལམ་ཀླུ་ཁོང་གིས། །

4.glo ba nye bavi rje blas: byas: pha（22）

གློ་བ་ཉེ་བའི་རྗེ་བླས༔བྱས༔ཕ་

5. /// vbal ldong tsab: dang/ lang

། ། །འབལ༔ལྡོང་ཙབ༔དཾ། ལང་

6. myes:zigs/ blon: po: chen pho

མྱེས༔ཟིགས། བློན༔པོ༔ཆེན་ཕོ་

7. byed bye: pa: las/ glo: ba: rings /

བྱེད་བྱེད༔པ༔ལས། གློ༔བ༔རིངྶ་།

8. :nas// / btsan: pho: yab: khri: lde/

:ནས། ། །བཙན༔ཕོ༔ཡབ༔ཁྲྀ༔ལྡེ།

9. :gtsug: rtsan gyi: sku: la: dard te/

:གཙུག༔རྩན༔གྱི༔སྐུ༔ལ༔དརད་ཏེ།

10. :dgung: du: gshegs: so///

:དགུང༔དུ༔གཤེགས༔སོ། ། །

11. :btsan: pho: sras: khri: srong: lde brtsan:

:བཙན༔ཕོ༔སྲས༔ཁྲྀ༔སྲོང་ལྡེ༔ བརྩྣ ༔

12. :gyi: sku: la: dard: du: nye / / bod

:གྱི༔སྐུ༔ལ༔ནི༔དརད༔དུ༔ཉེ་། །བོད་

13. mgo: nag: povi: srid: ni: vkhrug: du

མགོ༔ནག༔པོའི༔སྲིད༔ནྀ༔འཁྲུག༔དུ་

14. :byed: ba: las/ klu: khong: gis/ vbal:

:བྱེད༔པ༔ལས། ཀླུ༔ཁོང༔གིས། འབླ༔

15. dang: lang glo: ba: rings: bav*i* gta*n*(

དངཿ ལང་གློཿབཿརིངསཿཔའི་གཏྣ་

16. gtsigs// btsan: pho: sras: khr*i*: sro*ng*/

གཙིགས། །བཙན:པོ:སྲས:ཁྲིཿསྲོང།

17. :lde: brtsan: gyi: （23） snyan: du gsold na*s*:

:ལྡེཿབརྩནཿགྱིཿསྙནཿདུ་གསོལད་ནསཿ

18. vbal: dang / lang glo: ba: rings:/

འབལ:དང་། ལང་གློ:བ:རིངས:།

19. :bden par: （24） gyurd: te/ khong ta: n*i*:

:བདེན་པརཿ གྱུརདཿཏེ། ཁོང་ཏཿནི:

20. :bkyon phab ste/ / klu: khong glo: ba: nyevo:

:བཀྱོན་ཕབཿསྟེ། །ཀླུཿཁོང་གློཿབཿཉེའོ:

21. /// btsan pho: khr*i*: srong lde: brtsan gy*i*: ri*ng*

༄༅། བཙན་པོཿཁྲིཿསྲོང་ལྡེཿབརྩན་གྱིཿརིང་

22. la// /ngan: lam: klu: gong: glo: ba: nye: la:

ལ། ། །ངནཿལམཿཀླུཿཁོངཿགློཿབཿཉེཿལ:

23. :bkav: gros: che: nas/ thugs: brtan*d*:

:བཀའཿགྲོསཿཆེཿནས། ཐུགསཿབརྟནདཿ

24. :te/ /nang: blon: bkav: la: gtogs:

:ཏེ། །ནངཿབློནཿབཀའཿལཿགཏོགསཿ

25. :par: bcug: nas/ rgyav*i*: srid: gy*i*: nyam

:པརཿབཅུགཿནས། །རྒྱའིཿ སྲིདཿགྱིཿཉམ་

26. :drod: rtog: cing / khar: tsan: phyogs: su:

:དྲོདཿརྟོགཿཅིང་། ཁརཿཙནཿཕྱོགསཿསུཿ

27. :thog: ma: drangs: pav*i*/ dmag: dpon:

:ཐོགཿམཿདྲངསཿཔའི། དམགཿདཔོནཿ

28. :du / bkav: stsald: gyis: gyang / （25）dgrav:

ཿདུ་། བཀའཿསྩལདཿགྱིསཿགྱང་། དགྲའཿ

29. :thabs: mkhas: las: gros: gyis: sod:（26）de/

ཿཐབསཿམཁསཿལཿགྲོསཿགྱིསཿསོདཿདེ།

30. :rgyavi: khams: su: gtogs: pav*i*: va: zha:

ཿརྒྱའིཿཁམསཿསུཿགཏོགསཿཔའིཿའཿཞཿ

31. :dang po: bsdus/ rgya: las: mnangs: phal

ཿདང་པོཿབསྡུས། རྒྱཿལསཿམནངསཿཕལ་

32. :po che: bcad: pas/ rgya: spa: gong: ste/ / rgyav*i* /

ཿཔོ་ཆེཿབཅདཿཔས། རྒྱཿསྤཿགོངཿསྟེ། །རྒྱའི་།

33. :khams: su: gtogs（27）pa: dbyar: mo: thang /

ཿཁམསཿསུཿགཏོགས་པཿདབྱརཿམོཿཐང་།

34. × × × × × × × na: dang / tsong ka: phyog*s*:

×××××××× ནཿདང་། ཙོང་ཀཿཕྱོགསཿ

35. × × × × × × × dang: nas: las: stsog*s*:

××××× དངཿནསཿལསཿསྟོགས:

36. pa × × × × × × ng: （28）pho: gcald / klu

པ་ ××××××× ངཿཕོཿགཅལད་། ཀླུ་

37. khong gis（29） × × × × × × vkhrugs: pav*i*: dgra

ཁོང་གིས་ ××××× འཁྲུགསཿཔའིཿདགྲ་

38. × × × × × × × chab:（30）sr*i*d: chen: pho: mdza*d*（31）

×××××××× ཆབཿསྲིདཿཆེནཿཕོཿམཛད་

39. × × × × × × bkav:（32）gros: chen: pho: gsol*d*

××××××× བཀའཿ གྲོསཿཆེནཿཕོཿགསོལྡ་

40. × × × × glo（33）ba: zhing: chab: srid: la: dpend /

×××× གློ་བཿཉེཿཞིངཿཆབཿསྲིདཿལཿདཔེནད་།

41. pavi sems: (34) dkav:ba: (35) byaso/ (36) // btsan

པའི་སེམས༔དཀའ༔བ༔བྱསོ།།། བཙན་

42. :pho: khr*i*: srong: (37) lde: brtsan: thugs: sgams: lav:/

:ཕོ༔ཁྲི༔སྲོང༔ལྡེ༔བརྩན༔ཐུགས༔སྒམས༔ལའ༔།

43 . : bkav: gros: gy*i*: rgya: che: bas/ chab: srid: gar:

:བཀའ:གྲོས:གྱི:རྒྱ:ཆེ:བས། ཆབ:སྲིད:གར:

44 . :mdzad: do: cog: duvang: legs: ste/ rgyavi kham*s* (38)

:མཛད:དོ:ཅོག:དུའང:ལེགས:སྟེ། རྒྱའི་ཁམྶ

45. :su: gtogs: pavi: (39) yul: dang: mkhar: mang: pho: (40)

:སུ:གཏོགས:པའི:ཡུལ:དང:མཁར:མང:ཕོ:

46. :bcom: ste: bsdus: nas/ /rgya: rje: hevu: vg*i*: wang

:བཅོམ༔སྟེ༔བསྡུས༔ནས། །རྒྱ༔རྗེ༔ཧེའུ༔འགི༔ཝང་

47. :te:rje: blon: skrag: ste/ lo: gc*i*g: (41) cing rtag: du: dpy

:ཏེ༔རྗེ༔བློན༔སྐྲག༔སྟེ། ལོ༔གཅིག༔ ཅིང་རྟག༔དུ༔དཔྱ་

48. :dar: yug: lnga: khri: phul: te/ rgya: dpyav: vjal: du:

:དར༔ཡུག༔ལྔ༔ཁྲི༔ཕུལ༔ཏེ། རྒྱ༔དཔྱའ༔འཇལ༔དུ༔

49. :bcug: go// /devi: vog: du / rgya: rje: yab: hevu: vg*i*

:བཅུག༔གོ།། །དེའི༔འོག༔དུ་། རྒྱ༔རྗེ༔ཡབ༔ཧེའུ༔འགི་

50. :wang: te: grongs: ste/ rgya: rje: sras: wang: peng: wang:

:ཝང༔ཏེ༔ གྲོངས༔སྟེ། རྒྱ༔རྗེ༔སྲས༔ཝང༔པེང༔ཝང༔།

51. :rgyal: por: zhugs nas/ bod: la: dpya: vjal:

:རྒྱལ༔པོར༔ཞུགས༔ནས། བོད༔ལ༔དཔྱའ་འཇལ༔

52. :du: ma: rung: ste/ | (42) btsan: po: thugs: snyung: ba*i* tshe

:དུ༔མ༔རུང༔སྟེ། བཙན་པོ༔ཐུགས༔སྙུང་བའི་ཚེ་

53. :ngan: lam: klu: khong: gis/ /rgya yul: gy*i*: thild / rgya:

:ངན༔ལམ༔ཀླུ༔ཁོང༔གིས། །རྒྱ༔ཡུལ༔གྱི༔ཐིལད་། རྒྱ༔

54. :rjev*i*: pho: brang: keng: shir / bod gy*i*s: dmag: drang:

:རྗེའིཿཕོཿབྲངཿཀེངཿཤིར་། བོདཿཀྱིསཿདམགཿདྲང

55. :bavi: bkav: gros: gy*i*: mgo: chen: pho: （43） gsold na*s*:/

:བའི:བཀའ:གྲོས་:ཀྱི:མགོ:ཆེན:ཕོ:གསོལད་ནྶ:།

56. :keng: shir: drang: bav*i*: dmag: dpon: chen: por//

:ཀེཿཤིརཿདྲངཿབའིཿདམགཿདཔོནཿཆེནཿཔོར།།

57. :zhang: mchims: rgyal: rgyal: zigs: shu: theng: dang //

:ཞངཿམཆིམསཿརྒྱལཿརྒྱལཿཟིགསཿཤུཿཐེངཿདང་། །

58. :blon: stag: sgra: klu: khong: gnyis/ bkav: stsald: te:/

:བློནཿསྟགཿསྒྲ་ཀླུཿཁོངཿགཉིས། བཀའཿསྩལདཿཏེཿ།

59. :keng: sh*i*r: drangs: nas// civu: c*i*r: gyi: rab: ngogs:

:ཀེངཿཤིརཿདྲངསཿནས།། ཅིའུཿཅིརཿགྱིཿརབཿངོགསཿ

60. :su: rgya: dang: thab: mo: chen: pho: byas: te/ bod: gyis: g–yul:

:སུཿརྒྱཿདངཿཐབཿམོཿཆེནཿཕོཿབྱསཿཏེ། བོདཿཀྱིསཿགཡུལཿ

61. bzlog: nas/ /rgya: mang: po: btungs: （44） pas/ /rgya: rje: kwang

:བཟློགཿནས། །རྒྱཿམངཿཔོཿབཏུངསཿ པས། །རྒྱཿརྗེཿཀྭང་

62. :peng: wang: yang / keng: sh*i*vi: mkhar: nas: byung （45） stev/

:པེངཿཝངཿཡང་། ཀེངཿཤིའིཿམཁརཿནསཿབྱུང་སྟེའ།

63. :s*sh*em: civur: bros: nas/ keng: sh*i*: phab: ste: rgya: rjev*i*: nang

:སྷེམཿཅིའུརཿབྲོསཿནས། ཀེངཿཤིཿཕབཿསྟེཿརྒྱཿརྗེའིཿནང་

64. :blon: vgyevu: ×*i* ×*i* na keng las: stsogs: te: dong: kwan: da*ng*

:བློནཿའགྱེའུཿན་ཀེང་ལསཿསྩོགསཿཏེཿདོངཿཀྭནཿཛ་

65. :bo kan ya × × × × × × × × × btsan povi/

:བོ་ཀན་ཡ་ ××××××××× བཙན་པོའི།

66. :vbangs × × × × × × × bod × gang

:འབངས་ ×××××××× བོད་ × གང་

67. :dang khra × × × × × × × × × te/ kim: sheng: kong:

:དང་ཁྲ་ ××××××××× ཏེ། ཀིམ༔ཤེང༔ཀོང༔

68. :covi: ming: po: × × × × × × × vkhras shing:

:ཙོའི༔མིང༔པོ༔ ××××××× འཁྲས༔ཤིྀ:

69. × × × × × × × × blon: po:

××××××××××བློན༔པོ:

70. × × × × × × × rgyal: pho: che: chung:

×××××××××××××རྒྱལ༔ཕོ༔ཆེ༔ཆུ༔

71. × × × × × × × × bsrid: phugsu:

××××××××××སྲིད༔ཕུགསུ༔

72. gra ba（46）dang gtam yun du（47）snyand（48）par byas te/ klu: khong: glo:

གྲ་བ་དང་གཏམ་ཡུན་དུ་སྙནད་པར་བྱས་ཏེ། ཀླུ༔ཁོང༔གློ༔

73. ba: nye: zhing: chab: srid: la: dpend: pavi（49）sems dkav（50）

བ༔ཉེ༔ཞིང༔ཆབ༔སྲིད༔ལ༔དཔེནད༔པའི་ སེམས་དཀའ་

74. ba byas so/

བ་བྱས་སོ།

东 面

1. /// blon: stag: sgra: klu:

༄༅། བློན༔སྟག༔སྒྲ༔ཀླུ༔

2. :khong:/ nang: blon: chen:

:ཁོང༔། ནང༔བློན༔ཆེན༔

3. :po: dang: yo: gal: vchos

:པོ༔དང༔ཡོ༔གལ༔འཆོས་

4. :pa: chen:por/ bkav

:པ༔ཆེན༔པོར། བཀའ་

拉萨雪碑东面文字

5. :stsald: gyis:（51）gyang:/（52）

:སྩལདཿགྱིསཿགྱངཿ།

6. :bkav: lung: dang: vdra:

:བཀའཿལུངཿདངཿའདྲཿ

7. :bar:/（53）rjes: blas: dkav:

:བརཿ། རྗེསཿབླསཿདཀའཿ

8. :dgu: nyamsu: blangs:

:དགུཿཉམསུཿབླངསཿ

9. :te: phyi: nang: gny*i*s: gyi:（54）

:ཏེཿཕྱིཿནངཿགཉིསཿགྱིཿ

10. :chab: srid: khab: so:

:ཆབཿསྲིདཿཁབཿསོཿ×

11. :dpend: pa: dang che:

:དཔེནདཿཔཿདང་ཆེཿ

12. :chung: gnyis: la: drang（55）

:ཆུངཿགཉིསཿལཿདྲང་

13. :zhing: snyoms: te/ bod:

:ཞིངཿསྙོམསཿཏེ། བོད:

14. :mgo: nag: povi: srid:

:མགོཿནགཿཔོའིཿསྲིདཿ

15. :la: phan: pa: legs://

:ལཿཕནཿཔཿལེགསཿ། །

16. dgu: byas: so///

དགུཿབྱསཿསོ། ། །

拉萨布达拉宫壁画
拉萨雪碑从芝村拖运至拉萨雪城之情景

（三）校 勘

（1）yi:ger:，王尧（1982）、黎吉生（1985）：yig:gru:；李方桂（1987）：y［g］［du］。

（2）zhar，今已漫漶，不可释读。

（3）pho:，王尧（1982）、黎吉生（1985）：po:。

（4）tse，王尧（1982）：tshe:。

（5）rabs：，王尧（1982）：rabs:。

（6）vbring：，王尧（1982）：vbring:。

（7）par:, 王尧（1982）:par。

（8）bkas:, 王尧（1982）:bkas:。

（9）ring:/, 王尧（1982）、黎吉生（1985）：rings:/。

（10）bkyung, 王尧（1982）：bkyang。

（11）pheld，王尧（1982）、黎吉生（1985）：peld。

（12）phu: nu bo，王尧（1982）：bu: nu bo, 黎吉生（1985）：pu: nu pa。

（13）pheld, 王尧（1982）、黎吉生（1985）、李方桂（1987）：peld。

（14）pho:, 王尧（1982）、黎吉生（1985）：po:。

（15）pheld，王尧（1982）、黎吉生（1985）：peld。

（16）vphan:，黎吉生（1985）：vpan:。

（17）dphrog:， 黎吉生（1985）、李方桂（1987）：dprog:。

（18）klan:，王尧（1982）、黎吉生（1985）、李方桂（1987）：glan:。

（19）skor，王尧（1982）、黎吉生（1985）、李方桂（1987）：sgor。

（20）phu，黎吉生（1985）、李方桂（1987）：pu。

（21）此行除三个字外，皆已脱落。

（22）pha, 王尧（1982）：pa。

（23）gyi:, 王尧（1982）：kyi。

（24）bar:, 王尧（1982）：par：。

（25）gyang /, 王尧（1982）：kyang/。

（26）sod:；此据黎吉生（1985），碑文不甚清晰。王尧（1982）：song:。

（27）:khams: su: gtogs: pa: 四字已脱落，此据王尧（1982）补录。

（28）dang 基字 d 磨损，从此据王尧（1982）、黎吉生（1985）补录。

（29）khong gis 已漫漶，此据王尧（1982）录文。

（30）chab 基字已磨损，此据王尧（1982）录文。

（31）mdzad 已不甚清晰，此据王尧（1982）录文。

（32）bkav 已磨损，此据王尧（1982）录文。

（33）glo 已磨损，此据王尧（1982）录文。

（34）pavi sems 已磨损，此据王尧（1982）录文。

（35）dkav ba:, 王尧（1982）：dgav pa:。

（36）：byaso///, 王尧（1982）、黎吉生（1985）：byas so///。

（37）pho: khri: srong: 已磨损，此据王尧（1982）录文。

（38）khams, 王尧（1982）：khams。

（39）pavi, 王尧（1982）：pavi。

（40）pho:, 王尧（1982）：po。

（41）gcig, 王尧（1982）：cig。

（42）ste/, 王尧（1982）：de。

（43）pho:，王尧（1982）：po。

（44）btungs:，王尧（1982）：bdungs。

（45）byung，王尧（1982）：phyung。

（46）gra ba：，此据王尧（1982）录文黎吉生（1985）：× ba。

（47）gtam yun du 不甚清晰，此据王尧（1982）录文。

（48）snyand 王尧（1982）：snyan。

（49）chab srid: dpend pavi 已漫漶不清，此据王尧（1982）录文。

（50）dkav 已漫漶不清，此据黎吉生（1985），王尧（1982）：dgav。

（51）gyis: 王尧（1982）、黎吉生（1985）：kyis:。

（52）gyang:/，王尧（1982）、黎吉生（1985）：kyang:/。

（53）bar:/，王尧（1982）：bar：。

（54）gyi:，黎吉生（1985）：kyi:。

（55）drang 系据王尧（1982）文补录。

（四）译 文

北 面

敕授论达札路恭[1]盟约[2]之要义勒石立碑。

赞普赤松德赞颁诏起誓。

赐给论达札路恭之子孙后代永世[3]享有不低于大银字告身[4]。赞普后裔，每世每代要给达贡[5]后嗣子孙授予王室近臣和内臣[6]以上职衔，并享受食禄。达贡后嗣子孙中服侍王室有功者，以按其功勋给予褒奖。若达贡后嗣子孙在赞普驾前无逆叛之心，既犯有其他罪行，无论一何种法律条文惩处，皆不以夺命之罪论处，按一合适律法处置。

拉萨雪碑局部文字

达贡后嗣子孙中如有绝嗣，其家族臣奴、土地、牲畜不予没收，而转赐给近亲旁支男性[7]。若论达札路恭之后嗣子孙中持有盟约者绝嗣，或受惩罚，银字告身不予没收，而转大银字告身授予论达札路恭和达贡后嗣子孙中的近亲。论达札路恭之父达贡后嗣子孙享有与“尚论”等同告身[8]，可统领 300 名兵士。彭域禁卫军千户府[9]的千户长一职永世授予论达札路恭之祖辈塞列之后代中能力上佳者，而不授于他人。授予恩兰·塞列[10]之后嗣子孙永世千户府，而不使土地另旁闲置、不予改动。达贡后嗣子孙所拥有的奴隶、田地、牧场、牲畜、林园等，不予没收，不使减损、不使他人夺取。即便对一些人产生厌恶之心，也不以疏近、善恶之理待之。达贡后嗣子孙中如有人犯有杀人偿命之罪，则由王室断事处理。若达贡子孙后代无叛逆之心，则不听谗言，不无端挑剔，不予惩罚。若其子孙后代中有人存有叛逆之心，又得以证实，惟叛逆者受惩罚，不连累其他亲近男性，更不受诛杀之惩处。总之，论达札路恭之父达贡之子孙后代，念其……（下残）。

南　面

赞普赤德祖赞[11]在位之时恩兰·路恭[12]忠信立诚。时末·董匝卜和朗·梅昔[13]虽司职大相之职，但行叛逆之事，谋害赞普父王赤德祖赞，使其升天[14]。又意欲谋害赞普王子赤松德赞，使吐蕃黑头百姓之大政濒临紊乱之时，路恭把末·董匝卜和朗·梅昔的叛逆之罪启奏于赞普王子赤松德赞圣聪，使两人叛逆之行为得以印证，于是被降罪惩处，路恭则成为忠信立诚之人。

赞普赤松德赞之时，恩兰·路恭忠信立诚[15]，参与国政大事，参议军政大事，被视为崇信之人，授予御前内臣[16]职衔。时其熟悉唐之政情，被委任为统兵将军，率兵前往唐境攻打城池[17]。因精通兵法谋略，先是征服了唐之属地阿柴[18]，向唐征收差税，唐人惧之。于唐境雅莫塘[19]……宗喀[20]等地……以青稞等物纳贡。路恭征战……谋益于社稷之事……献上深谋大计……忠诚任事 为社稷勤勉治业。赞普赤松德赞忧深虑远，声威远播，所行一切大益于社稷。攻略并占据唐属州县城池多处，唐主孝感皇帝[21]君臣俱惧。每年向吐蕃岁赋纳贡绸绢五万匹。其后，唐主父皇孝感皇帝逝世，皇子广平王[22]即位，自此不向吐蕃纳贡，赞普不悦，恩兰·路恭献上举兵入唐之腹地——京师[23]之计。于是委任琛·尚结息秀丁[24]和论达札路恭两人为攻打京师之统兵将领，直奔京师。于盩厔[25]一河畔与唐兵激战，蕃军胜之，唐众兵击溃，唐主广平王弃京师，遁至陕州[26]，京师陷落[27]，唐内臣……潼关[28]…赞普之臣民……金城公主之弟[29]……大臣……大小君主……社稷受益，永世赞颂。如此路恭忠诚任事， 政运益兴，为贴心之人。

东　面

论达札路恭授命为大内臣和议事大臣[30]后，奉诏书，身负一切王令，尽心裨益于内外政事，藻行精洁，上下相合，为黑头蕃地社稷，累出良谋长策[31]。

（五）译文注释

【1】论达札路恭

达札路恭为人名，论为臣或臣僚之意。唐史错解“论”之含义，视作姓氏，并认为王室出身的大臣称之为“论”。如《全唐文·骠骑大将军论公神道碑名》所言“因官立姓，遂为论氏。”论达札路恭全称额兰·达札路恭，出身于吐蕃豪族恩兰（ngan lam）氏族，是赤松德赞时期的一名重臣和统兵将领。恩兰家族的领地在下彭域（今拉萨市林周县南部区），还包括茶瓦楚（今拉萨市城关区蔡公堂街道属地）等地。根据敦煌古藏文文书 P.T.1287 记载，论达札路恭继琛·结息秀丁后出任大相，时间当在 779 年桑耶寺建成后。他任大相一职时间不长，可能只有两三年时间，因为 779 年桑耶寺建成时琛·结息秀丁还在大相之任内，而 783 年时那囊·结赞拉囊（唐史称尚结赞）已经以大相之名掌领吐蕃军政大事。11 世纪及其后的伪托为吐蕃文书的各种《拔协》写本中把达札路恭描述为苯教的坚定捍卫者和虔诚的信徒，代表苯教参加了佛苯辩论，由于辩论中作为输方，达札路恭放逐到唐拉山下（即今当雄县境内的唐古拉山）。其他苯教文书和伏藏史书《五部遗教》等中对达札路

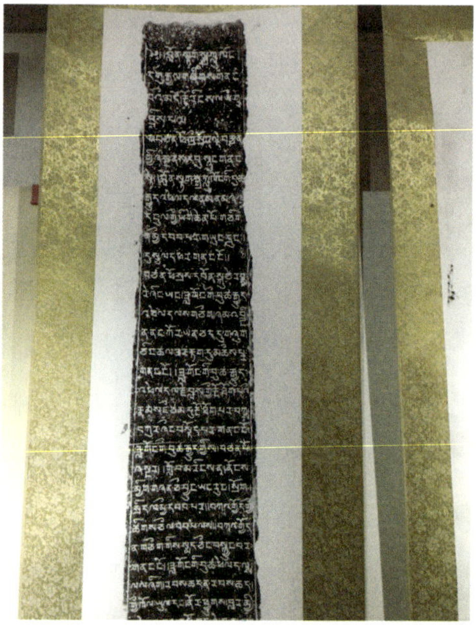

拉萨雪碑文局部拓片

恭有相同的描述，但是这一藏族史中极有影响力的传统观点在敦煌古藏文文书、赤松德赞谕旨盟书、《韦协》等早期信史中没有得到印证。相反，779年桑耶寺建成之日达札路恭还与赞普赤松德赞、王室成员、众大臣一道结盟，在永世不弃佛法的君臣盟约上签署姓名，名列大臣中第二名（参见《贤者喜宴》第372页）。又根据敦煌古藏文历史文书，额兰·达札路恭还出任大相，时间当在桑耶寺建成后的780至782年之间。另，今桑耶寺院内筑有四座不同颜色的大佛塔，其中黑塔被称作达札路恭塔。因此，有关额兰·达札路恭反佛信苯和为此受到放逐等说法，极有可能是11世纪及其后有人杜撰和篡改史料所为。

【2】盟约

dku rgyal gtsigs之意译。dku rgyal一词着实费解，按原意有阴险、奸诈，或结盟之意。此处根据上下文，译作盟约。

【3】永世

g-yung drung之意译。永世长久之意，象征永固或永世不变。

【4】大银字告身

告身，是一种吐蕃时期区别职衔高低的标志，藏文史料对告身形状无记载。汉文史籍认为是一种章饰，可以表示身份。《新唐书·吐蕃传》曰："其官之章饰，……缀臂前以辨贵贱。"《册府元龟·外臣部》云："安膊前，以别贵贱。"根据《贤者喜宴》记载，告身可分六等十二级。"金、玉两种为上，银、颇罗弥（phra-men）两种为中，铜、铁两种为下，合为六等。又各告身分为大小两种。总为十二级。""'大贡论'（指宰相级大臣）赐以大玉告身，'次贡论'和内相赐以小玉告身。次次级'贡论'、次内相、参与决断大事的臣僚等三者赐以大金字告身。"《弟吴宗教源流史》亦载告身有六大、六小，计十二级："六大告身，大告身依次为玉、金、颇罗弥等各大小两种；六小告身依次为银、黄铜、铜、钟铜（vkhar-ba）、铁、辛甲曲（shing-skya-chu，拟是木资告身）。"以上两部藏文史学名著所载文字相比，告身前六级基本相同，后六级略有不同。对告身汉文史籍有较为详细的记载，但等级的分类与藏文有所不同。《新唐书·吐蕃传》曰：“其官之章饰，最上瑟瑟（即藏文中的玉），金次之，金涂银又次之，银次之，最下至铜止。”《册府元龟·外臣部》云：“其官章饰有五等，一谓瑟瑟，二谓金，三谓金饰银上，四谓银，五谓熟铜。各以方圆三寸褐上装之，安膊前，以别贵贱。”根据汉文史料，可知授予千户长和同级别官职的大银字告身为第三等告身。

【5】达贡

额兰·达札路恭之父，史料中不见其人其事。

【6】近臣和内臣

近臣系 zham vbring 之对译，zham 今写作 zhabs，本是仆人、近侍之意。内臣为 nang kor 之对译，今写作 nang vkhor，吐蕃主内部事务的臣僚。

【7】近亲旁支男性

指血脉关系最亲近的男性。

【8】“尚论”等同告身

意即享受相等于“尚论”职衔等级的告身。“尚论”意为舅臣，原指出身于外戚家族的大臣。他们拥有其他大臣无法比拟的尊贵地位、显赫权势。后来对所有臣僚泛称为“尚论”。

【9】彭域禁卫军千户府

吐蕃军政区域划分为五大茹，一个“赤德”。而每个茹辖有 10 个千户府，其中一个千户府为该茹之禁卫军千户府。彭域禁卫军千户府即为卫茹禁卫军千户府，首领为千户长，治所在彭域，即今拉萨市林周县境内。

【10】恩兰·塞列

达札路恭之祖辈名，可能是恩兰氏族的曾祖或祖父，本文中译作祖辈。

【11】赤德祖赞

11 世纪以后的史料中又写作赤德祖丹，俗称美髯翁。唐书译作弃隶缩赞，幼年即位，由祖母没卢氏赤玛罗抚养。敦煌古藏文历史文书 P.T.1288 称赤德祖赞生于藏历木龙年（704），但赞普木龙年生一说有一个较为费解的疑团，即金城公主于景龙四年（710）远嫁吐蕃时，欲与其完婚的赞普只有7岁（按藏历虚岁算法）。《新唐书》云“诸子争位，国人立弃隶缩赞为赞普，始七岁”。此处“国人立弃隶缩赞为赞普，始七岁”，指七岁即赞普位。如弃隶缩赞七岁继位之年应在龙年，即704年的话，与敦煌古藏文文书P.T.1288所主张的龙年出生一说相矛盾，此问题还有待于进一步研究探讨。碑文载，赤德祖赞是被两位大臣所害，这倒与敦煌古藏文文书P.T.1288记载吻合，被害去世之年为藏历木羊年（755）。

【12】恩兰·路恭

即恩兰·达札路恭之简称。碑文中这一简称少见，仅此一例。

【13】末·董叵卜和朗·梅昔

末·董叵卜全名为末·悉颊藏董叵卜（vbal skyes bzang ldong thab），简称末·董叵卜、论悉颊藏等。末为其姓氏vbal，在《唐蕃会盟碑》中译作“末”。末·董叵卜为赤德祖赞在位时期重臣，出任过大相，先后参与过吐蕃许多重大军政事务。根据法藏敦煌古藏文文书P.T.1288载，早在藏历木狗年（734）曾率兵征战多弥地区(今青海、甘南等地区)，藏历火鼠年（736）又转战于吐蕃西面小勃律，使小勃律臣服于吐蕃，其后藏历木猴年（744），藏历火狗年（746），藏历火猪年（747）协助大相没庐·琼藏沃芒召集例行大臣议事年会，商讨并制定了许多重要的法令。此时位居大相之下，众臣之上。其政治伙伴朗·梅昔也参与住持过746年议事会。大约藏历铁虎年(750)前后末·董叵卜继没庐·琼藏沃芒出任大相一职，藏历水龙年(752)可能出征过南诏(这一历史事件在敦煌古藏文历史文书大事记中缺失）。藏历木龙年（755）赤松德赞一继位，末·董叵卜和朗·梅昔两人获罪，被处死，家产充公。此处碑文记载的获罪原因是两大臣怀逆反之心，先是谋害了先王赤德祖赞，继而试图加害于新王赤松德赞，扰乱吐蕃政局。额兰·达札路恭知晓两人的阴谋后禀报于赤松德赞，于是赞普处死了末·董叵卜和朗·梅昔。

【14】谋害赞普父王赤德祖赞，使其升天

根据碑文所载，赤德祖赞因末·董匝卜和朗·梅昔两大臣所害而“升天”。后期一些史料记载略有不同。如《西藏王统记》载，父王“六十三岁逝世于羊卓拔蔡城堡”，未提及被害之事。

【15】忠信立诚

意即赞普把额兰·达札路恭视为忠诚可信赖之人，让其参与军政大事的决策。

【16】御前内臣

此碑是764年至779之间所立。碑文记载了达札路恭参与攻打长安一事，此事发生在藏历水兔年（763），立碑当在此后。又据碑文，立碑之时达札路恭职衔为御前内臣、千户府千户长，还未荣升为“大相”。敦煌古藏文历史文书P.T.1287和《唐书》载，达札路恭继琛·结息秀丁出任“大相”，时间应在779年之后，783年之前。又参见注释【6】。

【17】城池

khar tsan之对译，今khar字写作mkhar，原意是城池、城廓、城堡，指唐朝西北地区的各州。也有学者认为单指唐凉州。

【18】唐之属地阿柴

va zha在汉文中称作阿柴，敦煌古藏文文书P.T.1263对译为退浑，即吐谷浑。《北史·吐谷浑传》曰：“西北诸杂种，谓之阿柴虏。”《新唐书·吐谷浑传》也译为阿柴。阿柴或吐谷浑为青藏高原古羌族之国。唐初期，与唐和吐蕃时和时战。唐贞观八年（635），太宗发兵攻打吐谷浑，可汗慕容伏允战死，唐所立可汗长子慕容顺被属民所杀，年幼王子诺曷钵即位，大臣争权，分成亲唐和亲吐蕃两种势力。唐高宗龙朔三年（663），吐蕃大相禄东赞率兵征战于吐谷浑，吐谷浑臣素和贵投靠吐蕃，禄东赞灭吐谷浑。吐谷浑王诺曷钵和王妃唐弘化公主率属部千余帐逃至唐境，《新唐书·吐谷浑传》载：“建国于群羌之故地，至龙朔三年为吐蕃所灭，凡立国三百五十年。”唐高宗把诺曷钵和属部安置在安乐州，即今宁夏同心县境内，任命诺曷钵为都督。从此，吐谷浑正统可汗诺曷钵及子孙世代为唐朝地方官员，如其子慕容忠为左豹韬卫大将军，孙子慕容宣超为左豹韬卫员外大将军、曾孙慕容曦光为明威将军、游击将军等等，肃宗至德年间安乐州一地被吐蕃攻陷。

民国以来，今甘肃武威境内先后发现了吐谷浑可汗家族的墓志铭 9 方，其中最引人注目的一方墓盖上署名“大周故西平公主墓志”，此为弘化公主的墓盖。2019 年 9 月 27 日武威天祝县祁连镇岔山村北山顶之上又发现了一座墓葬，出土了慕容诺曷钵的第三子慕容智的墓志一方，墓志上称作“大可汗陵”。慕容诺曷钵投奔唐朝后，滞留在吐谷浑故地，已成为吐蕃属民的王室成员虽然没有属于政权实体的疆域和臣民，但备受吐蕃礼遇，吐蕃王室女性与其联姻，享有“外甥吐谷浑君主”之尊称，碑文中“先是征服了唐之藩属阿柴”一句应指唐肃宗至德年间（756—762）吐谷浑王族所在安乐州一地陷落于吐蕃之手一事。

【19】唐境雅莫塘

藏文 dbyar mo thang 音译。王尧先生译作野猫川，唐朝辖境有一地名称为雅莫塘，吐蕃与唐朝多次激战于此地，故有唐境雅莫塘之说。根据敦煌古藏文文书 P.T.16，瓜州附近一地名称作雅莫塘，8 世纪后半叶处于吐蕃占领之下。当下许多学者着文考证 dbyar mo thang 所在地望，但至今未有定论。一些学者认为雅莫塘是唐史中的大夏川的对应词。笔者以为除了唐境雅莫塘一地外，藏文史料中今青海西宁以南、甘南及临夏州境内一些地方亦称为雅莫塘。19 世纪藏族学者丹巴绕杰所著《多麦教法史》载，雅莫塘在宗喀以南，临洮境内。这一说法与当代一些研究大夏川地理位置的汉文著作的观点较为接近，即认为唐代大夏川位于今甘肃临夏和政县境内。

【20】宗喀

指今青海湟水流域地区，吐蕃时期藏文中有大宗喀、小宗喀之分。

【21】唐主孝感皇帝

唐肃宗李亨。玄宗天宝十四年（755）安禄山叛变，第二年攻取长安，玄宗逃往成都。太子李亨在部下劝进下登皇帝位，即唐肃宗。李亨即位后的第三年，肃宗至德二年（757）上尊号为“光天文物大圣孝感皇帝”。

【22】广平王

指唐代宗李豫。李豫原名李俶，是唐肃宗李亨的长子。未嗣皇位前封为广平王，反击安禄山叛军的战争中被唐肃宗任命为天下兵马元帅，唐诸将皆隶属于该元帅府。宝应元年（762），唐廷发生变乱，宦官程元振等人杀皇后张良娣，拥立太子李豫为帝，唐肃宗惊死（参见范文澜著《中国通史简编》第三编第一册）。

【23】京师

唐朝都城长安。吐蕃东侵，直取唐朝都城之战争始于虎年（762），兔年（763）攻陷长安。论达札路恭献计攻打长安，应在虎年或之前。

【24】琛·尚结息秀丁

《唐书》称作尚野息，赤松德赞时期吐蕃名将，出生于吐蕃外戚钦（mchims）氏，唐史译为琛氏。尚为舅之意，结息秀丁为名。779年前后位居大相，享有玉字告身，为吐蕃著名“尚论”之一。

【25】盩庢

civu: cir: 音译。唐时县名，位于陕西省境内。吐蕃与唐在盩庢的战斗，《新唐书·吐蕃传》有以下记载：宝应元年（762），吐蕃攻陷“临洮，取秦、成、渭等州”。第二年，代宗广德元年（763）吐蕃并自大震关长驱直入，“取兰、河、善、洮等州，于是陇右地尽亡，……吐蕃以吐谷浑、党项兵二十万，东略武功，……战盩庢西”。

【26】遁至陕州

陕州，州名，治所在今河南省三门峡陕州区。据《新唐书·吐蕃传》记载，代宗广德元年（763）吐蕃自大震关长驱直入，攻取兰、河、善、洮等州，又吐蕃以“吐谷浑、党项兵二十万，东略武功，与唐渭北行营将军吕日将战于盩庢西，继而战于终南，吕日将败走，代宗逃往陕州”。

【27】京师陷落

唐天宝十四年（755），安禄山起兵叛乱，攻占都城长安，唐河西、陇右精兵调往长安四周，西北边境空虚，吐蕃大兵东侵，代宗宝应元年（762）攻陷临洮，直取秦、成、渭等州。代宗广德元年（763）吐蕃二十万兵从大震关长驱直入，攻取兰、河、善、洮等州，于是陇右唐之属境尽失，继而吐蕃东侵，代宗逃往陕州，唐将郭子仪退避商州，唐将高晖降吐蕃，引吐蕃兵入长安，唐京师陷落。

【28】潼关

关名，位于今陕西潼关县北，为陕西、河南、山西三省军事要冲（参见《辞海地理分册·历史地理》）。

【29】金城公主之弟

金城公主乃高宗皇帝之孙“嗣雍王”李守礼之女，为中宗皇帝的侄孙女，后收为皇帝养女。景龙四年（710）远嫁吐蕃，与赤德祖赞完婚。李守礼之父为高宗皇帝第六子李贤（母为武后则天），为中宗皇帝之兄长。李贤早年被封雍王，曾立为皇太子。后被武后贬谪，失尊号，684年自杀身亡。李贤死后武后又为其昭雪，其第二子李守礼被册封为“嗣雍王”。金城公主之弟为金城公主之侄之误。唐京师陷落后，吐蕃立李承宏为帝。李承宏是嗣雍王李守礼之孙，为金城公主之侄。《新唐书·吐蕃传》：“立广武王承宏为帝，改元，擅作赦令，署百官。”

【30】大内臣和议事大臣

指受赞普之命，具有参与国事决策之资格的重臣。

【31】累出良谋长策

意即达札路恭为吐蕃社稷大业累累出谋划策，贡献巨大。

三、琼结达孜桥头碑

（一）解 题

此碑原立于旧琼结达孜宗（今山南市琼结县）山下的一座桥头，故国际藏学界称为琼结达孜桥头碑，后来一些文章中又称做“赤松德赞记功碑”。1959 年以后，随着琼结县城建设规模的不断扩大，碑文所处地先是括入琼结县人民政府大院内，后新县政府建成后，碑刻地处新县政府院外，石碑盖有碑亭，得到了妥善保护。

石碑正面朝北，碑首为类似庑殿顶式样，上部有火焰性宝珠，下部一周为云纹，碑体本身今完好无损。原先碑身下部和龟形碑座埋没于地下，露出地面碑高仅为2.87米。1984年自治区文管会（区文物局前身）组织专业人员对石碑进行了一次清理，根据所刊布的清理报告，碑体通高5.24米，由碑帽、碑身、碑座三部分组成。碑身高4.00米、宽0.78米、厚0.39米，正面书34行。碑身与碑座无缝连接，犹如一体。碑座为龟形，龟头部微露，四肢收拢，整体雕刻古朴生动。其南面和东西两面刻有花纹和龙纹。

关于立碑时间，无确切记载。根据碑文所提及的吐蕃势力东至陇山的记载来看，碑当立于787年，唐德宗贞元三年后，因为吐蕃兵东侵陇山一事发生在787年（见《新唐书·吐蕃传》）。

由于千年历史岁月的变迁和风吹日晒，碑刻文字基本衍化，加之“文化大革命”时期，石壁又涂上了用红色油漆书写的语录（油漆残迹至今犹存），故95%以上的文字今已无法辨认。幸运的是早在600多年前，藏历第七饶迥水虎年藏族先人抄录了此碑文，与其他四件碑文：赤德松赞墓碑、噶迥寺碑、工布雍仲增刻石、唐蕃会盟碑汇成一册流传至今（下称水虎年五碑刻录文）。水虎年五碑刻录文尾记有“拉萨碑立于水兔年，至今水虎年已有599年”的记载。此处“拉萨碑立于水兔年”指的是《唐蕃会盟碑》立碑年份水兔823年，599年后的“水虎年”便是藏历第七饶迥水虎年（1422），期间正好是599年。根据国际藏学界流行的说法，水虎年五碑刻录文原册保存在18世纪著名学者噶托·次旺仁增诺布的藏书中。20世纪上半叶由锡金人拔聂阿亭·扎西占堆保存，但是否为原件不得而知。尔后拔聂阿亭·扎西占堆把水虎年五碑刻录文送给英国人黎吉生作研究之用，后黎吉生转送给英国牛津大学图书馆馆藏。2008年8月在奥地利维也纳一次国际藏学学术会议上承蒙牛津大学图书馆藏文部负责人查尔斯·曼逊（Charles Manson）先生的盛情厚意，水虎年五碑刻录文的电子版送给了笔者。西藏大学图书馆西饶桑布教授亦向笔者提供了一份复印件。在此向两位先生表示衷心感谢。

近代研究此碑最早的人是黎吉生。1964 年黎吉生依据拔聂阿亭提供的水虎年五碑刻录文和 1949 年实地所抄录的少量文字，在英国《皇家亚洲学会学报》（*JRAS*）刊物上发表了碑刻全文和解读文章。1985 年出版的《西藏古代碑刻文集》（A Corpus of Early Tibetan Inscriptions）中再次收录了碑文。其他研究者还有李方桂、索朗旺堆、高瑞、恰噶·旦正、次旺等学者。

下录碑文是依据水虎年五碑刻录文的牛津大学图书馆电子版和西饶桑布教授提供的复印件而录，参照了黎吉生录文。从碑刻内容来看，水虎年五碑刻录文文意较为完整，应该说基本上忠实于碑刻。不足的是，抄件字体是后期行书（dbu med），而碑文字形是古藏文楷体（dbu can），因此字体未能如实体现吐蕃时期的字形。另个别词汇是否是碑刻原文还存有疑问。

（二）碑 文

1. /// vphrul gyi lha btsan po yab myes（1）lha dang myi*v*i

༄། འཕྲུལ་གྱི་ལྷ་བཙན་པོ་ཡབ་མྱེས་ལྷ་དང་མྱིའི་

2. rjer gshegs te/ chos gtsug lag ni

རྗེར་གཤེགས་ཏེ། ཆོས་གཙུག་ལག་ནི་

3. lugs kyis bzang / dbu rmog brtsan po ni

ལུགས་ཀྱིས་བཟང་། དབུ་རྨོག་བརྩན་པོ་ནི་

4. byin du chevo//

བྱིན་དུ་ཆེའོ། །

5. /// lha btsan po khri srong lde brtsan gyi zha

༄། ལྷ་བཙན་པོ་ཁྲི་སྲོང་ལྡེ་བརྩན་གྱི་ཞ་

琼结达孜桥头碑
（琼结县原县政府院内，1998 年）

6. snga nas kyang / yab myes kyi lugs bzhin/

སྔ་ནས་ཀྱང་། ཡབ་མྱེས་ཀྱི་ལུགས་བཞིན།

7. lhavi gtsug lag n*i* ma nyams/ gnam

ལྷའི་གཙུག་ལག་ནྀ་མ་ཉམས། གནམ་

8. savi chos dang ni mthun par mdzad/ sku

སའི་ཆོས་དང་ནི་མཐུན་པར་མཛད། སྐུ་

9. yon tan yongs kyis brjod pav*i* yi ge

ཡོན་ཏན་ཡོངས་ཀྱིས་བརྗོད་པའྀ་ཡི་གེ།

10. nam zhig rdo rings la bris so//

ནམ་ཞིག་རྡོ་རིངས་ལ་བྲིས་སོ།།

11. chos rgyal chen pos phrin las su ci

ཆོས་རྒྱལ་ཆེན་པོས་ཕྲིན་ལས་སུ་ཅི་

12. mdzad pa dang/ dbu rmog brtsan povi（2）by*i*n

མཛད་པ་དང། དབུ་རྨོག་བརྩན་པོའི་བྱྀན་

13. gyis/ chab srid skyes pa las（3）stsogs pavi

གྱིས། ཆབ་སྲིད་སྐྱེས་པ་ལས་སྩོགས་པའི་

14. gtam gyi y*i*（4）ge/ zhib mo gc*i*g（5）ni/ gud

གཏམ་གྱི་ཡྀ་གེ། ཞིབ་མོ་གཅྀག་ནི། གུད་

15. na yod do//

ན་ཡོད་དོ།།

16. /// vphrul gy*i* lha btsan po khri srong lde

༄༅། འཕྲུལ་གྱྀ་ལྷ་བཙན་པོ་ཁྲི་སྲོང་ལྡེ་

17. brtsan gyi zha（6）snga nas/ mthav bzhivi rgyal po

བརྩན་གྱི་ཞ་སྔ་ནས། མཐའ་བཞིའི་རྒྱལ་པོ་

18. gzhan dang my*i*（7）vdra ste/ byin gyi sgam dkyel

གཞན་དང་མྱྀ་འདྲ་སྟེ། བྱིན་གྱི་སྒམ་དཀྱེལ་

现以碑亭保护的
琼结达孜桥头碑

19. chen po dang / dbu rmog brtsan pos/ yar ni

ཆེན་པོ་དང་། དབུ་རྨོག་བརྩན་པོས། ཡར་ནི་

20. ta zhig gyi mtsam man chad/ mar ni long

ཏ་ཞིག་གྱི་མཚམས་མན་ཆད། མར་ནི་ལོང་

21. shan gyi la rgyud yan chad/ chab vog vdu

ཤན་གྱི་ལ་རྒྱུད་ཡན་ཆད། ཆབ་འོག་འདུ་

22. ste/ chab srid ni lho byang shar nub

སྟེ། ཆབ་སྲིད་ནི་ལྷོ་བྱང་ཤར་ནུབ།

23. mthav klas par chevo/ /de ltar chab srid

མཐའ་ཀླས་པར་ཆེའོ། །དེ་ལྟར་ཆབ་སྲིད་

24. che bavi byin gyis/ bod yongs su yul che/ khong

ཆེ་བའི་བྱིན་གྱིས། བོད་ཡོངས་སུ་ཡུལ་ཆེ། ཁོང་

25. phyug tu gyur*d* pas/ nang nas kyang/ nam

ཕྱུག་ཏུ་གྱུརད་པས། ནང་ནས་ཀྱང་། ནམ་

26. zhar bde zhing skyid par gnas so//

ཞར་བདེ་ཞིང་སྐྱིད་པར་གནས་སོ། །

27. thugs la byang chub spyod pa rlabs po

ཐུགས་ལ་བྱང་ཆུབ་སྤྱོད་པ་རླབས་པོ་

28. che mngav bas/ vjig rten las vdas pavi

ཆེ་མངའ་བས། འཇིག་རྟེན་ལས་འདས་པའི་

29. chos bzang brnyes nas/ kun la bkav

ཆོས་བཟང་བརྙེས་ནས། ཀུན་ལ་བཀའ་

30. drin du byi*no*/ （8）/de ltar vgreng dud

དྲིན་དུ་བྱིནོ། །དེ་ལྟར་འགྲེང་དུད་

31. gny*i*s la/ vphral yun gny*i*s kyi bkav drin

གཉིས་ལ། འཕྲལ་ཡུན་གཉིས་ཀྱི་བཀའ་དྲིན་

32. chen pos ma khyab pa myed（9）de/ myi（10）yongs

ཆེན་པོས་མ་ཁྱབ་པ་མྱེད་དེ། མྱི་ཡོངས་

33. kyis mtshan yang vphrul gyi lha byang chub

ཀྱིས་མཚན་ཡང་འཕྲུལ་གྱི་ལྷ་བྱང་ཆུབ་

34. chen por gsol to//

ཆེན་པོར་གསོལ་ཏོ། །

（三）校 勘

琼结达孜桥头碑东面飞龙纹饰

（1）myes，据黎吉生（1985）、李方桂（1987），水虎年五碑刻录文：mes。

（2）povi，据黎吉生（1985）、李方桂（1987），水虎年五碑刻录文：po。

（3）las，据黎吉生（1985）、李方桂（1987），水虎年五碑刻录文：la。

（4）yi，据黎吉生（1985）、李方桂（1987），水虎年五碑刻录文：yi。

（5）gcig，据李方桂（1987），黎吉生（1964）：gcig。

（6）zha，据黎吉生（1985）、李方桂（1987），水虎年五碑刻录文：zhal。

（7）myi，据黎吉生（1985）、李方桂（1987），虎年五碑刻录文：mi。

（8）byino，据水虎年五碑刻录文，黎吉生（1985）：byin no

（9）myed，据黎吉生（1985）、李方桂（1987），水虎年五碑刻录文：med。

（10）myi，据黎吉生（1985）、李方桂（1987），水虎年五碑刻录文：mi。

（四）译文

天神赞普祖先[1]下凡为天神和黎民之主，以仁政善法治天下[2]，以圣武威严[3]四方倾心。天神赞普赤松德赞[4]奉尊祖法，使天神之法[5]不衰，与天地之道[6]相吻。其丰功伟绩之文字，此时勒石记述。

细述伟大法王以仁政善法治天下，以武功威声远振之伟业的文字保存于另处。

天神赞普赤松德赞与四邻诸国[7]迥异，以其强盛武功上自大食[8]以下、下自陇山[9]山脉以上全然收治于下。杨威东西南北，拓土无疆。此等吐蕃外疆土广阔，内物阜民丰，时享安宁。（赞普）心怀崇高慈悲之心，寻获了出世之善法[10]，广布恩泽于民众。如此恩顾人畜两方[11]无所不至，众人上尊号为天神菩提萨埵[12]。

（五）译文注释

【1】天神赞普祖先

琼结达孜桥头碑碑帽（1998年）

天神赞普祖先，通常指吐蕃第一代国王聂赤赞普。根据早期藏文史籍传说，聂赤赞普本是十三层天界的天神之子，后受命下凡人间，为黑头黎民之主，故有天神赞普之称。此后历代赞普称作天神赞普，或圣神赞普。

【2】以仁政善法治天下

Chos gtsug lag ni lugs kyis bzang 之对译。赤松德赞时期佛教立足于吐蕃之

前，仁政善法治天下指吐蕃固有推崇的治国之道，此处仁政善法与佛法无关。8 世纪后半叶佛教在吐蕃享受国教级待遇后善法渐渐单指佛法。

【3】圣武威严

原文为“盔帽坚硬”之意。早期藏文史料和碑刻中常用 dbu rmog brtsan，来寓意吐蕃赞普强大的武功，此处根据上下文译作“圣武威严”。

【4】赤松德赞

为 8 世纪后半叶吐蕃著名赞普，出生于藏历水马 742 年，去世于藏历火牛 797 年。《旧唐书·吐蕃传》《新唐书·吐蕃传》《册府元龟》《资治通鉴》等汉文史籍将其名译为乞黎苏笼猎赞、挲悉笼猎赞、娑悉笼猎赞、娑悉笼腊赞等。赤松德赞于 755 年即赞普位，在位期间一方面积极推行传播、宏扬佛教的政策，迎请印度高僧、修建寺院，建立译经院，翻译佛经，让藏人剃度出家为僧。故后史有“佛法兴旺于赞普赤松德赞时期”的美誉。另一方面赤松德赞以强大的武力在西抵御大食，向东占领许多唐之属地，一度吐蕃势力范围空前广大。

【5】天神之法

lhavi gtsug lag 之对译，当指佛教传播前吐蕃仍遵循的是古老治国之道。因有吐蕃祖先源自天神之说，故以天神之法来形容吐蕃早期的国策。

【6】天地之道

gnam savi chos 之意译。古代吐蕃尊天为至上，云赞普是天神之身份下凡人间来治理大地，于是古人认为赞普有一套既符合天界，又符合人间的统治之道，称为天地之道。

【7】四邻诸国

吐蕃人常用四邻诸国来指大唐、大食、突厥、回鹘、南诏等。

【8】大食

ta zhig 之对译。ta zhig 被视作波斯文 tazi 或 taziks 的变音，吐蕃时期也写作 ta zig、ta chig,11 世纪后逐渐写作 stag gzigs，并把大食王称作财宝之王。大食原系古波斯一部落名称，后泛指阿拉伯帝国。670年以后吐蕃出兵夺取了唐西域四镇大部分土地，692年唐将王孝杰大破吐蕃兵，夺回四镇。从此唐与吐蕃在西域常发生战争，互有胜败。722年以后吐蕃几次进攻勃律（今克什米尔以北，巴基斯坦南部），736年吐蕃公主远嫁勃律王，吐蕃与勃律和亲，勃律归附于吐蕃。8世纪后半叶，大食已是吐蕃的劲敌，吐蕃在西域直接面对试图向东扩展势力的大食。

【9】陇山

今陕西陇县境内。唐初武德年间设置陇东郡，时辖境包括汧阳（陕西汧阳）、吴山（今陕西陇县东南）、华亭（今甘肃华亭）。787年，唐德宗贞元三年吐蕃大相尚结赞率兵三路至陇山一带，军营安置在陇、汧阳之间，联营数十里。尔后与唐军在汧阳、吴山、华亭一带激战。碑文所言吐蕃势力东至陇山，应指贞元三年之事。

【10】出世之善法

佛家所云超出生死轮回，到达彼岸涅盘境界的佛法为出世之善法，又称出世圣法、菩提分法。证得佛家最高之观——性空，称为出世正见。

【11】人畜两方

vgreng dud gnyis 对译。此处 vgreng 指人丁。 Dud 指牲畜。根据敦煌古藏文文书记载，藏族远古传说认为，悉博野第一代国王聂赤赞普是为黑头黎民（vgreng mgo nag mi）和牲畜 (dud rngog chag) 之主从天界下凡人间。

【12】天神菩提萨埵

“天神菩提萨埵”是藏文史料中第一次出现的具吐蕃固有文化符号与佛教文化符号的混合称号。赤松德赞执政时期大力推行佛法，故晚年获得了“菩提萨埵”这一佛教标志性的尊号，并与吐蕃固有的天神之子称号并行，出现了“天神菩提萨埵”的尊号。

四、邓柯隆绒摩崖石刻

（一）解 题

隆绒摩崖石刻位于金沙江东畔邓柯境内，今四川甘孜藏族自治州石渠县洛须镇以东通往石渠县城的隆绒沟公路右侧的岩壁上，刻有三尊佛像和两处文字。两处文字是题记和佛经残文。题记位于佛像左侧，刻有 7 行字，部分文字已脱落，现存约 87 个字。佛经残文刻在佛像下方，有 3 行字，部分文字已衍化，现存约 79 个字。根据题记，佛像及文字刻于赤松德赞赞普在位时期（755–797）。这是康区首次发现的赤松德赞时期石刻。当地人把摩崖石刻呼作“扎拉姆”（brag lha mo），汉文文章中音译写作“照阿拉姆”，意即“岩石上的女神”。历史上今洛须镇一带称之邓柯（vdan vkhog，或 ldan vkhog），其腹心地名为隆塘（klong thang），摩崖石刻位于隆塘沟，即藏文中的“隆绒”（klong rong），故此处称作邓柯隆绒摩崖石刻。

1980 年德国波恩大学藏族学者白玛次仁回家探亲时关注到了此石刻，并抄录了题记。不久德国波恩大学藏学家南杰·容格、赫尔穆特·埃玛尔（Helmut Eimer）和瑞士学者艾米·海勒（Amy Heller）以白玛次仁提供的录文为基础相继发表了相关研究文章。

国际藏学界对这一处摩崖石刻的初步研究成果早已见于上世纪八十年代的学术刊物上，而国内对此孤陋寡闻，直到 2006 年《四川文物》第 3 期上才出现相关一篇文章，认为“从造像风格来看与敦煌吐蕃占领时期壁画风格一致，属波罗艺术风格。从题记藏文来看，文字古朴，应为 826 年文字改革之前字体。”这类文章表述虽然指出了石刻为吐蕃历史文化遗产，但实属泛泛之语。首篇学术研究文章由谢继胜教授发表在 2009 年《中国藏学》第 1 期上，文章从佛像的艺术风格、文字特点等方面作了全面的探讨，以学术论据证明这是一处吐蕃时期文化遗产。

下录摩崖石刻题记是根据笔者于 2016 年在邓柯考察时所拍摄的图片为基础而成，参照了青海玉树文化学者甲央尼玛先生所提供的图照文字，比对了艾米·海勒女士提供的抄件。艾米·海勒女士提供的题记文字中个别字体异于石刻，此据图照作了纠正，校勘中不作说明。

（二）题 记

1. /// brtsan po byang cub sems dpav khri srong lde brtsan skuvi

༄༅། བཙན་པོ་བྱང་ཅུབ་སེམས་དཔྰ་ཁྲི་སྲོང་ལྡེ་བཙན་སྐུའི་

ring la

རིང་ལ་

2. bsod nams che/ dbu rmog brtsan te/ phyogs bcur mthav skyes nas

བསོད་ནམས་ཆེ། དབུ་རྨོག་བརྩན་ཏེ། ཕྱོགས་བཅུར་མཐྰ་སྐྱེས་ནས་

3. spad ching/（1）dar ma theg pa chen po mdo sde mang mo zhig gtan la bab par bsgyur to

སྤད་ཆིང། དར་མ་ཐེག་པ་ཆེན་པོ་མདོ་སྡེ་མང་མོ་ཞིག་གཏན་ལ་བབ་པར་བསྒྱུར་ཏོ་

4. ×××（2）khri rgyal la stsogspa brgya stong phrag du ma zhig thar par zhugso

××× ཁྲི་རྒྱལ་ལ་སྟོགསྤ་བརྒྱ་སྟོང་ཕྲག་དུ་མ་ཞིག་ཐར་པར་ཞུགསོ་

5. ××××××ra gtsug lag khang rgyas par brtsigste/ rkyen vbangs dang rje zhing

×××××× ར་གཙུག་ལག་ཁང་རྒྱས་པར་བརྩིགསྟེ། རྐྱེན་འབངས་དྔ་རྗེ་ཞིང་ལ་

6. ×××× ldan par phul/ dam pavi chos ×××× brtsigs ××××

×××× ལྡན་བར་ཕུལ། དམ་པའི་ཆོས་×××× བརྩིགས་××××××

7. ×××××× theg pa chen po bzheste brtan par ××××××

×××××× ཐེག་པ་ཆེན་པོ་བཞེསྟེ་བརྟན་བར་×××××××

（三）题记校勘

（1）spad ching。现文字已磨损，不可辨认，此据埃米·海勒录之。

（2）此处文字已磨损，无法辨认。埃米·海勒尔：me nyag。

（四）译 文

赞普菩提萨埵·赤松德赞[1]执政时期福祉齐天，圣武威严[2]，杨威四邻。诸多大乘佛典[3]经审定而译之[4]。××× 赤杰[5]等数以千百计人步入解脱之道。×××××× 广建佛寺，寺院属民和官府田产[6]，×××× 供奉。妙法 ×××××××× 奉行大乘之法之永固 ×××

邓柯隆绒摩崖石刻题记

（五）译文注释

【1】赞普菩提萨埵·赤松德赞

这一句表明摩崖石刻佛像、题记及佛经残文刻于赤松德赞执政时期佛教立足于吐蕃后，即 779 年桑耶寺建成之后，故有赞普菩提萨埵·赤松德赞之称呼。

【2】圣武威严

dbu rmog brtsan 之意译。原文是“盔帽坚硬”之意，以坚固不摧的盔帽来形容吐蕃赞普的权势威严，军力强盛。此处根据上下文译作“圣武威严”。又参阅《琼结达孜桥头碑》注释【3】。

【3】大乘佛典

dar ma theg pa chen povi mdo sde 之意译，按 dar ma 一词是梵文 dhama 一词的吐蕃时期音译，指佛法、佛典、佛经，见于敦煌古藏文文书和吐蕃碑刻中。此处译作佛典。大约 11 世纪开始把 Dar ma 写作 dharma, 从此这一书写体成为后期规范化的写法。汉文典籍中把梵文 dhama 音译为“达磨”。按五世纪印度佛学大师世亲著《注疏明论》的说法，佛法或“法”有十种含义。其中主要六种法为有为法、无为法、道谛之法、灭谛之法、毗奈耶法、四沙门法。佛经中又把“法”通常归结为三义：规范（lugs）、佛典（gsung rab）、知识（shes bya）。

【4】经审定而译之

8 世纪后半叶佛经大量翻译之际，由于译师方言不同，水平各异，出现了译经无统一标准，同一词汇翻译用词不同的问题，影响了译经的准确，造成了理解上的困难。于是赞普赤松德赞时期开始组织吐蕃、印度、克什米尔等地的译师对所有译经的名词、翻译标准进行审定，而后每一个译经尾记中注明“经审定而译之”。

【5】赤杰

khri rgyal 的音译。全名赤杰莫赞，姓没庐，赤松德赞的王妃之一，是王室成员中最早入法门出家为尼的王妃。入法门后取法名强秋杰。赤松德赞建桑耶寺，弘扬佛教之初，赤杰莫赞出资铸造了桑耶格吉佛殿铜钟，其后桑耶格吉佛殿衰败后铜钟由桑耶寺保存，现此口铜钟悬挂在桑耶寺大门。赞普赤德松赞时期强秋杰以施主名义又铸造了昌珠寺铜钟，铜钟铭文曰铸工为唐比丘仁钦。

【6】寺院属民和官府田产

寺院属民指为寺院支差，或寺院所拥有属民。官府田产是指王室或地方首领所拥有的土地。

五、丽江吐蕃格子墓碑

（一）解 题

该碑于 1992 年 3 月在云南丽江玉龙县石鼓镇格子村出土，现移存并陈列在丽江市博物馆第一展厅，供游客参观，属于国家一级文物。格子村位于丽江古城以西约 60 公里的金沙江第一湾处石鼓镇，其西北部经迪庆藏族自治州(可直通中甸，即今香格里拉县)，可通向西藏芒康县，这里历来是西藏通向云南的必经之路。

2011 年年底西藏人民出版社出版了拙作《吐蕃碑文汇编及校注》（藏文）一书，收录了约 21 篇古藏文碑刻和摩崖刻石，其中“丽江吐蕃格子墓碑”录文采用和借鉴了藏学界和民族学界已发表的相关成果。由于学界同人的录文中有几处文字不同，由此解读、翻译亦不尽相同。

笔者在书中解读碑文时对有些文字的辨析心存疑惑，又无相关拓片或图照可资参考，未能亲自考读碑刻，一直引为心中一件憾事。

丽江吐蕃格子墓碑上的神灵与纹饰图案

2012年7月笔者借出席在丽江市召开的“东巴文化保护传承暨交流研讨会”之际，在丽江市博物馆得以考读“吐蕃格子墓碑”，又承蒙市博物馆的厚意，提供了拓片等相关资料。根据博物馆提供的资料，吐蕃格子墓碑碑高209厘米、宽88厘米、厚12厘米。以往见于相关文章中有碑高158厘米、宽76厘米、厚32厘米之说与此有所不同。

此碑由碑首、碑身组成。上刻有纹饰、藏文文字、人物、神灵和动物图案。碑首约占碑体的五分之一，呈半月形。上沿纹饰是由三个重叠三角形形成的10个山形图案，其下是三道弧线，再下是沿着弧线从左至右的水纹图形，似乎寓意山峰、大地、江水。再下左右两半有两个图纹似乎是花瓣形状不同的的莲花，中间是一名头戴三冠，上身赤裸，下身着衣裙的神灵。

碑身按碑刻文字和图文可分两部分。第一部分由5行藏文碑文和人物图案组成。藏文碑文约有60个藏文词汇，其下人物绘有8个图案。左面是5名兽面人身，依次或站或跪，面向着右面3名人物似乎敬献贡品。再下以横线把第一部分和第二部分隔开。第二部分依次从上往下绘有4列图画。第一列是一名身着过膝长袍，腰系带子的兽面人身神灵牵着一匹骏马，另一匹马相随其后，其后面是一位正在站立行走的兽面人身神灵。第二列绘有两匹马，马之右下方是一只老虎和一只豹子，其下是3名站立行走的兽面人身神灵。第三列是一只体型硕大的狮子，其左下方为一只小动物，似乎是一只幼狮。第四列是双龙戏耍图。

丽江吐蕃格子墓碑上的神灵与纹饰图案

关于石碑的解读，笔者以为，此碑为墓碑，碑首上头戴三冠者可能是保护墓主人入土为安的神灵或祭司，与苯教早期神灵和东巴教神灵的宗教符号如出一辙。5行藏文碑文下的8个人物群像，冯智先生解读为“臣服图”，认为由8人组成的“臣服图”表现了吐蕃大臣神川节度使正在接受归顺者龙腊塔及其随从进贡的场面。此说可备参考。另虎、狮子、龙等图案寓意何为？吐蕃人崇尚虎和狮子，以虎的勇猛来褒奖英雄，以石雕狮子作镇墓兽来显示墓主人的显赫尊贵，图案是否与此有关，还待进一步考察。

由于石碑由碑刻文字和图案构成，以往学术界对碑刻称谓不尽相同，有格子吐蕃碑（冯智）、丽江吐蕃古碑（王尧）、格子藏文碑（赵心愚）、格子吐蕃藏文画像碑（杨林军）等等，藏族学者在藏文中多称之为丽江吐蕃碑。根据笔者考读，碑文有“龙拉塔年享九十岁而薨，其墓穴也”之语，故，此碑是墓碑，称为“丽江吐蕃格子墓碑”为妥。

根据碑文内容所透露的相关历史信息，此碑当属 8 世纪的遗物，立碑时间可能在 794 年（唐贞元十年）南诏重新归附唐朝前。8 世纪初，吐蕃国王都松芒布杰出征南诏，并战死在疆场。此后吐蕃长期在南诏一带展开频繁的军事活动。752 年，唐天宝十一年南诏王阁罗风“北臣吐蕃，吐蕃令阁罗风为赞普钟，号曰东帝，给以金印，蛮谓弟为‘钟’”（见《旧唐书·南蛮传》）。碑文所载措绒部落首领龙拉塔亦极有可能随阁罗风臣服于吐蕃，被吐蕃赞普授予金字告身。

关注此碑最早的是已故云南迪庆藏族自治州藏学研究院副院长王晓松（七林旺丹）先生，他于 1993 年夏季曾向笔者介绍过此碑一些简略情况。北京藏学研究中心冯智研究员在《云南社会科学》1993 年第 6 期和《西藏研究》1994 年第 3 期上连续发表了两篇研究论文，对碑文进行了解读，对碑刻所涉及的历史事件作了考证。此后上世纪九十年代发表的研究文章有瑟格·苏郎甲楚的《格子吐蕃藏文石碑之我见》（《西藏研究》1995 年第 4 期）和王尧先生的《云南丽江吐蕃古碑释读札记》两篇汉文论文。最近二十年来新发表的汉文论著有赵心愚教授的《格子藏文碑和吐蕃告身制度的几个问题》和杨林军先生的《格子吐蕃藏文画像碑》两篇。藏文有恰噶·旦正和多拉的两篇研究论文。

下录碑文是笔者于 2012 年 7 月在丽江博物馆展厅抄录的，并参照了博物馆提供的拓片。碑文应该说清晰可辨，语义基本无费解之处，抄录文字准确无误，原先存念于心中的一些疑惑得以释然。唯一有疑惑的是第一行 ma 字上有形似元音 e 的线痕，如视作 e，则 me 字在碑文中无解。本文中以 mav 字释读。笔者于2011年出版的藏文拙作《吐蕃碑文汇编及校注》一书所收录的吐蕃格子墓碑是参考了冯智、瑟格·苏郎甲楚、王尧、恰噶·旦正、多拉等先生录文基础上形成的，冯智、王尧两位先生的录文为拉丁转写，恰噶·旦正和多拉的录文为藏文。2011年笔者拙作中的碑刻录文有几处错字，下文校勘中给予了纠误。音节点符和句符（tsheg 和 shad）错录部分亦在校勘中直接纠正，不作专门讨论。

笔者的解读得益于学界已有的研究成果，但同时仔细拜读墓碑文字时对几处关键文字作了重新释读和翻译。

（二）碑 文

1. /// mtsho: rum: long: la dag: thog: ma/（1）rgya: vbangs: las:

༄།། མཚོ༔རུམ༔ལོང༔ལ་དག༔ཐོག༔མ། རྒྱ༔འབངས༔ལས༔

2. rgya: rje: gtan: gyi:（2）rjer: myi:（3）rung: nas/ /btsan: po: lha: sras: lav

རྒྱ༔རྗེ༔གཏན༔ཀྱི༔རྗེར༔མྱི༔རུང༔ནས།། བཙན༔པོ༔ལྷ༔སྲས༔ལ༔

3. glo: ba: nye: ste/ /blon: skyes: bzang la:/ phyag: vtshal: nas/ pho: tshed（4）zang

གློ༔བ༔ཉེ༔སྟེ༔། །བློན༔སྐྱེས༔བཟང་ལ༔། ཕྱག༔འཚལ༔ནས། ཕོ༔ཚེད༔ཟང

4. mang: n*i*（5）/ /gser: chen: po stsald/ / long: la: dag: gtsang（6）cen stsald: pa: las: lo（7）

མང༔ནི། གསེར༔ཆེན༔པོ་སྩལད།། ལོང་ལ༔དག༔གཙང་ཅེན་སྩལད་པ༔ལས༔ལོ༔

5. dgu: bcu: lon de gu*m*（8）bavi: mchad: pa

དགུ༔བཅུ༔ལོན་དེ་གུཾ༔བའི༔མཆད༔པ་

（三）校 勘

（1）ma:/，冯智、瑟格、赵心愚：me，王尧：mav/。

（2）ky*i*:，冯智、瑟格、赵心愚：kyi，王尧：gyi:，多拉：gyi。

（3）my*i*:，冯智、瑟格、旦正、赵心愚、多拉：myi，王尧：mi。

（4）tshed，瑟格、多拉：chod。

（5）ni:，冯智：na，瑟格、多拉：ni，王尧 mi。

（6）gtsang，王尧、多拉：gcang。

（7）lo，王尧、恰噶·旦正：pho。

（8）gum，冯智：gu，王尧：gum/。

（四）译 文

措绒之龙拉塔[1]本系唐之臣民[2]，奈唐主[3]不可奉作永世之主[4]，故倾心于赞普天子[5]，投拜于[6]论结藏麾下[7]。颇慈藏芒[8]被赐予大金字[9]告身，龙拉塔授予藏钦[10]一职。年享九十而崩，其墓穴也[11]。

（五）译文注释

【1】措绒之龙拉塔

系 mtsho:rum:log:la:dag: 之音译，措绒似乎是南诏一小部落名，龙拉塔为其首领。冯智译作措绒龙腊塔，瑟格·苏郎甲楚译成洱海区域弄部首领，王尧先生写作诏戎拢拉达，赵心愚、恰噶·旦正译作措绒之龙拉大。

【2】本系唐之臣民

直意为“本系汉之臣民”，此处译作“本系唐之臣民”。

【3]唐主

直译为汉帝。按藏文史籍，唐代皇帝称作汉帝。此处应指唐朝皇帝玄宗李隆基。因为南诏臣服吐蕃发生在 754 年，唐开元十三年。

【4】不可奉作永世之主

意即不可把唐皇奉作永远值得信赖之君主。752 年南诏王阁罗风背唐投入吐蕃，南诏成为吐蕃属国。此句表明了唐朝与南诏错综复杂的关系。至 793 年阁罗风之孙南诏王异牟寻重新归唐，结束了南诏臣服于吐蕃 41 年的历史。

【5】赞普天子

为吐蕃国王之称呼。历代吐蕃赞普享有天神之子的称号。有些文字中“天子”译成“神子”，似乎不妥。

【6】投拜

直意是跪拜、叩头，佛教传入吐蕃后引申为礼拜，叩头、敬礼等，此处结合碑文译作投拜。

【7】论结藏

论是大臣之意，唐书译作“论”，结藏为人名。论结藏似乎指赤德祖赞（704–755）的重臣论结藏董叵卜，其姓氏为vbal，唐史译作末(参见《唐蕃会盟碑》)，全名为末·论结藏董叵卜，其简称是末·董叵卜。法藏敦煌古藏文文书P.T.1288记载，论结藏董叵卜出任过大相，先后参与过吐蕃许多重大军政事务。根据法藏敦煌古藏文文书P.T.1288载，藏历木狗年(734)曾率兵征战多弥地区(今青海、甘南等地区)，藏历火鼠年（736）又转战于吐蕃西面小勃律，使小勃律臣服于吐蕃，其后藏历木猴年（744）、藏历火狗年（746）、藏历火猪年（747）协助大相没庐·琼藏沃芒召集例行大臣议事年会，商讨并制订了许多重要的法令。藏历水龙年（752）可能出征过南诏，但藏文史料中无此记载。藏历木龙年（755）赤松德赞一继位，末·董叵卜和其政治盟友朗·梅昔两人获罪，被处死，家产充公。《拉萨雪碑》记载了末·结藏董叵卜获罪的原因是该大臣和朗·梅昔两人怀逆反之心，谋害先王赤德祖赞，继而试图加害新王赤松德赞，扰乱吐蕃政局。额兰·达札路恭知晓其阴谋后禀报于赤松德赞，赞普处死了末·结藏董叵卜和朗·梅昔两大臣。

【8】颇慈藏芒

pho:tshed: zang mang: ni之音译，措绒部落的首领之一，似乎是龙拉塔家族的前辈。吐蕃碑文中述及某大臣的功绩时常会提及其家族祖先姓名。王尧译文中称“祖公策桑芒弥”，把pho:一词译成祖公，“弥”为“ni”字之误，

“ni” 字是提顿语气的虚词，不是人名中的一字。恰噶·旦正译成“胞财桑芒”；而冯智、瑟格、赵心愚等译成“铜告身过多”，属于错译。

【9】大金字

吐蕃告身之一，有六等十二级。大金字告身次于大玉小玉之后，当为第三级告身。藏文史籍《贤者喜宴》中关于“六等告身”和汉文史料《新唐书·吐蕃传》《册府元龟》中的告身等级记载略有不同。

汉文史籍的“六等告身”只有五个，缺一个等级，依次为瑟瑟、金、金涂银、银、铜等。又参见《拉萨雪碑》注释【3】。

【10】藏钦

gtsang cen 之音译。敦煌 P.T.1288 文书 6 次提及“藏钦”，如 684 年“藏钦之四‘岸’合并是为一年。” 687 年“平定藏钦第一次叛乱是为一年。” 715 年“藏钦‘崇巴’（一官衔）亡故，命尚赤聂门松继任。” 719 年“额芒响木达匝卜定藏钦王室田亩之赋税。”720 年“征收藏钦王室田亩之赋税。”“731 年藏钦‘崇巴’（一官衔）唐赞被罢职，命森格·门布补缺并交接是为一年。” 从以上文字可知藏钦是吐蕃一特殊行政区域之名称，后似乎延伸为一级地方官员职衔。此处“授予藏钦”即指官衔。品级当为吐蕃中级官职。王尧文中误录为 gcang cen po，故错译成“将军”，冯智音译为“藏坚”；赵文意音结合译成“大藏”职位。

【11】墓穴

mchad: pa 之意译。意即坟地、墓穴。根据上下文，可推断此石碑为墓碑。

六、噶迥寺碑

（一）解 题

石碑原位于拉萨河畔南岸热玛岗村，隶属于拉萨市堆龙德庆区，与著名的拉萨哲蚌寺隔河相望。今热玛岗村移名为柳村，已划入拉萨柳梧开发区，碑文遗址亦在开发区内。该碑立于799/800–815年之间，为吐蕃佛法昌盛而新建噶迥寺所立，藏学学术界曾称作《噶迥寺建寺碑》，现统称为《噶迥寺碑》。早期藏文史料中也写作《杰德噶迥碑》，“噶迥”一词出现了两种写法：skar chung 和 dkar chung。碑文所示是 skar chung，故此种拼写是正确的。

20世纪60年代“文化大革命”时期石碑被毁坏，今仅存碑座及八九块断碑。根据李方桂《古代西藏碑文研究》一书，噶迥石碑未毁坏前，碑高 4.41 米，宽 0.76 米。

1983 年西藏自治区文物管理委员会（自治区文物局前身）曾对石碑遗址进行了一些调查，并从民间收回了 4 块断碑。1993 年文物管理委员会工作人员清理了碑座周围土石，使埋在土石下的碑座和一块断碑重见天日。当年又从附近桑杰寺（今名噶迥寺）和柳梧公社院内找回了两块断碑。最近十年来在区文物局、柳梧开发区和当地群众的支持下，在石碑遗址上修建了面积较大的碑厅，以保护碑座遗址以及残存的断碑。

关注此碑最早的当属西藏学者。藏历第七饶迥水虎年（1422）藏族先人把碑文完整抄录下来了，收编在水虎年五碑刻录文中。16 世纪问世的史学名著《贤者喜宴》中收录了另一份与噶迥寺碑文有关的赤德松赞时期的盟约。近现代藏族学者中最早研究和关注此碑的为根敦群培先生和霍康·索朗边巴先生。1946 年霍康·索朗边巴先生曾抄录过碑文。承蒙其公子霍康·强巴旦达先生的厚意，向笔者提供了索朗边巴先生抄文的复印件。国际上英国人黎吉生在 1949 年堪布了碑文，又在 1951 年至 1985 年出版的英文《西藏古代碑刻文集》一书中发表了该碑录文、注释、译文，并附有碑刻照片。1950 年意大利学者图齐著文，探讨了石碑立碑年代及相关历史问题。1978 年出版的宁玛派大活佛杜迥·吉查益希多吉所著《王统明镜》一书亦收录有该碑文，碑文资料应源自水虎年五碑刻录文。1982 年出版的王尧教授所著《吐蕃金石录》中除了录有石碑正文外还有汉译文和注释。1994 年区文管会次丹格列先生在《西藏研究》（藏文版）第 3 期发表《杰德噶迥碑遗址调查》一文，讨论了碑刻的一些相关历史背景，介绍了找到 3 块断碑的过程。国内外研究此石碑的学者还有索南吉、李方桂、高瑞、索南确杰、龙布杰等。

下录碑文以王尧教授和黎吉生的录文为基础，参照了断碑上的文字、水虎年五碑刻录文和霍康·索朗边巴先生的抄文。水虎年五碑刻录文和霍康·索朗边巴抄文字体为后期行书，不能显示出吐蕃楷体的字形，王尧先生和黎吉生的录文为楷体，与碑文相近，其文意与水虎年碑刻录文亦基本吻合。另王尧和黎吉生的录文中有些句符（shad）、点符（tsheg thung）有所不同，笔者按个人学识自行纠堪，校勘中不另作说明。

（二）碑 文

1. /// vphrul gy*i* lha btsan po khri srong lde brtsan gy*i*（1）ring

༄༅། འཕྲུལ་གྱྀ་ལྷ་བཙན་པོ་ཁྲི་ལྡེ་སྲོང་བརྩན་གྱྀ་རིང་

2. la/ /dam pav*i* chos yun du brtan par gts*i*gs

ལ། །དམ་པའྀ་ཆོས་ཡུན་དུ་བརྟན་པར་གཙྀགས་

3. brnan pa//（2）

བརྣན་པ། །

4. /// vphrul gyi lha btsan po/ myes/ khri srong brtsan gyi（3）

༄༅། འཕྲུལ་གྱི་ལྷ་བཙན་པོ། མྱེས། ཁྲི་སྲོང་བརྩན་གྱི་

5. r*i*ng la/ sangs rgyas ky*i* chos mdzad de/ ra savi gtsug

རྀང་ལ། སངས་རྒྱས་ཀྱྀ་ཆོས་མཛད་དེ། ར་སའི་གཙུག་

6. lag khang las stsogs pa brts*i*gs shing /（4）dkon mchog

ལག་ཁང་ལས་སྩོགས་པ་བརྩྀགས་ཤིང་། དཀོན་མཆོག

7. gsum（5）gy*i* rten btsugs pa dang / myes/（6）khri vdus srong *gi*

གསུམ་གྱྀ་རྟེན་བཙུགས་པ་དང་། མྱེས། ཁྲི་འདུས་སྲོང་གྀ་

8. r*i*ng la/ gling *gi* khri rtse las stsogs par/gtsug lag

རྀང་ལ། གླིང་གྀ་ཁྲི་རྩེ་ལས་སྩོགས་པར། གཙུག་ལག་

9. khang brts*i*gs ste/ dkon mchog gsum（7）gy*i* rten btsugs

ཁང་བརྩིགས་སྟེ། དཀོན་མཆོག་གསུམ་གྱི་རྟེན་བཙུགས་

10. pa dang / myes/ kr*i*（8）lde gtsug brtsan（9）gy*i* ring la / brag mar gy*i*

པ་དང་། མྱེས། ཁྲི་ལྡེ་གཙུག་བརྩན་གྱི་རིང་ལ། བྲག་མར་གྱི་

11. kwa cu dang / mch*i*ng phur gtsug lag khang brts*i*gs ste /（10）/dkon

ཀྭ་ཅུ་དང་། མཆིང་ཕུར་གཙུག་ལག་ཁང་བརྩིགས་སྟེ་། །དཀོན་

12. mchog gsum gy*i* rten btsugs pa dang / yab/（11）khr*i* srong lde

མཆོག་གསུམ་གྱི་རྟེན་བཙུགས་པ་དང་། ཡབ། ཁྲི་སྲོང་ལྡེ་

13. brtsan（12）gy*i* ring la/ /brag mar gy*i* bsam yas las stsogs/

བརྩན་གྱི་རིང་ལ། །བྲག་མར་གྱི་བསམ་ཡས་ལས་སྩོགས།

14. pa /（13）/dbung mthar gtsug lag khang brts*i*gs ste/（14）dkon

པ་། །དབུང་མཐར་གཙུག་ལག་ཁང་བརྩིགས་སྟེ། དཀོན་

15. mchog gsum gy*i* rten btsugs pa dang / /lha btsan po khri

མཆོག་གསུམ་གྱི་རྟེན་བཙུགས་པ་དང་། །ལྷ་བཙན་པོ་ཁྲི་

16. lde srong brtsan gy*i* ring la yang / skar chung gtsug lag khang

ལྡེ་སྲོང་བརྩན་གྱི་རིང་ལ་ཡང་། སྐར་ཆུང་གཙུག་ལག་ཁང་

17. las stsogs pa brtsigs ste/ dkon mchog gsum gy*i* rten

ལས་སྩོགས་པ་བརྩིགས་སྟེ། དཀོན་མཆོག་གསུམ་གྱི་རྟེན་

18. btsugs pa las stsogs pa / gdung rabs rgyud gy*i*s /（15）

བཙུགས་པ་ལས་སྩོགས་པ་། གདུང་རབས་རྒྱུད་གྱིས་།

19. vd*i* ltar sangs rgyas ky*i*（16）chos mdzad pa vdi/ / nam du yang ma

འདི་ལྟར་སངས་རྒྱས་ཀྱི་ཆོས་མཛད་པ་འདི། །ནམ་དུ་ཡང་མ་

20. zh*i*g /（17）ma btang na / /legs pa dpag du myed par vgyur//

ཞིག་། མ་བཏང་ན་། །ལེགས་པ་དཔག་དུ་མྱེད་པར་འགྱུར།།

21. btang ste/ zh*i*g gam/（18）myed par gyur na/ /sd*i*g pa grangs myed

བཏང་སྟེ། ཞིག་གམ། མྱེད་པར་གྱུར་ན། །སྡིག་པ་གྲངས་མྱེད་

22. par vong bas/ /da phy*i*n chad nam nam zha zhar/ vphrul gy*i* lha

པར་འོང་བས། །ད་ཕྱྀན་ཆད་ནམ་ནམ་ཞ་ཞར། འཕྲུལ་གྱྀ་ལྷ་

23. btsan po / /yab/ khr*i*（19）srong lde brtsan gy*i* ring la/ /dkon mchog

བཙན་པོ། །ཡབ། ཁྲྀ་སྲོང་ལྡེ་བརྩན་གྱྀ་རིང་ལ། །དཀོན་མཆོག

24. gsum gy*i* rten btsugs pa dang / sangs rgyas kyi chos mdzad pa

གསུམ་གྱྀ་རྟེན་བཙུགས་པ་དང་། སངས་རྒྱས་ཀྱི་ཆོས་མཛད་པ་

25. my*i* gtang（20）ma zhig par / /gdung rabs rgyud ky*i*s（21）yi dam bcavo

མྱྀ་གཏང་མ་ཞིག་པར། །གདུང་རབས་རྒྱུད་ཀྱྀས་ཡི་དམ་བཅའོ་

26. zhes byung ba las stsogs pa/ /btsan po yab sras/ /rje

ཞེས་བྱུང་བ་ལས་སྩོགས་པ། །བཙན་པོ་ཡབ་སྲས། །རྗེ་

27. blon / kun ky*i*s dbu snyung dang bro bor te //gtsigs ky*i* yi ge dang/

བློན། ཀུན་ཀྱྀས་དབུ་སྙུང་དང་བྲོ་བོར་ཏེ། །གཙིགས་ཀྱྀ་ཡི་གེ་དང།

28. rdo rings la bris pa bzhin du yang mdzad do/ /vd*i* ltar/ /yab

རྡོ་རིངས་ལ་བྲིས་པ་བཞིན་དུ་ཡང་མཛད་དོ། །འདྀ་ལྟར། །ཡབ་

29. myes/ /gdung rabs（22）rgyud ky*i*s / /dkon mchog gsum gy*i* rten

མྱེས། །གདུང་རབས་རྒྱུད་ཀྱྀས། །དཀོན་མཆོག་གསུམ་གྱྀ་རྟེན་

30. btsugs sh*i*ng / sangs rgyas ky*i* chos mdzad pa vdi / gces spras c*i*（23）

བཙུགས་ཤྀང་། སངས་རྒྱས་ཀྱྀ་ཆོས་མཛད་པ་འདི། གཅེས་སྤྲས་ཅྀ་

31. la yang / sdig go zhevam / ma legs so zhes/ mo dang rmyi ltas las

ལ་ཡང་། སྡིག་གོ་ཞེའམ། མ་ལེགས་སོ་ཞེས། མོ་དང་རྨྱི་ལྟས་ལས་

32. stsogs ste/（24） c*i*vi phyir yang rung ste/ my*i* gzhig go/ my*i* spang ngo/de skad

སྩོགས་སྟེ། ཅྀའི་ཕྱིར་ཡང་རུང་སྟེ། མྱྀ་གཞིག་གོ། མྱྀ་སྤང་ངོ། དེ་སྐད་

33. ces/ che chung sus gsold（25）ky*i*s kyang / de ltar mi mdzad do/ /btsan

ཅེས། ཆེ་ཆུང་སུས་གསོལད་ཀྱྀས་ཀྱང་། དེ་ལྟར་མི་མཛད་དོ། །བཙན་

34. po dbon sras/ / sku chun*gur* bzhug pa yan cad/ /chab sr*i*d ky*i*

པོ་དབོན་སྲས། །སྐུ་ཆུངུར་བཞུགས་པ་ཡན་ཆད། །ཆབ་སྲྀད་ཀྱྀ་

35. mngav bdag mdzad pa man chad kyang/ /dge slong las/ dge bavi

མངའ་བདག་མཛད་པ་མན་ཆད་ཀྱང༌། །དགེ་སློང་ལས། དགེ་བའི་

36. bshes nyen（26）bskos ste/ chos thugs su ci chud chud du bslab （27）cing / bod

བཤེས་ཉེན་བསྐོས་སྟེ། ཆོས་ཐུགས་སུ་ཅི་ཆུད་ཆུད་དུ་བསླབ་ཅིང༌། བོད་

37. yong kyis kyang chos slob（28）cing spyad pavi sgo myi gcad/（29） nam du yang bod ya

ཡོངས་ཀྱིས་ཀྱང་ཆོས་སློབ་ཅིང་སྤྱད་པའི་སྒོ་མྱི་གཅད། ནམ་དུ་ཡང་བོད་ཡ་

38. rabs man cad/ bod vbangs las thar par gzud pavi sgo myi bgag

རབས་མན་ཅད། བོད་འབངས་ལས་ཐར་པར་གཟུད་པའི་སྒོ་མྱི་བགག་

39. par / dad pavi（30）rnams las thar pa btsud de/（31）devi nang nas

པར། དད་པའི་རྣམས་ལས་ཐར་པ་བཙུད་དེ། དེའི་ནང་ནས་

40. nus pa las/ /bcom ldan vdas（32）kyi rings lugs rtag tu bsko

ནུས་པ་ལས། །བཅོམ་ལྡན་འདས་ཀྱི་རིངས་ལུགས་རྟག་ཏུ་བསྐོ་

41. zhing/（33）/bcom ldan vdas kyi rings lugs byed pavi rnams（34）chos vkhor

ཞིང༌། །བཅོམ་ལྡན་འདས་ཀྱི་རིངས་ལུགས་བྱེད་པའི་རྣམས་ཆོས་འཁོར་

42. nas byavo cog gi bkav la yang btags（35）ste/ /chos vkhor gyi las dang

ནས་བྱའོ་ཅོག་གི་བཀའ་ལ་ཡང་བཏགས་སྟེ། །ཆོས་འཁོར་གྱི་ལས་དང་

43. dbang byed cing / dge bavi bshes nyen（36） byed par bskovo/ rab tu byung bavi

དབང་བྱེད་ཅིང༌། དགེ་བའི་བཤེས་ཉེན་བྱེད་པར་བསྐོའོ། །རབ་ཏུ་བྱུང་བའི་

44. rnams/ nged yab sras kyis/ mchod gnas su gnang ba bzhin du byas

རྣམས། །ངེད་ཡབ་སྲས་ཀྱིས། མཆོད་གནས་སུ་གནང་བ་བཞིན་དུ་བྱས་

45. ste/ /btsan povi/ pho brang na dkon mchog gsum gyi rten btsugs shing /

སྟེ། །བཙན་པོའི། ཕོ་བྲང་ན་དཀོན་མཆོག་གསུམ་གྱི་རྟེན་བཙུགས་ཤིང༌།

46. mchod pa yang/ gudu myi spang myi bskar zhing mchod（37）gnas su bgyivo /

མཆོད་པ་ཡང༌། །གུདུ་མྱི་སྤང་མྱི་བསྐར་ཞིང་མཆོད་གནས་སུ་བགྱིའོ།

47. mdor na/ /btsan povi/ pho brang dang/ bod khams na / dkon mchog gsum myed

མདོར་ན། །བཙན་པོའི། ཕོ་བྲང་དང། བོད་ཁམས་ན་། དཀོན་མཆོག་གསུམ་མྱེད་

48. pa dang/ spang bav*i* thabs *ci* yang my*i* mdzad do/ /yab myes dbon sras

པ་དང་། སྤང་བའི་ཐབས་ཅི་ཡང་མྱི་མཛད་དོ། །ཡབ་མྱེས་དབོན་སྲས་

49. gang g*i* ring la yang rung ste/ (38) dkon mchog gsum gy*i* rken bcad pavi rnams

གང་གི་རིང་ལ་ཡང་རུང་སྟེ། དཀོན་མཆོག་གསུམ་གྱི་རྐྱེན་བཅད་པའི་རྣམས་

50. kyang ma dmavs (39) ma zh*i*g pavi chos su/ (40) /lha r*i*s kyi khy*i*m y*i*g g*i* mgo nan (41) las

ཀྱང་མ་དམའས་མ་ཞིག་པའི་ཆོས་སུ། །ལྷ་རིས་ཀྱི་ཁྱིམ་ཡིག་གི་མགོ་ནན་ལས་

51. vbyung ba bzhin du chis (42) mdzad do/ /da phyin chad gdung rabs re re zhing yang /

འབྱུང་བ་བཞིན་དུ་ཆིས་མཛད་དོ། །ད་ཕྱིན་ཆད་གདུང་རབས་རེ་རེ་ཞིང་ཡང་།

52. btsan po yab sras ky*i*s / vdi bzhin du y*i* dam bcavo/ de las mnav kha

བཙན་པོ་ཡབ་སྲས་ཀྱིས། འདི་བཞིན་དུ་ཡི་དམ་བཅའོ། དེ་ལས་མནའ་ཁ་

53. dbud pa dag my*i* bgy*i* my*i* bsgyur bar/ vjig rten las vdas pa dang vj*i*g

དབུད་པ་དག་མྱི་བགྱི་མྱི་བསྒྱུར་བར། འཇིག་རྟེན་ལས་འདས་པ་དང་། འཇིག་

54. rten gy*i* lha dang my*i* ma yin pa thams cad kyang / dpang du gsol te/ btsan po /

རྟེན་གྱི་ལྷ་དང་མྱི་མ་ཡིན་པ་ཐམས་ཅད་ཀྱང་། དཔང་དུ་གསོལ་ཏེ། བཙན་པོ།

55. rje blon kun ky*i*s kyang/ dbu snyung dang/ bro bor ro/ gtsigs brnan pav*i*

རྗེ་བློན་ཀུན་ཀྱིས་ཀྱང་། དབུ་སྙུང་དང་། བྲོ་བོར་རོ། གཙིགས་བརྣན་པའི་

56. y*i* ge zh*i*b mo ni / /yab ky*i* ring la gts*i*gs (43) ky*i* yi ge bris pavi zla la

ཡི་གེ་ཞིབ་མོ་ནི། །ཡབ་ཀྱི་རིང་ལ་གཙིགས་ཀྱི་ཡི་གེ་བྲིས་པའི་ཟླ་ལ་

57. bzhag go//

བཞག་གོ། །

（三）校勘

（1）gyi，据黎吉生（1985），王尧（1982）：gyi。

（2）brnan，据碑文残石，水虎年五碑刻录文：bsnan。

（3）gyi，据黎吉生文（1985），王尧（1982）：gyi。

（4）shing，据霍康、王尧（1982）、黎吉生（1985），水虎年五碑刻录文：te。

（5）dkon mchog gsum，据霍康（1946）、王尧（1982）、黎吉生（1985），水虎年五碑刻录文：dkoog gsum。

（6）myes/，据黎吉生（1985），王尧（1982）：myes。

（7）dkon mchog gsum，据霍康（1946）、王尧（1982）、黎吉生（1985），虎年五碑刻录文：dkoog gsum。

（8）khri，据黎吉生（1985），王尧（1982）：khri。

（9）brtsan，据霍康（1946）、王尧（1982）、黎吉生（1985），水虎年五碑刻录文：brtan，。

（10）ste，碑文残石，水虎年五碑刻录文：te。

（11）yab/，据黎吉生（1985），王尧（1982）：yab。

（12）brtsan，碑文残石，水虎年五碑刻录文：btsan。

（13）pa，据霍康（1946）、王尧（1982）、黎吉生（1985），水虎年五碑刻录文：par。

（14）brtsigs ste，据王尧（1982）、黎吉生（1985），水虎年五碑刻录文：brtsigs pa dang /。

（15）kyis，据霍康（1946）、黎吉生（1985），王尧（1982）：gyis。

（16）sang rgyas kyi，据霍康（1946）、王尧（1982）、黎吉生（1985）补录，水虎年五碑刻录文缺漏。

（17）zhig，据王尧（1982）、黎吉生（1985），水虎年五碑刻录文：bzhig。

（18）am/，据霍康（1946）、王尧（1982）、黎吉生（1985），水虎年五碑刻录文：nas。

（19）hri，据黎吉生（1985），王尧（1982）：khri。

（20）myi gtang，王尧（1982）、黎吉生（1985）补录，水虎年五碑刻录文缺漏。

（21）yis，据黎吉生（1985），王尧（1982）：kyi。

（22）gdung rabs，王尧（1982）、黎吉生（1985）补录，水虎年五碑刻录文：缺漏。

（23）ci，据王尧（1982）、黎吉生（1985），虎年五碑刻录文：phyi。

（25）gsold，此据霍康（1946）、王尧（1982）、黎吉生（1985）补录，水虎年五碑刻录文缺漏。

（26）nyen，碑文残石，水虎年五碑刻录文：gnyen。

（27）bslab，据霍康（1946）、王尧（1982）、黎吉生（1985），水虎年五碑刻录文：slob。

（28）slob，据霍康（1946）、王尧（1982）、黎吉生（1985），水虎年五碑刻录文：bslab。

（29）gcad，据王尧（1982）、黎吉生（1985），水虎年五碑刻录文：bcad。

（30）pavi，据王尧（1982）、黎吉生（1985），水虎年五碑刻录文：pa。

（31）de，据霍康（1946）、黎吉生（1985），王尧（1982）：te。

（32）bcom ldan vdas，据霍康（1946）、王尧（1982）、黎吉生（1985），水虎年五碑刻录文：bcomds。

（33）bsko zhing/，据王尧（1982）、黎吉生（1985），水虎年五碑刻录文：vdams shing /。

（34）rnams，霍康（1946）、王尧（1982）、黎吉生（1985），水虎年五碑刻录文：gtam。

（35）btags，据霍康（1946）、王尧（1982）、黎吉生（1985），水虎年五碑刻录文：brtags。

（36）nyen，据碑文残石，水虎年五碑刻录文：gnyen。

（37）dkon mchog gsum gyi rten btsugs shing / mchod pa yang/ gudu myi spang myi bskar zhing mchod 一组词此据霍康（1946）、王尧（1982）、黎吉生（1985）补录，水虎年五碑刻录文缺漏。

（38）sbang bavi thabs ci yang myi mdzad do/ /yab myes dbon sras gang gi ring la yang rung ste 一组句子此据霍康（1946）、王尧（1982）、黎吉生之（1985）补录，水虎年五碑刻录文缺漏。

（39）dmavs，据霍康（1946）、王尧（1982）、黎吉生（1985），水虎年五碑刻录文：smad。

（40）chos su，据霍康（1946）、王尧（1982）、黎吉生（1985），水虎年五碑刻录文：chos so zhes/。

（41）nan，据霍康（1946）、黎吉生（1985），王尧（1985）：nag，水虎年五碑刻录文：mnan。

（42）chis，据黎吉生（1985），霍康（1946）王尧（1982）：tshis。

（43）gtsigs，据黎吉生（1985），王尧（1982）：gtsigs。

（四）译 文

圣神天子赞普赤德松赞在位之世，为永固正教妙法，特亲署盟约。

圣神天子赞普祖先赤松赞[1]之时奉行佛陀之法，建逻娑等佛堂[2]，立三宝所依处。祖辈赤都松[3]之时于林地建赤孜等佛堂[4]，立三宝所依处。祖父赤德祖赞之时建扎玛之噶曲和钦普佛堂[5]，立三宝所依处。父王赤松德赞之时在中部及周围之地建扎玛桑耶等寺[6]，立三宝所依处。天神赞普赤德松赞在位时，建噶迥等寺[7]，立三宝所依处等。如此历辈祖孙奉行佛陀之法，立三宝所依处，若能永世不弃不灭，则为无量之善举也。若弃之灭之，则致来无尽罪孽。

从今之始，依照赞普父王圣神天子赞普赤松德赞之时为“所建立三宝所依处佛堂能永世不灭不弃，后辈王孙子嗣要起盟立誓”之遗诏，今赞普父子与众臣，君臣结盟，一切行事遵循盟约及勒石之文。如此，对历代祖辈立三宝所依处，奉行佛法之业要倍加呵护，不以占卜、作相[8]等因由，言佛法不良，行毁法之事，无论上下何人进谗言，绝不听信。赞普掌政之下，子嗣年幼孩童以上要从比丘中遴选善知识者为师，传授佛法，使之了然于心。蕃地全民上自贵胄，下至庶民修学和践行佛法之门不得阻断。蕃地善民入解脱之门永世不得阻塞。入解脱之门的信仰者中若有卓尔不群者，依诏敕可委任为世尊教法僧统[9]，并转妙法轮。可委任善知识者为讲经说法者。吾父子尊奉顶礼众出家沙门，在赞普宫殿内建供施三宝所依处，所供不弃置一旁，不自行衰竭。总之赞普宫殿、蕃地境内不得有三宝被离弃或摒弃之事发生。不论祖孙后嗣何世何代，要遵循寺产文案[10]条例，拨给供养三宝之资财不得缩减、不得遏止。从今之始后世世世代代，皆要立赞普父子之如此般誓言。今赞普等众君臣为不背盟誓，以一切出世间和世间天神、非天为证，稽告立誓。周细盟约与父王所立盟约一同存入。

噶迥寺碑旧照（大英图书馆网站）

（五）译文注释

【1】赤松赞

赤松赞（khri srong brtsan），即松赞干布。《新唐书》《旧唐书》《资治通鉴》《通典》等分别写作弃宗弄赞、弃宗弄赞、弃苏弄赞、不夜弄赞等，皆系 khri srong brtsan 之音译。赤松赞一名多见于吐蕃时期史料，如敦煌古藏文文书、吐蕃碑刻等。松赞干布乃是臣民所上尊号。11 世纪及其后史料中赤松赞一名基本上以松赞干布所替，以至近现代一些学者曾对敦煌古藏文文书中的赤松赞之名产生过误解。如20世纪四十年代法国学者拉露刊布巴黎所藏伯希和敦煌古藏文历史文书时，见文中有“赤松赞”三字，误以为是指“赤松德赞”，只是文书中漏一“德”字。故将记述赤松赞事迹的文卷P.T.1287误当作赤松德赞的事迹加以阐释。

【2】逻娑等佛堂

逻娑系唐史中对ra sa之音译，也译作逻些，系拉萨古称。因ra sa一词具有山羊和土之意，故后史杜撰修建大昭寺时山羊背土填湖之传说。查藏文“逻娑”一名多见于吐蕃时期史料中。而“拉萨”一名则最早出现在823年所立“唐蕃会盟碑”碑文中。此处佛堂是“祖拉康”（gtsug lag khang）之意译，松赞干布时期还未有严格意义上的三宝俱全的寺院，故译作佛堂，与《新唐书·地理志》中唐人所称吐蕃佛堂相对应。传统藏文史籍中把松赞干布时期修建逻娑等佛堂一事视作佛教正式传入吐蕃的标志性事件。又参加《桑耶寺碑》注释【1】。

【3】赤都松

全名都松芒布杰隆囊，《新唐书》《唐会要》《册府元龟》《通典》称作器弩悉弄、乞犁弩悉笼，为松赞干布之孙芒松芒赞之子。生于藏历火兔年（676），母为出生于赫赫有名的没庐氏家族的没庐·赤玛罗。没庐是唐史中vbro译文，没庐·赤玛罗是藏族古代历史上最为知名的女政治家。根据敦煌古藏文文书P.T.1288记载，赤都松尚处襁褓之时，父王去世。幼年即位后一切军政大事由母后没庐·赤玛罗辅佐。时噶氏兄弟专权。藏历土狗年（698）赤都松赞普率兵亲往今青海宗喀一带，剪除权臣噶尔·钦陵，收回权力。藏历木龙年（704）亲征南诏时卒于军中。

【4】林地建赤孜等佛堂

林（gling）地为康区一地名，位于今四川省甘孜藏族自治州德格县境内，11世纪以后其地以豪族“林仓”闻名于藏区。碑文所云建赤孜佛堂一事，与

《韦协》所载“林地建赤孜”相吻合。根据敦煌古藏文历史文书 P.T.1288 记载，藏历牛年、虎年、兔年，即 701 年、702 年、703 年，赞普都赤松屯兵驻扎于林地，此时他正率兵征战在南诏，林地靠近南诏，期间可能修建了林地赤孜佛堂。后期一些史料，如成书于 1261 年的《弟吴宗教源流》把赤孜佛堂误写作赤德祖赞所建，碑文可纠正后期史料中的错谬。

【5】建扎玛之噶曲和钦普佛堂

古代传统藏文史籍皆曰，赤德祖赞在位间在扎玛、钦普等地修建有 5 座佛堂，只是各史料中佛堂名称略有异同。《韦协》载“赤德祖赞在位期间建钦普囊热（mchim phu snang ra）、扎玛建噶曲（kwa chu）、扎玛詹桑（mgran bsang）、喀查（mkhar brag）、麻萨贡（mal sa gong）等佛堂。”此处扎玛 (brag mar) 泛指以桑耶寺为中心的四邻地区，如扎玛噶曲在桑耶寺东南几里处，今遗址仍存。扎玛詹桑在桑耶寺以北几公里处，赤松德赞生于此地。钦普是位于桑耶寺东北处的一处著名修行地；麻萨贡（或麻贡）似建在钦普附近。喀查在《韦协》中写作“逻娑喀查”，《拔协》不同写本中称作“拉萨喀查”。喀查一地，似乎指拉萨红山东面山嘴，今呼作喀那栋。《西藏王统记》记述关于赤德祖赞修建 5 座佛堂时增加了后人附会的佛教故事：赤德祖赞派阐喀・木列雪和陧・聂囊鸠摩罗两人前往第斯雪山（今冈仁波齐）迎请班智达桑杰桑瓦和桑杰希瓦，但未能请动，两人只好默记 5 部大乘经文归来，后把经文书写成 5 部经籍，以资供奉新修建的 5 座佛堂。另，17 世纪以来，一些藏文史料中把位于扎玛以东的温地吉茹（von ke ru）寺称作扎玛吉茹，这是对扎玛一词的一大错解。这一错解最初源于 14 世纪问世的《西藏王统记》，该书把扎玛噶曲一名误写成扎玛噶茹（brag dmar kwa ru）,16 世纪成书的《贤者喜宴》沿袭了《西藏王统记》的错误。1642 年问世的第五世达赖喇嘛的著作《西藏王臣记》中又把扎玛噶茹写作扎玛吉茹（ke ru）, 以至以讹传讹，扎玛噶曲一名衍变为扎玛吉茹，今日在“温吉茹”寺的大门处赫然立起了刻有错误寺名“扎玛吉茹” 的石碑。又参见《桑耶寺碑》注释【1】。

【6】于中部及周围之地建扎玛桑耶等寺

此处中部之地指桑耶，周围之地似乎指桑耶寺周围之地。时修建桑耶寺的同时，其周围之地还有王妃修建的3座佛堂：没庐氏杰莫赞修建的格吉林、蔡邦萨修建的康松林、颇雍萨修建的乌菜。围绕桑耶寺主殿还有众臣负责修建的以四大部洲命名的众多附属佛堂。

【7】建噶迥等寺

噶迥寺，位于拉萨河畔南岸热玛岗村，与著名的哲蚌寺隔河相望。今热玛岗村移名为柳村，隶属于拉萨市堆龙德庆区，已划入拉萨柳梧开发区。吐蕃政权崩溃后，噶迥寺衰败，后在原有寺院遗址上修建了一座小型尼姑寺——桑吉寺。20世纪九十年代桑吉寺还名为噶迥寺，现由信奉萨迦教义的僧人驻寺管理。修建噶迥寺时所竖立的噶迥石碑在“文化大革命”中遭受毁坏，今残存的有石碑基座和数块断碑。

【8】占卜、作相

吐蕃盛行以占卜、作相显示的兆头来预测或评判政教和社会生活中的大事。尤其政治斗争中常以占卜制造舆论，反对对手，为己方扫除障碍。史学名著《韦协》记载了一段与占卜、作相有关的有趣故事，即赤松德赞手下信佛大臣为了剪除反佛崇苯大臣，借占卜之口除掉了权臣玛尚崇巴吉。

【9】世尊教法僧统

赤松德赞时期（在位：755–797）佛教盛行，至赤德松赞时（799？–815）开始尊奉僧人，对一些担任寺院住持之类的僧人授予世尊教法僧统职衔。此处僧统一词系 ring lugs 之意译，吐蕃统治敦煌时期所任命的当地佛教首领称之为僧统，或大德僧统。

【10】寺产文案

指记录寺院所拥有寺产的文案。寺产主要包括寺属土地和属民，由赞普赏赐，以保证寺院佛事活动费用和僧众生活的基本需求。当赞普给寺院划拨土地、赏赐臣民时，同时赐给具有法律效力的文案，以明确寺院财产的不可剥夺性。

七、谐拉康西碑

（一）解 题

此碑立于谐拉康寺大殿大门西侧，因大门东侧另有一通石碑，故称之为谐拉康西碑。20 世纪 60 代发生的“文化大革命”中，寺院建筑、文物及碑刻遭受了严重破坏，东碑除碑座外碑身已被毁坏，断裂成数块，所幸的是西碑仅碑帽遭受破坏，碑身却幸运地逃过了一劫。

谐拉康是吐蕃后期修建的著名寺院之一，位于拉萨河上游，坐落于今西藏拉萨市墨竹工卡县尼玛江热乡境内。

根据东碑文字的提示，东碑立于藏历水龙年（812），而西碑树碑之年早于东碑，据此可以断定西碑竖立时间当在 800 至 811 年间。

现存西碑的帽早已脱落，不知去向。碑身高约 3.65 米（见《古代西藏碑文研究》），书 62 行，刻有 844 字。

1948 年黎吉生对碑文进行了抄录、拍照，并于 1952 年、1954 年先后两次把碑文刊布在英国《皇家亚洲学会学报》上。1985 年出版的黎吉生的英文新作《西藏古代碑刻文集》再次收录了此碑，并有碑文简介、译文和简略的注释。1982 年王尧教授所著《吐蕃金石录》把此碑称作“谐拉康甲碑”，对碑文进行了解题、翻译、考释等。此外此碑主要研究者还有索南吉、高瑞、李方桂、龙布杰等。

现西碑碑文基本清晰可辨，下录碑文依据笔者于 2011 年和 2023 年所拍数码图照所显文字而成，参考了王尧教授（1982）和黎吉生（1985）的录文。王尧教授和黎吉生的录文中极个别文字、点符、句符间稍有不同外，其他文字无存疑之处。

（二）碑 文

1. // gnam lhab ky*i* rgyal po/ vphrul gy*i* lha btsan po khr*i*

༄༅། གནམ་ལྷབ་ཀྱི་རྒྱལ་པོ། འཕྲུལ་གྱི་ལྷ་བཙན་པོ་ཁྲི་

2. lde srong brtsan gyi / bkas/ /ban de myang

ལྡེ་སྲོང་བཙན་གྱི། བཀས། །བན་དེ་མྱང་

3. ting nge vdz*i*n /（1） dbu snyungs gtsigs g-yung drung du gnang ba/

谐拉康西碑刻文

ཏིང་ངེ་འཛིན། དབུ་སྙུངས་གཙིགས་གཡུང་དྲུང་དུ་གནང་བ།

4. ban de ting nge vdzin lta zhig/ gdod nas mthar snying nye ste/ /nga

བན་དེ་ཏིང་ངེ་འཛིན་ལྟ་ཞིག། གདོད་ནས་མཐར་སྙིང་ཉེ་སྟེ། །ང་

5. sku chung ngu nas chab srid ma bzhes pavi bar du yab yum gyi（2）go bya ste/

སྐུ་ཆུང་ངུ་ནྶ་ཆབ་སྲིད་མ་བཞེས་པའི་བར་དུ་ཡབ་ཡུཾ་གྱི་གོ་བྱ་སྟེ།

6. legs pa la zhen pa byas/ zhang（3）drung povi go byas ste sku btsas/

ལེགས་པ་ལ་ཞེན་པར་བྱས། ཞྔ་དྲུང་པོའི་གོ་བྱས་ཏེ་སྐུ་བཙས།

7. yab sras gcen gcung yum sras/ bla vog dgyes shing vthun bar:（4）

ཡབ་སྲས་གཅེན་གཅུང་ཡུཾ་སྲས། བླ་འོག་དགྱེས་ཤྀ་འཐུན་བྼ༔

8. sbyard / spyir legs pavi bka gros gsol cing / las su byas pa

སྦྱརད་། སྤྱིར་ལེགས་པའི་བྐ་གྲོས་གསོལ་ཅིང་། ལས་སུ་བྱས་པ་

9. las stsogs te / dpen pa byes byes/ snying nye nyevo/ /phyis yab dang

ལས་སྩོགས་ཏེ་། དཔེན་པ་བྱེད་བྱེད། སྙིང་ཉེ་ཉེའོ། །ཕྱིས་ཡབ་དང་

10. gcen thugs nongs brtud par bmyung bavi rjes/ /nga chab srid:

གཅེན་ཐུགས་ནོངས་བརྟུད་པར་བྨྱུང་བའི་རྗེས། །ང་ཆབ་སྲིད༔

11. ma bzhes bavi skabsu kha cig phan phun（5）dang / gdon stson pa dag

མ་བཞེས་པའི་སྐབྶུ་ཁ་ཅིག་ཕན་ཕུན་དྔ་། གདོན་སྩོན་པ་དག་

12. yod pa yang/（7）ban de ting nge vdzin kyis（6）nyam drod zin nas/ dpend:

ཡོད་པ་ཡང། བན་དེ་ཏིང་ངེ་འཛིན་ཀྱིས་ཉཾ་དྲོད་ཟིན་ནས། དཔེནད:

13. pavi bka gros gsold / khrag khrug myed par byas/ legs pa bya vo chog

པའི་བྐ་གྲོས་གསོལད་། ཁྲག་ཁྲུག་མྱེད་པར་བྱས། ལེགྶ་པ་བྱ་འོ་ཆོག

14. gi gzhi zung nas/ ngavi chab srid las stsogste/ spyir legs（7）pavi

གི་གཞི་ཟུང་ནས། ངའི་ཆབ་སྲིད་ལས་སྩོགསྟེ། སྤྱིར་ལེགྶ་པའི་

15. las chen po byas te/ ngavi zha sngar / chab srid vdon vdond /（8）snying

ལས་ཆེན་པོ་བྱས་ཏེ། ངའི་ཞ་སྔར་། ཆབ་སྲིད་འདོན་འདོནད་། སྙིང་

16. nye nye/ bla vog kun kyi（9）gzungs byas te/ phyogs su vkhrug pa myed cing

ཉེ་ཉེ། བླ་འོག་ཀུན་ཀྱི་གཟུངས་བྱས་ཏེ། ཕྱོགས་སུ་འཁྲུག་པ་མྱེད་ཅིང་

17. bde bar byed byed do / /chab srid kyi blon po chen po las byas kyis:

བདེ་བར་བྱེད་བྱེད་དོ། །ཆབ་སྲིད་ཀྱྀ་བློན་པོ་ཆེན་པོ་ལས་བྱས་ཀྱིས༔

18. kyang / vphral yun gnyis（10）su spyir legs shing dpen pa vbav shig:

ཀྱང་། འཕྲལ་ཡུན་གཉྀས་སུ་སྤྱིར་ལེགས་ཤྀང་དཔེན་པ་འབའ་ཤིག༔

19. byed byed do / /vdi ltar snga sphyi gnyis su gang bas kyang lhag par snying

བྱེད་བྱེད་དོ། །འདྀ་ལྟར་སྔ་སྤྱྀ་གཉིས་སུ་གང་བས་ཀྱང་ལྷག་པར་སྙིང་

20. nye zhing/（11） zho sha chen po vbul vbul ba/ /sngon gyi zla dpe（12）dang sbyar zhing / bkav:

ཉེ་ཞིཾ། ཞོ་ཤ་ཆེན་པོ་འབུལ་འབུལ་བ། །སྔོན་གྱི་ཟླ་དཔེ་དྭ་སྦྱར་ཞྀང་། བཀྰ༔

21. drin vos par sbyin bar dgongs pa las/ /ban de nyid rjes vbangs kyi:

དྲིན་འོས་པྲ་སྦྱིན་བྲ་དགོངས་པ་ལས། །བན་དེ་ཉིད་རྗེས་འབངས་ཀྱི༔

22. lugs dang/ dge slong gi tshul vdzin cing / bka drin myi nod par（13）gsol gyis

ལུགས་དྭ། དགེ་སློང་གི་ཚུལ་འཛིན་ཅིང་། བཀ་དྲིན་མྱྀ་ནོད་པྲ་གསོལ་གྱིས་

23. kyang/ zho sha lan/ bka drin sbyin pavi（14）chos yin bas/ /ngavi/bkas/

ཀྱང། ཞོ་ཤའི་ལན། བཀ་དྲིན་སྦྱིན་པའྀ་ཆོས་ཡིན་བས། །ངའྀ། བཀས།

24. ban de ting nge vdzin/ gtsigs brtsan（15）ba byin te/ /srid g–yung drung

བན་དེ་ཏིང་ངེ་འཛིན། གཙིགས་བརྩན་བ་བྱིན་ཏེ། །སྲིད་གཡུང་དྲུང་

25. du gnang pa/ yun du brtan zhing bde bar bya ba dang / kun kyis shes par bya:（16）

དུ་གནང་པ། ཡུན་དུ་བརྟན་ཞིཾ་བདེ་བར་བྱ་བ་དྭ། ཀུན་ཀྱིས་ཤེས་པར་བྱ༔

26. bavi phyir / /dkon mchog gi rten/ gtsug lag khang vdir /（17）gtsigs

བའྀ་ཕྱིར། །དཀོན་མཆོག་གྀ་རྟེན། གཙུག་ལག་ཁང་འདྀར། གཙིགས་

27. kyi mkhar bu brtsigs/ rdo ring btsugs nas/ gtsigs kyi mdo /（18）

ཀྱི་མཁར་བུ་བརྩྀགས། རྡོ་རིང་བཙུགས་ནས། གཙྀགས་ཀྱི་མདོ།

28. rdo la mngon bar bris te mthav phyag rgyas btab nas bzhag pa yin gyis（19）

རྡོ་ལ་མངོན་བར་བྲྀས་ཏེ་མཐྰ་ཕྱག་རྒྱས་བཏབ་ནས་བཞག་པ་ཡྀན་གྱིས་

29. sras dbon phyi ma mngav mdzad pa rnams dang/ chabsrid kyi （20）blon po phyi ma dbang

སྲས་དབོན་ཕྱི་མ་མངའ་མཛད་པ་རྣམས་དྲ། ཆབ་སྲིད་ཀྱི་བློན་པོ་ཕྱི་མ་དབྱ་

30. byed pa las stsogs pas kyang / nam nam zha zhar gtsigs（21） kyi yi ge las vbyung

བྱེད་པ་ལས་སྩོགས་པས་ཀྱང་། ནཾ་ནཾ་ཞ་ཞར་གཙིགས་ཀྱི་ཡི་གེ་ལས་འབྱུང་

31. ba dang/ rdo rings la bris pa las myi dbri myi bcos myi（22）bskyur bar kyis shig//

བ་དྲ། རྡོ་རིངས་ལ་བྲིས་པ་ལས་མྱི་དབྲི་མྱི་བཅོས་མྱི་བསྐྱུར་བར་ཀྱིས་ཤིག །

谐拉康西碑局部

32. nam nam zha zhar /（23） btsan po gdung rabs rgyud kyis/ /ban de ting nge vdzin kyi（24）

ནཾ་ནཾ་ཞ་ཞར། བཙན་པོ་གདུང་རབས་རྒྱུད་ཀྱིས། །བན་དེ་ཏིང་ངེ་འཛིན་ཀྱི་

33. myes po/ blon snang bzang（25）vdus kong（26）gi bu tsha vphel rgyud / / spyan ras kyis

མྱེས་པོ། བློན་སྣང་བཟང་འདུས་ཀོང་གི་བུ་ཚ་འཕེལ་རྒྱུད། །སྤྱན་རས་ཀྱིས་

34. btsav zhing vos pa zham vbring du bzhag pa dang/ ji tsam du nus par bkur

བཙའ་ཞིང་འོས་པ་ཞམ་འབྲིང་དུ་བཞག་པ་དྲ། ཇི་ཙམ་དུ་ནུས་པར་བཀུར་

35. bstod pa dang/ gzhan gyis mnar（27）tam/ stam las chad na/ bka non bla nas mdzad（28）

བསྟོད་པ་དྲ། གཞན་གྱིས་མནྲ་ཏཾ། སྟཾ་ལས་ཆད་ན། བཀ་ནོན་བླ་ནས་མཛད་

36. pa da*ng*/ nyes ya*ng* dag pa ma y*i*n na / vphra ma myi gstsan / （29） sta*m*s las my*i* gcad

པ་དྔ། ཉེས་ཡང་དག་པ་མ་ཡིན་ན། འཕྲ་མ་མྱི་གསྩན། སྟམས་ལས་མྱི་གཅད

37. pa da*ng*/ snang bza*ng* （30） vdus ko*ng* gi bu tsha vphel rgyud / la la zh*i*g gis sku dang chab

པ་དྔ། སྣང་བཟྔ་འདུས་ཀོྃ་གི་བུ་ཚ་འཕེལ་རྒྱུད། ལ་ལ་ཞིག་གིས་སྐུ་དང་ཆབ་

38. srid la sny*i*ng rings sa*m*/ nyes pa gzhan zh*i*g byas na ya*ng* / gang g*i*s nye*s* （31） pa la rma/

སྲིད་ལ་སྙིང་རིངས་སཾ། ཉེས་པ་གཞན་ཞིག་བྱས་ན་ཡྔ། གང་གིས་ཉེས་པ་ལ་རྨ།

39. phu nu tsha ma nyes gzha*n* la khrin myi rma/ gyod la myi gdags/ bka nard my*i*

ཕུ་ནུ་བུ་ཚ་མ་ཉེས་གཞྣ་ལ་ཁྲིན་མྱི་རྨ། གྱོད་ལ་མྱི་གདགས། བཀ་ནརད་མྱི

40. mdzad/ *ci* （32） nyes kyang gyod na gc*i*g gis/ bskyung （33） ba da*ng*/ y*i* ge g–yung drung

མཛད། ཅི་ཉེས་ཀྱང་གྱོད་ན་གཅིག་གིས། བསྐྱུང་བ་དྔ། ཡི་གེ་གཡུང་དྲུང་

41. mying myi rlag par by*i*n pa da*ng* / las sna chen pho bde ba yun tu chang kyur （34） by*i*n ba

མྱིང་མྱི་རླག་པར་བྱིན་པ་དྔ། ལས་སྣ་ཆེན་པོ་བདེ་བ་ཡུན་དུ་ཆང་ཀྱུར་བྱིན་བ

42. da*ng* / （35） sdevi dbon po rgyud du gnang ba da*ng* / snang bzang vdus ko*ng* gi bu tsha vphel

དྔ། སྡེའི་དབོན་པོ་རྒྱུད་དུ་གནང་བ་དྔ། སྣང་བཟང་འདུས་ཀོྃ་གི་བུ་ཚ་འཕེལ

43. rgyud ky*i* bran zh*i*ng/ vbrog sog tshal las stsogs pa/ na*m* zhar rabs chad da*m*/ b*ka*:

རྒྱུད་ཀྱི་བྲན་ཞིྃ། འབྲོག་སོག་ཚལ་ལས་སྩོགས་པ། ནཾ་ཞར་རབས་ཆད་དཾ། བཀཿ

44. gyod la thogs na yang / phyag tu my*i* bzhes / gzhan my*i* sbyin/ mas ma phun phan

གྱོད་ལ་ཐོགས་ན་ཡང། ཕྱག་ཏུ་མྱི་བཞེས། གཞན་མྱི་སྦྱིན། མས་མ་ཕུལ་ཕན་

45. cad/ civi thabs kyis kyang myi dprog myi bzhes par gnang ba las stsogste

ཅད། ཅིའི་ཐབས་ཀྱིས་ཀྱང་མྱི་དཔྲོག་མྱི་བཞེས་པར་གནང་བ་ལས་སྩོགསྟེ་

46. nam nam zha zhar/ blon snang bzang vdus kong gi bu tsha vphel rgyud/ srid bde zhing brtan

ནཾ་ནཾ་ཞ་ཞར། བློན་སྣང་བཟང་འདུས་ཀོང་གི་བུ་ཚ་འཕེལ་རྒྱུད་། སྲིད་བདེ་ཞིང་བརྟན་

47. bavi gtsigs gnang ba vdi / nam nam zha zhar gnang zhing myi bskyur myi bcos par/

བའི་གཙིགས་གནང་བ་འདི་། ནཾ་ནཾ་ཞ་ཞར་གནང་ཞིང་མྱི་བསྐྱུར་མྱི་བཅོས་པར།

48. ngavi zha snga nas kyang dbu snyung gnang / /gcen mu rug brtsan（36）dang / jo mo mched dang

ངའི་ཞ་སྔ་ནས་ཀྱང་དབུ་སྙུང་གནང་། །གཅེན་མུ་རུག་བཙན་དྭ། ཇོ་མོ་མཆེད་དྭ་

49. rgyal phran rnams dang / chab srid kyi blon po man cad / zhang lon che phra kun kyang

རྒྱལ་ཕྲན་རྣམས་དང་། ཆབ་སྲིད་ཀྱི་བློན་པོ་མན་ཅད། ཞང་ལོན་ཆེ་ཕྲ་ཀུན་ཀྱང་

50. mnas bsgag ste/ gtsigs g–yung drung du gnang ngo / ban de ting nge vdzin

མནས་བསྒག་སྟེ། གཙིགས་གཡུང་དྲུང་དུ་གནང་ངོ་། །བན་དེ་ཏིང་ངེ་འཛིན་

51. snying nye zhing（37）zho sha ji（38）ltar phul pa dang / dpen pa ci byas pa dang /（39） gtsigs ci gnang ba/

སྙིང་ཉེ་ཞིང་ཞོ་ཤ་ཇི་ལྟར་ཕུལ་པ་དྭ། དཔེན་པ་ཅི་བྱས་པ་དྭ། གཙིགས་ཅི་གནང་བ།

52. zhib mo ni/ gtsigs kyi yi ge la bris te/ phyag sbal du bzhag/ dpe gcig：ni:

ཞིབ་མོ་ནི། གཙིགས་ཀྱི་ཡི་གེ་ལ་བྲིས་ཏེ། ཕྱག་སྦལ་དུ་བཞག། དཔེ་གཅིག༔ནི༔

53. phyag rgyas btab ste/ gtsigs kyi mkhar bu vdir bzhag / dpe gcig ni /

ཕྱག་རྒྱས་བཏབ་སྟེ། གཙིགས་ཀྱི་མཁར་བུ་འདིར་བཞག། དཔེ་གཅིག་ནི་།

54. phyag rgyas btab ste/ vog dper vchang du bcug go/ // ban de ting nge

ཕྱག་རྒྱས་བཏབ་སྟེ། འོག་དཔེར་འཆང་དུ་བཅུག་གོ། ༄༅། བན་དེ་ཏིང་ངེ་

55. vdzind ky*i* myes khu po/（40） dby*i* gong gi rgyud kyang / dbu snyung gts*i*gs gnang ngo /

འཛིནད་ཀྱྀ་མྱེས་ཁུ་པོ། དབྱྀ་གོང་གི་རྒྱུད་ཀྱང་། དབུ་སྙུང་གཙྀགས་གནང་ངོ་།།

56. sngon myang dba*v*s sny*i*ng nye zhi*ng* zho sha phul bar（41）vdra ba las/ / dba*v*s ky*i* zla da*ng* sbyar na/

སྔོན་མྱང་དབྭས་སྙྀང་ཉེ་ཞིང་ཞོ་ཤ་ཕུལ་བར་འདྲ་བ་ལས། །དབྭས་ཀྱྀ་ཟླ་དང་སྦྱར་ན།

57. myang bka*v* dr*i*n chungs pa vdra nas/ /ngav*i*/ bkas/ myang *gi* gtsigs kyang zur

མྱང་བཀའ་དྲྀན་ཆུངས་པ་འདྲ་ནས། །ངའི། བཀས། མྱང་གྀ་གཙིགས་ཀྱང་ཟུར་

58. phyung brnan bskyed de gnang ngo / // gts*i*gs kyi mkhar bu vd*i* / nam zhig

ཕྱུང་བརྙན་བསྐྱེད་དེ་གནང་ངོ་། ༄༅། གཙྀགས་ཀྱི་མཁར་བུ་འདྀ། ནམ་ཞིག

59. dbye dgos na yang / /sras dbon chab sr*i*d kyi mnga*v* gang mdzad pas r*i*ng lugs

དབྱེ་དགོས་ན་ཡང་། །སྲས་དབོན་ཆབ་སྲྀད་ཀྱི་མངའ་གང་མཛད་པས་རྀང་ལུགས

60. thugs ches pa gts*i*gs bdag vdrang ba gsu*m* yan cad:

ཐུགས་ཆེས་པ་གཙྀགས་བདག་འདྲང་བ་གསུཾ་ཡན་ཅད༔

61. bsko*s*te/ lag sbrel la dbyung zh*ing*/ phyir ya*ng* vd*i* bzhin phyag rgya

བསྐོསྟེ། ལག་སྦྲེལ་ལ་དབྱུང་ཞིང། ཕྱིར་ཡང་འདྀ་བཞིན་ཕྱག་རྒྱ་

62. da*ng* / ring lugs ky*i* rgyas btab ste/ gzhag par gnang ngo /

དང། རིང་ལུགས་ཀྱྀ་རྒྱས་བཏབ་སྟེ། གཞག་པར་གནང་ངོ་།།

（三）校 勘

（1）vdzin，王尧（1982）：vdzin。

（2）gyi, 黎吉生（1985）：kyi。

（3）zha*ng*, 王尧（1982）：zhang。

（4）vthun pa*r*，王尧（1982）：vthan par。

（5）phun , 王尧（1982）：phun 缺漏。

（6）kyis , 王尧（1982）：gyis。

（7）legs，黎吉生（1985）：legs。

（8）vdond /，王尧（1982）：vdon /。

（9）kyi，黎吉生（1985）：gyi。

（10）gnyis，王尧（1982）：gnyis。

（11）zhing，王尧（1982）：zhing。

（12）zla dpe，王尧（1982）：zla deb。

（13）par，王尧（1982）：par。

（14）sbyin bavi：碑文已脱落，据王尧（1982）、黎吉生（1985）补录。

（15）gtsigs brtsan：碑文已脱落，据王尧（1982）、黎吉生（1985）补录。

（16）shes par bya：碑文已脱落，据王尧（1982）、黎吉生（1985）补录。

（17）lag khang vdir：碑文已脱落，据王尧（1982）、黎吉生（1985）补录。

（18）gtsigs kyi mdo：碑文已脱落，据黎吉生（1985）补录。

（19）bzhag pa yin gyis：碑文已脱落，据黎吉生（1985）补录。

（20）kyi，王尧（1982）：kyi。

（21）gtsigs，王尧（1982）、索南吉（1984）：gtsigs。

（22）myi，王尧（1982）、黎吉生（1985）：myi。

（23）zhar，王尧（1982）、黎吉生（1985）：zhar。

（24）kyi，王尧（1982）：gyi。

（25）bzang，王尧（1982）：bzang。

（26）kong，王尧（1982）：kong。

（27）mnar，王尧（1982）：mnar。

（28）mdzad，王尧（1982）：mdzad。

（29）gstsan，王尧（1982）：bstsan。

（30）bzang，王尧（1982）：bzang。

（31）nyes，王尧（1982）：nyes。

（32）ci，黎吉生（1985）：ci。

（33）bskyung，王尧（1982）：bsgyur。

（34）kyur，王尧（1982）：gyur。

（35）da*ng* /，王尧（1982）：du /。

（36）brtsan，王尧（1982）、黎吉生（1985）：btsan。

（37）zhi*ng*，王尧（1982）：zhing。

（38）j*i*，王尧（1982）：ji。

（39）da*ng*，王尧（1982）：dang。

（40）po，王尧（1982）：bo。

（41）bar，王尧（1982）：par。

（四）译 文

广袤天界之王[1]，圣神天子赞普赤德松赞诏告。赐予僧人娘·定埃增[2]永世之盟约。

尔僧定埃增始终忠信立诚，自吾幼冲之年至即位亲政之前[3]，既负起父母般之责，谆谆教诲；又负起舅父般之责，呵护有加，使吾父王母后[4]、兄弟[5]上下莫不喜悦相合。

谐拉康西碑碑身与底座

夫尔所呈之语皆为嘉言，所行之事尽系有益之举，可谓忠诚任事焉。后父王及王兄接踵而崩[6]后，而吾未亲政之时，有人中魔发狂，蠢蠢欲动。僧定埃增对这一切洞若观火，了如指掌，向赞普呈有益之言，平息了纷争。（娘·定埃增）一向以忠诚奉公，为吾社稷尽行裨益大事。于吾驾前，为社稷献计谋划，竭诚尽忠，使之君臣上下安然无争。自任辅政大臣[7]以来，一切皆为尊国本于眼前，忧福祉于久远之利国利民大业。如此，始终精心忠诚，功勋至大。故遵循往昔之例，吾思当赏相应恩惠。但该僧以人臣之礼，比丘之规，奏言辞谢。

然对有功者赏王之恩德，乃天下之规。今吾制诏，郑重授予僧定埃增盟约，赐给“雍仲”[8]般永世之权益。为使永久安享，也为了晓谕天下，在此佛寺，三宝所依之处，建存放盟约之府库[9]，竖石碑。

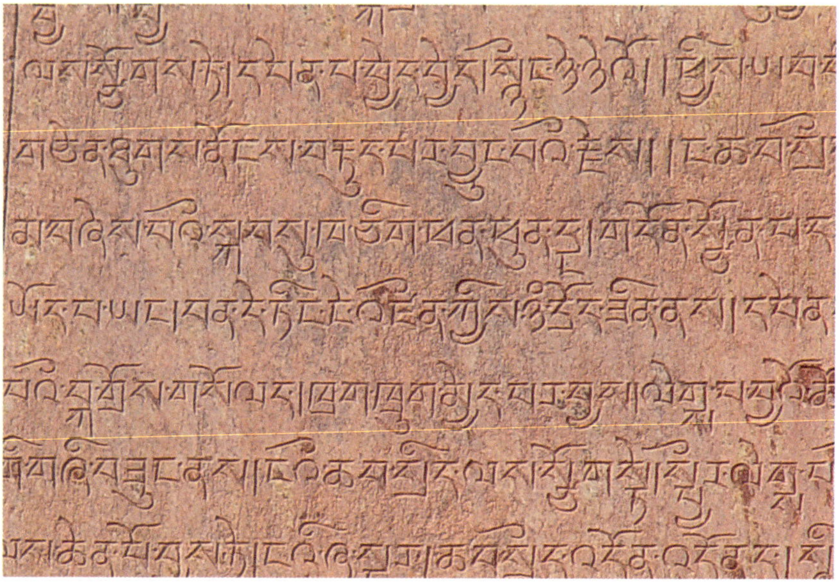

谐拉康西碑局部碑文

盟约要旨勒石，上镌刻印章留世。后世的王孙继嗣掌权者和众权臣，世世代代须遵照盟约和碑文所述，不得减损，不得改之，不得变之。

不论何时，赞普后裔要对僧定埃增之祖辈论囊桑都贡[10]之子侄继嗣倍加体恤，其中精明能干者可授予内臣[11]之衔，对有功者要适时褒奖。即使有人进谗言诽谤，由王室审视揣度。若谓有罪却不实，则不听信谗言，不受离间。若囊桑都贡的子侄继嗣中有某些人对赞普和社稷离心离德，或犯有罪过，只惩罚有罪者，法不责众，不株连其他兄弟子侄。对犯罪者不以一罪使其失去盟约中永久所享权益，仍可授予重要官职和地方头人[12]之位。若囊桑都贡的子侄继嗣即便绝嗣，或被诉诸法纪，所拥有的奴隶田地、牧场牲畜，及财产等不予没收，不予转赐给他人。若非上献给王室，否则，不以任何方式抢收强纳。吾起誓颁授给囊桑都贡的子侄后嗣的盟约，终不予变改，可永世安宁享用。颁授如此永久盟约时王兄牟茹赞[13]、诸王妃[14]、邦国[15]君主、众议政大臣以下大小尚论皆会盟立誓。僧定埃增如何忠心奉公，勤勉有加，利济社稷，为此授予何等盟约，详尽书于文字存放于王室府库，一份盟约盖印后存放于此寺密库[16]中，另一份加盖印信后作为模本保存。僧定埃增伯父伊孔[17]之后裔亦参与了盟誓。往昔虽娘、韦[18]两氏诚心效忠，堪称等同，但与授予韦氏之恩德相比，对娘氏稍显寡恩。今吾郑重颁布诏书，授予娘氏盟约。若有朝一日，在吾之子孙掌政时需要开启存放此盟约的府库，应委任三名盟约权限中的博学释统[19]联手开启，盟约再次存放之时需仿效已有之列，有佛门释统加盖封印方能存放。

（五）译文注释

【1】广袤天界之王

依据古代历史传说，相对于偏窄的人间土地，天界广袤无极，悉补野第一代赞普聂赤赞普本是天神之子，后从广袤无极的天界下凡到偏窄的地上，为黑头黎民之王。

【2】僧人娘·定埃增

娘为吐蕃著名氏族，定埃增为僧人之法名，汉文中多用梵音称作三摩地。娘一氏在《唐蕃会盟碑》译作“明”。娘·定埃增为9世纪初吐蕃著名僧人，与阐喀允丹白一道以僧人身份出任吐蕃“曲伦”，即佛法大臣——僧相，开创了僧人直接参与军政事务的先例。此处僧人之义不仅仅指广义上的出家人，也特指比丘身份。娘·定埃增不仅是佛法大臣，而且是宁玛教派早期重要的导师，《贤者喜宴》记载，达磨赞普灭佛时期娘·定埃增遇害。

【3】即位亲政之前

赤德松赞之父赤松德赞逝世于藏历火牛年（797），长子牟尼赞普即位，但执政只有短暂的一年六个月或一年九个月，而后被母后毒死，继而弟赤德松赞即位，藏历木羊年（815）去世。赤德松赞何时即位亲政？根据谐拉康东碑，赤德松赞在位期间有两个龙年，即藏历铁龙年（800）和水龙年（812），藏历铁龙年（800）赤德松赞已在王位上，似乎即位年份为799年，那么“即位亲政之前”当指799年前。

【4】父王母后

赤德松赞之父为赤松德赞，藏历土羊年（755）继嗣为赞普，藏历火牛年（797）逝世。母后为茨蚌氏玛坚。史料记载，茨蚌氏投毒杀害了亲子牟尼赞普，即赤德松赞之王兄，随即赤德松赞即赞普位。桑耶寺建成之时母后茨蚌氏修建了康松林佛堂。

【5】兄弟

根据信史和碑文记载，赤德松赞的王兄有两名，即牟尼赞普和碑文提及的牟若赞（mu rug btsan）。此处王兄应指牟尼赞普、牟若赞两人，而王弟指赤德松赞本人。后期藏文史料中有时把牟若赞和赤德松赞混作一人，人名又呼作牟迪（mu tig）赞普。

【6】父王王兄接连逝世

父王赤松德赞于藏历火牛797年逝世，赤松德赞长子、王兄牟尼赞普随即继位，但在位时间仅一年六个月或一年九个月后被王母茨邦萨毒死。赤德松赞继而为赞普，时间极有可能在799年。赤松德赞、牟尼赞普相继逝世，故有父王王兄接连逝世之语。

【7】辅政大臣

chab srid kyi blon po chen po之意译。按《唐蕃会盟碑》译成“宰相同平章事”，以符合唐之职衔之规，有些文中又译成“平章政事社稷大臣”，可作参考。

【8】“雍仲”

此处为永久、永世之意。苯教早期派别中重要的一派称之为“雍仲苯教”，因此苯教术语中多带有“雍仲”的词组。如雍仲菩萨、雍仲苯教忏悔仪轨、雍仲苯教修行之道等等。“雍仲”图案称之为万字，象征永恒坚固，吐蕃一些石碑绘有“雍仲”图案。后来这个图案常绘在佛教上师及高僧宝座的坐垫以及藏区民房的门板、内壁上，寓意“永恒、永世”。

【9】府库

此处译作府库的是指存放或保存盟约等贵重物品的王室库房。按吐蕃之俗，吐蕃王室与大臣之间的盟约视为珍贵之物，正文存放于王室府库，《唐蕃会盟碑》汉文中写作“玉府”。另寺院保存盟约抄本的库房在本文中译作寺院密库。

【10】祖辈论囊桑都贡

祖辈论囊桑都贡应是娘氏族和娘·定埃增的祖辈之名。

【11】内臣

负责王室内务的侍臣译作内臣。又参见《拉萨雪碑》注释【6】和【16】。

【12】地方头人

某一区域头人称之为地方头人，该头人往往是地方豪族，其家族可世袭拥有该地属权。

【13】王兄牟茹赞

碑文准确记载牟茹赞是赤德松赞之王兄，而11世纪后的传统史籍中牟茹赞又名牟笛赞普，且两名混为一谈，如《弟吴教法源流》《古史花鬘》《西藏王统记》《贤者喜宴》皆云王兄名为牟笛赞普。“伏藏”文献诸如《五部遗教》把牟笛赞普视作赤德松赞之别名。从此碑文得知，赤德松赞颁布此盟约之时，王兄牟茹赞还健在。《贤者喜宴》记载：牟笛赞普是因坐骑被那囊氏家族惊吓坠马而死。《西藏王统记》载，赤松德赞生前，一次与权臣那囊氏密议国事时，牟笛赞普欲强行入议政厅，被守门的那囊氏吾仁所阻，因一气之下杀了那囊氏，后来自己也被那囊氏家族所害。

【14】诸王妃

根据敦煌古藏文文献 P.T.1287 记载，赤德松赞的正妃为没庐氏拉结芒莫杰，系赤祖德赞和达磨两位赞普之母。《贤者喜宴》记载，赤德松赞与王妃、邦国君、诸大臣为兴佛会盟时王妃没庐氏赤莫列、琛氏列莫赞、属庐氏赞杰等三名参与会盟，其中没庐氏赤莫列以正妃身份名列王妃第一，似乎是没庐氏拉结芒莫杰的另一名称。

【15】邦国

此处主要指赤德松赞时期的三个邦国君主，即统治工布地区的工噶波王、统治娘布地区（今林芝市工布江达县娘蒲乡）的娘尊王和与吐蕃王室联姻的吐谷浑王族后裔。《贤者喜宴》载此三个邦国王族在赤德松赞时期多次参加盟誓。工布邦国之主工噶波王曾向赤松德赞和赤德松赞父子两代国王请盟，盟文勒石在工布境内，今尤存。

【16】寺院密库

mkhar bu 之意译。此处指寺院中存放珍贵或重要文书的小库房，类似于王室的府库。

【17】伊孔

碑文称此人为定埃增之伯父，其人其事不见于史料。

【18】韦氏

吐蕃著名氏族 dbavs 或 dbav 之音译。7 世纪初，韦氏、娘氏、嫩氏三族结盟背叛其主森波杰（统治吉曲河流域的邦国君主），投靠悉补野君主囊日伦赞（即朗日松赞），为建立吐蕃统一政权立有大功。

【19】释统

掌领佛法事务的佛寺高层僧侣，一般是寺院的住持和上师。吐蕃占领敦煌期间（786–848）敦煌佛界领袖多称之为释统。

八、谐拉康东碑

（一）解 题

此碑立于谐拉康大殿大门东侧，故称之为东碑。20世纪60年代发生的“文化大革命”劫难中，东碑遭受了严重破坏，除碑座外碑身断裂成数十小块，残存的约10块断石现由寺庙保存。

东碑立于赤德松赞在位期间（799/800–815）“后龙年”，即藏历水龙年（812），“前龙年”为藏历铁龙年（800）。

根据1985年出版的黎吉生英文版《西藏古代碑刻文集》一书，东碑高约2.90米，书49行，560字。现寺院保存的残存断碑可以显现27–36行和38–48行的文字。大英图书馆网上可查阅黎吉生图照上9–29行的文字。

1982年王尧教授的《吐蕃金石录》收录了此碑，称作“谐拉康乙碑”，并附有汉文解题、译文、考释等内容。1984年由民族出版社出版的中央民族学院（中央民族大学前身）索南吉教授的藏文《吐蕃碑刻钟铭选》收录了东碑的碑文，并附有解题、注释。此外相关研究者还有高瑞、李方桂、龙布杰等。

下录碑文依据王尧教授（1982）和黎吉生（1985）的录文而成，参照了大英图书馆网站照片，27–36行和38–48行则依据残存断碑上的文字进行校勘，王尧和黎吉生的录文除极个别文字、点符、句符稍有不同外，其余文字基本相同。2020年前后，谐拉康僧人和当地群众集资在原东碑碑座上新立有石碑，并重刻了碑文。

（二）碑 文

1. // my*i*vi rgyal po lhas mdzad/ /vphrul gy*i* lha

༄༅། མྱྀའི་རྒྱལ་པོ་ལྷས་མཛད་པ། །འཕྲུལ་གྱྀ་ལྷ་

2. btsan po khri/ lde srong brtsan gyi/ bkas///

བཙན་པོ་ཁྲི། ལྡེ་སྲོང་བརྩན་གྱི། བཀས། ། །

3. ban de t*i*ng nge vdzin/ dbu snyung gts*i*gs slad kyis

བན་དེ་ཏྀང་ངེ་འཛིན། དབུ་སྙུང་གཙྀགས་སླད་ཀྱིས་

4. gnang ba/ ba de t*i*ng nge vdz*i*n/ ngav*i* chab srid vdon

གནང་བ། །བན་དེ་ཏྀང་ངེ་འཛྀན། ངའྀ་ཆབ་སྲིད་འདོན་

5. cing/ zho sha chen po vbul vbul ba/ gts*i*gs snga ma

ཅིང། ཞོ་ཤ་ཆེན་པོ་འབུལ་འབུལ་བ། གཙྀགས་སྔ་མ་

6. gnang bav*i* tshevang zla dpe dang / zho shav*i* rkyen bzh*i*n:（1）

གནང་བའྀ་ཚེའང་ཟླ་དཔེ་དང་། ཞོ་ཤའྀ་རྐྱེན་བཞྀན༔

7. bkav（2）drin vos pa tsam du gnang ba las/ ban de nyid

བཀཱ་དྲིན་འོས་པ་ཙམ་དུ་གནང་བ་ལས། བན་དེ་ཉིད་

8. kyis/ bkav（3）drin myi nod par gsol nas/ /gtsigs:

ཀྱིས། བཀཱ་དྲིན་མྱི་ནོད་པར་གསོལ་ནས། །གཙིགས༔

9. ran par dpags pa las（4）kyang phri zhing smad pa zho

རན་པར་དཔགས་པ་ལས༔ ཀྱང་ཕྲི་ཞིང་སྨད་པ་ཞོ་

10. shavi rkyen tu ma bab ste/ bkav drin chungs shing pham par

ཤའི་རྐྱེན་དུ་མ་བབ་སྟེ། བཀཱ་དྲིན་ཆུངས་ཤིང་ཕམ་པར་

11. gyurd/ ban de ting nge vdzin kyis/ ngavi zha sngar chab srid

གྱུརད། བན་དེ་ཏིང་ངེ་འཛིན་ཀྱིས། ངའི་ཞ་སྔར་ཆབ་སྲིད་

12. gsol nas/ ngavi sku ring la/ sku dang（5）chab srid la vphral（6）

གསོལ་ནས། ངའི་སྐུ་རིང་ལ། སྐུ་དྣ་ཆབ་སྲིད་ལ་འཕྲལ༔

13. yun gnyis su legs pavi bkav gros gsold cing

ཡུན་གཉིས་སུ་ལེགས་པའི་བཀའ་གྲོས་གསོལད་ཅིང་

14. spyir dpen pavi las chen po byas pa dang /（7） bla vog phyogs

སྤྱིར་དཔེན་པའི་ལས་ཆེན་པོ་བྱས་པ་དྣ། བླ་འོག་ཕྱོགས་

15. su bde ba dang / phan bavi mdo chen po byed byed/ /snying

སུ་བདེ་བ་དང་། ཕན་བའི་མདོ་ཆེན་པོ་བྱེད་བྱེད། །སྙིང་

16. nye nye ste/ zho sha cher phul pa/ bkav drin gtsigs:

ཉེ་ཉེ་སྟེ། ཞོ་ཤ་ཆེར་ཕུལ་པ། བཀའ་དྲིན་གཙིགས༔

17. bskyed par/ ngavi thugs la dgongs na/ ban de ni gtsigs（8）

བསྐྱེད་པར། ངའི་ཐུགས་ལ་དགོངས་ན། བན་དེ་ནི་གཙིགས་

18. sngar gnang bas vtshal（ 9 ）te myi bskyed par gsol gyis:

སྔར་གནང་བས་འཚལཏེ་མྱི་བསྐྱེད་པར་གསོལ་གྱིས༔

19. kyang zho sha chen povi lan / bkav（10）drin myi vpham bar（11）sbyin bavi

ཀྱང་ཞོ་ཤ་ཆེན་པོའི་ལན། བཀཱ་དྲིན་མྱི་འཕམ་བར་སྦྱིན་བའི་

20. rigs par/ rje blon mol nas/ gts*i*gs gnang ba:

རིགས་པར། རྗེ་བློན་མོལ་ནས། གཙིགས་སྔར་གནང་བ༔

21. ya*ng*（12）de bzhin gnang ba*v*i steng du / ban de ting nge vdz*i*n snying:

ཡྔ་དེ་་བཞིན་གནང་བ་སྟེང་དུ་། བན་དེ་ཏིང་ངེ་འཛིན་སྙིང༔

22. nye zhing zho sha chen po phul ba*v*i phyir/ bkav（13）drin vbrug gi lo:

ཉེ་ཞིང་ཞོ་ཤ་ཆེན་པོ་ཕུལ་བའི་ཕྱིར། བཀཱ་དྲིན་འབྲུག་གི་ལོ:

23. phyi ma la/ pho brang von cang do na bzhugs ba*v*i tshe/ gtsigs

ཕྱི་མ་ལ། ཕོ་བྲང་འོན་ཅང་དོ་ན་བཞུགས་པའི་ཚེ། གཙིགས་

24. gsar du bskyed de / ngav*i* bkas gna*ng*（14）ba / /y*i* ge g–yung drung

གསར་དུ་བསྐྱེད་དེ་། ངའི་བཀས་གནྔ་བ་། །ཡི་གེ་གཡུང་དྲུང་

25. sngar gnang ba bas bstod de cher gna*ng* /（15） blon snang bzang

སྔར་གནང་བ་བས་བསྟོད་དེ་ཆེར་གནྔ་། བློན་སྣང་བཟང༔

26.vdus ko*ng*（16）gi bu tsha rgyud dmangs kyi rnam*s* kyang gtsa*ng*（17）

འདུས་ཀྔོ་གི་བུ་ཚ་འཕེལ་རྒྱུད་དམངས་ཀྱི་རྣམྶ་ཀྱང་གཙྔ་

27. dang（18）stong（19）las stsogs pa sgor bde bav*i* rna*m*s/ zhang lon y*i* ge

དང་སྟོང་ལས་སྩོགས་པ་སྒོར་བདེ་བའི་རྣམྶ། ཞང་ལོན་ཡི་གེ་

28. can gyi thang du gnang ba da*ng* /（20） ma nyes par srog srid la dku:

ཅན་གྱི་ཐང་དུ་གནང་བ་དྔ་། མ་ཉེས་པར་སྲོག་སྲིད་ལ་དཀུ༔

29. da*ng* /（21） gnod pa byed pa zh*i*g yod na / su la bab kyang rung（22）dkuv

དྔ། གནོད་པ་བྱེད་པ་ཞིག་ཡོད་ན། སུ་ལ་བབ་ཀྱང་རུང་དཀུའ་

30. ba da*ng*/（23）phevu pavi ngo khar myi dor ba/（24） dku ba du gtogs pa//

བ་དྔ། ཕེའུ་པའི་ངོ་ཁར་མྱི་དོར་བ། དཀུ་བ་དུ་གཏོགས་པ།།

31. bka gyod la gdags par gnang ba da*ng* /（25） lha ris su（26） bsngos ba

བཀ་གྱོད་ལ་གདགས་པར་གནང་བ་དྔ་། ལྷ་རིས་སུ་བསྔོས་བ་

32. las（27）cir gyur kyang / bla vog gzhan gy*i*s dba*ng*（28）myi bya bar gna*ng*（29）

ལས་ཅིར་གྱུར་ཀྱང་། བླ་འོག་གཞན་གྱིས་དབྔ་མྱི་བྱ་བར་གནྔ་

33. ba（30）las stsogs te/ gtsigs snga mav*i* steng du / gtsigs phy*i* ma

བ་ལས་སྩོགས་ཏེ། གཙིགས་སྔ་མའི་སྟེང་དུ། གཙིགས་ཕྱི་མ་

34. bsnan（31）bskyed de gnang ba rnams kyang / de bzh*i*n du / nam zhar

བསྣན་བསྐྱེད་དེ་གནང་བ་རྣམས་ཀྱང་། དེ་བཞིན་དུ། ནམ་ཞར་

35. brtsan（32）par gnang ste/ ngav*i* zha snga nas kyang dbu snyung gna*ng* /（33）/jo mo

བརྩན་པར་གནང་སྟེ། ངའི་ཞ་སྔ་ནས་ཀྱང་དབུ་སྙུང་གནྔ། །ཇོ་མོ་

36. mched（34）da*ng*/（35）rgyal phran dang / chab srid kyi blon po rnams da*ng* /（36）zhang

མཆེད་དྔ། རྒྱལ་ཕྲན་དང་། ཆབ་སྲིད་ཀྱི་བློན་པོ་རྣམས་དྔ། ཞང་

37. lon phra（37）mo thams cad kyang brnan te/ mnas bsgags nas/

ལོན་ཕྲ་མོ་ཐམས་ཅད་ཀྱང་བརྣན་ཏེ། མནས་བསྒགས་ནས།

38. gtsigs bsnan bskyed de gnang ba ya*ng*（38）yun tu brtan zh*i*ng（39）mngon

གཙིགས་བསྣན་བསྐྱེད་དེ་གནང་བ་ཡྔ་ཡུན་ཏུ་བརྟན་ཞིྔ་མངོན་

39. bar bya bav*i* phy*i*r/ mdov rings la br*i*s te mtha*v*（40）phyg rgyas

བར་བྱ་བའི་ཕྱིར། མདོའ་རིངས་ལ་བྲིས་ཏེ་མཐཱ་ཕྱག་རྒྱས་

40. btab nas/ gtsug lag khang da*ng* /（41）gts*i*gs ky*i* mkhar buv*i*

བཏབ་ནས། གཙུག་ལག་ཁང་དྔ། གཙིགས་ཀྱི་མཁར་བུའིཿ

41. drung du bzhag pa yin gyis/ rje blon phyi rabs mnga*v* mdzad pa

དྲུང་དུ་བཞག་པ་ཡིན་གྱིས། །རྗེ་བློན་ཕྱི་རབས་མངའ་མཛད་པ་

42. rna*m*s ky*i*s kyang（42）/ na*m* na*m* zha zhar gts*i*gs rna*m*（43）gny*i*s（44）ky*i* yi ge las

རྣྃས་ཀྱིས་ཀྱང་། ནྃ་ནྃ་ཞ་ཞར་གཙིགས་རྣྃ་གཉིས་ཀྱི་ཡི་གེ་ལས

43. vbyung ba dang / rdo rings rna*m* gny*i*s la br*i*s pa las my*i* dbr*i* myi

འབྱུང་བ་དང་། རྡོ་རིངས་རྣཾ་གཉིས་ལ་བྲིས་པ་ལས་མྱི་དབྲི་མྱི་

44. bcos myi bsgyur bar gy*i*s shig/ /gts*i*gs snga mav*i* steng

བཅོས་མྱི་བསྒྱུར་བར་གྱིས་ཤིག། །གཙིགས་སྔ་མའི་སྟེང་

45. du phy*i*s gts*i*gs bsnan bskyed de / gnang ba yang / zhib tu n*i*

དུ་ཕྱིས་གཙིགས་་བསྣན་བསྐྱེད་དེ་། གནང་བ་ཡང་། ཞིབ་ཏུ་ནི་

46. gts*i*gs gy*i* yi ge la bris te/ phyag sbal du

གཙིགས་གྱི་(52)ཡི་གེ་ལ་བྲིས་ཏེ། ཕྱག་སྦལ་དུ་

47. bzhag/ /dpe gc*i*g gts*i*gs snga ma da*ng*（45）phyogs（46）

བཞག །དཔེ་གཅིག་གཙིགས་སྔ་མ་དྔ་ཕྱོགས་

48. su gts*i*gs kyi mkhar bu vd*i*r bzh*a*g/（47） /dpe

སུ་གཙིགས་ཀྱི་མཁར་བུ་འདིར་བཞག། །དཔེ:

49. gc*i*g vog dper vchang du bcug go//

གཅིག་འོག་དཔེར་འཆང་དུ་བཅུག་གོ། །

（三）校勘

谐拉康东碑底座

（1）gzh*i*n:，据黎吉生（1985），王尧（1982）：gzh*i*n。

（2）bka*v*，碑文残石，王尧（1982）：bkav。

（3）bka*v*，碑文残石，王尧（1982）：bkav。

（4）las:，据黎吉生（1985），王尧（1982）：las。

（5）da*ng*，据黎吉生（1985），王尧（1982）：rang。

（6）vphral:，据黎吉生（1985），王尧（1982）：vphal。
（7）dang，据黎吉生（1985），王尧（1982）：dang。
（8）gtsigs，碑文残石，王尧（1982）：gtsigs。
（9）vtshal，据黎吉生（1985），王尧（1982）：vchal。
（10）bkav，据黎吉生（1985），王尧（1982）：bkav。
（11）bar，碑文残石，王尧（1982）：par。
（12）yang，据黎吉生（1985），王尧（1982）：yang。
（13）bkav，碑文残石，王尧（1982）：bkav。
（14）gnang，碑文残石，王尧（1982）、黎吉生：gnang。
（15）gnang，据黎吉生（1985），王尧（1982）：gnang。
（16）kong，据黎吉生（1985），王尧（1982）：kong。
（17）gtsang，据黎吉生（1985），王尧（1982）：gtsang。
（18）dang，据王尧（1982），黎吉生文（1985）：不显。
（19）stong，碑文残石：王尧（1982）：stod。
（20）dang，据黎吉生（1985），王尧（1982）：dang。
（21）dang/，据黎吉生（1985），王尧（1982）、索南吉（1984）：dang。
（22）kyang rung，据王尧（1982）补录，黎吉生文（1985）：不显。
（23）dang，碑文残石，王尧（1982）：dang /。
（24）ba，据王尧（1982），黎吉生（1985）：pa。
（25）dang/，据黎吉生（1985），王尧（1982）：dang。
（26）ris su，据王尧（1982），黎吉生文（1985）ris su 不显，注释中补录。
（27）las，据王尧（1982），黎吉生文（1985）：不显。
（28）dbang/，据黎吉生（1985），王尧（1982）：dbang。
（29）gnang/，据黎吉生（1985），王尧（1982）：gnang。
（30）ba，据王尧（1982），黎吉生文（1985）：ba 不显，注释中补录。
（31）bsnan，碑文残石，黎吉生文（1985）：不显，注释中补录。

（32）brtsan，据王尧（1982），黎吉生文（1985）：不显，注释中补录。

（33）gnang/，碑文残石，王尧（1982）：gnang /。

（34）mched，碑文残石，黎吉生文（1985）mched 不全显，注释中补录。

（35）dang/，碑文残石：王尧（1982）：dang。

（36）dang/，碑文残石，王尧（1982）：dang。

（37）mo/，据黎吉生（1985），王尧（1982）：ma。

（38）yang，碑文残石，王尧（1982）：yang。

（39）zhing，碑文残石，王尧（1982）：zhing。

（40）mthav，碑文残石，王尧（1982）：mthav。

（41）dang/，碑文残石：王尧（1982）：dang。

（42）rnam，碑文残石，王尧（1982）：rnams。

（43）gnyis，碑文残石，王尧（1982）：gnyis。

（44）gnyis，碑文残石，王尧（1982）：gnyis。

（45）dang，碑文残石，王尧（1982）：dang。

（46）phyogs/，碑文残石，王尧（1982）：phyogs。

（47）bzhag/，碑文残石，王尧（1982）：bzhag。

（四）译 文

天神为人主，圣神天子赞普赤德松赞诏告。再赐予僧人定埃增[1]之盟约。僧定埃增为宗庙社稷献策，功勋至大，为此先前依据盟约之例和其功勋大小曾赐给了相应恩赐[2]，该僧曾上言辞谢。但若要授给合适盟约，则先前所授盟约中的权益有限，与其功勋不符，寡恩负人，遗憾之至。僧定埃增于吾驾前，为社稷献良谋善策。尤其吾之即位掌政后，为吾与社稷之永久大业，忧深虑远，献经邦之长策，君臣上下，安然和洽，利泽社稷。对如此忠诚任事，功勋至大者，吾思当增授盟约，以显恩顾。虽该僧奏言辞谢曰：先前所授盟约足也，不求增授。但对有莫大功勋者，当授不薄之盟约。故吾等君臣合议，鉴于僧定埃增之忠诚不二，功勋至大，故在先前所授盟约之上，后一龙年[3]，从温江朵王宫[4]五吾颁布敕书，加恩增授如先前盟约般永久盟约，以示赞誉。论囊桑都贡后嗣子孙任职于“藏”和“东”[5]者，授予与“尚论”[6]等同之告身。若其中有人因无过而遭受危及性命之惩罚，亦不失盟约中权益。又若面临诉讼，危及寺产[7]，也不使转属于上下他人。今于往昔盟约之上增授盟约权益永久享有。吾授此新增盟约之时诸王妃[8]、邦国[9]、众议政大臣及尚论皆结盟起誓。为新授盟约庄重起见，永久享用，其要义勒石，封盖印信，存放于佛寺密库。后世众掌权君臣，世世代代要遵循两份盟约和勒石文字中的旨意，不得减损，不得改之，不得变之。先前盟约上新增授的盟约细文一份安存于府库[10]，一份与先前盟约合存于寺院密库，另一份作为模本存放于下。

（五）译文注释

【1】定埃增

定埃增在《西碑》中全称僧人娘·定埃增。娘为其姓氏，定埃增是其僧人身份的法名，汉文有“定”之意，梵音译作三摩地，意即修法中观察事物，意念所缘时，心要安定不移，谓之三摩地。又见《谐拉康西碑》注释【2】。

谐拉康东碑残石

【2】相应恩赐

相应恩赐指早于“后一龙年”，即812年前颁赐给娘·定埃增的盟约，盟约刻文即为《谐拉康西碑》。

【3】后一龙年

赤德松赞在位期间有两个龙年，碑文所言“后一龙年”，即为藏历水龙年（812），于此相对的“前一龙年”是藏历铁龙年（800）。

【4】温江朵王宫

吐蕃时期一著名地名，其地建有赞普行宫或宫殿。根据敦煌古藏文文书 P.T.1288 记载，早在 7 世纪后半叶吐蕃赞普堆松芒布杰时期此地为赞普行宫所在地，赤德松赞和赤祖德赞两代赞普时期便建有宫殿，名曰温江朵王宫，遗址位于吉曲（拉萨河）河畔南侧，距拉萨市区西南约 20 多公里的拉萨市曲水县才纳乡境内。根据早期史料记载，赤德松赞于藏历木马年（814）曾在温江朵宫集中众多天竺、吐蕃译师，住持“厘订文字，规范译例”，对已经译成藏文的佛经进行修订文字，统一词汇，编写了《声明要领二卷》。后期传统史料主张，历史上前后有三次“厘订文字”，赤松德赞时期一次，赤祖德赞时期一次，大译师仁钦桑布时期一次。把赤德松赞在温江朵宫完成的“厘订文字”一事误视作赤祖德赞的业绩。这是因为古代某些史学名著如《西藏王臣记》等把赤德松赞与其子赤祖德赞视作一人，以致把赤德松赞的佛法业绩归入赤祖德赞名下。因此直至今日仍有不少人以讹传讹，常把赤德松赞与赤祖德赞的佛法业绩混为一谈。又，14 世纪问世的《西藏王统记》记载，赤祖德赞在位期间，在温江朵修建了一座具有宫殿功能的著名佛寺，名曰“非凡吉祥增善寺”。传说此佛寺高 9 层，由玉阗、尼婆罗工匠修建。下三层由石料构成，为君臣议政之殿；中三层为砖石结构，为僧人修法之所；上三层为木质建筑，为王之供佛修行之佛堂。《西藏王统记》记载的似乎有历史传说的依据。根据这一传说 17 世纪末第斯桑杰嘉措修建的布达拉红宫竣工之时，新绘的布宫壁画中有宏伟的温江朵 9 层佛寺。今温江朵一地尚有一座小寺，仍名为温江朵寺，院内立有一座年代无考的无字碑，小寺归甘丹寺管理。寺院正面外西北空地沙土中发现了一座石雕龟趺石碑基座，根据意大利藏学家图齐的著作，1948 年龟趺石碑基座上是一座高大的无字碑。从 2021 年起西藏文物工作者对温江朵遗址进行发掘和清理，清理了遗址四角的四座佛塔的夯土和石基，清理龟趺石碑基座时露出了长方形碑亭基石。

【5】“藏”和“东”

gtsang 和 stong 的音译。根据上下文，此处“藏”应是吐蕃一特殊行政区域名称，其地名和地方长官的职衔亦称为“藏钦”，“藏”为简写。“东”似乎指“东迪”，即千户府。吐蕃在本土设有 61 个“东迪”。

【6】尚论

尚论有两层意思，一是特指外戚家族出身大臣，即与吐蕃赞普联姻的外戚家族中具有赞普舅舅身份出任大臣者，唐史直接译作尚论。自松赞干布至末代国王达磨近 210 多年间，与王室联姻的家族有没庐氏、琛氏、那囊氏、蔡邦氏、属卢氏、巴擦氏等近十个著名家族，唯独没庐氏、琛氏、那囊氏、蔡邦氏等 4 个家族的大臣拥有尚论名号，尤其是没庐氏、琛氏、那囊氏 3 个家族由于其皇亲国戚的尊贵地位，显赫权势，史称“三尚”，出身于这 3 个家族的尚论封侯拜相，多人官至大相。而出身属卢氏、巴擦氏等家族或氏族的大臣无尚论之名号。二是尚论又泛指所有臣僚。

【7】寺产

寺院所属田产、牧场、百姓等。

【8】诸王妃

根据敦煌古藏文文献 P.T.1287 载，赤德松赞的正妃为没庐氏拉结芒嫫杰 (vbro za lha rgyal mang mo rje)。又据《贤者喜宴》载，赤德松赞的王妃有没庐氏赤嫫莱 (vbro za khri mo legs)、琛氏列嫫赞 (mchims bzav legs mo btsan)、属庐氏赞杰（cog ro bzav btsan rgyal）等三人，此处没庐氏赤嫫莱与没庐氏拉结芒嫫杰似乎是同一人。又见《谐拉康西碑》注释【14】。

【9】邦国

参见《谐拉康西碑》注释【15】“邦国”。

【10】府库

指王室存放贵重之物的库房，参见《谐拉康西碑》注释【9】。

九、恰喀墓碑

（一）解 题

此碑发现地位于吉曲河（拉萨河）上游恰喀（cha gar）一地，原先藏学界所称谐拉康刻石，今称之为恰喀墓碑。

恰喀为古地名，位于今拉萨市墨竹工卡县尼玛江热乡境内，距谐拉康以东约几百米，与谐拉康及谐村隔河相望。此处有一座名为“宗赞”（rdzong btsan）的神山，其山脚草坝上坐落有近十处墓穴，其中一座墓穴的南侧发现了倒塌在草坝上的墓穴残碑，现今残碑竖立在原发现地。

此碑首尾残缺。根据残存碑文，可知此碑是记述“董”氏恰喀地方首领家族史的墓碑。残碑高 0.87 米、宽 0.57 米，现存书 12 行，107 字。1953 年黎吉生第一次刊布了碑刻残存文字，1980 年后王尧、索南吉、李方桂的相关著作中收录了碑文，并附有译文和考释。

恰卡墓碑残石

以下录文是依据笔者 2010 年实地所拍数码图照和夏格旺堆提供的拓片成文，参阅了其他录文。

（二）碑 文

1. × × × × × ×yang nas（1）× × × × × × bla × × × × × ×

××××××ཡང་ནས་××××××བླ་××××××

2. bad（2）× × × × × × my*ivi* mgon du sa ls gshegs nas（3）

བད་×××××མྱིའི་མགོན་དུ་ས་ལ་གཤེགས་ནས་

3. gna*m* du bzhud pa n*i*/ kha thabs brjod du my*i*

གནཾ་དུ་བཞུད་པ་ནི། ཁ་ཐབས་བརྗོད་དུ་མྱི་

4. × ng yav（4）bas bram（5）du myi bdad（6）de/ vdir ma smos so（7）

×ང་ཡཱ་བས་ བྲཾ་དུ་མྱི་བདད་དེ། འདིར་མ་སྨོས་སོ་

5. ///ldong（8）chen po gnam lhavi sras las/ cho phyi tshe gsum dang/

༄༅། ལྡོང་ཆེན་པོ་གནཾ་ལྷའི་སྲས་ལས། ཆོ་ཕྱི་ཚེ་གསུཾ་དང་།

6. mdav（9）myi tse gsum dang/ tse tse gsum dang/ phyug po tse（10）gsum dang /（11）

མདའ་མྱི་ཙེ་གསུཾ་དྔ། ཙེ་ཙེ་གསུཾ་དྔ། ཕྱུག་པོ་ཙེ་གསུཾ་དྔ་།

7. gyim po tse gsum las stsogs pa spun myi vphags（12）

གྱིམ་པོ་ཙེ་གསུཾ་ལས་སྩོགས་པ་སྤུན་མྱི་འཕགས་

8. rigs（13）su gyes so/

རིགས་སུ་གྱེས་སོ།

9. × × ng gi myes po ste/ po ldong tse myag /tor khong × × ×

××ང་གི་མྱེས་པོ་སྟེ། པོ་ལྡོང་ཙེ་མྱག །ཏོར་ཁོང་×××

10. × × × × po ste cha gar gyi zhal bu vdivi bar du myi × × ×

××××པོ་སྟེ་ཆ་གར་གྱི་ཞལ་བུ་འདིའི་བར་དུ་མྱི་×××

11. × × × bar rtsevi nib dg po/ myi × bvi ni rmya × × ×

××××བར་རྩེའི་ནི་བདག་པོ། མྱི་×པའི་ནི་རྨྱ་×××

12. × × × × gnyis te lavu（14）

××××གཉིས་ཏེ་ལའུ

（三）校 勘

（1）此行三个词外，残石上已磨损，不可辨读。

（2）此据王尧（1982）：bad，黎吉生（1985）：pad，残石上已磨损。

（3）残石：nas，黎吉生（1985）：na。

（4）此据王尧（1982）：nga yav，残石上已经磨损，不可辨读。

（5）此处王尧（1982）、黎吉生（1985）：bram, 残石上已经磨损。

（6）残石：bdad，黎吉生（1985）：bard。

（7）残石：so，王尧（1982）、黎吉生（1985）：缺漏。

（8）残石：ldong，王尧（1982）：lha *ji*。

（9）此据王尧（1982）：mdav，残石上已经磨损，不可辨读。

（10）残石：tse，王尧（1982）、黎吉生（1985）：tshe。

（11）残石：dang，黎吉生（1985）：dang。

（12）此据王尧（1982）：vphags，残石上后加字 g 和再后加字 s 已磨损。

（13）此据王尧（1982）：*ri*gs，残石上刻文已磨损。

（14）gnyis te lavu，此据王尧（1982）：补录，残石上不可辨读。

（四）译 文

恰喀墓碑所在地墓穴

×××××××下凡大地为人主[1]。××××升入天界之神技言语无法描述。××××此不述及。

“董”[2]大神乃是天神之子[3]，后分衍出曲其茨[4]三人、达弥孜三人、孜孜三人、秋波茨三人和庆波孜三人亲戚为高贵兄弟人[5]。

……祖辈波董孜涅、朵孔×××××恰喀部落[6]首领[7]，至今×××××“孜”为人主××××

（五）译文注释

【1】下凡大地为人主

此处指吐蕃许多高贵种姓如碑刻所提及的曲其茨兄弟的祖先皆为天神，下凡大地为人主，再升入天界的神话传说。这一传说与悉补野第一代国王聂赤赞普以天神之子身份下凡大地，为人间黑头黎民之主，尔后再升天的故事如出一辙。

【2】董

藏族古代六大氏族之一，今青海藏族地区和一些康区部族仍自称属于董氏。根据一些史料记载，董氏下有十八个分支姓氏。

【3】天神之子

本指悉补野第一代国王聂赤赞普的天神之子身份。此处寓意古代著名氏族“董”亦是天神之子。后期传统史料中记载古代许多著名氏族皆以天神后裔自居，除悉补野外，如昆（vkhon）氏、朗（rlangs）氏、虐（gnyos）氏等自称其祖先为天神。

【4】曲其茨

cho phyi tshe 之音译，一氏族之名，与后文提到的达弥孜、孜孜、秋波茨、庆波孜等同出于一个祖先。

【5】高贵兄弟人种

藏族早期著名的一些氏族，如悉补野、昆（vkhon）、朗（rlangs）、虐（gnyos）等，皆声称其祖先源自天神，故称为上等或高贵人种。

【6】恰喀部落

Cha gar 之意译。据笔者研究恰喀当为今碑文所在地的古地名。

【7】首领

zhal bu 之意译，为地方或部落首领的敬称。从敦煌古藏文文书 P.T.12《尚书》译文中地方长官、首领在藏文中译作 zhal bu。此与 13 世纪萨迦政权时期一种瓷器被称作 zhal bu，不可混淆。

十、工布雍仲增刻石

（一）解 题

此刻石坐落于工布腹地，位于今林芝市巴宜区米瑞乡雍仲增村北农田中，因刻石在工布地区，水虎年五碑刻录文中称之为工布碑刻，黎吉生、堆迥文中沿用了这一名。王尧先生所称“第穆萨摩崖刻石”，源于原中国社会科学院民族所研究员常凤玄在1961年对刻石复制拓片时所用名称，时雍仲增村隶属于第穆区，故取名“第穆萨摩崖刻石”。如今若称“第穆萨摩崖刻石”，则刻石所在地雍仲增村与原第穆区所在地第穆村相距10多公里。故今称作“工布雍仲增刻石”，当为妥帖。又根据一些史料，如哲蚌寺所存《盟约与碑文》，此刻石也称作“达帕”（rta bar）碑，“达帕”亦是雍仲增村一带的古地名。

刻石是一块天然巨石，南壁为平面，呈方形，文字镌刻在其上。刻石高 1.85 米，宽 1.75 米，书 21 行，365 字。文字基本清晰可读，只有个别文字略为模糊。底座高 0.25 米，刻有 10 个“雍仲”纹饰。

此刻石是赤德松赞赞普执政时期（799/800–815）颁发给工布工噶波王的盟约。

水虎年五碑刻录文中以工布碑刻之名收录有此刻石。近现代对刻石研究的主要学者有黎吉生、常凤玄、堆迴·吉查益希多吉、王尧、索南吉、李方桂、高瑞、玉伯赫、恰白·次丹平措、扎西达瓦、龙布杰等人。

下面录文是依据笔者于 2014 年、2023 年所拍数码图照文字而成，参照了水虎年五碑刻录文和王尧教授的录文。王尧先生文字是依据图照和常凤玄先生的 1961 拓片资料，黎吉生、堆迴吉差益希多吉文字均源于水虎年五碑刻录文。根据刻石的最新清晰图照，诸位研究者的录文除个别文字、点符（tsheg）、句符（shad）与碑刻有所不同外，其他文字基本准确无误。

（二）正 文

1. // lha btsan po khr*i* srong lde brtsan dang / lde srong yab sras ky*i* ring lav//

༄༅། ལྷ་བཙན་པོ་ཁྲྀ་སྲོང་ལྡེ་བརྩན་དང་། ལྡེ་སྲོང་ཡབ་སྲས་ཀྱྀ་རིང་ལའ།།

2. // rkong kar po la gts*i*gs gnang bav//

།། རྐོང་ཀར་པོ་ལ་གཙྀགས་གནང་བའ།།

3. // kar po mang po rje dang/ blon po lhavi zung gis（1）gsold bav/（2）/thog ma phywa ya*b*la bdag drug *gi* sras las/

༄༅། ཀར་པོ་མང་པོ་རྗེ་དང། བློན་པོ་ལྷའི་ཟུང་གིས་གསོལད་བའ། །ཐོག་མ་ཕྱྭ་ཡབླ་བདག་དྲུག་གྀ་སྲས་ལས།

4. nya khri btsanbo myi yul gy*i* rjer/ /lha r*i* gyang dor gshegs pa tshun chad/ dr*i*

gum btsan po phan chad/ gdung rabs bdun gy*i* bar du/ /phying ba stag

ཉ་ཁྲི་བཙན་པོ་སྤྱི་ཡུལ་གྱི་རྗེར། །ལྷ་རི་གྱང་དོར་གཤེགས་པ་ཚུན་ཆད། དྲི་གུམབཙན་པོ་ཕན་ཆད། གདུང་རབས་བདུན་གྱི་བར་དུ། །ཕྱིང་བ་སྟག

5. rtse na bzhugs bzhugs/ /dr*i* gum btsan povi sras/ gcen nya khy*i* dang/gcung sha khy*i* gnyis la/（3）/gcung sha khy*i* ni/lha btsan po/ gcen nya khy*i*/

工布雍仲增刻石局部

རྩེ་ན་བཞུགས་བཞུགས། །དྲི་གུམ་བཙན་པོའི་སྲས། གཅེན་ཉ་ཁྱི་དང་། གཅུང་ཤ་ཁྱི་གཉིས་ལ། །གཅུང་ཤ་ཁྱི་ནི། ལྷ་བཙན་པོ། གཅེན་ཉ་ཁྱི

6. ni rkong kar po rje/（4）gcen kar（5）po ni/ thog ma yas gshegs pavi（6）tshe/ mched gny*i*s kyi sku bla gnyan po gsol ba dang / sku bla de mo dang bshos pa（7）

ནི་རྐོང་ཀར་པོའི་རྗེ། གཅེན་ཀར་པོ་ནི། །ཐོག་མ་ཡས་གཤེགས་པའི་ཚེ། མཆེད་གཉིས་ཀྱི། སྐུ་བླ་གཉན་པོ་གསོལ་བ་དང་། སྐུ་བླ་དེ་མོ་དང་བཤོས་པ

7. ya*b*（8）lha bdag bgy*i*d kyis kyang / lha sras ky*i* sku r*i*m（9）gro la/ bdag*i* srog lav bab pa man chad ky*i* cho gar mdzad pa/ srog phongs（10）ma bgy*i*s te/ /lha sras ky*i* chab

ཡབ་ལྷ་བདག་བགྱིད་ཀྱིས་ཀྱང་། ལྷ་སྲས་ཀྱི་སྐུ་རིམ་གྲོ་ལ། བདགི་སྲོག་ལའ་བབ་པ་མན་ཆད་ཀྱི་ཆོ་གར་མཛད་པ། སྲོག་ཕོངས་མ་བགྱིས་ཏེ། །ལྷ་སྲས་ཀྱི་ཆབ

8. sr*i*d vd*i* ltar mtho/ dbu rmog brtsand/ yong lha sras gnam dang vdra bav*i* chags vog na/ /gnam kol du gnang bavang c*i*s bas zh*i*g mchis na/ bdag

སྲིད་འདི་ལྟར་མཐོ། དབུ་རྨོག་བརྩནད། ཡོང་ལྷ་སྲས་གནམ་དང་འདྲ་བའི་ཆགས་འོག་ན། །གནམ་ཀོལ་དུ་གནང་བའང་ཅིས་བས་ཞིག་མཆིས་ན། བདག

9. cag lta zhig/ thog ma mched gyes nas/ /pha myes dang po lha myi ma phye ba tshun chad / bde skyid cing / chu srid g–yung drung dang vdra bar gnang gis kyang / deng sang

ཅག་ལྟ་ཞིག །ཐོག་མ་མཆེད་གྱེས་ནས། །ཕ་མྱེས་དང་པོ་ལྷ་མྱི་མ་ཕྱེ་བ་ཚུན་ཆད། བདེ་སྐྱིད་ཅིང༌། ཆུ་སྲིད་གཡུང་དྲུང་དང་འདྲ་བར་གནང་གིས་ཀྱང༌། དེང་སང་

10. du khab so dpon sna dagis/ /khral gyi sna vtshal（11）te/ gtses shing mchis na / /nam duvang bde bar thugs dpags mdzad pavi / gtsigs tsam zhig（12）ci gnang zhes

དུ་ཁབ་སོ་དཔོན་སྣ་དགིས། །ཁྲལ་གྱི་སྣ་འཚལ་ཏེ། གཙེས་ཤིང་མཆིས་ན། །ནམ་དུའང་བདེ་བར་ཐུགས་དཔགས་མཛད་པའི། གཙིགས་ཙཾ་ཞིག་ཅི་གནང་ཞེས་

11. gsold nas/ /de bzhin du gnang ste/ /gtsigs vphra men sgrom bu stsald bavi dper bris pav/

གསོལད་ནས། །དེ་བཞིན་དུ་གནང་སྟེ། །གཙིགས་འཕྲ་མེན་སྒྲོམ་བུ་སྩལད་བའི་དཔེར་བྲིས་པའ།

12. /// btsan po lha sras khri srong lde brtsan gyi ring la/ kar（13）povi gtsigs（14） gnang ba las/

༄༅། བཙན་པོ་ལྷ་སྲས་ཁྲི་སྲོང་ལྡེ་བརྩན་གྱི་རིང་ལ། །ཀར་པོའི་གཙིགས་གནང་བ་ལས།

13. lha sras lde srong gi sku ring la/ /gtsigs（15）snga ma bas bskyed par/ bkavs// gnang bav/（16）

ལྷ་སྲས་ལྡེ་སྲོང་གི་སྐུ་རིང་ལ། །གཙིགས་སྔ་མ་བས་བསྐྱེད་པར། བཀའས། །གནང་བའ།

14. // nam zhar gyang / rkong kar（17）povi rgyal por gzhan myi bzhugs par / kar（18）po mang po rjevi bu tsa vphel rgyud las stsald par（19）gnang ngo /

༄། །ནམ་ཞར་གྱང༌། རྐོང་ཀར་པོའི་རྒྱལ་པོར་གཞན་མྱི་བཞུགས་པར། ཀར་པོ་མང་པོ་རྗེའི་བུ་ཙ་འཕེལ་རྒྱུད་ལས་སྩལད་པར་གནང་ངོ།

15. kar po mang po rjev*i* rgyud rabs chad na（20）gcen rgyal po /kar（21）pov*i* myingmyi rlag par / rgyal po yang / /kar po rgyal brtsan gy*i* rgyud las /

ཀར་པོ་མང་པོ་རྗེའི་རྒྱུད་རབས་ཆད་ན་གཅེན་རྒྱལ་པོ། །ཀར་པོའི་མྱིང་མྱི་རླག་པར། རྒྱལ་པོར་ཡང་། །ཀར་པོ་རྒྱལ་བརྩན་གྱི་རྒྱུད་ལས།

16. bskov*o*/（22）rgyal brtsan gyi rgyud kyang rabs chad na/ nye mtshams las/ / kha chems ky*i*s gang / /gsol bav*i* nang nas/ sbu（23）dang（24）

བསྐོའོ། རྒྱལ་བརྩན་གྱི་རྒྱུད་ཀྱང་རབས་ཆད་ན། ཉེ་མཚམས་ལས། །ཁ་ཆེམས་ཀྱིས་གང་། ། གསོལ་བའི་ནང་ནས། སྦུ་དང་

17. sbyard te/ gang vos pa gc*i*g stsald par gnang ngo //

སྦྱརད་ཏེ། གང་འོས་པ་གཅིག་སྩལད་པར་གནང་ངོ་།།

18. // rkong kar pov*i* bran dang / /zh*i*ng（25）vbrog/ /slan chad my*i* dbri zhing / rje blas dang / /dpya khral bla skyes my*i* dbab dang /

༄༅། རྐོང་ཀར་པོའི་བྲན་དང་། །ཞིང་འབྲོག། །སླན་ཆད་མྱི་དབྲི་ཞིང་། རྗེ་བླས་དང་། ། དཔྱའ་ཁྲལ་བླ་སྐྱེས་མྱི་དབབ་དང་།

19. stsang rav dphyav（26）nas dang / /vbras gang vbul yang（27）rung / vbul bav*i* tshigs/ /da（28）ltar gy*i* las my*i* bsring bar// //lha sras

སྩང་རའ་དཕྱའ་ནས་དང་། །འབྲས་གང་འབུལ་ཡང་རུང་། འབུལ་བའི་ས་ཚིགས། །ད་ལྟར་གྱི་ལས་མྱི་བསྲིང་བར།།།།ལྷ་སྲས་

20. yab kyi bkavs/ /gnang ba bzhin du/ /lha sras lde srong g*i* sku ring la/ /rje/ / blon mol te/

ཡབ་ཀྱི་བཀའས། །གནང་བ་བཞིན་དུ། །ལྷ་སྲས་ལྡེ་སྲོང་གི་སྐུ་རིང་ལ། །རྗེ། །བློན་མོལ་ཏེ།

21. bkavs/ /gnang //

བཀའས། །གནང་ངོ་།།

（三）校 勘

（1）lhav*i* zung gis, 王尧（1982）：gyav*i* rung ts*i*s。

（2）bav，据石刻，水虎年五碑刻录文：pav。

（3）la，黎吉生（1985）：las。

（4）rkong kar po rje，据拓片（1961）、王尧（1982），水虎年五碑刻录文、黎吉生（1985）：rkong yul du bzhugs ste。

（5）kar，水虎年五碑刻录文：dkar。

（6）pavi，黎吉生（1985）：pav*i*。

（7）pa，黎吉生（1985）：pavi。

（8）ya*b* 据王尧（1982）补录。水虎年五碑刻录文、黎吉生（1985）：缺漏，刻石已磨损。

（9）sku r*i*m，水虎年五碑刻录文、黎吉生（1985）：skuvi rim。

（10）phongs，王尧（1982）：phobs。

（11）vtshal，王尧（1982）：vtsal。

（12）zhig，王尧（1982）：zh*i*g。

（13）kar，水虎年五碑刻录文：dkar。

（14）gts*i*gs，黎吉生（1985）：gtsigs。

（15）gtsigs，王尧（1982）、黎吉生（1985）：gts*i*gs。

（16）bav/，黎吉生（1985）：bav。

（17）kar，水虎年五碑刻录文：dkar。

（18）kar，水虎年五碑刻录文：dkar。

（19）par，水虎年五碑刻录文、黎吉生（1985）：bar。

（20）chad na 据水虎年五碑刻录文、黎吉生（1985）补录，刻石中已磨损，王尧（1982）括号中置：chad na。

（21）kar，水虎年五碑刻录文：dkar。

（22）bskovo 据水虎年五碑刻录文、黎吉生（1985）补录，刻石已不甚清晰；王尧（1982）：括号中置：bskos/。

（23）spu，水虎年五碑刻录文、黎吉生（1985）：spus；王尧（1982）：spung。

（24）dang，王尧（1982）：nga。

（25）zhing，王尧（1982）：zhing。

（26）dphyav，水虎年五碑刻录文、黎吉生（1985）：phywa；王尧（1982）：ra khyab。

（27）yang，王尧（1982）：bar。

（28）da 据水虎年五碑刻录文补录，王尧（1982）：缺漏，刻石上亦不甚清晰。

（四）译 文

圣神赞普赤松德赞、德松[1]父子在位之时，颁授盟约于工噶波王[2]。

噶波芒布杰及其臣拉氏[3]合奏：初恰雅拉达楚[4]之子聂赤赞普[5]为人主下凡在拉日羌陀山[6]以来，至直贡赞普传世七代[7]，一直居于青瓦达孜宫[8]。直贡赞普之子有兄聂奇、弟夏奇[9]。后弟夏奇为天神赞普，兄聂奇为工噶波王[10]。初兄噶波王二人自高地迁移下地之始，兄弟二人供奉神圣护神[11]，给护神第穆敬献神馐[12]，为天子雅拉达济之祭祀，我等不惜生命之危。今天子赞普社稷宏伟，圣武威严[13]。天子如苍天般，治下臣民熙攘，何况我等。初吾兄弟第一代祖辈分离之时还未有天神与臣民之分[14]。后赐我治理属地之权如“雍仲”般永久，欢然安乐，然今日地方“喀索”[15]长官横加种种差税，欺凌之至。故，呈请颁授一份享受永久安宁之盟约。故，如所请今颁授盟约，盟约文字置于“颇罗弥”匣[16]中，抄录如下。

赞普天子赤松德赞之时曾颁授盟约于噶波王，今天子德松在位之际又增授盟：工噶波王之大位，唯许噶波芒波杰之子孙后裔继承，永世不得由他人篡位。若噶波芒波杰后裔绝嗣，为了不使王兄噶波王名位失传，遴择噶波坚赞[17]之后嗣继任君位。若坚赞绝嗣，按其遗言从近亲中选合适能人继任。将来不使工噶波之奴户、田地、牧场减损，不增派王室劳役，不增收官府差税。向官家府库[18]缴纳之物青稞、稻米皆可，缴纳驿站依现役之规，不得远延。如天子父王所颁授盟约，天子德松之时君臣合议，颁此盟约。

（五）译文注释

【1】德松

赤德松赞之别名，赤松德赞幼子。约在799年即位，于815年去世。

【2】工噶波王

工布邦国之君主。第一代工噶波王是逃亡工布的悉补野第七代赞普直贡赞普长子聂奇，其后嗣子孙一直以工噶波王之名在工布邦国君位上。工布为传统地名，也称工域，早期拼写为 rkong po，后书写作 kong po。吐蕃时期其地域范围包括今林芝地区巴宜区和米林市全境。工布又有上工布、下工布之分。今林芝市米林市卧绒乡辖境为上工布，与卧绒接壤的下塔布某些地方，今林芝市朗县金东乡和东嘎镇的一些辖境历史上曾一度称作上工布。下工布指今米林市恰那乡以下地区至雅江大拐弯处。工噶波王统治时期的工布不包括今工布江达县。

工布雍仲增刻石拓片

【3】拉氏

Lha 之音译，工噶波王之下一大臣的简称，生平无考。碑文中 lha 字后 zung 字是“合”之意，某些译文中以 lha zung 视作大臣姓名，应是误解。

【4】恰雅拉达楚

phywa yabla bdag drug 之音译。被视作吐蕃王族悉补野祖先，族姓恰（phywa），为吐蕃远古著名氏族。传统史料中认为悉补野王族远祖是天神恰雅拉达楚。

【5】聂赤赞普

悉补野部族第一个首领，藏族传统史料视作天神之子，下凡为悉补野第一个王。

【6】拉日羌陀山

工布地区一神山，位于今林芝市巴宜区境内尼洋河和雅鲁藏布江汇合处。刻石所载的聂赤赞普降临在拉日羌陀山上一说是古老的历史传说，后来佛教历史学家断言此说为苯教传说，并由此杜撰了一个具有佛教色彩的新的历史传说，即聂赤赞普最初莅临的山是亚龙地区的“赞塘郭西山”。

【7】至直贡赞普传世七代

直贡赞普也有译作止贡赞普。根据敦煌古藏文历史文书 P.T.1286 记载，悉补野第一代赞普为聂赤赞普，继嗣者依次为穆赤赞普、丁赤赞普、索赤赞普、提赤赞普、赤贝赞普，至直贡赞普共七代。这一观点见于此刻石，和敦煌古藏文历史文书相吻合，十分珍贵。因为这一说法完全颠覆了 11 世纪以后的几乎所有藏文史料把直贡赞普视作第八代赞普的权威错误观点。

【8】青瓦达孜宫

青瓦是今雅砻琼结一带的古地名，达孜为王宫名。青瓦达孜是悉补野及后来吐蕃统一政权时期的王宫名，位于今山南市琼结县县城所在地。根据敦煌古藏文文书和此刻石，青瓦达孜是修筑于第一代悉补野国王聂赤赞普时期的最早的宫堡。早于后期民间传说中的“第一宫堡雍布拉康”。

【9】兄聂奇、弟夏奇

兄聂奇、弟夏奇是 gcen nya khyi，gcung sha khyi 之音译。古藏文 khyi 通 khri，故后期史料中 khyi 常书写为 khri，故聂奇、夏奇一般写作聂赤和夏赤。

悉补野第七代赞普直贡赞普被洛昂所杀后二王子聂奇、夏奇为避祸逃亡工布。11 世纪及后来的藏文史料对直贡赞普的儿子记载混乱不堪。一是兄弟辈分不清，二是多出一个第三王子恰赤，由此派生出三子逃亡后分别成为工布王、娘布王、波窝王之说。刻石所言两子与敦煌古藏文文书记载相符。

【10】弟夏奇为天神赞普，兄聂奇为工噶波王

夏奇、聂奇两兄弟先是为避杀身之祸逃亡工布。后夏奇从工布被迎请回雅砻，继承直贡赞普的王位，成为赞普。故有弟夏奇为天神赞普之说。兄聂奇定居工布，建立了工布邦国，成为邦国之主工噶波王。

【11】兄弟二人供奉神圣护神

按吐蕃王族出自悉补野氏族，其氏族祖先是天神恰雅拉达楚，氏族保护神为雅拉香布。初夏奇、聂奇两兄弟被流放到工布时，可能共同信奉氏族保护神。

【12】给护神第穆敬献贡神馐

sku bla de mo dang bshos pa 意即为工布地区护神第穆敬献神馐。所谓神馐是指给所供奉的诸如神像、神山前摆上食品之类供品。夏奇、聂奇两兄弟先是逃亡到工布，后夏奇回到亚龙继承赞普大位，而聂奇成为工布邦国君主噶波王，工布地方神山第穆亦成为其家族的最圣神之保护神。

【13】圣武威严

参见《邓柯隆绒摩崖石刻》注释【2】和《琼结达孜桥头碑》注释【3】。

【14】初吾兄弟第一代祖辈分离之时还未有天神与臣民之分

初直贡赞普被杀，夏奇、聂奇两兄弟为避杀身之祸逃亡工布。至弟夏奇还未被迎请到雅砻继承赞普王位前，兄弟俩同为落难者，未有天神赞普和臣民之说法的区别。

【15】地方“喀索”

“喀索”为 khab so 之音译，本指吐蕃设置在各地行政机构，负责税收等事项官员，引申为此类地方行政机构的负责官员。

【16】“颇罗弥”匣

vphra men 之意译，是一种合金，或银饰金的金属。由此金属制成的匣称之为颇罗弥匣。

【17】噶波坚赞

刻石云此人为工噶波王之兄，其他史料不见其人其事。

【18】府藏

phyag sbal 之意译。《唐蕃会盟碑》译作“玉府”。又参见《谐拉康西碑》注释【9】。

十一、察雅仁达摩崖石刻题记和普贤行愿经略文

（一）解 题

西藏东部康区，今昌都市察雅县香堆镇仁达村境内拉退山以东汪布曲河西岸崖壁上有吐蕃时期历史文化遗产大日如来及其八弟子造像和重要题记，题记为我们提供了丰富的历史信息。藏文题记的左面刻有汉文21个字。另外

造像左上方刻有《普贤行愿经略文》，今把仁达石刻文字称为察雅仁达摩崖石刻题记和普贤行愿经略文。

题记书 13 行，约有 350 字。其中少量文字已磨损，不易辨析。根据题记，造像、题记、经文刻于赤德松赞赞普执政时期（799？ –815）猴年。此猴年当为藏历木猴年（804），因为赤德松赞执政时期只有一个猴年。

察雅仁达摩崖石刻题记

关注此摩崖石刻最早的是昌都学者土呷先生。1986 年，在拉萨举行的一次全国性的藏学学术研讨会上，土呷先生介绍了昌都察雅县仁达境内新发现的吐蕃摩崖石刻，引起了与会者的极大关注。会议期间，土呷先生把摩崖石刻题记抄文送给恰白·次丹平措先生和东噶·洛桑赤列教授阅览。1987 年，恰白先生以土呷先生提供的题记录文为依据，在《西藏研究》（藏文版）第 3 期上发表了《简析新发现的吐蕃摩崖石文》一文，1988 年，《中国藏学》（汉文版）第 1 期上发表了郑堆和丹增先生的汉文译文，同年，马林先生发表了《仁达摩崖石刻考证》一文。此后，近 30 多年来学界对仁达吐蕃摩崖石刻的造像艺术和题记的研究一直不曾中断，相关藏汉文章近十多篇。高瑞、土呷、谢继胜、康珠·索朗顿珠、恰嘎·旦正、霍巍、张建林、夏格旺堆、才让、索朗多杰研究员等皆有研究文章发表。近十年来，有2篇重要研究文章值得关注，一是张建林、夏格旺堆等编写的《西藏察雅丹玛札摩崖造像调查报告》，二是霍巍教授所撰《论藏东吐蕃造像与吐蕃高僧益西央》。可以说，围绕仁达摩崖石刻的研究成果至今仍不断涌现，学界受益不浅。

2011年由西藏人民出版社出版的拙作《吐蕃碑刻最新汇集》（藏文）一书中对题记所涉及的一些问题在前人研究的基础上作了一些补充解读，但录文和解读中错字、误读亦不少。2016年9月笔者参加在察雅县城举行的“澜沧江畔，悠久文化，古道情深，吉祥察雅”为主题的澜沧江文化艺术节，有机会对仁达吐蕃摩崖石刻进行一次实地考察。此次考察之行了却了心愿，更是一次毕生难忘的学术实地考察。笔者多年关注吐蕃石刻碑铭研究，一直怀揣着到仁达进行学术考察的强烈愿望，但因缘未到始终未能成行，故一直抱憾至极。完成仁达摩崖石刻的实地考察后，对以往学术界长期关注的一些研究难点产生了新的研究心得，尤其对题记中提及的益西央的身份有了新的认识，一是益西央的姓氏巴廓获得了准确的认知，二是以往研究者，包括笔者在内，认为察雅仁达石刻提及的堪布益西央和玉树贝廓摩崖石刻题记中的大译师益西央是同一个的观点有了新的不同认识。

下面题记录文是依据笔者的最新数码图照和西藏自治区文物局夏格旺堆研究员提供的数码图照资料而成，参考了恰白·次丹平措先生的录文。需要指出的是，约在20世纪80年代初仁达当地僧人给石刻题记文字用朱笔描红，由于僧人识别古藏文有难度，结果极个别文字笔画和分音点符没能按碑刻所显示准确涂描，由此造成了一些错字，给学者的解读研究造成了很大困惑。

此处所录《普贤行愿经略文》依据笔者的数码照片文字所录，参照了英藏、法藏敦煌古藏文文书《普贤愿王经》IOL.Tib.143、P.T.0048BV、P.T.007A、P.T.0011等。

（二）题记正文

1. // dam pav*i* chos kyi mdo ni/ /sems can thams cad la yang/ /sangs rgyas kyi rang bzhin dran zhing shes pavi sems re re yod de/ /sems de ni mkhan po dang lhas kyang ma byas pha ma las kyang ma skyes thog mav*i* mthav my*i* rnyed pa nas kyang yod（1）nas yod/ /mthar kyang sh*i*（2）bavi na myed par yang myi（3）vgyur ro//（4）sems des dgev ba rgya cher spyad de/ /sems can kun la legs pa byas shing dam pavi chos byin ba da*ng*//（5）

༄༅། དམ་པའི་ཆོས་ཀྱི་མདོ་ནི། །སེམས་ཅན་ཐམས་ཅད་ལ་ཡང་། །སངས་རྒྱས་ཀྱི་རང་བཞིན་དྲན་ཞིང་ཤེས་པའི་སེམས་རེ་རེ་ཡོད་དེ། །སེམས་དེ་ནི་མཁན་པོ་དང་ལྷས་ཀྱང་མ་བྱས་ཕ་མ་ལས་ཀྱང་མ་སྐྱེས་ཐོག་མའི་མཐའ་མྱི་རྙེད་པ་ནས་ཀྱང་ཡོད་ནས་ཡོད། །མཐར་ཀྱང་ཤི་བའི་ན་མྱེད་པར་ཡང་མྱི་འགྱུར་རོ། །སེམས་དེས་དགེའ་བ་རྒྱ་ཆེར་སྤྱད་དེ། །སེམས་ཅན་ཀུན་ལ་ལེགས་པ་བྱས་ཤིང་དམ་པའི་ཆོས་བྱིན་བ་དྔ།།

2. sems rnam par sbyang pas na/ /sangs rgyas dang byang cub sems par rgrub（6）nas/ /skye ba dang rga ba dang na ba dang sh*i* ba las thar te bla na myed（7）pav*i* bdev skyid pa thob（8）bo/ /sems des legs nyes vdran（9）mar spyad na/ lha dang my*i*vi gnas su skyevo/ /sdig pa dang my*i* dgev bav*i* las cher spyad pa na/ / sdig yul sems can dmyal ba las stsogs pa*r*（10）skyes te sdug bsngal bav*i* nang du rgyun tu vkho*ro*/ /de bas bdag g*i*

སེམས་རྣམ་པར་སྦྱང་པས་ན། །སངས་རྒྱས་དང་བྱང་ཅུབ་སེམས་པར་རྒྲུབ་ནས། །སྐྱེ་བ་དང་རྒ་བ་དང་ན་བ་དང་ཤི་བ་ལས་ཐར་ཏེ་བླ་ན་མྱེད་པའི་བདེའ་སྐྱིད་པ་ཐོབ་བོ། །སེམས་དེས་ལེགས་ཉེས་འདྲན་མར་སྤྱད་ན། ལྷ་དང་མྱིའི་གནས་སུ་སྐྱེའོ། །སྡིག་པ་དང་མྱི་དགེའ་བའི་ལས་ཆེར་སྤྱད་པ་ན། སྡིག་ཡུལ་སེམས་ཅན་དམྱལ་བ་ལས་སྩོགས་པར་སྐྱེས་ཏེ་སྡུག་བསྔལ་བའི་ནང་དུ་རྒྱུན་ཏུ་འཁོར་རོ། །དེ་བས་ན་བདག་གི

3. sems la bla na myed pav*i* byang cub kyang yod/ sems can dmyal ba yan cad kyang yod pa yin no/ dam pav*i* chos kyi bdud rts*i* myong na/ sdug bsngal thams cad thar bav*i* sa myong ngo/（11）yun du bdev skyid pav*i* gnas gyang（12）thob bav*i*

phyiro/ (13) de bas na sems can thams cad la dam pavi chos gces te/ ma mchis pa myi rung (14) ngo/ mdor spros par zad (15) de bdag dang gzhan gyi don la rgyang ring po dang / ched ka chen po la rtogs ste (16) zhib de dge bavi bshes nyan (17) la dris shig/ dam pavi chos/

སེམས་ལ་བླ་ན་མེད་པའི་བྱང་ཆུབ་མན་ཅད་ཀྱང་ཡོད། སེམས་ཅན་དམྱལ་བ་ཡན་ཅད་ཀྱང་ཡོད་པ་ཡིན་ནོ། །དམ་པའི་ཆོས་ཀྱི་བདུད་རྩི་མྱོང་ན། སྡུག་བསྔལ་ཐམས་ཅད་ཐར་བའི་ས་མྱོང་ངོ། ཡུན་དུ་བདེའ་སྐྱིད་པའི་གནས་ཀྱང་ཐོབ་བའི་ཕྱིརོ། དེ་བས་ན་སེམས་ཅན་ཐམས་ཅད་ལ་དམ་པའི་ཆོས་གཅེས་ཏེ། མ་མཆིས་པ་མྱི་རུང་ངོ། ། མདོར་སྤྲོས་པར་ཟད་དེ་བདག་དང་གཞན་གྱི་དོན་ལ་རྒྱང་རིང་པོ་དང་། ཆེད་ཀ་ཆེན་པོ་ལ་རྟོགས་སྟེ་ཞིབ་དེ་དགེ་བའི་བཤེས་ཉན་ལ་དྲིས་ཤིག། དམ་པའི་ཆོས།

4. kyi yi ge la yang rtogs shig dang khong du chud (18) par vgyur rov/ : :/ // sprevu gi lovi dbyar/ btsan po khri lde srong brtsan gyi ring la/ dge slong chos dang chab srid kyi bkav chen po btags ste/ gser gyi bku rgyal man cad gyi thabs stsal/ jo mo mchims za (19) legs mo brtsan la stsogs pa / rje vbangs mang mo zhig thar par bkyel/ bkav chen po la gtogs pavi dge slong bran ka yon tan dang lho don

ཀྱི་ཡི་གེ་ལ་ཡང་རྟོགས་ཤིག་དང་ཁོང་དུ་ཆུད་པར་འགྱུར་རོའ།ཿཿཿ། ༄། སྤྲེའུ་གི་ལོའི་དབྱར། བཙན་པོ་ཁྲི་ལྡེ་སྲོང་བརྩན་གྱི་རིང་ལ། །དགེའ་སློང་ཆོས་དང་ཆབ་སྲིད་ཀྱི་བཀའ་ཆེན་པོ་བཏགས་སྟེ། གསེར་གྱི་བཀུ་རྒྱལ་མན་ཅད་ཀྱི་ཐབས་སྩལ། ཇོ་མོ་མཆིམས་ཟ་ལེགས་མོ་བརྩན་ལ་སྩོགས་པ། རྗེ་འབངས་མང་མོ་ཞིག་ཐར་པར་བསྐྱེལ། བཀའ་ཆེན་པོ་ལ་གཏོགས་པའི་དགེ་སློང་བྲན་ཀ་ཡོན་ཏན་དང་ལྷོ་དོན་

5. // dam dang zhang vbrov khri (20) gzuv ram (26) shags dang nang blon dbavs (21) blon khri sum bzher mdo brtsan la stsogs pa chab srid la bkav stsal te/ rgya dang mjal dum kyi mgov brtsams pavi las la mkhan po pa gor (22) ye shes dbyangs dang / dge slong stag log shan te dang / gad nam kavi snying po dbyangs kyis/ /btsan (23) povi sku yon (24) dang sems can thams cad kyi bsod nams su/

དམ་དང་ཞང་འབྲོའ་ཁྲི་གཟུའ་རམ་ཤགས་དང་ནང་བློན་དབའས་བློན་ཁྲི་སུམ་བཞེར་

མདོའ་བརྩན་ལ་སྟོགས་པ་ཆབ་སྲིད་ལ་བཀའ་སྩལ་ཏེ། རྒྱ་དང་མཇལ་དུམ་ཀྱི་མགོའ་བརྩམས་པའི་ལས་ལ་མཁན་པོ་པ་གོརཡེ་ཤེས་དབྱངས་དང་། དགེའ་སློང་སྟག་ལོག་ཤན་ཏེ་དང་། གད་ནམ་ཀའི་སྙིང་པོ་དབྱངས་ཀྱིས། །བཙན་པོའི་སྐུ་ཡོན་དང་སེམས་ཅན་ཐམས་ཅད་ཀྱི་བསོད་ནམས་སུ།

6. sku gzugs dang dar ma（25）vd*i* rnams bris te/ /spy*i*vi zhal（26）ta pa ni vor nguv*i*（27）gnas brtan/ rlang mchog rab dang / gzi（28）bzang po dpal kyis bgyis/ /lag（29）dpon n*i*（30）dgev slong zhi hrav*i*/ dgev slong × × gsong pab shan（31）dang ain dam aes（32）bgyis/ rdo（33）mkhan ni/（34）wu pa se（35）gnyag bred shab dang shod legs kong（36）dang / ldum ma vgam dang /

སྐུ་གཟུགས་དང་དར་མ་འདི་རྣམས་བྲིས་ཏེ། །སྤྱིའི་ཞལ་ཏ་པ་ནི་འོར་ངུའི་གནས་བརྟན། རླང་མཆོག་རབ་དང་། གཟི་བཟང་པོ་དཔལ་ཀྱིས་བགྱིས། །ལག་དཔོན་ནི་དགེའ་སློང་ཞི་ཧྭའི། དགེའ་སློང་×× གསོང་པབ་ཤན་དང་ཨིན་དམ་ཨེས་བགྱིས། རྡོ་མཁན་ནི། ཝུ་པ་སེ་གཉག་བྲེད་ཤབ་དང་ཤོད་ལེགས་ཀོང་དང་། ལྡུམ་མ་འགམ་དང་།

7. rgya hun bong tsed spang（37）dang / hw*a* hovu jin rnams ky*i*s bgy*i*s so/: /vd*i* la rjes su yi rang（38）bas kyang / bsod nams mnyam par thob bo/ /// ye she*s*（39）dbyangs kyis yol dang klong（40）dang vbom dang led × × v bovu ru yang rgya cher bris so/// × × mkhan ni dge slong ring rdo rjes so//（41）

རྒྱ་ཧུན་བོང་ཙེད་སྤང་དང་། ཧྭ་ཧོའུ་ཇིན་རྣམས་ཀྱིས་བགྱིས་སོ།༔ །འདི་ལ་རྗེས་སུ་ཡི་རང་བས་ཀྱང་། བསོད་ནམས་མཉམ་པར་ཐོབ་བོ།། ༄། ཡེ་ཤེས་དབྱངས་ཀྱིས་ཡོལ་དང་ཀློང་དང་འབོམ་དང་ལེད་××འ་བོའུ་རུ་ཡང་རྒྱ་ཆེར་བྲིས་སོ།། ××མཁན་ནི་དགེ་སློང་རིང་རྡོ་རྗེས་སོ།།

8. /// sku bla dang / dar（42）ma gnyan pa vdiv la / /phyag vtshal zh*i*ng mchod pa/

༄། སྐུ་བླ་དང་། དར་མ་གཉན་པ་འདིའ་ལ་། །ཕྱག་འཚལ་ཞིང་མཆོད་པ།

9. /// bays na/ j*i* smon to chog vgrub cing tshe phyi ma la yang lha yul du skyevo/ kha ngan（43）nam rkyal/

བྱས་ན། ཇི་སྨོན་ཏོ་ཆོག་འགྲུབ་ཅིང་ཚེ་ཕྱི་མ་ལ་ཡང་ལྷ་ཡུལ་དུ་སྐྱེའོ། ཁ་ངན་ནམ་རྐྱལ།

10. ka byas na / vphral du yang nad las stsogs pa nyes pa sna tshogs vbyung la / yun du yang na × × dag tu ltung ngo//

ཀ་བྱས་ན། [11] འཕྲལ་དུ་ཡང་ནད་ལས་སྩོགས་པ་ཉེས་པ་སྣ་ཚོགས་འབྱུང་ལ། །ཡུན་དུ་ཡང་ན་××དག་ཏུ་ལྟུང་ངོ།།

11. bkav khrims las kyang chos la ngan rtu（44）byas na yang myes spun（45）tshun cad nas bcas pa de kun（46）zhed pa bye*do*/

བཀའ་ཁྲིམས་ལས་ཀྱང་ཆོས་ལ་ངན་རྟུ་བྱས་ན་ཡང་མྱེས་སྤུན་ཚུན་ཅད་ནས་བཅས་པ་དེ་ཀུན་ཞེད་པ་བྱེདོ།

12. de bas na su yang phyar ka dang rkyal ka ma byed cig//

དེ་བས་ན་སུ་ཡང་ཕྱར་ཀ་དང་རྐྱལ་ཀ་མ་བྱེད་ཅིག།།

（三）校 勘

（1）yod，恰白（1987）： yong。

（2）sh*i*，恰白（1987）： sh*i*ng。

（3）myi，恰白（1987）： myavi。

（4）ro/，恰白（1987）： to/。

（5）da*ng* /，恰白（1987）： dang /。

（6）rgrub，恰白（1987）： sgrub/。

（7）myed， 恰白（1987）： med。

（8）bdev skyid pa thob，恰白（1987）： bdev skyid thob。

（9）vdran， 恰白（1987）括号中置： vdres，存疑。

（10）pa*r*，恰白（1987）： par。

（11）myong ngo/， 恰白（1987）： myod do，括号中存疑：myong ngo。

（12）gyang， 恰白（1987）： myang，括号中存疑：kyang。

（13）thob bavi phyi*ro*， 恰白（1987）： thob pavi phyi do/，括号中存疑：thob pavi phyir ro/。

（14）rung，恰白（1987）：tung。

（15）zad，恰白（1987）：nyad。

（16）ste，恰白（1987）：nye。

（17）nyan，恰白（1987）：na。

（18）chud，恰白（1987）：chus。

（19）za，恰白（1987）：lta。

（20）khri，恰白（1987）：phri。

（21）dbavs, 恰白（1987）：缺漏。

（22）pa gor, 恰白（1987）：bod gor。

（23）btsan，恰白（1987）：btshan。

（24）yon，恰白（1987）：smon。

（25）dar ma，恰白（1987）：smon lam。

（26）zhal，恰白（1987）：zhing，括号中存疑：zhal。

（27）nguvi，夏格旺堆抄件：duvi。

（28）gzi，恰白（1987）：gnyi。

（29）lag，恰白（1987）：las。

（30）ni，恰白（1987）：缺漏。

（31）gsong pab shan，恰白（1987）：gseng pab shin。

（32）ain dam aes。恰白（1987）：yen dam yes。

（33）rdo, 恰白（1987）：jo，括号中存疑：rdo。

（34）ni , 恰白（1987）: 缺漏。

（35）wu pa se, 恰白（1987）：yugs gi。

（36）kong, 恰白（1987）：kod。

（37）spang，恰白（1987）：spad，括号中存疑：spang。

（38）rang，恰白（1987）：reng。

（39）ye shes，恰白（1987）：ye shes。

（40）klong，恰白（1987）：缺漏。

（41）so, 恰白（1987）：缺漏。

（42）dar，恰白（1987）：dang。

（43）dan, 恰白（1987）：ngan。

（44）rtu，恰白（1987）：rgyu。

（45）bcas pa de kun，据夏格旺堆抄文，恰白（1987）：bca bde gun，摩崖石刻三字已磨损。

（四）译 文

正法[1]云，众生皆有忆念，了知佛性之心。此心非堪布所为，非神所赐，非父母所授，自始无终有之，既是寿尽亦非消亡。心广怀诸善，善待众生，传授正法，则心亦清净。如此修念佛陀及菩提萨埵，可脱离于生老病死，获无上安乐。以心分别善恶，往生于天界与人间。

察雅仁达摩崖石刻大日如来

若大行罪孽与不善之事，则投生于恶界地域，流转于苦难之中。我心常存念于菩提萨埵之下，恶界地域众生之上。若吸纳正法之甘露，可达脱离一切苦难之地，获永世幸福之境界。因是之故，一切有情要珍视正法，不可不修。阐释精要，可知晓自他[2]利人之事之深远之大义。精深之处，闻问于善知识[3]，如此，可熟读正法之文，了于心间。

猴年[4]夏，赞普赤德松赞封授比丘为佛法和议政大臣[5]，赐金字以下告身[6]，王妃琛氏列莫赞[7]及众多臣民入解脱[8]之门，命参与大政的比丘阐喀允丹[9]和洛香堂[10]，以及尚没庐氏赤苏然夏、内臣韦论赤松热朵赞[11]等开始着手与唐商议和睦之事[12]。是故，（首先）堪布巴廓·益西央[13]、比丘达洛显迪、凯·南喀宁布央[14]等为赞普功德，为众生福泽，镌刻了这等佛像和经文。其总执事[15]为沃吾地方[16]上座朗·曲热、斯·桑布白；工头[17]为比丘喜沙、比丘宋巴显和阴堂艾；石工为[18]为吴巴思、聂迟霞、雪列恭、敦玛岗、唐人浑鹏紫邦、华霍琴等。对此如信奉，可获同等福报。益西央也在悦、隆、蚌、列××勃等地[19]广为造像刻文。书者为比丘仁多吉[20]。

向此等圣神佛像、经文拜叩礼供，就能成就一切发愿，并来世往生于天界。若以恶语诋毁，可瞬间染病，得种种恶果，永世坠入……。王法言若戏弄或诋毁[21]佛法者，祖辈亲族皆处于畏惧之中，故，不得违背和戏耍。

（五）译文注释

【1】正法

佛教用语，又称妙法。以一切有情者为对象，永远尽除其障蔽之方法，有教法和证法二种。所谓教法指佛说所有经教，分为十二部经等。证法是以离欲道谛和离欲灭谛所摄之法。

【2】自他

佛教用语，自我与他人的合称。如云自他平等菩提心，指的是一种菩提心修习法。由于自我与他人一切有情厌苦贪乐之心相同，故断除娄已嗔人之心，是为平等修习法。

【3】善知识

佛教用语，音译为格西，精通佛教典籍，取舍正道的良师、善友称之为善知识。15 世纪格鲁派确立学经制度后，格西又成为学位名号，第次由高至低分为拉让巴、措让巴、多让巴、岭塞等四级格西。

【4】猴年

赤德松赞约于799即位，于815年逝世，执政约16年左右，期间只有一个猴年。故此猴年当为藏历木猴年（804）。

【5】封授比丘为佛法和议政之大臣

赤德松赞在位时期(799？ –815）佛教倍受尊奉，僧人地位崇高，尤其把比丘称为大沙门，开始委任比丘为政教大臣，称之为僧相。两唐书谓之“国政蕃僧”“浮屠豫国事者”，或“宰相同平章事”。以往治吐蕃史者往往以为僧人参与政治，出任僧相，始于赤祖德赞时期（815–838/841），此摩崖石刻题记表明，早在赤祖德赞父亲赤德松赞执政时期的猴年，即804年比丘阐喀允丹、洛吞堂已被任命为掌政大臣，又从谐拉康石碑中得知，另一位名僧娘定埃增亦在藏历木龙年（812）前已出任“国政”大臣。僧相地位至高无上，位列众大臣之上。此处“封授比丘为佛法和议政之大臣”一句在以往译文中译成“封比丘为政教首领”“参议政教大诏命”“宣布比丘参加政教大诏令”“封比丘为政教大诏令”等。

【6】金字以下告身

吐蕃告身分为六等十二级,金字告身为二等三级。详见《拉萨雪碑》注释【3】。

【7】王妃琛氏列莫赞

赤德松赞王妃之一，全称琛·杰萨列莫赞。根据敦煌古藏文P.T.1286《赞普世系》和《贤者喜宴》所载，赤德松赞的正妃为没庐氏拉嘉芒莫杰，又名没庐氏赤莫列，为赤祖德赞和达磨两位赞普之生母。另王妃有琛氏列莫赞、属卢氏赞杰。琛氏列莫赞出生于吐蕃著名外戚家族钦（mchims）氏，唐代音译作“琛”。该家族累代有女性为赞普王妃，如赤德祖赞之母就出身琛氏。佛教传入吐蕃后开王妃出家为尼的先河者为赤松德赞妃子没庐氏强秋杰。摩崖石刻记载琛氏列莫赞出家为尼之事，是第二位遁入佛门，出家为尼的吐蕃王妃。其后赤祖德赞王妃中还有多人出家入佛门，如属卢氏白吉昂楚、蔡邦氏伦吉拉姆、拉龙氏白热晋杰等，当时王室中贵如王妃之女性出家入佛门似乎是一种风气。

【8】解脱

佛教用语，解脱之意。云脱离于业、烦恼之轮回，永断此二，可谓得解脱。此处指脱离于世俗，皈依佛门者被称为解脱者。

【9】阐喀允丹

阐喀允丹，阐喀为姓。《唐蕃会盟碑》中译音为勃阑伽，尊称为钵阐布允丹，唐史中频频以“吐蕃宰相沙门钵阐布”称之，如 810 年，唐元和五年白居易为皇帝代笔的一封书函，题为“与吐蕃宰相钵阐布敕书”。阐喀允丹为赤德松赞和赤祖德赞两代赞普的僧相。以往学者多据《唐蕃会盟碑》，认为阐喀允丹是在赤祖德赞在位（815–838/841）时期受命出任僧相，却不知赤德松赞时期已位居僧相。本题记“猴年夏，赞普赤德松赞时期封授比丘为佛法和议政之大臣”一句，表明早在 804 年阐喀允丹就已任僧相一职。吐蕃彝泰八年，唐长庆二年，即 822 年唐蕃在吐蕃会盟时阐喀允丹以吐蕃首席宰相之身份主持会盟仪式。9 世纪三四十年代交际之时阐喀允丹被大相韦氏结多日达那（唐史称大相结都那）等人指责与王后属卢氏白吉昂楚有染，最终被害致死。11 世纪以后的佛教历史学家为其鸣不平，认为阐喀允丹是被诬陷致死，并认为吐蕃王朝的崩溃应验了阐喀允丹临终留下的所谓预言：“愿王之属民造反，愿王之世系绝嗣。”关于阐喀允丹被害至死，至今民间流传一个奇异的传说，即阐喀允丹被诬陷致死后，在其祖籍彭域（今拉萨市林周县境）一地投生为“赞”的厉鬼，一时危害地方。11 世纪阿底峡大师在彭域讲经说法时将此“赞”调伏为“护法神”，从此此“赞”成为彭域地区受民众顶礼膜拜的佛教“护法神”，今彭域一些寺院供奉有此护法神塑像，名为“曲论（僧相）护法神”。

【10】洛吞堂

洛吞堂出身于吐蕃古老氏族洛（lho）氏，吞堂一名取自佛教用语“胜义”“解脱”。从此人的名称和题记文字中可以看出其身份是出家沙门，与阐喀允丹一起被委任为统领佛法和政事的大臣。关于洛（lho）氏，《弟吾教法源流》

记载，早在悉补野第一世君王聂赤赞普时期洛氏祖先洛那毗追随赞普左右。洛吞堂被赤德松赞封授僧相，唯见于本题记，其后短短十年前后僧相洛吞堂在吐蕃政坛上无影无踪，不知所终。《谐拉康碑》《噶迥碑》《贤者喜宴》中僧相名录中继僧相阐喀允丹之后居第二位的是娘定埃增。

【11】尚没庐氏赤苏然夏、内臣韦论赤松热朵赞

尚没庐氏赤苏然夏出身于吐蕃著名外戚家族卓（vbro）氏，唐史译作没庐氏，是赤德松赞位居僧相钵阐布允丹之后的吐蕃大相，与赤德松赞王妃没庐氏拉嘉芒莫杰属于同一个家族。内臣韦论赤松热朵赞出身于吐蕃豪族韦（dbavs）氏，自松赞干布至吐蕃末代赞普达磨时期，该家族历代有人出任大相，与三个外戚家族琛氏、没庐氏、那囊三氏合称“三尚一论”，为吐蕃王朝时期最有权势的四大家族之一。《贤者喜宴》中提到内臣韦论朵赞与题记中的内臣韦论赤松热朵赞应是同一人。7 世纪初，正是有韦氏义曹等人的鼎力相助，悉补野君王囊日伦赞（赤松赞之父）才得以征服吉曲河（即今拉萨河）流域的森波杰，韦氏为赤松赞父子建立强盛的吐蕃王朝立下汗马功劳。8 世纪下半叶，韦氏芒布杰萨囊力主并亲迎寂护和莲花生大师到吐蕃传法，于是赤松德赞建桑耶寺、设译经院、剃度吐蕃人出家，佛教得以在吐蕃强势传播，其首功应归于韦氏芒布杰萨囊。后芒布杰萨囊出家为僧，被寂护大师赐法号益希旺布，成为桑耶寺的最早善知识和第一任住持。9 世纪四十年代吐蕃陷入内战，开始走向衰竭，原因固然众多，但末代大相韦氏结多日达那篡杀赤祖德赞，迫害僧相钵阐布允丹，助达磨灭佛等是重要原因之一。

【12】开始着手与唐商议和睦之事

石刻题记中这段文字的解读和翻译十分关键。以往研究文章中翻译表述均有所不同，恰白文章汉译文中译作“初见（初盟）之事”，马林先生译作“首先与唐会盟”，土呷和谢继胜教授译作 “初与唐会盟时”。依笔者的解读，就藏文原意而言，此句无“首先与唐会盟”，或“初与唐会盟时”等类似词句。仅仅谓赞普诏令大臣们“开始着手与唐商议和睦之事”，即还不存在与唐正

式会盟之事。为了便于解读，现把与此句有关的上下文，笔者建议译作如下：“命大臣比丘钵阐布允丹、洛吞堂、没庐氏尚赤苏然夏、内臣韦论氏赤松热朵赞等开始着手与唐商议和睦之事。”根据上下文，此段有两层意思：第一层是赞普诏令僧相比丘阐喀允丹和洛吞堂、大相没庐氏尚赤苏然夏和内臣论韦氏赤松热朵赞等人开始着手与唐议和会盟之事。第二层意思是作为即将开始的与唐议和会盟之事的先期工作之一，把堪布巴廓·益西央为首的吐蕃和唐人联合组成的一小组派往吐蕃东部仁达等地，为赞普之功德，众生之福泽，在岩壁上雕刻佛像与经文。

【13】堪布巴廓·益西央

堪布，即为亲教师。吐蕃时具有受戒资格，可胜任寺院住持的比丘称之为堪布。巴廓·益西央为赤德松赞时期的高僧，出身于吐蕃著名氏族巴廓（pa gor），与赤松德赞时期著名译师毗若遮那同属一个氏族。藏历木猴年（804）巴廓·益西央带领一支由吐蕃人和唐人组成的团队，在察雅仁达摩崖岩壁上镌刻佛像、题记和和经文，经文是“普贤行愿经略文”。今甘肃省民乐县扁都口石佛寺摩崖墙壁上发现的一幅佛像的藏文题记云“为赞普功德和众生之业，比丘巴廓·益西央造。”此巴廓·益西央与仁达题记中的巴廓·益西央应是同一人。又藏历火狗年（806），也有一名称作比丘大译师益西央高僧，在今青海玉树上丹玛之地贝廓沟摩崖岩壁上镌刻有佛像、题记和经文，经文名为《普贤行愿陀罗尼经》，实则主要内容是《普贤行愿王经》。以往学界认为仁达题记中的巴廓·益西央和贝廓题记中提到的比丘大译师益西央应该是同一人。现依据804年在仁达岩壁上雕刻的《普贤行愿经略文》的文字和806年在贝廓岩壁上刻的《普贤行愿陀罗尼经》中的《普贤行愿王经》的文字用词、构句等特点，两者属于不同译本，因此有理由认为仁达巴廓·益西央和比丘大译师益西央有可能不是同一人。

由于上世纪80年代当地僧人把岩壁题记涂红时巴廓（pa gor）二字错误地描红成“蕃廓”（bod gor），或“郭”（dgor），以致汉文研究文章中把巴廓·益西央译作“蕃廓益西央”，或“郭益西央”，一时“蕃廓益西央”或“郭益西央”究竟是何人？众说纷纭，莫衷一是。2016年9月笔者在仁达实地考察时通过对石刻文字的细致辨认，才确认岩壁上益西央的姓氏是巴廓二字无误。

【14】比丘达洛显迪、凯·南喀宁布央

两名比丘名，比丘达洛显迪应是唐人，凯·南喀宁布央为吐蕃人，两人为镌刻佛像和经文的主要参与者。

【15】总执事

指巴廓·益西央团队中直接负责镌刻佛像、经文、题记的总指导者。以往一些研究文中总执事译作安居总执事、总仆役等，似乎欠准确，今根据上下文译作总执事，认为较为贴切，且符合原义。题记记载由两名吐蕃人：沃吾地方之上座朗·曲热、斯桑布白任总执事。此处上座为佛教用语，一般把尊者、长老等学识地位高，具有比丘身份的称作上座。此处朗氏为吐蕃时期的著名氏族，但朗·曲热、斯桑布白两人生平不详。9世纪上半叶在敦煌抄写藏文《大般若经十万颂》的写经生和经校者名录中有一人名为朗·曲热，与摩崖石刻题记中的朗·曲热是不是同一人，待考。

【16】沃吾地方

沃吾（vor ngu）是察雅仁达一带的古地名，今察雅县香堆镇、旺布乡、扩达乡属于古沃吾地方。人民公社时期此地还设有两个人民公社：vo phor 和 vo vbum，1978年西藏自治区革命委员会测绘局所编《西藏自治区地名录》中译作沃甫公社和旺崩公社。直至今日仁达地方所在的旺布（vo vbum）乡境内靠近仁达的一村落名为沃堆（vo stod，今公文中译作无队），流经仁达的小河称作沃蚌曲（vo vbum chu，今公文中译作无崩曲），可见古地名沃吾的痕迹至今仍无处不在。以往不同汉译文中沃吾有俄欧（郑堆、丹增）、乌尔都（马林）、窝额（土呷、谢继胜）等不同译法。《青史》记载“尼沃森格所著《密经心注》由译师毗卢遮那在沃都之地弥勒祖拉康所译。”《青史》中沃都（vor rdu）一名应是沃吾（vor ngu）之讹传，弥勒祖拉康是指今察雅县香堆镇弥勒寺（byams mdun）。

【17】工头

可理解为岩石上负责镌刻佛像、经文、题记的工匠头人，其下还有具体镌刻者工匠数名。从题记提供的三名工头人名中可以看出比丘喜沙、比丘宋巴显、阴堂艾皆为唐人。虽然唐人的姓名无法准确复原，但根据敦煌藏汉文文书中写经生的名录和石刻汉文，笔者把 ain 译成阴，说明巴廓·益西央团队中有来自敦煌大姓阴姓的唐人。

【18】石工

石工，即指镌刻佛像、题记、经文的的工匠，从名称来看石工由巧于勒石的吐蕃人和唐人组成。题记列出的石工为吴巴思、聂迟霞、雪列恭、敦玛岗、唐人浑鹏紫邦、华霍琴等 6 人，此名录中似乎两人是吐蕃人，四人是唐人。虽然唐人的姓名无法准确复原，但姓名拼写上可确定是唐人姓名。

【19】悦、隆、蚌、列 ×× 勃等地

摩崖石刻题记中记载“益西央于悦、隆、蚌、列 ×× 勃等地广为造像刻文。”此处悦一地不知指何处。根据敦煌古藏文吐蕃文书 P.T.1288 记载，在多麦（今青海藏区）境内多次出现悦一地名，如 “兔年（703 年），多麦地区冬季议事会于悦之金波召开。” “ 马年（706），多麦地区冬季议事会于悦之迪吾局召开”，“马年（718），多麦地区冬季议事会，由论乞力徐于悦地召开”，“羊年（719），多麦地区冬季议事会右大论乞力徐于悦地召开，是为一年。”“猴年（756），多麦地区夏季议事会由论囊热于悦地召开，是为一年。” 等等。以上 P.T.1288 所载悦一地，早在赤都松、赤德祖赞两代赞普时期是多麦地区吐蕃重要政治、军事要地。巴廓·益西央所言造像刻文之地悦地是否同一地方，具体位于多麦何处？还有赖于今后的研究考证。隆一地自吐蕃时期闻名于世，其地所建隆塘卓玛拉康，后史称是吐蕃时期镇边寺之一。隆一地位于丹玛（vdan ma 或 ldan ma）境内邓柯（vdan khog 或 ldan khog）一地，从 1980 年起在邓柯境内陆续发现了吐蕃时期的隆绒摩崖石刻（照阿拉姆）和其他3处摩崖石刻佛像，现此地属于四川甘孜州石渠县洛须镇。蚌一地早期拼写为vbom，17世纪后变体为vbum，该地有一湖泊，原先叫作“蚌错”（vbom mtsho，今汉文中写作“奔错”（vbum mtsho）。昌都市芒康县莽岭乡和帮达乡辖境大部分是古代蚌地区。今莽岭乡有两村落，名为崩堆、崩麦；帮达乡境内也有两个村落，名为崩隆达、崩尼村以及湖泊称作奔错。此处所言“奔”“崩”，均为藏文vbum一词的不同音译。蚌一地最著名的寺院是吐蕃时期修建的毗卢遮那（大日如来）寺。最近十多年来考古工作者在毗卢遮那寺附近新发现了8处石刻，是吐蕃时期珍贵文物。列一地似乎指今青海玉树勒巴沟，沟内有众多吐蕃造像和刻石。勃一地不知指何处？笔者倾向是康区一地名，但还有待于学界进一步的考证。题记提到的巴廓·益西央团队所经过悦、隆、蚌、列等地一说给我们揭示了一则重要历史事实，即唐蕃古道必经察雅、芒康、邓柯至玉树。

【20】书者为比丘仁多吉

书者为yig mkhan之意译，虽崖面上yig不甚清晰，但mkhan字清晰，其前必为yig字。书者为文字书写者，因仁达题记和经文包括藏汉两种文字，故有理由认为仁多吉是一位精通两种文字的比丘，极有可能是唐人。

【21】戏弄或诋毁

原文为phyar ka dang rkyal ka，词汇较为艰深难读。根据上下文此处译作戏弄或诋毁，仅供参考。

（六）汉文石刻

根据张建礼、夏格旺堆等在《考古与文物》2014年第6期上发表的《西藏察雅丹玛札摩崖石刻考古调查简报》一文，仁达摩崖石刻还刻有21个汉字：

大蕃国皇帝　甲申岁[1]　都料僧马　同料僧□　同料僧□[2]

匠浑天

（七）汉文注释

【1】甲申岁

甲申岁与藏文题记猴年完全吻合，即为藏历木猴年（806）。

【2】同料僧□

笔者通过拓片辨认，“同料僧□”，可补录为“同料僧阴”，藏文题记中 ain 应是阴的译音。“同料僧阴”为我们披露了一个重要信息，即“同料僧阴”中的阴姓应是来自于敦煌大姓——阴氏。吐蕃占领敦煌期间，敦煌大族阴氏中许多人参与了吐蕃人和唐人共同组成的佛教团队，从事抄经、校经活动。由此我们可以设想，巴廓·益西央团队中的多数唐朝工匠应该来自于敦煌一带。

（八）普贤行愿经

1. ///vphags pa kun tu bzang po spyod pavi smon lam gyi mdo/ *ji* snyed su phyogs bcuv*i* vjig rten na/

༄༅། འཕགས་པ་ཀུན་ཏུ་བཟང་པོ་སྤྱོད་པའི་སྨོན་ལམ་གྱི་མདོ། ཇི་སྙེད་སུ་ཕྱོགས་བཅུའི་འཇིག་རྟེན་ན།

2. dus sum gshegs pa rgyal ba kun//ma lus de dag thams cad la//lus ngag y*i*d kyis phyag vtshal lo//rgyal bavi sras dang chos bcas pav*i*//

དུས་གསུམ་གཤེགས་པ་རྒྱལ་བ་ཀུན། །མ་ལུས་དེ་དག་ཐམས་ཅད་ལ། །ལུས་ངག་ཡིད་ཀྱིས་ཕྱག་འཚལ་ལོ། །རྒྱལ་བའི་སྲས་དང་ཆོས་བཅས་པའི། །

3. yon tan bsngags pa brjod byas zhing//dkon mchog thams cad bdag g*i*s bstod//pho brang rgyan mchog thams cad

ཡོན་ཏན་བསྔགས་པ་བརྗོད་བྱས་ཞིང་། །དཀོན་མཆོག་ཐམས་ཅད་བདག་གིས་བསྟོད། །ཕོ་བྲང་རྒྱན་མཆོག་ཐམས་ཅད་

4. dang//bla na myed pavi mchod pa dang// phun sum tshogs pavi mchod pa y*i*s// dkon mchog thams cad mchod par bgy*i*v//

དང་། །བླ་ན་མྱེད་པའི་མཆོད་པ་དང་། །ཕུན་སུམ་ཚོགས་པའི་མཆོད་པ་ཡིས། །དཀོན་

མཆོག་ཐམས་ཅད་མཆོད་པར་བགྱིའ། །

5. vdod chags zhe sdang gti mug gis//lus dang ngag dang y*i*d kyis su//bdag g*i*s sdig pa ji bgyis pa//de dag thams cad so sor

འདོད་ཆགས་ཞེ་སྡང་གཏི་མུག་གིས། །ལུས་དང་ངག་དང་ཡིད་ཀྱིས་སུ། །བདག་གིས་སྡིག་པ་ཇི་བགྱིས་པ། །དེ་དག་ཐམས་ཅད་སོ་སོར་

6. bshags//rgyal bavi sa dang chos bcas pav*i*//yon tan de dag thams cad la// kun ky*i* rjes su bdag y*i* rang/

བཤགས། ། རྒྱལ་བའི་ས་དང་ཆོས་བཅས་པའི། །ཡོན་ཏན་དེ་དག་ཐམས་ཅད་ལ། །ཀུན་གྱི་རྗེས་སུ་བདག་ཡི་རང།

7. phyogs bcuv*i* rgyal ba thams cad la//dam chos vkhor lo bskor par bskul//mya ngan vdavs par

ཕྱོགས་བཅུའི་རྒྱལ་བ་ཐམས་ཅད་ལ། །དམ་ཆོས་འཁོར་ལོ་བསྐོར་པར་བསྐུལ། །མྱ་ངན་འདའས་པར་

8. gang ston la//vgrov ba kun la phan pav*i* phyir//bskal pav*i* mthav ru bzhugs par gsol//phyag vtshal mchod

གང་སྟོན་ལ། །འགྲོའ་བ་ཀུན་ལ་ཕན་པའི་ཕྱིར། །བསྐལ་པའི་མཐའ་རུ་བཞུགས་པར་གསོལ། །ཕྱག་འཚལ་མཆོད་

9. c*i*ng bshags pa dang//yi rang bkul zhing gsol ba yang//bzang po spyod pas spyad par bgyiv//thog ma myed pav*i* vkhor ba nas//

ཅིང་བཤགས་པ་དང་། །ཡི་རང་བསྐུལ་ཞིང་གསོལ་བ་ཡང་། །བཟང་པོ་སྤྱོད་པས་སྤྱད་པར་བགྱིའ། །ཐོག་མ་མྱེད་པའི་འཁོར་བ་ནས། །

10. bdag g*i*s dge ba j*i* bgy*i* pa//ma lus sems can thams cad phyir//bla na myed par rab tu bsngov//phyogs bcu dus gsum

བདག་གིས་དགེ་བ་ཇི་བགྱི་པ། །མ་ལུས་སེམས་ཅན་ཐམས་ཅད་ཕྱིར། །བླ་ན་མྱེད་པར་རབ་ཏུ་བསྔོའ། ཕྱོགས་བཅུ་དུས་གསུམ་

11. thams cad du//sems kyi skad cig yud tsam la//zhing rnams rgya cher dag par gyurd// ma lus sems can ji snyed pavi//

ཐམས་ཅད་དུ། །སེམས་ཀྱི་སྐད་ཅིག་ཡུད་ཙམ་ལ། །ཞིང་རྣམས་རྒྱ་ཆེར་དག་པར་གྱུརད། །མ་ལུས་སེམས་ཅན་ཇི་སྙེད་པའི། །

12. thams cad skad du chos bstan to//bzang po spyod pa su spyod pa// bdag kyang de dang vgrogs par shog /

ཐམས་ཅད་སྐད་དུ་ཆོས་བསྟན་ཏོ། །བཟང་པོ་སྤྱོད་པ་སུ་སྤྱོད་པ། །བདག་ཀྱང་དེ་དང་འགྲོགས་པར་ཤོག །

13. rgyal ba rnams dang bzang po vi//sku gsung thugs rnams ji vdrav bar// bdag kyang de vdrar mtshungs par shog /

རྒྱལ་བ་རྣམས་དང་བཟང་པོ་འི། །སྐུ་གསུང་ཐུགས་རྣམས་ཇི་འདྲའ་བར། །བདག་ཀྱང་དེ་འདྲར་མཚུངས་པར་ཤོག །

14. byang chub spyod pa spyad pa yang//smon lam rgya mtsho bsngov byas shing //kun tu bzang povi smon lam dang //

བྱང་ཆུབ་སྤྱོད་པ་སྤྱད་པ་ཡང་། །སྨོན་ལམ་རྒྱ་མཚོར་བསྔོའ་བྱས་ཤིང་། །ཀུན་ཏུ་བཟང་པོའི་སྨོན་ལམ་དང་། །

15. bzang po spyod pas rdzogs byas te//bskal pa rgya mtshor spyad pa bgyiv// nam kavi gyur ji

བཟང་པོ་སྤྱོད་པས་རྫོགས་བྱས་ཏེ། །བསྐལ་པ་རྒྱ་མཚོར་སྤྱད་པ་བགྱིའ། །ནམ་ཀའི་གྱུར་ཇི་

16. ci tsam bar/ /sems can mthavang de bzhin te/ /smon lam mthav yang di tsam mo//gang gis

ཅི་ཙམ་བར། །སེམས་ཅན་མཐའང་དེ་བཞིན་ཏེ། །སྨོན་ལམ་མཐའ་ཡང་འདི་ཙམ་མོ། །གང་གིས་

17. smonlam vdi btab pa//dus gsum rgyal ba thams cad kyi//yon tan thams cad thob par vgyur//

སྨོན་ལམ་འདི་བཏབ་པ། །དུས་གསུམ་རྒྱལ་བ་ཐམས་ཅད་ཀྱི། །ཡོན་ཏན་ཐམས་ཅད་ཐོབ་པར་འགྱུར། །

18. rgyas par n*i* bsam gyis my*i* khyab ste//vdir ni mdo tsam zh*i*g smos par thad do/:/://

རྒྱས་པར་ནི་བསམ་གྱིས་མྱི་ཁྱབ་སྟེ། །འདིར་ནི་མདོ་ཙམ་ཞིག་སྨོས་པར་ཐད་དོ། ༔། ༔། །

19. o*m* ma *n*i pad*m*a hu*m*/

ཨོཾ་མ་ཎི་པདྨ་ཧཱུྃ། （此行系后期书写。）

（九）译 文[1]

察雅仁达摩崖刻文局部

普贤行愿经

尽诸十方世间刹，三世一切如来佛，

我以清净身口意，一切遍礼无尽余。

一切刹土诸如来，诸佛功德妙言辞，

一一遍礼一切佛，殊胜佛界诸众佛，

献上无上供奉之，献上圆满供奉之。
皆由无始贪瞋痴，我之身口意所造，
往昔一切诸恶业，我今俱忏悔清净。
一切佛刹和妙法，所有功德皆随喜，
劝请十世间诸佛，转于无上妙法轮。
利乐一切诸有情，究竟佛事示涅盘，
唯愿久住刹尘劫，礼佛忏悔皆随喜。
悉以普贤行愿力，自无始刹劫轮回，
我皆所行一切善，众生无上之回向。
愿十方三世世间，以我之一念之心，
清净一切刹尘土，请示法于众有情。
悉以普贤行愿力，愿我与彼皆同行，
诸佛普贤身口意，愿我与之皆同等。
祈愿菩萨行愿力，久住劫海恒修之，
普贤菩萨行愿尽，祈愿终至劫海尽。
终至广阔虚空尽，众生尽于亦复燃，
祈求大愿亦如之，我发大愿亦如此，
三时如来众菩萨，一切功德我得之。
此为简略经文，广本不可思量。[2]

（十）注 释

【1】普贤行愿经

此经文题为“普贤行愿经”，尾页标明是“普贤行愿王经略文”，内容是“《普贤行愿王经》的简略文。法藏、英藏吐蕃文书中有《普贤行愿王经》多种残文：IOL.Tib.140、IOL.Tib.141、IOL.Tib.143、P.T.0048BV、P.T.007A、P.T.0011 等，如把英藏 IOL.Tib.143 和法藏 P.T.0048BV、P.T.007A、P.T.0011 等 4 个残文合起来可整理成一本完整的《普贤行愿王经》经文。同名汉文有敦煌出土的《普贤菩萨行愿王经》，不知何人译。与之内容基本相同的汉文译本有唐代三藏法师般若译文《普贤菩萨行愿品》和不空法师所译《普贤菩萨行愿赞》等。本译文参阅了三藏法师般若译文《普贤菩萨行愿品》。

【2】此为简略经文，广本不可思量

此经文是《普贤行愿王经》前部分的简略文，故尾页特标名为略文。广本指《普贤行愿王经》全文，《普贤行愿王经》是关于普贤菩萨的十大行愿，主要内容是十修行行愿：（1）礼敬诸佛，（2）称赞如来，（3）广修供养，（4）忏悔业障，（5）随喜功德，（6）请转法轮，（7）请佛住世，（8）常随佛学，（9）恒顺众生，（10）普皆回向。

十二、玉树贝廓摩崖石刻题记和普贤行愿陀罗尼经

（一）解 题

贝廓（vbis khog）一地，又称毗廓（bee khog），一些汉文研究文章中也写作贝纳、白纳、百南等。贝廓位于今青海玉树结古镇东南约23公里处。岩壁上镌刻有毗卢遮那（大日如来）及近侍八大菩萨等大型浮雕像群，像群的左侧崖壁上有藏文题记，右侧崖壁上刻有一些梵文文字和汉文

《般若波罗密多心经》，据一些研究者观点，梵文亦刻的是《心经》。又距佛像群岩壁约130米处的南面另一岩壁上刻有众多佛像和藏文《普贤行愿陀罗尼经》。以上石刻文字通称为贝廓摩崖石刻题记和普贤行愿陀罗尼经。

最早关注贝纳摩崖毗若遮那等浮雕造像群和题记的是18世纪佛学大师司徒班钦曲迥乃。在其自传中曾提及贝纳摩崖造像群和题记。据玉树学者丹玛·降永慈诚所著《上部康区简史》，藏历第十五饶迥（1867–1926）年间当地高僧第七世噶查列结衮在毗卢遮那等浮雕群像处修建了佛堂，佛像群供奉在堂内，则藏文大部分题记和梵文、汉文经文则暴露于佛堂墙外的岩壁上，1890年，第十五饶迥铁虎年又有潘钦噶玛古如、昌古寺噶玛桑珠等人对佛像和佛堂进行了维修。由于佛堂内供奉的主佛为毗卢遮那，故藏语中佛堂以“南囊拉康”（毗卢遮那佛堂）闻名遐迩。长期以来，一些历史文书和民间中讹传造像群、题记和经文为文成公主所镌刻，故今日汉文相关介绍文章中，把此佛堂称作“文成公主庙”，简称“公主庙”。

根据石刻题记，摩崖造像群、题记和经文是在赤德松赞赞普执政时期（799/800–815）狗年由比丘大译师益西央主持镌刻的。由于赤德松赞在位期间只有一个狗年，即为藏历火狗年（806），此年比文成公主入吐蕃之年641年，即唐贞观十五年晚了165年。若说贝廓一地与文成公主有关系，当年文成公主沿着唐蕃古道远嫁松赞干布时极有可能路过贝廓沟。

值得关注的是比狗年早两年前，即藏历木猴年（804）比丘巴廓·益西央在今昌都市察雅县仁达一地主持修造了仁达摩崖毗卢遮那、八大菩萨佛像群，镌刻了题记和《普贤行愿经略文》。以往有些研究者，包括笔者在内，认为仁达益西央和负责贝廓造像的大译师益西央是同一个人，现依据间隔两年在仁达所刻《普贤行愿经略文》和贝廓所刻“普贤行愿陀罗尼经”的经文虽皆源自《普贤行愿王经》，但用词、构句有所不同，似乎是不同译文。因此有理由认为巴廓·益西央和大译师益西央有可能不是同一人，而在扁都口石佛寺岩壁（今甘肃省民乐县境内）上修造佛像，并留下巴廓·益西央所造之题记之人与仁达巴廓·益西央应该是同一人。

贝廓沟摩崖石刻题记镌刻在佛像群的左侧崖壁上，笔者于2009年第一次前往考查时看到刻有题记的岩壁大部分在佛堂墙外，且崖壁涂上了红色。题记大部分文字经千年岁月，风化严重，释读极为困难，而且少量岩壁上文字被佛堂墙壁所遮蔽。从佛堂墙外岩壁上残存的题记辨析，可知题记原文有5行。所幸今佛堂二门的左侧墙壁上镶嵌有一方青石板，上刻录有完整题记，据传，是结古敦尼林寺僧人桑杰嘉措所刻录。虽然桑杰嘉措的录文既无任何音节符号，字体亦又无法体现石刻原貌，并把原文书5行文字，刻录为10行，但文意基本上完整。

多年来研究者文章中所引用的题记录文皆源自该青石板录文，主要研究者有桑杰嘉措、高瑞、白玛蚌、豆格才让、喀尔美·桑丹、王尧、丹玛·绛永慈诚、甲央尼玛、阿米·海勒、谢继胜、恰噶·旦正等学者。2013年青海省文物考古研究所、四川大学中国藏学研究所、成都文物考古研究院联合组成的考古调查组对造像群和题记进行了迄今为止最为详尽的科学调查，并在左面岩壁上新发现了毗卢遮那和八大菩萨的赞词。详细内容可参考发表在2019年《藏学学刊》第20辑《青海玉树贝沟大日如来佛堂佛教石刻调查简报》和《青海玉树大日如来佛堂西侧岩壁摩崖石刻及线刻佛塔调查简报》。

《普贤行愿陀罗尼经》刻在毗卢遮那造像群的西侧约130米处一岩壁上，此经开篇名为《普贤行愿陀罗尼经》，共有36行，其中1至8行为陀罗尼经。9至36行皆为《普贤行愿王经》。1988年高瑞和白玛蚌曾抄录了部分文字，2013年青海省文物考古研究所、四川大学中国藏学研究所、成都文物考古研究院等三家组成的考古调查组对经文进行了拓印，2019年《藏学学刊》第20辑上张长虹、张延清两教授根据拓片，堪布了经文，极大地弥补了原先研究文中的不足。

下录摩崖石刻造像群的题记是以桑杰嘉措的刻文和笔者于 2009 年 10 月实地考查时所抄录文字为基础，参照了丹玛绛永慈诚、高瑞先生的录文。题记原文行数 5 行，根据可辨认的题记原文的部分文字对桑杰嘉措的录文进行了适当校勘。《普贤行愿陀罗尼经》依据《藏学学刊》第 20 辑拓片抄录，其中 1—8 行为“陀罗尼经”，与后期收录在《大藏经·陀罗尼集》中的文字不尽相同。余下《普贤行愿王经》藏文参考了英藏、法藏敦煌古藏文文书《普贤行愿王经》IOL.Tib.143、P.T.0048BV、P.T.007A 和 P.T.0011 等。并部分缺失文字由敦煌古藏文文书补录。

（二）题记正文

1. // khy*i*vi lo la sku gzugs vbur du brkos pa da*ng*（1）dar ma kun br*i*s pavi smon lam la sogs pa/ /btsan po khr*i* lde srong btsan gy*i* sku ring la（2）

ཁྱྀའི་ལོ་ལ་སྐུ་གཟུགས་འབུར་དུ་བརྐོས་པ་དྷ་དར་མ་ཀུན་བྲྀས་པའི་སྨོན་ལམ་ལ་སོགས་པ། །བཙན་པོ་ཁྲྀ་ལྡེ་སྲོང་བཙན་གྱྀ་སྐུ་རིང་

2. la rje blon yon bdag da*ng*/（3）sems can ky*i* don gyi phyir/ dge slong lo chen ye shes dbyangs ky*i*s bgy*i* ste/ bzo bo dge slong r*i*n snang mdzad dang（4）

ལ་རྗེ་བློན་ཡོན་བདག་དྷ། སེམས་ཅན་ཀྱྀ་དོན་གྱི་ཕྱིར། དགེ་སློང་ལོ་ཆེན་ཡེ་ཤེས་དབྱངས་ཀྱྀས་བགྱྀ་སྟེ། བཟོ་བོ་དགེ་སློང་རྀན་སྣང་མཛད་དང་

3. rgyal bzang dang dpal ldan dang lag dpon thams cad dge legs su byed pa gtsug nas bla la my*i* stobs ldan rnam*sde*/ /brag la sku gzugs dang dar ma vdi（5）

རྒྱལ་བཟང་དང་དཔལ་ལྡན་དང་ལག་དཔོན་ཐམས་ཅད་དགེ་ལེགས་སུ་བྱེད་པ་གཙུག་ནས་བླ་ལ་མྱྀ་སྟོབས་ལྡན་རྣམསྡེ། །བྲག་ལ་སྐུ་གཟུགས་དང་དར་མ་འདི་

4. rnams bris pa dang dkon mchog gsum gyi rten gy*i* rnam pa sems can gang dag g*i*s mthong ba dang reg pa da*ng*（6）phyag vtshal ba da*ng*（7）thos pa dang（8）

རྣམས་བྲིས་པ་དང་དཀོན་མཆོག་གསུམ་གྱི་རྟེན་གྱྀ་རྣམ་པ་སེམས་ཅན་གང་དག་གྀས་མཐོང་བ་དང་རེག་པ་དྷ་ཕྱག་འཚལ་བ་དྷ་ཐོས་པ་དང་

5. dran pav*i* bsod nams dang ye shes ky*i*s btsan po yab sras dang sems can thams cad bla na myed pav*i* byang chub du grub par smon to/

དྲན་པའི་བསོད་ནམས་དང་ཡེ་ཤེས་ཀྱིས་བཙན་པོ་ཡབ་སྲས་དང་སེམས་ཅན་ཐམས་ཅད་བླ་ན་མྱེད་པའི་བྱང་ཆུབ་དུ་གྲུབ་པར་སྨོན་ཏོ།།

玉树贝廓摩崖石刻题记

（三）校 勘

（1）da*ng*，高瑞（2001）：dang。

（2）btsan po khr*i* srong lde brtsan gy*i* sku ring la，此据桑杰嘉措刻文，岩壁壁上的这一词组原文今被佛堂南墙所遮蔽。

（3）da*ng*，高瑞（2001）： dang。

（4）snang mdzad dang，此据桑杰嘉措刻文，岩壁上的这一组词汇原文今已被佛堂南墙所遮蔽。

（5）dang dar ma vdi，此据此据桑杰嘉措刻文，岩壁上的这一组词汇原文已被佛堂南墙所遮蔽。

（6）dang，高瑞（2001）：dang。

（7）dang，高瑞（2001）：dang。

（8）pa dang，此据桑杰嘉措刻文，岩壁上的原文今已被佛堂南墙所遮蔽。

（四）译 文

狗年[1]镌刻浮雕群像[2]和发愿经文[3]。赞普赤德松赞在位之时[4]为君臣施主和众生有情，由比丘大译师益西央[5]主持，由工匠比丘仁囊载、嘉桑、班丹等，以及由上任命善行工头等众能人在岩壁上镌刻这等佛像和经文。若众生瞻仰、触摸、礼拜、听闻、意念此等三宝群像和经文，所获福德和智慧使赞普父子[6]和一切众生成就无上菩提之果。

（五）译文注释

【1】狗年

赤德松赞何年即位，史籍无载。按父王赤松德赞逝世于火牛年，即 797 年。此后王兄牟尼赞普即位，在位不到两年被王母毒死。故赤德松赞继承王位约在 799 年。根据《谐拉康碑文》和敦煌古藏文历史文书记载，赤德松赞龙年，即 800 年已在王位上，逝世于 815 年。期间只有一个狗年，当为藏历火狗年（806）。

【2】群像

崖面上浮雕造像群中主像为毗卢遮那（大日如来），像高约 7 米，端坐于两头狮子托起的宝座上，神态端庄慈祥，双目正视。两侧各有 4 大菩萨像，每尊高约 4 米，合称八大菩萨，有文殊、金刚手、观世音、弥勒、普贤、虚空藏、地藏和除盖障。佛雕群像依山而雕，布局合理，造像技艺高超，被视为具有极高雕刻艺术技巧的吐蕃文化遗产。

【3】经文

指造像群以南约 130 米处崖面上所刻藏文《普贤行愿陀罗尼经》和毗卢遮那菩萨赞词等。

【4】赤德松赞在位之时

赞普赤德松赞即位约在 799 年，逝世于 815 年，在位约 16 年。

【5】比丘大译师益西央

赤德松赞时期著名僧人，与 804 年猴年在察雅仁达镌刻大日如来群像的巴廓·益西央是同名，但题记不书其姓氏。根据比丘大译师益西央造像团队名单，团队是由吐蕃人和唐人共同组成的。

【6】赞普父子

父指赞普赤德松赞，王子有赤祖德赞、达磨、藏玛等人。

（六）普贤菩萨陀罗尼经

1. // vpags pa kun tu bzang povigzungso/ vd*i* 【skad bdaggi thos pa dus gcig na】/ / bcom ldan vdas rgyal povi ×××××××

༄༅། འཕགས་པ་ཀུན་ཏུ་བཟང་པོའི་གཟུངསོ། འདི་[སྐད་བདག་གི་ཐོས་པ་དུས་གཅིག་ན]། །བཅོམ་ལྡན་འདས་རྒྱལ་པོའི་×××××××

玉树贝廓摩崖石刻《普贤菩萨陀罗尼经》

2. ri la / ××××××× ××××× bskor zhus so/ /

རི་ལ། ××××××××××××བསྐོར་ཞུས་སོ། །

3. ×××××××××××× bsgribs/ ××××××

××××××××××××བསྒྲིབས། །××××××

4. my*i* skye bav*i* thse la bzlo ba thos ××× vgro bav*i* ting vdzin kyang thob ×××

མྱི་སྐྱེ་བའི་ཚེས་ལ་བཟློད་པ་ཐོབ། ××××འགྲོ་བའི་ཏིང་འཛིན་ཀྱང་ཐོབ་།×××

5. stong g–yu kluv*i* re revi

སྟོང་གཡུ་ཀླུའི་རེ་རེའི་ ××××

6. × × vd*i* smra*so*/ dkon mchog

××འདི་སྨྲསོ། དཀོན་མཆོག་གསུམ་ ×××××

7. ×××× tad ya tha*v* su ra b*i* na ××× ha*v* au pha ti ××××

××××ཏད་ཡ་ཐཱ་སུ་ར་བི་ན་ ×××ཧཱ་ཨུ་ཕ་ཏི་ ××××

8. gzungs vd*i* thos ×××× / /de phyir byang chub sems dpa*s* bye ba ×× vgro bav*i* phyir vdzin × × // byang chub sems dpa*v* sav*i* ting nge vdzin ××××

གཟུངས་འདི་ཐོས་【མ་ཐག་ཏུ།།】དེ་ཕྱིར་བྱང་ཆུབ་སེམས་དཔའ་བྱེ་བ་ ×× འགྲོ་བའི་ཕྱིར་ཏིང་ངེ་འཛིན་ ××།།བྱང་ཆུབ་སེམས་དཔའ་ ××སའི་ཏིང་ངེ་འཛིན་ ××××

9. /// phyogs bcur sangs rgyas kyi zhing kham*su* kun tu bzang po byang chub sehs dpas cig car tshig*su* bcad pavi dbyangs kyis smon lam gsungs pa/ phyogs bcuvi j*i* rnyed grangs ga vjig rten na/ dus su*m* gshegs pa myi yi seng vge kun/ bdag*is* ma lus de dag thams cad la/

༄༅། ཕྱོགས་བཅུར་སངས་རྒྱས་ཀྱི་ཞིང་ཁམསུ་ཀུན་ཏུ་བཟང་པོ་བྱང་ཆུབ་སེམས་དཔས་ཅིག་ཅར་ཚིགསུ་བཅད་པའི་དབྱངས་ཀྱིས་སྨོན་ལམ་གསུངས་པ། ཕྱོགས་བཅུའི་ཛེ་སྙེད་གྲངས་ག་འཇིག་རྟེན་ན། དུས་སུཾ་གཤེགས་པ་མྱི་ཡི་སེང་འགེ་ཀུན། བདགིས་མ་ལུས་དེ་དག་ཐམས་ཅད་ལ།

10. Lus da*ng* ngag y*i*d dang phyag bgy*i*vo/ / bzang po spyod pav*i* smon lam stobs gis/ / rgyal ba thams cad yid kyis mngon sum du/ / zhing gi rdul snyed lus rabs btud pa y*i*s/ / rgyal ba kun la rab tu phyag vthsa lo/ / rdul chig steng na rdul rnyed sangs rgyas rna*m*s / sang rgyas sras ky*i* dbus na bzhugs pa dag/

ལུས་ནྲ་ངག་ཡིད་དང་བས་ཕྱག་བགྱིའོ། བཟང་པོ་སྤྱོད་པའི་སྨོན་ལཾ་སྟོབས་གིས། །རྒྱལ་བ་ཐམས་ཅད་ཡིད་ཀྱིས་མངོན་སུཾ་དུ། །ཞིང་གི་རྡུལ་སྙེད་ལུས་རབ་བཏུད་པ་ཡིས། །རྒྱལ་བ་ཀུན་ལ་རབ་ཏུ་ཕྱག་འཚལ་ལོ། །རྡུལ་ཅིག་སྟེང་ན་རྡུལ་སྙེད་སངས་རྒྱས་རྣཾས། སངས་རྒྱས་སྲས་ཀྱི་དབུས་ན་བཞུགས་པ་དག།

11. de ltar chos kyi dbyigs rn*m*s ma lus par/ / tham cad rgyal ba dag gis gang bar mos/ / de yi bsngags pa my*i* zad rgya mtsho rnams/ / dbyangs ky*i* yan lag rgya mtshovi sgra kun gyis/ / rgyal ba kun ky*i* yon tan rab brjod cing/ / bde bar gshegs pa thams cad bdag g*i*s bstod/ / men tog dam pa phreng ba mchog rna*m*s da*ng* / /

དེ་ལྟར་ཆོས་ཀྱི་དབྱིངས་རྣམས་མ་ལུས་པར། །ཐམས་ཅད་རྒྱལ་བ་དག་གིས་གང་བར་མོས།། དེ་ཡི་བསྔགས་པ་མྱི་ཟད་རྒྱ་མཚོ་རྣམས། །དབྱངས་ཀྱི་ཡན་ལག་རྒྱ་མཚོའི་སྒྲ་ཀུན་གྱིས། །རྒྱལ་བ་ཀུན་གྱི་ཡོན་ཏན་རབ་བརྗོད་ཅིང་། །བདེ་བར་གཤེགས་པ་ཐམས་ཅད་བདག་གིས་བསྟོད། ། མེན་ཏོག་དམ་པ་ཕྲེང་བ་མཆོག་རྣམས་ཟ་།།

12. sil snyan rna*m*s dang byug pavi gdugs rabs dang/ /mar mye mchog da*ng* bdug pa da*m* pa y*i*s/ / rgya ba de dag kun la mchod par bgy*i*/ / nam bzav da*m* pa rnams da*ng* dr*i* mchog da*ng*/ / phye mav*i* phur pa r*i* rab mnya*m* ba da*ng*/ / bkod pa khyad bar vphag*s* pavi mchog kun gyis/ / rgyal ba de dag la ni mchod par bgyi/ / mchod pa gang rna*m*s bla myed rgya che ba/ /

སིལ་སྙན་རྣམས་དང་བྱུག་པའི་གདུགས་རབས་དང་། །མར་མྱེ་མཆོག་ཟ་བདུག་པ་དཾ་པ་ཡིས་། །རྒྱལ་བ་དེ་དག་ཀུན་ལ་མཆོད་པར་བགྱི། །ནམ་བཟའ་དཾ་པ་རྣམས་ཟ་དྲི་མཆོག་ཟ་། ། ཕྱེ་མའི་ཕུར་པ་རི་རབ་མཉཾ་བ་ཟ། །བཀོད་པ་ཁྱད་བར་འཕགས་པའི་མཆོག་ཀུན་གྱིས། །རྒྱལ་བ་དེ་དག་ལ་ནི་མཆོད་པར་བགྱི། །མཆོད་པ་གང་རྣམས་བླ་མེད་རྒྱ་ཆེ་བ།།

13. de dag rgyal ba kun las lhag par mos/ / bzang po spyod la dad pavi stobs dag gis/ / rgyal ba kun la phyag vtshal mchod par bgyi/ / vdod chags zhe sdang gt*i* mug dbang g*i*s n*i*/ / de bzhin lus da*ng* ngag da*ng* y*i*d kyis kyang/ / bdag gis sd*i*g pa bgy*i*s pa c*i* mchis pa/ / de dag thams cad dag gis so sor bshags/ /

དེ་དག་རྒྱལ་བ་ཀུན་ལས་ལྷག་པར་མོས། །བཟང་པོ་སྤྱོད་ལ་དད་པའི་སྟོབས་དག་གིས། ། རྒྱལ་བ་ཀུན་ལ་ཕྱག་འཚལ་མཆོད་པར་བགྱི། །འདོད་ཆགས་ཞེ་སྡང་གཏི་མུག་དབང་གིས་ནི།། དེ་བཞིན་ལུས་ཟ་ངག་ཟ་ཡིད་ཀྱིས་ཀྱང་། །བདག་གིས་སྡིག་པ་བགྱིས་པ་ཅི་མཆིས་པ། །དེ་དག་ཐམས་ཅད་བདག་གིས་སོ་སོར་བཤགས།།

14. phyogs bcuv*i* rgyal ba kun da*ng* sangs rgyas sras/ / rang rgyal rnams da*ng*

slob dang myi slob dang/ / vgro ba rnams kyi bsod nams gang la yang/ / de dag kun kyi rjes su bdag yi rang/ / su dag phyogs bcuvi vjig rten sgron ma rnams/ / byang chub rim par chud pas ma chags brnyes/ / bdag gis mgon po de dag thams cad la/ / bla myed chos kyi vkhor lo bskor bar bskul/ /

ཕྱོགས་བཅུའི་རྒྱལ་བ་ཀུན་དྲ་སངས་རྒྱས་སྲས། །རང་རྒྱལ་རྣམས་དྲ་སློབ་དྲ་མི་སློབ་དྲ། ། འགྲོ་བ་རྣམས་ཀྱི་བསོད་ནམས་གང་ལ་ཡྃ། །དེ་དག་ཀུན་གྱི་རྗེས་སུ་བདག་ཡི་རང། །སུ་དག་ཕྱོགས་བཅུའི་འཇིག་རྟེན་སྒྲོན་མ་རྣམས། །བྱང་ཆུབ་རིམ་པར་ཆུད་པས་མ་ཆགས་བརྙེས། །བདག་གིས་མགོན་པོ་དེ་དག་ཐམས་ཅད་ལ། །བླ་མེད་ཆོས་ཀྱི་འཁོར་ལོ་བསྐོར་བར་བསྐུལ། །

15. mya ngan vdas ston gang bzhed de dag la/ / vgro ba kun la phan zhing bde bavi phyir/ / zhing gi rdul snyed bskal par bzhugs par yang/ / bdag gis thal mo rab sbyar gsol bar bgyi/ / phyag vtshal pa dang mchod ching bshags pa dang/ / rjes su yi rang bskul zhing slob pa yi/ / bdag gis dge ba cung zad ji bsags pa/ / de dag thams cad bla myed byang chub bsngov/ / vdas dang vjig rten gang bzhugs sangs rgyas rnams/ /

མྱ་ངན་འདྣ་སྟོན་གང་བཞེད་དེ་དག་ལ། །འགྲོ་བ་ཀུན་ལ་ཕན་ཞིང་བདེ་བའི་ཕྱིར། །ཞིང་གི་རྡུལ་སྙེད་བསྐལ་པར་བཞུགས་པར་ཡང། །བདག་གིས་ཐལ་མོ་རབ་སྦྱར་གསོལ་བར་བགྱི། །ཕྱག་འཚལ་པ་དྣ་མཆོད་ཆིང་བཤགས་པ་དང་། །རྗེས་སུ་ཡི་རང་བསྐུལ་ཞི་སློབ་པ་ཡི། །བདག་གིས་དགེ་བ་ཅུང་ཟད་ཛི་བསགས་པ། །དེ་དག་ཐམས་ཅད་བླ་མྱེད་བྱང་ཆུབ་བསྔོའ། །འདས་དང་འཛིག་རྟེན་གྔ་བཞུགས་སངས་རྒྱས་རྣམས། །

16. gang rnams ma byon de dag rab myur bar/ / byang chub rnam par chud pas bsam rdzogs spyon/ / phyogs bcu dus gsum sangs rgyas mchod gyur cig// phyogs bcu gang na zhing rnams ji snyed pa/ / de dag rgya cher yongs su dag par vgyurd/ / rgyal ba byang chub shing dbang drung gshegs shing/ / sangs rgyas sras kyis rab tu gang bar shog/ / phyogs bcuvi sems can gang rnams ji snyed pa/ / de dag rtag tu

གང་རྣམས་མ་བྱོན་དེ་དག་རབ་མྱུར་བར། །བྱང་ཆུབ་རྣམ་པར་ཆུད་པས་བསཾ་རྫོགས་སྤྱོན། །ཕྱོགས་བཅུ་དུས་གསུཾ་སངས་རྒྱས་མཆོད་གྱུར་ཅིག །ཕྱོགས་བཅུ་གང་ན་ཞིང་རྣམས་ཇི་སྙེད་

པ། །དེ་དག་རྒྱ་ཆེར་ཡོངས་སུ་དག་པར་འགྱུརད། །རྒྱལ་བ་བྱང་ཆུབ་ཤིང་དབང་དྲུང་གཤེགས་ཤིང་། །སངས་རྒྱས་སྲས་ཀྱིས་རབ་ཏུ་གང་བར་ཤོག །ཕྱོགས་བཅུའི་སེམས་ཅན་གང་རྣཾས་ཇི་སྙེད་པ། །དེ་དག་རྟག་ཏུ་

17. nad myed bde bar gyurd/ / vgro ba kun gy*i* chos kyi don rna*m*s n*i*/ / mthun par gyur c*i*ng re ba vang grub par shog/ / byang chub spyod dag n*i* bdag spyod c*i*ng/ / vgro ba kun du skye ba dran bar vgyurd/ / tshe rabs kun du vch*i* po skyes pa na/ / bdag ni rtag tu rab du vbyung bar shog/ / rgyal ba kun ky*i* rjes su slob gyur te/ / bzang po spyod pa yongs su rdzogs byed cing/ / tshul khrims rtag tu mnya*m* sa skyon myed par/ /

ནད་མྱེད་བདེ་བར་གྱུརད། །འགྲོ་བ་ཀུན་གྱི་ཆོས་ཀྱི་དོན་རྣཾས་ནི། །མཐུན་པར་གྱུར་ཅིང་རེ་བའང་གྲུབ་པར་ཤོག། །བྱང་ཆུབ་སྤྱོད་དག་ནི་བདག་སྤྱོད་ཅིང། །འགྲོ་བ་ཀུན་དུ་སྐྱེ་བ་དྲན་བར་འགྱུརད། །ཚེ་རབས་ཀུན་དུ་འཆི་ཕོ་སྐྱེས་པ་ན། །བདག་ནི་རྟག་ཏུ་རབ་དུ་འབྱུང་བར་ཤོག། །རྒྱལ་བ་ཀུན་ཀྱི་རྗེས་སུ་སློབ་གྱུར་ཏེ། །བཟང་པོ་སྤྱོད་པ་ཡོངས་སུ་རྫོགས་བྱེད་ཅིང། །ཚུལ་ཁྲིམས་རྟག་ཏུ་མཉཾ་ས་སྐྱོན་མྱེད་པར།།

18. dr*i* ma myed par yongs dag spyod par shog/ / lhavi skad da*ng* klu da*ng* gnod sbyin skad/ / grum bu dag dang my*i* yi skad rna*m*s da*ng*/ / vgro ba kun gy*i* sgra rnams j*i* bzhin bar/ / thams cad skad du bdag g*i*s chos bstan to/ / des shig pha rol phyind pa rab brtson zh*i*ng/ / byang chub sems n*i* nam yang brjed ma gyur/ / sdig pa gang rnams sgrib par vgyur ba dag/ / de dag ma lus yongs su byang bar shog/ /

དྲི་མ་མྱེད་པར་ཡོངས་དག་སྤྱོད་པར་ཤོག། །ལྷའི་སྐད་ཟླ་ཀླུ་ཟླ་གནོད་སྦྱིན་སྐད། །གྲུམ་བུ་དག་དང་མྱི་ཡི་སྐད་རྣཾས་ཟླ། །འགྲོ་བ་ཀུན་གྱི་སྒྲ་རྣམས་ཇི་བཞིན་བར། །ཐམས་ཅད་སྐད་དུ་བདག་གིས་ཆོས་བསྟན་ཏོ། །དེས་ཤིང་ཕ་རོལ་ཕྱིནད་པ་རབ་བརྩོན་ཞིང་། །བྱང་ཆུབ་སེམས་ནི་ནམ་ཡང་བརྗེད་མ་གྱུར། །སྡིག་པ་གང་རྣམས་སྒྲིབ་པར་འགྱུར་བ་དག། །དེ་དག་མ་ལུས་ཡོངས་སུ་བྱང་བར་ཤོག །

19. las da*ng* nyon mongs bdud kyi las rna*m*s da*ng*/ / vj*i*g rten rgyud las rna*m* par grol spyad pa/ / j*i* ltar pad mo chus my*i* chags pa ltar/ / gnyi zla na*m* kar thogs pa myed

pa bzhin/ / phyogs rnams da*ng* n*i* zh*i*ng khyon j*i* tsam bar/ / ngan vgro sdug bsngal rab tu zh*i* bar bgyi/ / bde ba dag la vgro ba kun vgod cing/ / vgro ba tha*m*s cad la n*i* phan par spyad/ / byang cub spyod pa yongs su dag byed cing/ /

ལས་དྔ་ཉོན་མོངས་བདུད་ཀྱི་ལས་རྣཾས་དྔ། །འཇིག་རྟེན་རྒྱུད་ལས་རྣཾ་པར་གྲོལ་སྤྱད་པ། །ཇི་ལྟར་པད་མོ་ཆུས་ཀྱི་ཆགས་པ་ལྟར། །གཉི་ཟླ་ནི་གར་ཐོགས་པ་མྱེད་པ་བཞིན། །ཕྱོགས་རྣམས་དྔ་ནི་ཞིང་ཁྱོན་ཇི་ཙམ་བར། །ངན་འགྲོ་སྡུག་བསྔལ་རབ་ཏུ་ཞི་བར་བགྱི། །བདེ་བ་དག་ལ་འགྲོ་བ་ཀུན་འགོད་ཅིང་། །འགྲོ་བ་ཐཾས་ཅད་ལ་ནི་ཕན་པར་སྤྱད། །བྱང་ཆུབ་སྤྱོད་པ་ཡོངས་སུ་དག་བྱེད་ཅིང་།།

20. sems can dag *gi* spyod da*ng* mthun par vjug/ / bzang po spyod pa dag n*i* rab ston pa/ / ma vongs bskal pa kun du spyod par gyurd/ / bdag *gi* spyod da*ng* mtshungs par su spyod pa/ / de dag da*ng* n*i* rtag tu vgrogs par shog/ / lus da*ng* ngag rna*m*s da*ng* ni sems kyis kyang / / spyod pa dag da*ng* smon la*m* gcig tu spyad/ / bdag la phan par vd*od* pavi grogs po dag/ / bzang po spyod pa rab tu stond pa rnams/ /

སེམས་ཅན་དག་གི་སྤྱོད་དྔ་མཐུན་པར་འཇུག། །བཟང་པོ་སྤྱོད་པ་དག་ནི་རབ་སྟོན་པ། །མ་འོངས་བསྐལ་པ་ཀུན་དུ་སྤྱོད་པར་གྱུརད། །བདག་གི་སྤྱོད་དྔ་མཚུངས་པར་སུ་སྤྱོད་པ། །དེ་དག་དྔ་ནི་རྟག་ཏུ་འགྲོགས་པར་ཤོག། །ལུས་དྔ་ངག་རྣཾས་དྔ་ནི་སེམས་ཀྱིས་ཀྱང་། །སྤྱོད་པ་དག་དྔ་སྨོན་ལཾ་གཅིག་ཏུ་སྤྱད། །བདག་ལ་ཕན་པར་འདོ་པའི་གྲོགས་པོ་དག །བཟང་པོ་སྤྱོད་པ་རབ་ཏུ་སྟོནད་པ་རྣམས། །

21. de dag da*ng* ni rtag tu phrad par shog/ / de dag bdag *gi*s nam yang yid myi dbyung/ / dgon po sangs rgyas kyis bskor bav*i* rna*m*s/ / mngon gsum bdag *gi*s rgyal bar blta/ / ma vongs bskal pa kun tu my*i* skyo par/ / de dag la ya*ng* chos pa rgya cher bgy*i*/ / rgyal ba rna*m*s ky*i* dam pav*i* chos vdz*i*n cing/ / byang chub spyod pa kun tu snang bar bgyi/ / bzang po spyod pa rnam par sbyang ba yang/ /

དེ་དག་དྔ་ནི་རྟག་ཏུ་ཕྲད་པར་ཤོག། །དེ་དག་བདག་གིས་ནམ་ཡང་ཡིད་མྱི་དབྱུང་། །དགོན་པོ་སངས་རྒྱས་སྲས་ཀྱིས་བསྐོར་བའི་རྣཾས། །མངོན་གསུམ་བདག་གིས་རྒྱལ་བར་བལྟ། །མ་འོངས་བསྐལ་པ་ཀུན་ཏུ་མྱི་སྐྱོ་པར། །དེ་དག་ལ་ཡྔ་ཆོས་པ་རྒྱ་ཆེར་བགྱི། །རྒྱལ་བ་རྣཾས་ཀྱི་

དམ་པའི་ཆོས་འཛིན་ཅིང་། །བྱང་ཆུབ་སྤྱོད་པ་ཀུན་ཏུ་སྣང་བར་བགྱི། །བཟང་པོ་སྤྱོད་པ་རྣམ་པར་སྦྱང་བ་ཡང་། །

22. ma vongs skal pa kun tu spyad par bgy*i*/ / srid pa thams cad du ya*ng* vkhor ba na/ / bsod nams ye shes dag n*i* myi zad rnyed/ / thabs da*ng* shes rab t*i*ng vdz*i*n rnam thar dang/ / yon tan kun ky*i* myi zad mdzod du gyurd/ / rdul gcig steng na rdul snyed zging rnams ste/ / zhing der bsa*m* gy*i*s my*i* khyab sangs rgyas rna*m*s/ / sangs rgyas sras kyi dbus na bzhug*s* pa la/ / byang chub spyad pa spyod cing blta bar bgyiv/ /

མ་འོངས་བསྐལ་པ་ཀུན་ཏུ་སྤྱད་པར་བགྱི། །སྲིད་པ་ཐམས་ཅད་དུ་ཡྃ་འཁོར་བ་ན། །བསོད་ནམས་ཡེ་ཤེས་དག་ནི་མྱི་ཟད་རྙེད། །ཐབས་དྲ་ཤེས་རབ་ཏིང་འཛིན་རྣམ་ཐར་དང་། །ཡོན་ཏན་ཀུན་ཀྱི་མྱི་ཟད་མཛོད་དུ་གྱུརད། །རྡུལ་གཅིག་སྟེང་ན་རྡུལ་སྙེད་ཞིང་རྣམས་སྟེ། །ཞིང་དེར་བསཾ་གྱིས་མྱི་ཁྱབ་སངས་རྒྱས་རྣམས། །སངས་རྒྱས་སྲས་ཀྱི་དབུས་ན་བཞུགས་པ་ལ། །བྱང་ཆུབ་སྤྱད་པ་སྤྱོད་ཅིང་བལྟ་བར་བགྱིའ། །

23. de ltar phyogs rna*m*s ma lu thams cad du/ / sgra tsam khyon la dus gsum tshad snyed ky*i*/ / zhing rna*m*s rgya mtsho sangs rgyas rgya mtsho la/ / bskal pa rgya mtshor vjug ci*ng* rab tu spyad/ / rgyal ba kun dbyangs yan lag rna*m*s dag pa/ / gsung gc*i*g yan lag rgya mtsho sgra kun gy*i*s/ / vgro ba kun gy*i* bsa*m* pa j*i* bzh*i*n sbyangs/ / sangs rgyas gsung la rtag tu vjug par bgyi/ / dus su*m* gsheg*spa* rgyal ba thams cad dag/ /

དེ་ལྟར་ཕྱོགས་རྣམས་མ་ལུས་ཐམས་ཅད་དུ། །སྒྲ་ཙམ་ཁྱོན་ལ་དུས་གསུམ་ཚད་སྙེད་ཀྱི། །ཞིང་རྣམས་རྒྱ་མཚོ་སངས་རྒྱས་རྒྱ་མཚོ་ལ། །བསྐལ་པ་རྒྱ་མཚོར་འཇུག་ཅིང་རབ་ཏུ་སྤྱད། །རྒྱལ་བ་ཀུན་དབྱངས་ཡན་ལག་རྣམས་དག་པ། །གསུང་གཅིག་ཡན་ལག་རྒྱ་མཚོ་སྒྲ་ཀུན་གྱིས། །འགྲོ་བ་ཀུན་གྱི་བསཾ་པ་ཇི་བཞིན་སྦྱངས། །སངས་རྒྱས་གསུང་ལ་རྟག་ཏུ་འཇུག་པར་བགྱི། །དུས་སུཾ་གཤེགསྤ་རྒྱལ་བ་ཐམས་ཅད་དག །

24. de dag *gi* yang gsung dbyang my*i* zad pa*s*/ / chos kyi vkhor lo tshul bzhin bskor ba la/ / bdag kyang blov*i* stobs ky*i*s rab tu vjug/ / ma vongs skal pa kun tu vjug par yang/ / bdag *gi*s skad c*i*g *gi*s ni vjug par bgy*i*/ / bskal pa gang rna*m*s dus gsu*m* tshad de dag/ / skad c*i*g yud tsam cha yis vjug par spyad/ / dus gsu*m* gsheg*spa* myi*vi*

seng vge dag/ / de dag skad c*i*g gcig la bdag g*i*s blta/ /

དེ་དག་གི་ཡང་གསུང་དབྱངས་སྒྲ་ཟད་ལྡཱ། །ཆོས་ཀྱི་འཁོར་ལོ་ཚུལ་བཞིན་བསྐོར་བ་ལ། །བདག་ཀྱང་བློའི་སྟོབས་ཀྱིས་རབ་ཏུ་འཇུག །མ་འོངས་བསྐལ་པ་ཀུན་ཏུ་འཇུག་པར་ཡང་། །བདག་གིས་སྐད་ཅིག་གིས་ནི་འཇུག་པར་བགྱི། །བསྐལ་པ་གང་རྣམས་དུས་གསུམ་ཚད་དེ་དག །སྐད་ཅིག་ཡུད་ཙམ་ཆ་ཡིས་འཇུག་པར་སྤྱད། །དུས་གསུམ་གཤེགས་སྤྱིའི་སེང་འགེ་དག། །དེ་དག་སྐད་ཅིག་གཅིག་ལ་བདག་གིས་བལྟ།།

25. rtag tu de dag kun gy*i* spyod yul la/ /rna*m* thar sgyu mar gyur bav*i* stobs ky*i*s vjug/ / dus gsu*m* gang dag *gi* ni zhing bkod pa/ / de dag rdul c*i*g steng du mngon par bsgrub/ / de ltar ma lus phyogs rna*m*s thams cad du/ / rgyal ba dag *gi* zh*i*ng bkod rnams la vjug/ / su dag ma byon vj*i*g rten sgrol ma rna*m*s/ / byang chub rnam par vtshang rgya vkhor lo bskor/ / zhi ba mya ngan vdas pa rab tu stond/ /

རྟག་ཏུ་དེ་དག་ཀུན་ཀྱི་སྤྱོད་ཡུལ་ལ། །རྣམ་ཐར་སྒྱུ་མར་གྱུར་བའི་ སྟོབས་ཀྱིས་འཇུག །དུས་གསུམ་གང་དག་གི་ནི་ཞིང་བཀོད་པ། །དེ་དག་རྡུལ་ཅིག་སྟེང་དུ་མངོན་པར་བསྒྲུབ། །དེ་ལྟར་མ་ལུས་ཕྱོགས་རྣམས་ཐམས་ཅད་དུ། །རྒྱལ་བ་དག་གི་ཞིང་བཀོད་རྣམས་ལ་འཇུག། །སུ་དག་མ་བྱོན་འཇིག་རྟེན་སྒྲོལ་མ་རྣམས། །བྱང་ཆུབ་རྣམ་པར་འཚང་རྒྱ་འཁོར་ལོ་བསྐོར། །ཞི་བ་མྱ་ངན་འདས་པ་རབ་ཏུ་སྟོནད།།

26. mgon po kun ky*i* drung du bdag vch*i* vo/ / rdzu vphrul kun tu myur bavi stobs rnams da*ng*/ / theg pa kun nas sgo yi stobs dag da*ng*/ / yon tan kun tu spyod pav*i* stobs rna*m*s dang/ / byams pa kun tu khyab pa dag *gi* stobs/ / bsod nams kun tu dge bav*i* stobs rnams da*ng*/ / ye shes chags pa myed par gyur pav*i* stobs/ / shes rab thabs dang t*i*ng vdz*i*n stobs dag g*i*s/ / ya*ng* dag byang chub stobs rna*m*s bsgrub par bg*yi*/ /

མགོན་པོ་ཀུན་ཀྱི་དྲུང་དུ་བདག་མཆི་འོ། །རྫུ་འཕྲུལ་ཀུན་ཏུ་མྱུར་བའི་སྟོབས་རྣམས་དྭ། །ཐེག་པ་ཀུན་ནས་སྒོ་ཡི་སྟོབས་དག་དྭ། །ཡོན་ཏན་ཀུན་ཏུ་སྤྱོད་པའི་སྟོབས་རྣམས་དང་། །བྱམས་པ་ཀུན་ཏུ་ཁྱབ་པ་དག་གི་སྟོབས། །བསོད་ནམས་ཀུན་ཏུ་དགེ་བའི་སྟོབས་རྣམས་དྭ། །ཡེ་ཤེས་ཆགས་པ་མྱེད་པར་གྱུར་པའི་སྟོབས། །ཤེས་རབ་ཐབས་དང་ཏིང་འཛིན་སྟོབས་དག་གིས། །ཡྂ་དག་བྱང་ཆུབ་སྟོབས་རྣམས་བསྒྲུབ་པར་བགྱི།།

27. las kyi stobs rnams yongs su dag byed cing/ / nyon mong stobs rnams kun tu vjoms par byed/ / bdud kyi stobs rnams stobs myed rab byed cing/ / bzang po spyod pavi stobs ni rdzogs par bgyi/ / zhing rnams rgya mtsho rnam par dag byed cing/ / sems can rgya mtsho rnam par sbyin par byed/ / chos rnams rgya mtsho rab tu mthong byed cing/ / ye shes rgya tsho rab tu rtogs par byed/ / spyod pa rgya mtsho rnam par

ལས་ཀྱི་སྟོབས་རྣམས་ཡོངས་སུ་དག་བྱེད་ཅིང་། །ཉོན་མོང་སྟོབས་རྣམས་ཀུན་ཏུ་འཇོམས་པར་བྱེད། །བདུད་ཀྱི་སྟོབས་རྣམས་སྟོབས་མྱེད་རབ་བྱེད་ཅིང་། །བཟང་པོ་སྤྱོད་པའི་སྟོབས་ནི་རྫོགས་པར་བགྱི། །ཞིང་རྣཾས་རྒྱ་མཚོ་རྣམ་པར་དག་བྱེད་ཅིང་། །སེམས་ཅན་རྒྱ་མཚོ་རྣམ་པར་སྦྱིན་པར་བྱེད། །ཆོས་རྣཾས་རྒྱ་མཚོ་རབ་ཏུ་མཐོང་བྱེད་ཅིང་། །ཡེ་ཤེས་རྒྱ་མཚོ་རབ་ཏུ་རྟོགས་པར་བྱེད། །སྤྱོད་པ་རྒྱ་མཚོ་རྣམ་པར་

28. dag byed cing/ / smon lam rgya mtsho rab tu rdzogs par byed/ / sangs rgyas rgya mtsho rab tu mchod byed cing/ / bskal ba rgya mtsho myi skyo spyad par bgyi/ / dus gsum gshegs pavi rgyal ba gang dag gi/ / byang chub spyod pa smon lam khyad par rnams/ / bzang spyod rnam par chud pas byang chub ste/ / de kun ma lus bdag gis ma lus rdzogs par bgyi/ / rgyal ba kun kyi sras kyi thubo pa/ / mying ni kun tu bzang zhes gang bya ba/ / mkhas pa de bas mtshungs par spyad pavi phyir/ .

དག་བྱེད་ཅིང་། །སྨོན་ལཾ་རྒྱ་མཚོ་རབ་ཏུ་རྫོགས་པར་བྱེད། །སངས་རྒྱས་རྒྱ་མཚོ་རབ་ཏུ་མཆོད་བྱེད་ཅིང་། །བསྐལ་བ་རྒྱ་མཚོ་མྱི་སྐྱོ་སྤྱད་པར་བགྱི། །དུས་གསུཾ་གཤེགས་པའི་རྒྱལ་བ་གང་དག་གི། །བྱང་ཆུབ་སྤྱོད་པ་སྨོན་ལཾ་ཁྱད་པར་རྣཾས། །བཟང་སྤྱོད་རྣམ་པར་ཆུད་པས་བྱང་ཆུབ་སྟེ། །དེ་ཀུན་མ་ལུས་བདག་གིས་མ་ལུས་རྫོགས་པར་བགྱི། །རྒྱལ་བ་ཀུན་ཀྱི་སྲས་ཀྱི་ཐུབོ་པ། །མྱིང་ནི་ཀུན་ཏུ་བཟང་ཞེས་གང་བྱ་བ། །མཁས་པ་དེ་བས་མཚུངས་པར་སྤྱད་པའི་ཕྱིར།།

29. dge ba vdi kun rnams ni rab tu bsngo/ / lus dang ngag dang yid kyang rnam dagcing/ / spyod pa rnam dag zhing rnams yong dag dang/ / ji ltar bzang pos bsngo ba de bzhin du/ / de vdrar bdag kyang de dang mtshungs par shog/ / bzang po spyod pa kun tu dge ba dang/ / vjam dpal gyi ni smon lam spyad pa yang/ / mavongs bskal pa kun tu

my*i* skyo bar/ / de yi bya ba ma lus rdzogs par bgy*i*/ / spyod pa dag n*i* tshad yod ma vgyur chig/ / yon tan rnams kyang tshad

དགེ་བ་འདི་ཀུན་རྣམས་ནི་རབ་ཏུ་བསྔོ། །ལུས་ཟླ་ངག་ཟླ་ཡིད་ཀྱང་རྣམ་དག་ཅིང་། །སྤྱོད་པ་རྣམ་དག་ཞིང་རྣཾས་ཡོང་དག་ཟླ། །ཇི་ལྟར་བཟང་པོས་བསྔོ་བ་དེ་བཞིན་དུ། །དེ་འདྲར་བདག་ཀྱང་དེ་ཟླ་མཚུངས་པར་ཤོག །བཟང་པོ་སྤྱོད་པ་ཀུན་ཏུ་དགེ་བ་ཟླ། །འཇཾ་དཔལ་གྱི་ནི་སྨོན་ལམ་སྤྱད་པ་ཡང་། །མ་འོངས་བསྐལ་པ་ཀུན་ཏུ་མྱི་སྐྱོ་བར། །དེ་ཡི་བྱ་བ་མ་ལུས་རྫོགས་པར་བགྱི། །སྤྱོད་པ་དག་ནི་ཚད་ཡོད་མ་འགྱུར་ཅིག །ཡོན་ཏན་རྣམས་ཀྱང་ཚད་

30. gzung myed par shog/ / spyod pa tshad myed pa la gnas byas shing/ / de yi rdzu vphrul thams chad vtshald ba bgy*i*/ / nam kav*i* mthar gyur thug pa j*i* tsam bar/ / sems can ma lus mtha*v* ya*ng* de bzh*i*n te/ / *ci* tsam las da*ng* nyon mongs rna*m* zad j*i* tsam bar/ / bdag g*i* smon lam mthav yang de bzhin no/ / phyogs bcu gang na zh*i*ng rnams mtha*v* yas pa/ / r*i*n chen brgyan te rgyal ba rnams la phul/ / my*i* dang lhav*i* bde ba mchog rnams kyang/ /

གཟུང་མྱེད་པར་ཤོག། །སྤྱོད་པ་ཚད་མྱེད་པ་ལ་གནས་བྱས་ཤིང་། །དེ་ཡི་རྫུ་འཕྲུལ་ཐམས་ཅད་འཚལད་བ་བགྱི། །ནམ་ཀའི་མཐར་གྱུར་ཐུག་པ་ཇི་ཙམ་བར། །སེམས་ཅན་མ་ལུས་མཐཱ་ཡང་དེ་བཞིན་ཏེ། །ཅི་ཙམ་ལས་དང་ཉོན་མོངས་རྣཾ་ཟད་ཇི་ཙམ་བར། །བདག་གི་སྨོན་ལམ་མཐའ་ཡང་དེ་བཞིན་ནོ། །ཕྱོགས་བཅུ་གང་ན་ཞིང་རྣམས་མཐཱ་ཡས་པ། །རིན་ཆེན་བརྒྱན་ཏེ་རྒྱལ་བ་རྣམས་ལ་ཕུལ། །མྱི་དང་ལྷའི་བདེ་བ་མཆོག་རྣམས་ཀྱང་། །

31. zh*i*ng g*i* rdul snyed bskal par phul ba bas/ / gang g*i*s bsngo bav*i* rgyal po vd*i* thos nas/ / byang chub mchog gi rjes su rab mo*s* shing/ / lan cig tsam yang dad pa bskyed pa n*i*/ / bsod na*ms* dam pa mchog du vd*i* vgyur ro/ / gang g*i*s bzang spyod smon lam vd*i* btab pa/ / des ni ngan vgro thams cad spangs par vgyur/ / des n*i* grogs po ngan pa spangs pa yin/ /vod dpag myed pa de ya*ng* des myur mthong/ / de dag brnyed par brnyed bar de bar vtsho/ /

ཞིང་གི་རྡུལ་སྙེད་བསྐལ་པར་ཕུལ་བ་བས། །གང་གིས་བསྔོ་བའི་རྒྱལ་པོ་འདི་ཐོས་ནས། །བྱང་ཆུབ་མཆོག་གི་རྗེས་སུ་རབ་མོས་ཤིང་། །ལན་ཅིག་ཙམ་ཡང་དད་པ་བསྐྱེད་པ་ནི། །བསོད་

ཉཾས་དམ་པ་མཆོག་ཏུ་འདི་འགྱུར་རོ། །གང་གིས་བཟང་སྤྱོད་སྨོན་ལམ་འདི་བཏབ་པ། །དེས་ཉི་ངན་འགྲོ་ཐམས་ཅད་སྤངས་པར་འགྱུར། །དེས་ཉི་གྲོགས་པོ་ངན་པ་སྤངས་པ་ཡིན། །འོད་དཔག་མེད་པ་དེ་ཡྔ་དེས་མྱུར་མཐོང་། །དེ་དག་བརྙེད་པར་བརྙེད་པ་བདེ་བར་འཚོ། །

32. my*i* tshe vd*i* ya*ng* de dag legs par vongs/ / kun tu bzang po de yang ji vdra bar/ / de dag r*i*ng po my*i* thog de vdrar vgyur/ / mtshams myed lnga po dag *gi* sdig pa rnams/ / gang g*i*s my*i* shes dbang g*i*s byas pa dag/ / de y*i*s bzang po spyod pa vd*i* brjod na/ / myur du ma lus yongs su byang bar vgyur/ / ye shes da*ng* ni gzugs da*ng* mtshan rna*m*s da*ng*/ / r*i*gs da*ng* kha dog rnams da*ng* ldan par vgyur/ / bdud da*ng* mu stegs mang pos de my*i* thub/ /

མྱི་ཚེ་འདིར་ཡྔ་དེ་དག་ལེགས་པར་འོངས། །ཀུན་ཏུ་བཟང་པོ་དེ་ཡང་ཇི་འདྲ་བར། །དེ་དག་རིང་པོ་མྱི་ཐོག་དེ་འདྲར་འགྱུར། །མཚམས་མྱེད་ལྔ་པོ་དག་གི་སྡིག་པ་རྣམས། །གིས་མྱི་ཤེས་དབང་གིས་བྱས་པ་དག །དེ་ཡིས་བཟང་པོ་སྤྱོད་པ་འདི་བརྗོད་ན། །མྱུར་དུ་མ་ལུས་ཡོངས་སུ་བྱང་བར་འགྱུར། །ཡེ་ཤེས་དྔ་ནི་གཟུགས་དྔ་མཚན་རྣཾས་དྔ། །རིགས་དྔ་ཁ་དོག་རྣམས་དྔ་ལྡན་པར་འགྱུར། །བདུད་དྔ་མུ་སྟེགས་མང་པོས་དེ་མྱི་ཐུབ། །

33. vj*i*g rten gsu*m* po kun nas mchod par vgyur/ / byang chub sh*i*ng dbang drung du de myur vgro/ / song nas sems can phan povi phyir vdug ste/ / byang chub sangs rgyas vkhor lo rab tu bskor/ / bdud rna*m*s sde da*ng* bcas pa thams cad btul/ / gang g*i*s bzang po spyod pav*i* smon lam vd*i*/ / vdz*i*n pa da*ng* ston pa vam klog pa y*i*/ / de v*i* rnam par smy*i*n de sangs rgyas mkhyen/ / byang chub mchog la som ny*i* ma byed cig/ / vjam dpal dpa*v* bo ji ltar mkhyen pa dang/ /

འཇིག་རྟེན་གསུཾ་པོ་ཀུན་ནས་མཆོད་པར་འགྱུར། །བྱང་ཆུབ་ཤིང་དབང་དྲུང་དུ་དེ་མྱུར་འགྲོ། །སོང་ནས་སེམས་ཅན་ཕན་པའི་ཕྱིར་འདུག་སྟེ། །བྱང་ཆུབ་སངས་རྒྱས་འཁོར་ལོ་རབ་ཏུ་བསྐོར། །བདུད་རྣཾས་སྡེ་དྔ་བཅས་པ་ཐམས་ཅད་བཏུལ། །གང་གིས་བཟང་པོ་སྤྱོད་པའི་སྨོན་ལམ་འདི། །འཛིན་པ་དྔ་སྟོན་པ་འམ་ཀློག་པ་ཡི། །དེ་འི་རྣམ་པར་སྨྱིན་དེ་སངས་རྒྱས་མཁྱེན། །བྱང་ཆུབ་མཆོག་ལ་སོམ་ཉི་མ་བྱེད་ཅིག །འཇམ་དཔལ་དཔའ་བོ་ཇི་ལྟར་མཁྱེན་པ་དང་། །

34. kun tu bzang po yang ni de bzhin te/ / de dag gi ni rjes su bdag slob cing/ / dge ba vdi dag kun kyis rab rab tu bsngo/ / dus gsum gshegs pa rgyal ba thams cad kyi/ / bsngo ba gang la mchogtu bsngagspa des// bdag gis dge bavi rtsa ba vdi kun kyang/ /bzang po spyod phyir rab tu bsngo ba bgyi/ / bdag ni vchi bavi dus byed gyur pa na/ / sgrib pa thams chad dag ni phyird bsal te/ / vod dpag myed pa mngon sum de mthong nas/ / bde ba can gyi zhing der rab tu vgro/ / der song nas ni smon lam vdi dag kyang/ / thams cad ma lus mngon du gyur par shog/ / de dag ma lus bdag gis yongs su bskang / / vjig rten ci srid sems can phan bar bgyi/ /

ཀུན་ཏུ་བཟང་པོ་ཡང་ནི་དེ་བཞིན་ཏེ། །དེ་དག་གི་ནི་རྗེས་སུ་བདག་སློབ་ཅིང་། །དགེ་བ་འདི་དག་ཀུན་གྱིས་རབ་རབ་ཏུ་བསྔོ། །དུས་གསུམ་གཤེགས་པ་རྒྱལ་བ་ཐམས་ཅད་ཀྱི། །བསྔོ་བ་གང་ལ་མཆོག་ཏུ་བསྔགསྤ་དེས། །བདག་གིས་དགེ་བའི་རྩ་བ་འདི་ཀུན་ཀྱང་། །བཟང་པོ་སྤྱོད་ཕྱིར་རབ་ཏུ་བསྔོ་བ་བགྱི། །བདག་ནི་འཆི་བའི་དུས་བྱེད་གྱུར་པ་ན། །སྒྲིབ་པ་ཐམས་ཆད་དག་ནི་ཕྱིརད་བསལ་ཏེ། །འོད་དཔག་མྱེད་པ་མངོན་སུཾ་དེ་མཐོང་ནས། །བདེ་བ་ཅན་གྱི་ཞིང་དེར་རབ་ཏུ་འགྲོ། །དེར་སོང་ནས་ནི་སྨོན་ལམ་འདི་དག་ཀྱང་། །ཐམས་ཅད་མ་ལུས་མངོན་དུ་གྱུར་པར་ཤོག། །དེ་དག་མ་ལུས་བདག་གིས་ཡོངས་སུ་བསྐང་། །འཇིག་རྟེན་ཅི་སྲིད་སེམས་ཅན་ཕན་བར་བགྱི། །

35. rgyal bavi dkyil kor bzang zhing dgav ba der/ / padmo dam pa shin tu mdzes las skyes/ /der phyin nas ni smon lam vdi dag kyang / / thams cad ma lus hngon sum spyod par shog/ / de kun bdag gis ma lus yongs su bskang/ / vjig rten ji srid sems can phan par bgyi/ / rgyal ba vod dpag myed yang mngon sum du/ / der ni bdag kyang lung bstan thob par shog/ / der ni bdag gis lung bstan rab thob nas/ / sprul pa bye ba phrag brgya mangpo yis/ /

རྒྱལ་བའི་དཀྱིལ་ཀོར་བཟང་ཞིང་དགའ་བ་དེར། །པདྨོ་དམ་པ་ཤིན་ཏུ་མཛེས་ལས་སྐྱེས། །དེར་ཕྱིན་ནས་ནི་སྨོན་ལཾ་འདི་དག་ཀྱང་། །ཐམས་ཆད་མ་ལུས་མངོན་སུཾ་སྤྱོད་པར་ཤོག །དེ་ཀུན་བདག་གིས་མ་ལུས་ཡོངས་སུ་བསྐང་། །འཇིག་རྟེན་ཇི་སྲིད་སེམས་ཅན་ཕན་པར་བགྱི། །རྒྱལ་བ་འོད་དཔག་མྱེད་ཡང་མངོན་སུཾ་དུ། །དེར་ནི་བདག་ཀྱང་ལུང་བསྟན་ཐོབ་པར་ཤོག །དེར་ནི་བདག་གིས་ལུང་བསྟན་རབ་ཐོབ་ནས། །སྤྲུལ་པ་བྱེ་བ་ཕྲག་བརྒྱ་མང་པོ་ཡིས། །

36. blo yi stobs kyis phyogs bcu kun tu ya*ng*// sems can rnams la pan ba mang po bgyi/ / kun tu bzang po spyod pavi smon lam gyi rgyal po sdzogs so//

བློ་ཡི་སྟོབས་ཀྱིས་ཕྱོགས་བཅུ་ཀུན་ཏུ་ཡང༌། །སེམས་ཅན་རྣམས་ལ་ཕན་པ་མང་པོ་བགྱི། །ཀུན་ཏུ་བཟང་པོ་སྤྱོད་པའི་སྨོན་ལམ་གྱི་རྒྱལ་པོ་རྫོགས་སོ།།

（七）译 文[1]

普贤菩萨陀罗尼经[2]，我之听闻，世尊在王舍［灵鹫山上］开示 ××× ××××× 围着聆听。×××× 障 ×××× 获无生法忍心，获键行定。

×××× stong g-yu kluv*i* re revi[3] ×××× 如是开示，顶礼三宝 ×××× 达雅塔苏热毗纳 ×××× 阿哇波达 ××××[4] 闻此咒语 ×××××××× 万千菩萨获键行定，×××× 菩萨获键行定，××××

（以下为《普贤行愿王经》）

尽诸十方世间刹，三世一切人狮子，
向一切诸佛师尊，我以身口意遍礼，
悉以普贤行愿力，普贤一切佛尊前。
一身复现刹尘身，遍礼一切诸佛尊，
于一尘中尘数佛，各种菩萨众会中。
深信诸佛皆充满，如此礼赞似海般，
各以一切音声海，诸佛功德妙言辞。
我赞一切诸如来，以皆殊胜妙花鬘，
伎乐涂香及伞盖，殊胜灯灼及香熏。
我以供养诸佛尊，最胜衣服最胜香，
细末高聚如山般，庄严一切圣菩萨。
我悉供奉一切佛，无上供奉广无垠，
深信一切诸菩萨，悉以普贤行愿力。

礼拜供养诸如来，皆由无始贪瞋痴，
我之身口意所生，往昔所造诸恶业。
今皆忏悔及清净，十方一切诸菩萨，
觉乘有学及无学，一切众生与菩萨。
所有功德皆随喜，十方所有世间灯，
最初成就菩提者，我今劝请诸护主。
转于无上妙法轮，利乐一切诸众生，
诸佛若欲示涅盘，唯愿久住刹尘劫。
我悉至诚而劝请，所有礼赞供养福，
随喜忏悔诸善根， 我学佛之诸善业。
回向无上菩提道，过去今世一切佛，
敬请迅疾降世间，成就圆满大菩提。
供养十方三世佛，愿所有十方法界，
一切意乐皆清净，祈愿诸佛皆充满。
在悉菩提树王下，十方所有诸众生，
愿离病患常安乐，众生修行甚深法。
悉修同法成愿望，我为菩提修行时，
一切趣中忆情世，生生死死轮回中。
我愿常修菩提道，诸佛尊前修妙法，
圆满恒修普贤行，勤守清净之戒律。
灭除污垢无有余，诸音如天龙夜叉，
乃至虫音人音等，众生音来而说法。
如此勤修般若道，恒不忘失菩提心，
所犯一切罪业中，得以解脱无有余。
于诸惑业及魔境，世间道中得解脱，
犹如莲花不着水，亦如日月不住空。

一切十方及佛刹，悉除一切恶道苦，
等与一切群生乐，悉皆圆满菩提行。
我常随顺诸众生，悉以普贤广大行，
尽于未来一切劫，所有与我同行者。
于一切处同集会，身口意业皆同等，
一切行愿同修学，所有益我诸朋友。
为我显示普贤行，愿与我等同集会，
于我常生欢喜心，护主佛子众围绕。
愿常面见诸佛尊，尽未来劫无疲厌，
于彼皆兴广大供，愿持诸佛微妙法。
光显一切菩提行，究竟清净普贤道，
尽未来劫常修习，即便流转轮回中。
所修福智恒无尽，定慧方便及解脱，
获诸无尽功德藏，一尘中有尘数刹。
一一刹有难思佛，一一佛处众会中，
我见恒演菩提行，普尽十方诸刹海。
一一毛端三世海，诸刹海及与佛海，
我遍修行经劫海，一切诸佛语清净。
一言具众音声海，随诸众生意乐音，
我等常随诸佛音，三世一切诸如来。
彼无尽语言之海，恒转理趣妙法轮，
我深智力普能入，我能深入于未来。
尽一切劫为一念，三世所有一切劫，
为一念际我皆入，三世一切人狮子。
我刹那察看一切，亦常入佛境界中，
如幻解脱及威力，出现三世庄严刹。

于一毛端极微中，一切十方皆无余，
亦常入庄严佛境，所有未来照世灯。
成道转法悟群有，究竟佛事示涅盘，
我皆往诸护主前，速疾周遍神通力。
普门遍入大乘力，智行普修功德力，
威神普复大慈力，遍净庄严胜福力。
无着无依智慧力，定慧方便威神力，
普能积集菩提力。清净一切善业力。
摧灭一切烦恼力，降服一切诸魔力，
圆满普贤诸行力，普能严净诸刹海。
解脱一切众生海，善能分别诸法海，
能甚深入智慧海，普能清净诸行海。
圆满一切诸愿海，亲近供养诸佛海，
修行无倦经劫海，三世一切诸如来。
最胜菩提诸行愿，以普贤行悟菩提，
我皆供养圆满修，一切如来有长子。
彼名号曰普贤尊，愿诸智行悉同彼，
我今回向诸善根，愿身口意恒清净。
诸行刹土亦复燃，回向普贤亦复燃，
愿我与彼皆同等，我为遍净普贤行。
文殊师利诸大愿，未来机劫恒无倦，
满彼事业尽无余，我所修行无有量。
获得无量诸功德，安住无量诸行中，
了达一切神通力，虚空之际无边般。
一切无边诸众生，极多宿业及烦恼，
我之发愿亦复燃， 十方所有无边刹。

庄严众宝供如来，最胜安乐施天人，
经一切刹微尘劫，如人于此胜愿王。
求胜菩提心渴仰，一经于耳生能信，
所获福祉此等胜，具此普贤最胜愿。
远离一切诸恶道，如此远离恶知识，
速见如来无量光，此人善来人中生。
此善得胜之寿命，如彼普贤菩萨行，
此人不久当成就，所造极恶五无间。
若如无知造一切，诵此普贤大愿王，
一念速疾皆消灭，智慧色及相种类。
种姓颜色咸圆满，诸魔外道不能摧，
堪为三界所应供，速诣菩提大树王，
往此只为利有情，成等正觉转法轮。
坐已降服诸魔众，此等最胜普贤愿，
若人读诵受持说，果报唯佛能证知。
决定获胜菩提道，文殊师利皆了知，
普贤惠行亦复燃，随彼一切长修学。
我今回向诸善根，三世如来诸佛尊，
所叹一切皆回向，我今回向诸善根。
为得普贤殊胜行，愿我临欲命终时，
净除一切诸障碍，面见无量阿弥陀。
既得往生安乐国，我等往生彼国已，
成就大愿皆无余，利乐世间众有情。
如来刹土如坛城，我胜莲花绚丽矣，
普贤菩萨殊胜愿，一切成愿皆无余。
无边胜福皆回向，利乐世间诸众生，

亲睹如来无量光，现前授我殊胜记。
以此无量殊胜记，化身千万百俱胝，
智力广大遍十方，普利一切众生界。
普贤行愿王经完毕。[5]

（八）注 释

【1】译文

经文标明为《普贤菩萨陀罗尼经》，实则由两部分组成，第一部分是1—8行的《陀罗尼经》，由于衍化缺字众多，又与藏汉文《陀罗尼经》有很大的差异，故译文无法完整准确译出。第二部分是《普贤行愿王经》，与唐代译文《普贤行愿品》基本相同，故译文主要取自三藏法师般若的译文《普贤菩萨行愿品》，参照了汉文《普贤行愿品回向》。只是某些句子先后处置，以及词语与藏文有所差别，故依据藏文作了调整。

【2】普贤菩萨陀罗尼经

此经文题为《普贤菩萨陀罗尼经》，但摩崖石刻的《陀罗尼经》只有1—8行，仅为此经的极小部分。9—36行是《普贤行愿王经》。按“陀罗尼”为梵文，汉文译作“总持咒”。根据佛经说法，《普贤菩萨陀罗尼经》是释迦牟尼在灵鹫山向众菩萨和上千比丘所开示的佛教重要经文。

【3】stong g-yu kluv*i* re revi，这一段文字恐是错字，无解。现收录在《甘珠尔》中的《普贤菩萨陀罗尼经》里也没有相应可资参考的文字。

【4】达雅塔苏热毗纳….. 阿哇波达…..

第7行此段梵文陀罗尼文：“达雅塔苏热毗纳……阿哇波达……”，与汉文《普贤行愿品》末尾陀罗尼“达雅塔 班赞哲雅　阿哇波达呢耶娑哈”有所不同，但与藏文较为接近：“达雅塔苏热毗……达呢耶娑哈”（su ra bhi）。又按汉文《普贤行愿品》，“普贤菩萨陀罗尼经”的梵文主要陀罗尼是：唵梭 嘎呀 梭哈。

【5】普贤行愿王经完毕

此经文除了前8行是陀罗尼经外，其余文字皆是《普贤行愿王经》。故，结束语曰“普贤行愿王经完毕”。

十三、玉树勒巴沟摩崖石刻四文

（一）解 题

玉树结古镇东南方向 24 公里处，玉树河流入通天河，再沿着通天河右侧公路行约 8 公里抵达勒巴沟口。沟口处的一岩壁上阴刻两幅佛像和吐蕃及唐人装束的人物像。进入静谧的沟内，约 5 公里处左侧是大沟壑，右侧是一条小沟，名为百塔沟。左侧大沟壑的左面许多岩壁上刻有文图并茂的释迦牟尼的诞生经、无量寿经和大般若心经等经文，右侧一块离地面较近的岩壁上雕刻有毗卢遮那、金刚手和观世音的像，以及三菩萨的名号和简略的题记。从勒巴沟左侧大沟壑南面约 20 公里处便是贝廓毗卢遮那（大日如来）摩崖石刻处。

勒巴沟左侧大沟壑摩崖石刻的图文虽然无确切历史年代，但与贝廓沟毗卢遮那摩崖石刻一样，属于吐蕃历史遗产是无疑的。右侧毗卢遮那、金刚手、观世音像的题记曰“马年造像”，此马年因无天干不知确切所指，笔者倾向是赤德松赞在位期间的某一个马年，即藏历水马年（802），或藏历木马年（814）。

根据笔者所知，研究勒巴沟摩崖石刻的主要学者有降央尼玛、高瑞、张延清、张长虹，以及青海省文物考古研究所、四川大学中国藏学研究所、四川大学考古系等的专家学者。

下录文字分别称作甲文、乙文、丙文和丁文。甲乙丙三文是依据 2017 年《藏学学刊》16 辑由青海省文物考古研究所、四川大学中国藏学研究所、四川大学考古系联合发表，张延清、张长虹执笔的《青海玉树勒巴沟吾娜桑嘎佛教摩崖石刻调查简报》而录，其中甲文是释迦牟尼诞生经文，书 18 行，参阅了学者降央尼玛的录文。乙文是无量寿经略文，书 15 行，其中已衍化的部分咒文从敦煌古藏文文书法藏 P.T.0098h 和 P.T.0105 补录。丙文是大般若心经，书 29 行，部分衍化文字从敦煌古藏文文书英藏 IOL.Tib.J751 补录。丁文是毗卢遮那、观世音、金刚手等 3 座佛像的名号及简略题记，2009 年笔者实地抄录。

（二）文 字

甲文：释迦牟尼诞生经

1. // gleng gzhi ni yul sgra can na bzhugs

༄༅། གླེང་གཞི་ནི་ཡུལ་སྒྲ་ཅན་ན་བཞུགས་

2. te/ /de nas sprevu zh*i*g shing las babs nas/

ཏེ། །དེ་ནས་སྤྲེའུ་ཞིག་ཤིང་ལས་བབས་ནས།

3. lhung bzed khyer te/ sbrang rtsis bkang nas

ལྷུང་བཟེད་ཁྱེར་ཏེ། སྦྲང་རྩིས་བཀང་ནས་

4. bcom ldan vdas la/ /

བཅོམ་ལྡན་འདས་ལ། །

5. yon du gsol to/ /de nas dgav bzh*i*n phyi nung du

ཡོན་དུ་གསོལ་ཏོ། །དེ་ནས་དགའ་བཞིན་ཕྱི་ནུང་དུ་

6. song ba dang/ khron pa lhung nas dus nas vdas so/ de myir skyes te chos

སོང་བ་དང་། ཁྲོན་པ་ལྷུང་ནས་དུས་ནས་འདས་སོ། དེ་མྱིར་སྐྱེས་ཏེ། ཆོས་

7. thos nas vphags pavi vbras bu thob pavo/ /

ཐོས་ནས་འཕགས་པའི་འབྲས་བུ་ཐོབ་པའོ། །

8. /// tshal lum b*i* nir/ byang chub sems dbal yum kyi lhums nas bltam ma thag/ phyogs

༄༅། ཚལ་ལུམ་བི་ནིར། བྱང་ཆུབ་སེམས་དཔལ་ཡུམ་ཀྱི་ལྷུམས་ནས་བལྟམ་མ་ཐག། ཕྱོགས་

9. bzh*i*r gom pa bdun bdun bor te/ vd*i* skad ces gsung*so*/ / vdi ni shar phyogs te/

བཞིར་གོམ་པ་མདུན་བདུན་བོར་ཏེ། འདི་སྐད་ཅེས་གསུངསོ། །འདི་ནི་ཤར་ཕྱོགས་ཏེ།

10. mya ngan las vdav bav*i* dang por vgro bar byavo/ /vdi ni lho phyogs te lha dang myi mchod

མྱ་ངན་ལས་འདའ་བའི་དང་པོར་འགྲོ་བར་བྱའོ། །འདི་ནི་ལྷོ་ཕྱོགས་ཏེ་ལྷ་དང་མྱི་མཆོད་

11. pavo/ / vd*i* ni nub phyogs te ngav*i* skye bavi tha mavo/ vd*i* ni byang phyogs te × × ba la

པའོ། །འདི་ནི་ནུབ་ཕྱོགས་ཏེ་ངའི་སྐྱེ་བའི་ཐ་མའོ། འདི་ནི་བྱང་ཕྱོགས་ཏེ་ ×× བ་ལ་

12. × × gom pav*i* rje su me tog pad mo re re skyes/ / sa chen po vdi

× ×གོམ་པའི་རྗེས་སུ་མེ་ཏོག་པད་མོ་རེ་རེ་སྐྱེས། །ས་ཆེན་པོ་འདི་

13. × vang rim pa drug tu gyos so/ /phyogs bcur vod snang gsal ba dag byung bas/ / sems can

× འང་རིམ་པ་དྲུག་ཏུ་གཡོས་སོ། །ཕྱོགས་བཅུར་འོད་སྣང་གསལ་བ་དག་བྱུང་བས། །སེམས་ཅན་

14. thams cad dgav zh*i*ng bde bar gyurd to/ / nam ka las lha klu spos chu dang me tog g*i* char

ཐམས་ཅད་དགའ་ཞིང་བདེ་བར་གྱུརད་ཏོ། །ནཾ་ཀ་ལས་ལྷ་ཀླུ་སྤོས་ཆུ་དང་མེ་ཏོག་གི་ཆར་

15. vbab bo/ /sa las rin po chev gter lnga brgya kha byevo/ / rgyal po bzhi bu btsas/ / shag kya gzhan

འབབ་བོ། །ས་ལས་རིན་པོ་ཆེའ་གཏེར་ལྔ་བརྒྱ་ཁ་བྱེའོ། །རྒྱལ་པོ་བཞི་བུ་བཙས། །ཤག་ཀྱ་གཞན་

16. lnga brgya vang btsas/ /bal glang mo lnga brgya vbrangs/ / rgod ma skya nar lnga brgya rtevu vbrangs/ /

ལྔ་བརྒྱ་འང་བཙས། །བལ་གླང་མོ་ལྔ་བརྒྱ་འབྲངས། །རྒོད་མ་སྐྱ་ནར་ལྔ་བརྒྱ་རྟེའུ་འབྲངས། །

17. ba lang lnga brgya bevu vbrang/ /dev*i* tshe don thams cad grub/ rgyal buv*i* mtshan don

བ་ལང་ལྔ་བརྒྱ་བེའུ་འབྲངས། །དེའི་ཚེ་དོན་ཐམས་ཅད་གྲུབ། རྒྱལ་བུའི་མཚན་དོན་

18. grub tu gsold to/ /

གྲུབ་ཏུ་གསོལད་ཏོ། །

乙文：无量寿经略文

1. /// tshe dpag myed

༄༅། ཚེ་དཔག་ཏུ་མྱེད་

2. pavi mdo ste/

པའི་མདོ་སྟེ།

3. // /bcom ldan vdas tshe dpag myed

༄༅། བཅོམ་ལྡན་འདས་ཚེ་དཔག་མྱེད་

4. pav*i* ye shes shind du gdon myi za bav*i* gzi brj*i*d

པའི་ཡེ་ཤེས་ཤིནད་དུ་གདོན་མྱི་ཟ་བའི་གཟི་བརྗིད་

5. 【kyi rgyal po la】phyag tshal lo/ /ta ra dya thav/ na mo bha ga ba te

【ཀྱི་རྒྱལ་པོ་ལ་】ཕྱག་ཚལ་ལོ། །ཏ་ར་དྱ་ཐཱ། ན་མོ་བྷ་ག་བ་ཏེ་

6. 【a】 pa r*i* 【mi ta/ a】 yu gnya na/ su b*i* ni shiv ta/ ra dzav ya/ ta thav ga tav yav

【ཨ་】པ་རི་【མི་ཏ། ཨ་】ཡུ་གཉའ་ན། སུ་བི་ནི་ཤཱི་ཏ། ར་ཛཱ་ཡ། །ཏ་ཐཱ་ག་ཏཱ་ཡཱ།

7. 【a】 ra ha te/【sa*m* mya】 ga sam vbu dhav ya/ avom sa rba sang skar

【ཨ་】ར་ཧ་ཏེ། 【སཾ་མྱ】ག་སམ་འབུ་དྷཱ་ཡ། ཨཱོམ་ས་རྦ་སང་སྐར་

8. pa ri shud dha 【dhar ma】 te/ ga ga na/ sa mud ga te/ ma ha na ya pa ri bav re sav hav/ /

པ་རི་ཤུད་དྷ་【དྷར་མ་】ཏེ། ག་ག་ན། ས་མུད་ག་ཏེ། མ་ཧ་ན་ཡ་པ་རི་བཱ་རེ་སཱ་ཧཱ། །

9. ///sngag vdi bla【gs】 × na te mchod na/ /tshe ring/ sdig vbyang/ lhas

༄༅། སྔགས་འདི་བླ【གས་】××ན་ཏེ་མཆོད་ན། ཚེ་རིང་། སྡིག་འབྱང་། ལྷས་

10. kyang bsrung bar vgyur/ tshe phyi ma la ngan song du my*i* skye/ bud med kyi lus su

ཀྱང་བསྲུང་བར་འགྱུར། ཚེ་ཕྱི་མ་ལ་ངན་སོང་དུ་མྱི་སྐྱེ། བུད་མེད་ཀྱི་ལུས་སུ་

11. skyes my*i* vgyur/ sangs rgyas gy*i* zhing/ yon tan dpag myed tu myed pa stsogs pa dang

སྐྱེས་མྱི་འགྱུར། སངས་རྒྱས་གྱི་ཞིང་། ཡོན་ཏན་དཔག་མྱེད་ཏུ་མྱེད་པ་སྟོགས་པ་དང་

12. × × × × sa pa gar vdod sar skyevo/ / tshe phyi ma dran ba thob par vgyur/ phyogs bcuv*i*

××××ས་པ་གར་འདོད་སར་སྐྱེའོ། །ཚེ་ཕྱི་མ་དྲན་བ་ཐོབ་པར་འགྱུར། ཕྱོགས་བཅུའི་

13. sangs rgyas la phyag byas shing mchod par vgyur/ vdi blags na chos kyi phung po stong

སངས་རྒྱས་ལ་ཕྱག་བྱས་ཤིང་མཆོད་པར་འགྱུར། འདི་བླགས་ན་ཆོས་ཀྱི་ཕུང་པོ་སྟོང་

14. phrag brgya bcu blags par vgyur ro/ /gzhan yang yon tan mang mod kyi/ vd*i*r ni

ཕྲག་བརྒྱ་བཅུ་བླགས་པར་འགྱུར་རོ། །གཞན་ཡང་ཡོན་ཏན་མང་མོད་ཀྱི། འདིར་ནི་

15. mdo tsam bris so/ /

མདོ་ཙམ་བྲིས་སོ། །

丙文：大般若经心经

1. /// rgya gar skad du a rya bha ga ba ti prad nyav pav【ra】myi ta hr*i* da【ya】/ / bod skad du vphags pa bcom ldan【vdas ma】shes rab gyi pha rol du

༄༅། རྒྱ་གར་སྐད་དུ་ཨ་རྱ་བྷ་ག་བ་ཏི་པྲད་ཉཱ་པཱ་【ར་】མྱི་ཏ་ཧྲི་ད་【ཡ་】། ། བོད་སྐད་དུ་འཕགས་པ་བཅོམ་ལྡན་【འདས་མ་】ཤེས་རབ་གྱི་ཕ་རོལ་དུ་

2. Phyin pavi snying po/ / bcom ldan vdas ma shes rab kyi pha rol du Phyin pa la phyag vtshal lo/ / vdi skad bdag*i*s thos pa dus gcig na/ bcom

ཕྱིན་པའི་སྙིང་པོ། །བཅོམ་ལྡན་འདས་མ་ཤེས་རབ་ཀྱི་ཕ་རོལ་དུ་ཕྱིན་པ་ལ་ཕྱག་འཚལ་ལོ། ། འདི་སྐད་བདགིས་ཐོས་པ་དུས་གཅིག་ན། བཅོམ་

3. ldan sangs rgyas rgyal po khab na bya【rgo】d gy*i* phung po ri la dge slong *gi* dge vdun chen po【dang byang chub】sems dpav*i* dge vdun chen po da*ng*【rab tu mang ba dang】thabs gcig du

ལྡན་སངས་རྒྱལ་པོ་ཁབ་ན་བྱ་【རྒོ】ད་གྱི་ཕུང་པོ་རི་ལ་དགེ་སློང་གི་དགེ་འདུན་ཆེན་པོ་【དང་བྱང་ཆུབ་】སེམས་དཔའི་དགེ་འདུན་ཆེན་པོ་དྣ་【རབ་ཏུ་མང་བ་དང་】ཐབས་གཅིག་དུ་

4. bzhugs te/ devi tshe bcom ldan vdas chos ky*i* rna【m grang】s zab mo【snang ba】zhes bya bav*i* t*i*ng nge vdzin la snyoms par zhugs【so】/ / yang

བཞུགས་ཏེ། (2) དེའི་ཚེ་བཅོམ་ལྡན་འདས་ཆོས་ཀྱི་རྣ【མ་གྲང་】ས་ཟབ་མོ་【སྣང་བ་】ཞེས་བྱ་བའི་ཏིང་ངེ་འཛིན་ལ་སྙོམས་པར་ཞུགས་【སོ་】། །ཡང་

5. devi tshe byang chub sems dpav sems dpav chen po vphags pa spyan ras gzigs dba【ng phug des】shes rab gyi pha rol du phyin【pa zab】mo【spyod pa vdi】nyid las rna【m】

དེའི་ཚེ་བྱང་ཆུབ་སེམས་དཔྭ་སེཾས་དཔྭ་（3）ཆེན་པོ་འཕགས་པ་སྤྱན་རས་གཟིགས་ཀྱི་དབ【ང་ཕུག་དེས་】ཤེས་རབ་གྱི་ཕ་རོལ་དུ་ཕྱིན་【པ་ཟབ་】མོ་【སྤྱོད་པ་འདི་】ཉིད་ལས་རྣ【མ】

6. par rtog cing phung po lnga po de dag yang gzhan gyis【stong】par ltavo/ / de nas tshe dang ldan pa sha rivi bus sang rgyas gyi【mthus】byang

པར་རྟོག་ཅིང་ཕུང་པོ་ལྔ་པོ་དེ་དག་ལ་ཡྂ་རང་གཞན་གྱིས་【སྟོང་】པར་ལྟའོ། །དེ་ནས་ཚེ་དང་ལྡན་པ་ཤ་རྀའི་བུས་སངས་རྒྱས་ཀྱི་【མཐུས་】བྱང་

7. chub sems dpav sems dpav chen po vphags pa spyan ras gzigs kyi dbang po la vdi skad ces smras so/ / rigs kyi bu gang

ཆུབ་སེམས་དཔའ་སེཾས་དཔྭ་ཆེན་པོ་འཕགས་པ་སྤྱན་རས་གཟིགས་ཀྱི་དབང་པོ་（4）ལ་འདི་སྐད་ཅེས་སྨྲས་སོ། །རྀགས་ཀྱི་བུ་གང་

8. la lar shes rab kyi pha rol du phyin pa【zab mo spyod pa spyad par】vdod pa des ji ltar【bslab par bya】/ / de skad ces gsungs ba dang/【byang】

ལ་ལ་ཤེས་རབ་ཀྱི་ཕ་རོལ་དུ་ཕྱིན་པ་ཟབ་【མོ་སྤྱོད་པ་སྤྱད་པར】འདོད་པ་དེས་ཇྀ་ལྟར་【བསླབ་པར་】བྱ། །དེ་སྐད་ཅེས་གསུངས་བ་དྔ།（5）།【བྱང་】

9. chub sems dpav sems dpav chen po vphags【pa spyang ras gzigs gyi dbang】pos/ tshe dang ldan pa【sha rivi】bu la vdi skad ces smras so/ / sha rivi bu

ཆུབ་སེམས་དཔྭ་སེཾས་དཔྭ་ཆེན་པོ་འཕགས་【པ་སྤྱན་རས་གཟིགས་ཀྱི་དབང་】པོས།（6）ཚེས་དྔ་ལྡན་པ་【ཤ་རྀའི་】བུ་ལ་འདི་སྐད་ཅེས་སྨྲས་སོ། །ཤ་རྀའི་བུ་

10. rigs kyi【buvam】rigs kyi bu mo gang【la las shes rab】gyi pha rol du phyin pa zab mo【spyod par vdod pa des】vdi ltar brtag par bya

རྀགས་ཀྱྀ་【བུའམ】རིགས་ཀྱི་བུ་མོ་གང་【ལ་ལས་ཤེས་རབ་】ཀྱྀ་ཕ་རོལ་དུ་ཕྱིན་པ་ཟབ་མོ་【སྤྱོད་པར་འདོད་པ་དེས་】འདི་ལྟར་བརྟག་པར་བྱ་

11. ste/ phung po lnga po sogs kyis rang bzhin gyi【s sto】ng par bltavo/ / gzugs stong pavo/ /stong pa nyid gzugs so/ /gzugs【las】stong pa nyid gzhan

སྟེ། ཕུང་པོ་ལྔ་པོ་སོགས་ཀྱིས་（7）རང་བཞིན་གྱི【ས་སྟོ】ང་པར་བལྟའོ། །གཟུགས་སྟོང་པའོ། །སྟོང་པ་ཉིད་གཟུགས་སོ། གཟུགས་【ལས་】སྟོང་པ་ཉིད་གཞན་

12. ma yin/ /stong ba nyid las kyang gzugs gzhan ma yin no/ / de bzhin du tshor badang/ vdu shes dang【vdu byed dang/ rnam】par shes pa rnams stog pavo/

མ་ཡིན། །སྟོང་བ་ཉིད་ལས་ཀྱང་གཟུགས་གཞན་མ་ཡིན་ནོ། །དེ་བཞིན་དུ་ཚོར་བ་ཟ། འདུ་ཤེས་དང་【འདུ་བྱེད་དང་། རྣམ་】པར་ཤེས་པ་རྣམས་སྟོང་པའོ།

13. sha rivi bu de ltar【bzhin du】chos thams cad ni【kyang】stong pa nyid do/ /mtshan nyid myed pavo/ / ma kyes pa ma vgag【pa/ dri ma myed】pa/ dri ma dang bral ba【myed pa/】

ཤ་རིའི་བུ་དེ་ལྟར་【བཞིན་དུ་】ཆོས་ཐམས་ཅད་ནི་【ཀྱང་】སྟོང་པ་ཉིད་དོ། །མཚན་ཉིད་མྱེད་པའོ། །མ་སྐྱེས་པ་མ་འགག་【པ། དྲི་མ་མྱེད་】པ། དྲི་མ་དང་བྲལ་བ་【མྱེད་པ།】

14. bri ba myed pa/ gang ba myed pavo/ /【de ltar na】stong ba nyid ni gzugs ma yin/【myig】

བྲི་བ་མྱེད་པ། གང་བ་མྱེད་པའོ། །【དེ་ལྟར་ན་】སྟོང་བ་ཉིད་ནི་གཟུགས་མ་ཡིན།【མྱིག་】

15. ma yin/ rna ba ma yin sna ma yin/ lce ma yin/ lus ma yin/ yid ma yin no/ /【tshor ba ma yin/ vdu shes ma yin/ vdu byed ma yin/ rnam par shes pa rnams ma yin/myig ma yin/ rna ba ma yin/ sna ma yin/ lce ma yin/ lus ma yin/ yid ma yin/】gzugs ma yin/ sgra ma yin/ dri ma yin/【ro ma yin/ reg bya ma yin/ chos ma yin/ myig gi khams ma yin/】

མ་ཡིན། རྣ་བ་མ་ཡིན་སྣ་མ་ཡིན། ལྕེ་མ་ཡིན། ལུས་མ་ཡིན། ཡིད་མ་ཡིན་ནོ། །【ཚོར་བ་མ་ཡིན། འདུ་ཤེས་མ་ཡིན། འདུ་བྱེད་མ་ཡིན། རྣམ་པར་ཤེས་པ་རྣམས་མ་ཡིན།མྱིག་མ་ཡིན་། རྣ་བ་མ་ཡིན། སྣ་མ་ཡིན། ལྕེ་མ་ཡིན།ལུས་མ་ཡིན། ཡིད་མ་ཡིན།】གཟུགས་མ་ཡིན། སྒྲ་མ་ཡིན། དྲི་མ་ཡིན།【རོ་མ་ཡིན། རེག་བྱ་མ་ཡིན། ཆོས་མ་ཡིན།མྱིག་གི་ཁམས་མ་ཡིན་】

16. pa nas/ y*i*d gyi kham ma yin/ y*i*d kyi rnam par shes pav*i* khams gyi bar du ma y*i*n no/ / ma rig pa【zad pa ma yin/ rga shi zad】pavi bar du ma y*i*n no/

པ་ནས། ཡིད་གྱི་ཁམས་མ་ཡིན། ཡིད་ཀྱི་རྣམ་པར་ཤེས་པའི་ཁམས་གྱི་བར་དུ་མ་ཡིན་ནོ།། མ་རིག་པ་【ཟད་པ་མ་ཡིན། རྒ་ཤི་ཟད་】པའི་བར་དུ་མ་ཡིན་ནོ།

17. sdug bsngal da*ng*/ kun vbyung da*ng*/ vgog pa da*ng*/ lam yang ma yin/ ye shes ma yin/ thos pa ma yin/ ma thos pa yang ma y*i*n no / sha r*i*vi bu【de ltar】byang chub sems dpa*v* rnams【thob】pa myed pav*i*

སྡུག་བསྔལ་དྣ། ཀུན་འབྱུང་དྣ། འགོག་པ་དྣ། ལམ་ཡང་མ་ཡིན། ཡེ་ཤེས་མ་ཡིན། ཐོས་པ་མ་ཡིན། མ་ཐོས་པ་ཡང་མ་ཡིན་ནོ། །ཤ་རིའི་བུ་【དེ་ལྟར་】བྱང་ཆུབ་སེམས་དཔའ་རྣམས་【ཐོབ་】པ་མྱེད་པའི་

18. shes rab kyi pha rol du phyin pa la gnas【shing】spyod de/ sems ky*i* sgrib pa myed pas skrag pa myed do/ phy*i*n *ci* log las pa la【shin tu vdas】nas mya nga【n la】s vdas par phyind to/ /

ཤེས་རབ་ཀྱི་ཕ་རོལ་དུ་ཕྱིནཔ་ལ་གནས་【ཤིང་】སྤྱོད་དེ། སེམས་ཀྱི་སྒྲིབ་པ་མྱེད་པས་སྐྲག་པ་མྱེད་དོ།།（8）ཕྱིན་ཅི་ལོག་ལས་པ་ལ་【ཤིན་ཏུ་འདས་】ནས་མྱ་ང【ན་ལ】ས་འདས་པར་ཕྱིནད་ཏོ།།

19. dus gsum du rnam par bzhugs pav*i* sangs rgyas thams cad kyang shes rab ky*i* pha rol du phyind pa la brten pas【bla na myed pa yang dag par rdzogs pavi byang chub tu mngon par】sang rgyas

དུས་གསུམ་དུ་རྣམ་པར་བཞུགས་པའི་（9）སངས་རྒྱས་ཐམས་ཅད་ཀྱང་ཤེས་རབ་ཀྱི་ཕ་རོལ་དུ་ཕྱིནད་པ་ལ་བརྟེན་པས་（10）【བླ་ན་མྱེད་པ་ཡང་དག་པར་རྫོགས་པའི་བྱང་ཆུབ་ཏུ་མངོན་པར་】སངས་རྒྱས་

20. so/ /de lta bas na shes rab ky*i* pha rol du phyin pav*i* sngags/【bden te ma nong pavi sngags/】r*i*g pa chen povi sngag/ bla na myed pav*i* sngags/ my*i* mnyam bada*ng* mnyam bavi sngags/【sdug bsngal thams cad rab tu zhi bar byed】

སོ། །དེ་ལྟ་བས་ན་ཤེས་རབ་ཀྱི་ཕ་རོལ་དུ་ཕྱིན་པའི་སྔགས། 【བདེན་ཏེ་མ་ནོང་པའི་

སྔགས། 】རིག་པ་ཆེན་པོའི་སྔགས། བླ་ན་མེད་པའི་སྔགས། མི་མཉམ་བ་དྲ་མཉམ་བའི་སྔགས།
【སྡུག་བསྔལ་ཐམས་ཅད་རབ་ཏུ་ཞི་བར་བྱེད་】

21. pav*i* sngags su shes par bya ste/ shes rab ky*i* pha rol du phyin pav*i* sngags smras pa te/ ga te/ pa ra【ga te】

པའི་སྔགས་སུ་ཤེས་པར་བྱ་སྟེ། ཤེས་རབ་ཀྱི་ཕ་རོལ་དུ་ཕྱིན་པའི་སྔགས་སྨྲས་པ། (11) ཏེ། ག་ཏེ། པ་ར་【ག་ཏེ་】

22. pa ra sang ga te bho dhe sba*v* ha/ / sha r*i*vi bu byang chub sems dpa*v* sems dpav chen pos【de ltar】shes rab kyi pha rol du phyin pa【zab mo la】

པ་ར་སང་ག་ཏེ་བྷོ་དྷེ་སྦཱ་ཧ། །ཤ་རིའི་བུ་བྱང་ཆུབ་སེམས་དཔཱ་སེམས་དཔའ་ཆེན་པོས་【དེ་ལྟར་】ཤེས་རབ་ཀྱི་ཕ་རོལ་དུ་ཕྱིན་པ་【ཟབ་མོ་ལ་】

23. bslab par byavo/ / de nas bcom ldan vdas tig nge vdzin de las bzhengs te byang chub【sems dpav sems dpav chen po vphags pa spyan ras】gzigs ky*i*

བསླབ་པར་བྱའོ། །དེ་ནས་བཅོམ་ལྡན་འདས་ཏིང་ངེ་འཛིན་དེ་ལས་བཞེངས་ཏེ་བྱང་ཆུབ་【སེམས་དཔའ་སེམས་དཔའ་ཆེན་པོ་འཕགས་པ་སྤྱན་རས་】གཟིགས་ཀྱི་

24. dbang po la legs so zhes bya ba byin nas legs so legs so/ r*i*gs ky*i* bu【de bzhin no/ rigs kyi bu ste de】bzhin te/ j*i* ltar khyod ky*i*s bstan pa bzhin du

དབང་པོ་(12)ལ་ལེགས་སོ་ཞེས་བྱ་བ་བྱིན་ནས་ལེགས་སོ་ལེགས་སོ། རིགས་ཀྱི་བུ་【དེ་བཞིན་ནོ། རིགས་ཀྱི་བུ་སྟེ་དེ་】བཞིན་ཏེ། ཇི་ལྟར་ཁྱོད་ཀྱིས་བསྟན་པ་བཞིན་དུ་

25. shes rab ky*i* pa rol du phyin pa z【ab mo】spyad par bya ste/ de bzhin【gshegs pa】stsogs rjes su【yi rang ngo/】

ཤེས་རབ་ཀྱི་ཕ་རོལ་དུ་ཕྱིན་པ་ཟ【བ་མོ་】སྤྱད་པར་བྱ་སྟེ། (13) དེ་བཞིན་【གཤེགས་པ་】སྟོགས་(14) རྗེས་སུ་【ཡི་རང་ངོ།】

26. bcom ldan vdas dgyes sh*i*ng de skad ces bkav stsald nas/ te/ tshe dang ldan pavi sha r*i*vi bu da*ng*/ bya【ng chub sems dpav sems dpav chen po vphags pa spyan ras gzigs dbang phyug dang】

བཅོམ་ལྡན་འདས་དགྱེས་ཤིང་དེ་སྐད་ཅེས་བཀའ་སྩལད་ནས། ཏེ། ཚེ་དང་ལྡན་པའི་ཤ་

རྀའི་བུ་ཏྲཱ། བྱ【ང་ཆུབ་སེམས་དཔའ་སེམས་དཔའ་ཆེན་པོ་འཕགས་པ་སྤྱན་རས་གཟིགས་དབང་ཕྱུག་དང་】

27. lha dang myi dang lha ma yin dang dri zar bcas pavi vjig rten gyi vkhord thams cad【bcom ldan vdas kyis】

ལྷ་དང་མྱི་དང་ལྷ་མ་ཡིན་དང་དྲི་ཟར་བཅས་པའི་འཇིག་རྟེན་གྱི་འཁོརད་ཐམས་ཅད་【བཅོམ་ལྡན་འདས་ཀྱིས་】

28. gsungs pa la mngon par dgavo/ / rdzogs so/ /

གསུངས་པ་ལ་མངོན་པར་དགའོ། །རྫོགས་སོ།།

29. /// avom phad

༄༅། ཨཱོམ་ཕད་

玉树勒巴沟摩崖石刻大日如来题记

（三）丁 文

sangs rgyas rnam par rnang mdzad dang/ phyag na rdo rje dang a rya pa lo phyg vtshal / rtavi lo la bgyis/

སངས་རྒྱསམནམ་པར་སྣང་མཛད་དང་། ཕྱག་ན་རྡོ་རྗེ་དང་ཨ་རྱ་པ་ལོ་ཕྱག་འཚལ། རྟའི་ལོ་ལ་བགྱིས།

（四）丁文译文

顶礼佛毗卢遮那、金刚手和观世音。马年造[1]。

（五）丁文注释

【1】马年为哪一年？无显著出处。如果三佛像的镌刻与贝廓摩崖石刻属于同一个时期的话，即赤德松赞在位时期，则马年只有藏历水马年（802）和藏历木马年（814）。

十四、洛扎摩崖石刻

（一）解 题

山南市洛扎县境内有两处内容相同的吐蕃摩崖石刻，第一处位于都琼村东面岩石上，遗存状况较好，文字大多数清晰可辨。第二处位于第一处以南，洛扎努曲河和门塘河汇合处的东面岩壁上，由于石质粗糙，文字大多数已经脱落，残存文字不足二十。从残存文字来看，文字与第一处石刻基本相同。

1981 年笔者前往洛扎县境进行历史文化胜迹巡礼时，依照当地村民的传说寻找，发现了这两处摩崖石刻。1982 年《西藏研究》第二期上笔者以第一处摩崖石刻为题，用藏汉两种文字各发表了一篇内容相同的短文，对第一处摩崖石刻文字进行了初步考释。由于当时条件有限，从远处抄录石刻错字、漏字多达三十几处；加之笔者时属刚涉足藏学领域的新人，学识有限，两篇文章稚嫩，考释粗浅，不当之论亦不少。

根据摩崖石刻，这是一篇赞普颁给大臣德门德琼的盟约。又据《弟吴教法源流》载，德门德琼为牟尼赞普执政时期（797–799？）大臣。又从摩崖石刻文字记事风格来看，洛扎摩崖石刻当属牟尼赞普执政时期的遗产。虽然牟尼赞普在位不满两年。

1985 年出版的黎吉生《早期西藏碑刻文集》一书中收录了笔者文章中的录文，并附有文字校勘、译文和解读。1987 年李方桂的《吐蕃碑刻》一书亦从黎吉生书中转录了笔者所刊布的录文，并对笔者与黎吉生的文字异同进行了比较。

下录文字是依据笔者 2014 年重新抄录的第一处石刻的文字和同事居美多吉先生、罗文华研究员提供的数码图照为基础而成，参阅了第二处石刻的残存文字。现第一处文字除了 5—6 个无法辨认外，其余文字清晰可辨。此文中将对笔者 1982 年文章的错录作校勘，校勘中笔者文章以“1982 年拙作”表示。

（二）正 文

1. / / btsan po lha sras gy*i*（1）zha sngar/（2）

༄༅། །བཙན་པོ་ལྷ་སྲས་ཀྱི་ཞ་སྔར།

2. lde sman lde cung /

ལྡེ་སྨན་ལྡེ་ཅུང་།

3. glo ba nye nye/（3） sku da*ng* chab sr*i*d la dphen phav*i*（4） rje blas/ dkav ba

གློ་བ་ཉེ་ཉེ། སྐུ་དང་ཆབ་སྲིད་ལ་དཕེན་པའི། རྗེ་བླས། དཀའ་བ་

4. byed byed nas/（5）bkas gnang ba ldevu cung g*i*（6）pha/（7）lo snang g*i*（8）bu

བྱེད་བྱེད་ནས། བཀས་གནང་བ་ལྡེའུ་ཅུང་གི་ཕ། ལོ་སྣང་གི་བུ་

5. / / tsha pheld rgyud nam zhar sr*i*d（9）g–yung drung da*ng* mtshung pha da*ng*/ khol/

། ཚ་ཕེལད་རྒྱུད་ནམ་ཞར་སྲིད་གཡུང་དྲུང་དྔ་མཚུངས་ཕ་དྔ། ཁོལ།

6. ca yul las stsogs*pha*（10）my*i*（11）dbr*i* myi snyung ba da*ng* / ldevu cung g*i*/（12）mchad gy*i*（13）

ཀ་ཡུལ་ལས་སྟོགསྤ་མྱི་དབྲི་མྱི་སྙུང་བ་དྔ། ལྡེའུ་ཅུང་གི། མཆད་གྱི།

7. r*i*m gro bla nas mdza*de*/（14） nam c*i*g（15） dbon sras ga*ng* g*i* ring la ral ya*ng*（16）

། །རིམ་གྲོ་བླ་ནས་མཛདེ། ནམ་ཅིག་དབོན་སྲས་གྔ་གི་རིང་ལ་རལ་ཡྔ།

8. /bla nas stong sdes brts*i*g phar gnang*o*/（17） ldevu cug gi pha（18）lo snang g*i* bu/

།བླ་ནས་སྟོང་སྡེས་བརྩིག་ཕར་གནངོ། ལྡེའུ་ཅུང་གི་ཕ་ལོ་སྣང་གི་བུ།

9. tsha pheld rgyud dang（19） phu nu cig pha（20）bkav gyod ci la chags gyang/（21）

ཚ་ཕེལད་རྒྱུད་དང་ཕུ་ནུ་ཅིག་ཕ་བཀའ་གྱོད་ཅི་ལ་ཆགས་གྱང་།

10. na c*i*g gis × × ste/ vd*i* ltar（22）dbu snyung gnang ba dang/ rkong kar / /（23）

ན་ཅིག་གིས་××××སྟེ། འདི་ལྟར་དབུ་སྙུང་གནང་བ་དང་། རྐོང་ཀར། །

11. pho（24） lha btsan pho spun mtshan da*ng*/ srid kyi blon pho（25）da*ng* ru bzhi（26）zhang blon

ཕོ་ལྷ་བཙན་ཕོ་སྤུན་མཚན་དྔ། སྲིད་ཀྱི་བློན་ཕོ་དྔ་རུ་བཞི་ཞང་བློན་

12. / / g*i*s（27）bro bor bavi gtsigs gy*i* sgrom（28）bu n*i*（29）phyag sbal du bzung*o*/（30）/dur n*i* × lang pha/ pha × na ×

། །གིས་བྲོ་བོར་བའི་གཙིགས་གྱི་སྒྲོམ་བུ་ནི་ཕྱག་སྦལ་དུ་བཟུངོ། །དུར་ནི་××ལང་པ། པ××ན××

（三）校勘

（1）gyi，1982 年拙作：gyi。

（2）zha sngar/，1982 年拙作：zha snga。

（3）nye/，1982 年拙作：nye。

（4）phavi，1982 年拙作：phavi。

（5）nas /，1982 年拙作：nas。

（6）gi，1982 年拙作：gi。

（7）pha，1982 年拙作：kha。

（8）gi，1982 年拙作：gi。

（9）sriid，1982 年拙作：srid。

（10）stsogspha，1982 年拙作：rtseg pa。

（11）myi，1982 年拙作：mya。

（12）gi，1982 年拙作：gi。

（13）gyi，1982 年拙作：myi。

（14）mdzade/，1982 年拙作：mjed/。

（15）cig，1982 年拙作：cig。

（16）yang/，1982 年拙作：yang/。

（17）gnango/，1982 年拙作：gnang ngo/。

（18）pha，1982 年拙作：kha。

（19）dang，1982 年拙作：遗漏。

（20）pha，1982 年拙作：yang。

（21）ci la chags gyang，第一处石刻磨损，此按第二处石刻补录。

（22）na cig gis × × × × ste/ vdi ltar，第一处石刻磨损，此按第二处石刻补录。

（23）rkong kar/，1982 年拙作：rkong kor。

（24）pho，1982 年拙作：po。

（25）btsan po spun mtshan dang/ srid kyi blon pho，第一处石刻不甚清楚，此按第二石刻补录。

（26）ru bzhi，1982 年拙作：bu bzhi。

（27）g*i*s，1982 年拙作：gi。

（28）sgrom，1982 年拙作：sgreng。

（29）n*i*，1982 年拙作：ni。

（30）bzu*ngo*，1982 年拙作：bzung ngo。

（四）译 文

洛扎第二处摩崖石刻

赞普天神之子[1]驾前德门德琼[2]忠信立诚，为赞普和社稷勤勉效力。故特颁盟约。

授给德琼父洛囊的后裔子嗣如“雍仲”般永固治理属地之权[3]。

其奴户、封邑不减、不少。德琼墓穴[4]的祭司[5]由王室[6]操办。若有一日墓穴破败，无论赞普后裔子孙何代掌政，俱由王室命千户府[7]负责修缮。若德琼父洛囊的后裔子嗣或其弟兄子嗣如涉讼，××××赐这等盟约，赞普宗族工噶波王[8]、参政大臣和四茹[9]尚论均参与会盟，盟约匣子[10]安存于府库[11]。墓穴××××××

（五）译文注释

【1】赞普天神之子

此处赞普天神之子应指牟尼赞普或赤德松赞。牟尼赞普于 797 年即位，不到两年被母后毒死，赤德松赞约于 799 年即位，815 年逝世，在位 16 年左右。

按《弟吴教法源流》记载，德门德琼为牟尼赞普之大臣。但鉴于牟尼赞普在位不满两年，赐给德门德琼盟约，史书不见相关记载。但根据摩崖石刻的文字记事风格来看，洛扎摩崖石刻当属牟尼赞普执政时期的遗产。

【2】德门德琼

全名德门库协德琼（lde sman gur bzher lde chung），其家族为洛扎地区豪族。牟尼赞普时期官至大臣。如《弟吴教法源流》载："由德门德琼出任牟尼赞普之大臣。"此人还在洛扎地区修建有洛普曲切寺庙。《奈巴教法史》（又名《奈巴班智达所著古谭花鬘》）中把德门之 lde（德）字衍化成 lhe，故有 lhe sman 修建洛普曲切寺之说。

【3】治理属地之权

权是 srid 之对译。一般按 chab srid、chu srid 组词，吐蕃语汇中既解作社稷，又指赞普赐给大臣治理属地之权力，故此处译作治理属地之权。

【4】德琼墓穴

第一处摩崖石刻位于都琼村东面岩石上，从德琼村顺着沟口往上而行，就发现有一处墓葬群。此墓葬群极有可能是德门家族墓穴，德琼之墓穴应在其中。

【5】祭司

rim gro 之对译。一种消灾祈福的宗教仪轨或祭司活动。吐蕃初期葬俗仪式遵循苯教仪轨，但至 8 世纪末佛教在吐蕃立足后，成为具有统治地位的宗教，此时葬俗中已经有佛教法事仪轨。此处 rim gro 可能指佛教祭司仪轨，但也不排除指苯教的祭司葬俗。

【6】王室

bla 之对译。bla 字在吐蕃语汇中多以上级、上层、高一级而解，通常指赞普、王室。故此处译作王室。

【7】千户府

按吐蕃军政区划，吐蕃全集有四个茹、一个赤德，共计有 61 个千户府，洛扎境内千户府隶属于约茹。约茹是吐蕃南部军政区域，辖区以昌珠（今山南市乃东区境）为中心，东至工域赤那（今林芝市巴宜区哲那村），西界为喀热岗孜（今山南市浪卡子县境），南界为夏吾达果（今山南市错那市境），北界为玛拉山口（今山南市扎囊县与拉萨市辖区交界处），辖境包括今山南市乃东区、错那市、琼结、扎囊、加查、桑日、曲松、隆子、洛扎、措美等县和林芝市朗县、米林市和巴宜区。

【8】赞普宗族工噶波王

工布邦国郡王工噶波王的祖先是悉补野第七代国王直贡赞普的长子聂奇，与吐蕃赞普同族，故石刻称为赞普宗族工噶波王。松赞干布建立强盛的吐蕃统一政权后，工噶波王统治的工布地区仍然是一个相对有一定特权的地方邦国。

【9】四茹

四茹指吐蕃四大军政区域：卫茹、约茹、叶茹、茹拉，加之孙波茹、象雄赤德构成了吐蕃本土六大军政区域。现代一些研究文章和词典中在把茹(ru)一词译成翼，四茹称之为四翼（参见《汉藏大词典》），但似乎与藏文原义有所差距。根据《贤者喜宴》和《弟吴宗教源流》记载，四茹各自辖境如下：除了尼木县外，今拉萨市全境属于卫茹；今山南市全境、林芝市朗县、米林市和巴宜区属于约茹；今日喀则市辖区雅鲁藏布江以南定日、拉孜、萨迦、定结、岗巴、江孜、白朗、仁布和桑珠孜区部分地区属于茹拉；今雅鲁藏布江以北昂仁、谢通门、南木林三县和拉萨市尼木县属于叶茹。

【10】盟文匣子

gtsigs gyi sgrom bu 之对译。按吐蕃习俗，为郑重保存起见，盟约通常置于一匣子内。一些匣子由颇罗弥（vphr men，一种金银合金）制造，故吐蕃碑刻中常有盟约置于颇罗弥匣中之语。

【11】府库

指王室存放贵重之物的库藏。又参见谐拉康西碑注释【9】。

十五、赤德松赞墓碑

（一）解 题

此碑位于距今山南市琼结县城以南约 1.5 公里的藏王墓所在地赤德松赞赞普陵墓东侧，碑名为“杰钦垂（rgyal chen nphrul）”，藏学界中以“赤德松赞墓碑”著称。赤德松赞执政约 16 年左右，逝世于 815 年。石碑竖立时间应在赤德松赞去世不久。

石碑坐南朝北，由碑座、碑身、碑帽组成。北面刻有文字，东西两面有花纹和龙的图饰。

1422 年，藏历第七饶迥水虎年藏族先人抄录了露出地面的 29 行文字，并与其他四份碑刻，即琼结达孜桥头碑、噶迥寺碑、工布雍仲增刻石、唐蕃会盟碑等汇成了一册。据传录文原件册子保存在 18 世纪著名佛学家、历史学家噶托仁增次旺诺布的藏书中。可以说，噶托仁增次旺诺布大师是关注水虎年五碑刻录文的最早学者。

赤德松赞墓碑共刻有 59 行字，1948 年前露出地面的仅有 29 行文字，1948 年英国人黎吉生清理了碑文的部分沙土，显现了 30 行至 47 行文字，但多数文字已衍化，抄录了少量文字，收录在黎吉生于 1964 年和 1985 年出版的《西藏古代碑刻文集》一书中。1984 年 9 月西藏自治区文物管理委员会（自治区文物局前身）专业考古工作人员对石碑进行了挖掘清理工作，使埋在土石下的龟身碑座和刻有 12 行文字的碑身下部重见天日，索朗旺堆和张建林两位先生发表了清理调查报告，刊布了最后 12 行所能显现的文字。今自治区文物管理部门为石碑修建了有围墙的碑亭，使石碑得到了较好的保护，人们也能够得以一览石碑全貌。

近现代研究此碑的，除了英国人黎吉生外，还有王尧教授、杜迥吉查益希以及图齐、高桥正芳、山口瑞风、索南吉、李方桂、高瑞、龙布杰、夏吾卡先等学者。

由于历经千年风吹日晒，石碑斑驳，文字漫漶不清，只有少量文字通过数码照片可辨认。下面录文中 1 至 29 行主要依据水虎年五碑刻录文而成，参照了王尧教授的文字。30 至 47 行以 1985 年出版的黎吉生录文为基础，参照了王尧先生的文字。末尾 12 行则以索朗旺堆、张建林两位先生刊布的文字为准。

由于学者们的录文之间异字不少，加之水虎年五碑刻录文抄文字体为“行书”，书写风格未能体现碑文原貌，故校勘较为困难。

（二）正 文

1. // btsan po lha sras/ /vo lde spu rgyal/ /gnam gyi

༄༅། བཙན་པོ་ལྷ་སྲས། །འོ་ལྡེ་སྤུ་རྒྱལ། །གནམ་གྱི་

2. lha las my*i*vi rjer gshegs pa/ chos lugs bzang

ལྷ་ལས་མྱིའི་རྗེར་གཤེགས་པ། ཆོས་ལུགས་བཟང་

3. po ni gzhar gtsug my*i* vgyur/ /mngav thang chen po ni nam（1）

པོ་ནི་གཞར་གཙུག་མྱི་འགྱུར། །མངའ་ཐང་ཆེན་པོ་ནི་ནམ་

4. kyang byin myi nyam ste/ chab sr*i*d ni da phyir zh*i*ng（2）che/ /dbu rmog

ཀྱང་བྱིན་མྱི་ཉམ་སྟེ། ཆབ་སྲིད་ནི་ད་ཕྱིར་ཞིང་ཆེ། །དབུ་རྨོག་

5. ni yun du brtsan pav*i*/ /g-yung drung gi gtsug lag chen po

ནི་ཡུན་དུ་བརྩན་པའི། །གཡུང་དྲུང་གི་གཙུག་ལག་ཆེན་པོ་

赤德松赞墓碑
（1985 年旧照）

6. bzhin du/ /btsan po（3）lha sras khri lde srong brtsan/ my*i*vi rje

བཞིན་དུ། །བཙན་པོ་ལྷ་སྲས་ཁྲི་ལྡེ་སྲོང་བརྩན། མྱིའི་རྗེ་

7. mdzad pa/ /lha*i* lugs dang mthun par ni（4）mngav thang che/（5）

མཛད་པ། །ལྷའི་ལུགས་དང་མཐུན་པར་ནི་མངའ་ཐང་ཆེ།

8. gnam gyi chos dang mtsungs pa ni/ bkav brtsan te/

གནམ་གྱི་ཆོས་དང་མཚུངས་པ་ནི། བཀའ་བརྩན་ཏེ།

9. thugs sgam povi rlabs dang/ bkav lung bzang pov

ཐུགས་སྒམ་པོའི་རླབས་དང། བཀའ་ལུང་བཟང་པོའི་

10. lugs kyis/ phyi nang gnyis su legs shing / (6) chab srid che

ལུགས་ཀྱིས། ཕྱི་ནང་གཉིས་སུ་ལེགས་ཤིང་། ཆབ་སྲིད་ཆེ་

11. bavi tshul/ /nam du yang/ myi yongs kyis shes par/ /mdo

བའི་ཚུལ། །ནམ་དུ་ཡང། མྱི་ཡོངས་ཀྱིས་ཤེས་པར། །མདོ་

12. tsam zhig rdo rings la bris pavo/ /

ཙམ་ཞིག་རྡོ་རིངས་ལ་བྲིས་པའོ། །

13. // btsan po lha sras/ khri lde srong brtsan/ lha vphrul gyi

༄༅། བཙན་པོ་ལྷ་སྲས། ཁྲི་ལྡེ་སྲོང་བརྩན། ལྷ་འཕྲུལ་གྱི་

14. zha snga nas/ /thugs sgam/ khong yangs/ (7) bkav brtan/ (8) zung thub/

ཞ་སྔ་ནས། །ཐུགས་སྒམ། ཁོང་ཡངས། བཀའ་བརྟན། ཟུང་ཐུབ།

15. thugs stobs chevo/ rang nyid de lta bas na/ (9) vgreng gi

ཐུགས་སྟོབས་ཆེའོ། རང་ཉིད་དེ་ལྟ་བས་ན། འགྲེང་གི་

16. rje mdzad na yang / myi dgos (10) pavi las kyi mu bskyungs (11) pas

རྗེ་མཛད་ན་ཡང་། །མྱི་དགོས་པའི་ལས་ཀྱི་མུ་བསྐྱུངས་པས་

17. nang du vphrug pa dang/ /myi bde (12) ba myed cing / /bod yongs (13) kyis

ནང་དུ་འཕྲུག་པ་དང། །མྱི་བདེ་བ་མྱེད་ཅིང་། །བོད་ཡོངས་ཀྱིས་

18. khongs la yul phyug (14) ste/ vbangs skyid (15) do/ /nam zhar/ dbon

ཁོངས་ལ་ཡུལ་ཕྱུག་སྟེ། འབངས་སྐྱིད་དོ། །ནམ་ཞར། དབོན་

19. sras rgyud kyi (16) chab srid brtan zhing// (17) vbangs skyid par bya bavi (18)

སྲས་རྒྱུད་ཀྱི་ཆབ་སྲིད་བརྟན་ཞིང། །འབངས་སྐྱིད་པར་བྱ་བའི་

20. gdams ngag dang/ /phy*i*v*i* dgra vdul bav*i* byin gy*i* dgra thabs（19）

གདམས་ངག་དང་། །ཕྱིའི་དགྲ་འདུལ་བའི་བྱིན་གྱི་དགྲའ་ཐབས་

21. sngon myed pav*i* bzang po bkav lung du bzhag ste/ /yun gy*i* legs（20）

སྔོན་མྱེད་པའི་བཟང་པོ་བཀའ་ལུང་དུ་བཞག་སྟེ། །ཡུན་གྱི་ལེགས་

22. pa（21）yang rgya cher dgongs so/（22）lha vphrul gyi zha snga nas mthav（23）

པ་ཡང་རྒྱ་ཆེར་དགོངས་སོ། ལྷ་འཕྲུལ་གྱི་ཞ་སྔ་ནས་མཐའ་

23. bzhi（24）phyogs brgyad du/ /bakv btsan/ /chab sr*i*d che ste/ shar phyogs（25）

བཞི་ཕྱོགས་བརྒྱད་དུ། །བཀའ་བཙན། །ཆབ་སྲིད་ཆེ་སྟེ། ཤར་ཕྱོགས་

24. /// rgyal po chen por rgya vdug pa dang//（26）/br du bkav khon byung nas

༄༅། རྒྱལ་པོ་ཆེན་པོར་རྒྱ་འདུག་པ་དང་།། །བར་དུ་བཀའ་ཁོན་བྱུང་ནས་

25. dgrar bsdo ba（27）las/ /dang po chab srid phyag（28）tu bzhes ma thag du/ /bod（29）

དགྲར་བསྡོ་བ་ལས། །དང་པོ་ཆབ་སྲིད་ཕྱག་ཏུ་བཞེས་མ་ཐག་ཏུ།།བོད་

26. kyi dmag g*i*s/ /rgyai yul phyogs su（30）drangs pas spa bavo//（31）

ཀྱི་དམག་གིས། །རྒྱའི་ཡུལ་ཕྱོགས་སུ་དྲངས་པས་སྤ་བའོ།།

27. de tshun chad kyis chab sr*i*d kyi mngav bdag mzhad ma thag la（32）

དེ་ཚུན་ཆད་ཀྱིས་ཆབ་སྲིད་ཀྱི་མངའ་བདག་མཛད་མ་ཐག་ལ་

28. bar du lan vgav rgyas chab srid la ma bsdo ste/ /rtag tu mjal（33）

བར་དུ་ལན་འགའ་རྒྱས་ཆབ་སྲིད་ལ་མ་བསྡོ་སྟེ། །རྟག་ཏུ་མཇལ་

29. dum gsol lo/ /lho phyogs kyi rgyal po rgya gar vdug（34）

དུམ་གསོལ་ལོ། །ལྷོ་ཕྱོགས་ཀྱི་རྒྱལ་པོར་རྒྱ་གར་འདུག་

30. pa yang/ / × × × × × × × ky*i*s × × × × × × × mdzad（35）

པ་ཡང།། ×××××××ཀྱིས་×××××××མཛད་

31. × r × n × dan × × × × × × × × × × chab srid × × （36）

×ར×ན×དན××××××××××ཆབ་སྲིད་××

32. × × mar × × × × × × × × × × × kha kyong du （37）

××མར×××××××××××ཁ་སྐྱོང་དུ་

33. × × r × × su × × rdo × × × × × dang × × × × × bcas pa （38）

××ར××སུ××རྡོ×××××དང××གཅེས་པ

34. × × × × × × × × × × × × × × gnyis （39）

×××××××××××××××གཉིས་

35. rje × × × × × × × × × dang × × × × × × zhin × × × du × （40）

རྗེ་×××××××××དང་ ××××××ཞིན་×××དུ་×

36. yang d × × × × × × × × × × × × myi × × × dpa （41）

ཡང་ད××××××××××××མྱི་ ×××དཔ་

37. × × × × × × × × × × × × nyi vog tu chab （42）

×××××××× ××××ཉི་འོག་ཏུ་ཆབ་

38. × × × × × × × × × × × × × × man cad zhi sbyar zhing （43）

××××××××××××མན་ཅད་ཞི་སྦྱར་ཞིང་

39. × × × × × × × × × × byang phyogs na dru gu × × s （44）

××××××××××× བྱང་ཕྱོགས་ན་དྲུ་གུ་འདུག་

40. × × × × × × × × × bar du bkav khon byung nas chab srid （45）

××××× ××××བར་དུ་བཀའ་ཁོན་བྱུང་ནས་ཆབ་སྲིད་

41. × × × × × bsdo ba las × × × rgya × vi × × × dang mgo man tshun chad du/ bod （46）

×××××བསྡོ་བ་ལས་ ×××རྒྱ་ ×འི་ ×××དང་མགོ་མན་ཚུན་ཆད་དུ། བོད་

42. × da × × × cher × × × × × / /mnangs bcad × × na × rgya（47）

× ད×××ཆེར་ ×××××། །མནངས་བཅད་ ×ན་××རྒྱ་

43. × × × dang/ yul gyi mu che × × × × × dong × × × tshun cad yo hor khag（48）

×××དང། ཡུལ་གྱི་མུ་ཆེ་××××དོང་×××་ཚུན་ཅད་ཡོ་ཧོར་ཁག

44. gyis kyang chab srid la × × × bsdo ste/ mjal dum du gsol lo/ vdi dag（49）

གྱིས་ཀྱང་ཆབ་སྲིད་ལ་×××བསྡོ་སྟེ། མཇལ་དུམ་དུ་གསོལ་ལོ། འདི་དག

45. las stsogs pa rgyal po / × × na × × × × × × × nyi vog tu（50）

ལས་སྩོགས་པ་རྒྱལ་པོ། ××ན×××××××ཉི་འོག་ཏུ་

46. × × × chab srid kyang × × × de × × × × dam pav*i* chos（51）

×××ཆབ་སྲིད་ཀྱང×××དེ××××དམ་པའི་ཆོས་

47. × × rad tu rtsal × × × × × ng（52）

××རད་ཏུ་རྩལ×××××ཟུང་

48. chub chen po sa khyon × × du × × × × × × rab tu dam pav*i*（53）

ཆུབ་ཆེན་པོ་ས་ཁྱོན་××དུ་××××××རབ་ཏུ་དམ་པའི་

49. nams kyang rgya cher skyongs × × × × × × × × × × × × × dam pav*i* chos rgyas par

ནམས་ཀྱང་རྒྱ་ཆེར་སྐྱོངས་×××××××××××××དམ་པའི་ཆོས་རྒྱས་པར།

50. mdza × × pavi bkav dr*i*n gy*i*s gyang sa × × pavi × × × lha vphrul gy*i* zha（snga）

མཛད་××པའི་བཀའ་དྲིན་གྱིས་ཀྱང་ས་××པའི་×××ལྷ་འཕྲུལ་གྱི་ཞ་སྔ་

51.（na）s thugs sgam bkav brtsan chab × × bsod nams snga ldan gy*i*/

ནས་ཐུགས་སྒམ་བཀའ་བརྩན་ཆབ་××བསོད་ནམས་སྔ་ལྡན་གྱི།

52. gong du vphags par sku × × gzhan las kyang lhag pav*i* mdzes sku rtsal

གོང་དུ་འཕགས་པར་སྐུ་×× གཞན་ལས་××ལྷག་པའི་མཛེས་སྐུ་རྩལ་

53. lo/ re × × sku × × × × × chan × × × par my*i* yongs ky*i*s shes sh*i*ng/

ལོ། རེ་××སྐུ་×××××ཅན་×××པར་མྱི་ཡོངས་ཀྱིས་ཤེས་ཤིང་།

54. mthav bzhivi rgyal po che phra kun kyang bkav vog tu chud par × × × gyis khyab/

མཐའ་བཞིའི་རྒྱལ་པོ་ཆེ་ཕྲ་ཀུན་ཀྱང་བཀའ་འོག་ཏུ་ཆུད་པར་ × × × གྱིས་ཁྱབ།

55. × × × × × × bkavi che × × pa rgya khyab kyis × × snga × × bzhislas stsogs/

××××××བཀའི་ཆེ་ ××པ་རྒྱ་ཁྱབ་ཀྱིས་ ×སྔ་ ×བཞིས་ལས་སྩོགས།

56. g-yav g-yovi rgyal po che phra × × byas/ so sovi blon po gces pa mang po/

གཡའ་གཡོའི་རྒྱལ་པོ་ཆེ་ཕྲ་ × × བྱས། སོ་སོའི་བློན་པོ་གཅེས་པ་མང་པོ།

57. × × × sa nas × × × × × × stsogs pavi chig snga srim phun nas sri zhu cher byas

×××ས་ནས་ ×××××སྩོགས་པའི་ཆིག་སྔ་སྲིམ་ཕུན་ནས་སྲི་ཞུ་ཆེར་བྱས་

58. × × × lta bus myi yul gyi rje mdzad pa las/ zhong × × ma gi × r gshegs

×××ལྟ་བུས་མྱི་ཡུལ་གྱི་རྗེ་མཛད་པ་ལས། ཞོངས་ ××མ་གི་ ×ར་གཤེགས་

59. × × × × ba shod kyi rjevi bang so rgyal chen vphrul zhes mtshan pa vdi legs so/（54）

××××བ་ཤོད་ཀྱི་རྗེའི་བང་སོ་རྒྱལ་ཆེན་འཕྲུལ་ཞེས་མཚན་པ་འདི་ལེགས་སོ།

（三）校 勘

（1）nam，据黎吉生（1985），水虎年五碑刻录文：nam zhar。

（2）zhing，据黎吉生（1985），王尧（1982）：zheng。

（3）btsan po，据水虎年五碑刻录文，王尧（1982）：缺漏。

（4）ni，据水虎年五碑刻录文，王尧（1982）：na。

（5）che，据水虎年五碑刻录文，王尧（1982）：chen po。

（6）shing，据水虎年五碑刻录文，王尧（1982）：dang。

（7）khong yangs，据水虎年五碑刻录文，王尧（1982）：khong yangs pa dang。

（8）bkav brtan，据水虎年五碑刻录文，王尧（1982）：brtan，bkav 遗漏。

（9）na，据水虎年五碑刻录文，王尧（1982）：缺漏。

（10）dgos，据水虎年五碑刻录文，王尧（1982）：缺漏。

（11）las kyi mu bskyungs，据水虎年五碑刻录文，王尧（1982）：las rgya mu bskrungs。

（12）bde，据水虎年五碑刻录文，王尧（1982）：缺漏。

（13）bod yongs kyis，据水虎年五碑刻录文，王尧（1982）：bod ljong kyis。

（14）khongs la yul pyug ste，据水虎年五碑刻录文，王尧（1982）：myi × ×la byung ste。

（15）skyid，据水虎年五碑刻录文，王尧（1982）：gyod。

（16）kyi，据水虎年五碑刻录文，王尧（1982）：缺漏。

（17）brtan zhing/，据水虎年五碑刻录文，王尧（1982）：btsan dang。

（18）bya bavi，据水虎年五碑刻录文，王尧（1982）：byavo。

（19）此行文字王尧（1982）录文中不全，缺漏甚多。此据水虎年五碑刻录文补录。

（20）此行文字王尧（1982）录文中不全，缺漏甚多。此据水虎年五碑刻录文补录。

（21）pa，据水虎年五碑刻录文，王尧（1982）：缺漏。

（22）so，据水虎年五碑刻录文，王尧（1982）：缺漏。

（23）mthav，据水虎年五碑刻录文，王尧（1982：缺漏。

（24）bzhi，据水虎年五碑刻录文，王尧（1982）：缺漏。

（25）shar phyogs，据水虎年五碑刻录文，王尧（1982）：phogs bzhir。

（26）rgya vdug pa dang，据水虎年五碑刻录文，王尧（1982）：遗漏。

（27）dgrar bsdo，据水虎年五碑刻录文，王尧（1982）：dgra ru sdor。

（28）dang po chab srid phyag tu，据水虎年五碑刻录文，王尧（1982）录文不全。

（29）dod，据水虎年五碑刻录文，王尧（1982）：缺漏。

（30）rgyavi yul phyogs su，据水虎年五碑刻录文，王尧（1982）：缺漏。

（31）spa bavo/，据水虎年五碑刻录文，王尧（1982）：缺漏。

（32）此行据水虎年五碑刻录文补录，王尧（1982）录文中不全，缺漏甚多。

（33）此行据水虎年五碑刻录文补录，王尧（1982）录文中文字不全。

（34）此行据水虎年五碑刻录文录文。王尧（1982）录文中文字不全。以下水虎年五碑刻录文中无录文。

（35）此行残存文字据王尧（1982）所录。

（36）此行残存文字据黎吉生（1985）所录。

（37）此行残存文字据王尧（1982）所录。

（38）此行残存文字据王尧（1982）所录。

（39）第 34 行残存文字依王尧（1982）所录。黎吉生（1985）录文中此行为第 33 行。类此以推，以下黎吉生录文少一行，不作特别说明。

（40）此行残存文字据王尧（1982）所录。

（41）此行残存文字据王尧（1982）所录。

（42）此行残存文字据王尧（1982）所录。

（43）此行残存文字据王尧（1982）所录。

（44）此行残存文字据王尧（1982）所录。

（45）此行残存文字据王尧（1982）所录。

（46）此行残存文字据黎吉生（1985）第 40 行所录，与王尧 (1982) 残存文字有所不同。

（47）此行残存文字据黎吉生（1985）第 40 行所录，与王尧 (1982) 残存文字略有不同。

（48）此行残存文字据王尧（1982）、黎吉生（1985）所录。

（49）此行残存文字据黎吉生（1985）第43行录文，与王尧（1982）的录文略为不同。

（50）此行残存文字据王尧（1982）录文所录。

（51）此行残存文字据王尧（1982）录文所录。

（52）此行残存文字据王尧（1982）录文所录。

（53）此行残存文字据王尧（1982）录文所录。

（54）第48行以下所录文字皆以索朗旺堆、张建林两位先生的考古调查报中的录文为据，拟是一些录文有误，无法解读。

（四）译 文

赞普天神之子鹘提悉勃野[1]，乃天神降落为人主者也。其善法[2]之道久世不变，丰功伟绩，永世留芳。外开疆拓土，底四绥方，威权在手，永世光宅天下。赞普天神之子赤德松赞降为人主，所行永世之法[3]，与天道[4]相符，威名至尊，与天之礼仪[5]契合，王言凛然。故，为了世人永世知晓，赞普如何是以其雄才大略，威严声音，成就内外尽善，社稷昌隆之伟业，概略之文勒石为记。

赤松德赞墓碑侧面纹饰

赞普天神之子赤德松赞思虑深沉，胸之宽宏，声威远播，盖德泽恰，杨威四方。虽为黔首[6]之王，摒弃非理不善之举，致蕃地全境富庶，内无纷争，百姓安乐。为子孙后代之社稷永古，百姓安乐，既颁训民教戒，又授伏敌良策，如此从无之良言，思虑至极，为长远之安危之计也。圣神赞普[7]，号令森严，伟业宾服四邻八方。东面之国乃为大唐，中间与之结仇，举兵寇敌。赞普即位之初，蕃兵侵入唐境[8]而胜之。自执掌王权以来[9]，期间数次与唐交兵，唐不敌，于是时常结立大和盟约。南面之国乃为天竺[10]，……社稷……蕃二国，……天下社稷，……北面之国，乃系突厥[11]，……中间结仇，……不敌，于是结立大和盟约。…… 回鹘[12]等，亦不敌……，结立和好盟约。此等国家，……天下……，社稷……妙法……大河之滨……广为呵护众善士，……弘扬正法之恩德，……圣神国王驾下，深沉而号令森严，……有福……超群之上，……使众人知之。四境大小诸国[13]皆为宾服。……谕旨……广为……左右大小诸国及众臣，……为人间之主，故陵墓取名“杰钦垂”为好[14]。

（五）译文注释

【1】鹘提悉勃野

赤松德赞墓碑底座

Vo lde spu rgyal，唐史译作鹘提悉勃野。吐蕃第一代赞普聂赤赞普之尊称。古藏文文献中聂赤赞普之名有几种不同的称呼或不同的拼写法。如nya khyi、nyag khri、lde nyag khri、vo de、gnyav khri btsan po等等。敦煌古藏文历史文书P.T.1286载：聂赤（nyag khyi）由天神降临大地为人主，其姓氏为悉勃野（spu rgyal），鹘提贡杰（vo lde gung rgyal）是鹘提悉勃野的另一称呼。

【2】善法

chos lugs bzang po之意译。chos lugs既可指古代吐蕃人尊崇的良好民俗，又指赤德松赞时期已经在吐蕃弘扬发达的佛教。结合下文“善法之道永世不变”一句和赤德松赞时期建立寺院时与众臣结盟，多次重申“保护佛法，永不弃去”

等举措，此处善法当佛法讲。

【3】所行永世之法

g-yung drung gi gtsug lag chen po 之意译。g-yung drung，音译为“雍仲”，原意为永恒、永久、永远等，gtsug lag 是本指治国之经典、著作。佛教传入吐蕃后，佛教经典亦被称作 gtsug lag。供奉三宝的殿堂称之为 gtsug lag khang。此处所行永世之法一句便有永世流传的治国经典之意。

【4】天道

lhai lugs 之意译。因吐蕃赞普号称是天神后裔，其德行举止要符合“神”的德行，即天道。

【5】天之礼仪

gnam gyi chos 之意译。与“天道”意义接近。指天神后裔吐蕃赞普的礼仪，谓天之礼仪。

【6】黔首

vgreng 之对译。敦煌古藏文文书以 vgreng mgo nag mi 来称呼百姓，与汉文中的黔首一词语义极为相近。

【7】圣神赞普

根据古代传说，悉补野赞普祖先源自天界天神之裔，故，后来的吐蕃历代赞普称作圣神赞普。又参见《琼结达孜桥头碑》注释【1】。

【8】蕃兵侵入唐境

赤德松赞即位之初，与唐朝之间的战争时有发生。801 年，唐贞元十七年吐蕃大举侵入唐境，攻破了麟州（今陕西神木县北），唐将郭锋（名将郭子仪孙）、僧人延素等被俘、被杀。此处似乎指这次战争。

【9】自执掌王权以来

赤德松赞继牟尼赞普为王，但何时执掌王权史书无明确记载。牟尼赞普大概卒于 799 年，又从“谐拉康东碑”可知，800 年，即碑文所语“前一龙年”赤德松赞已在王位。可以说，赤德松赞即位执掌王权开始之年约在 799 年。

【10】天竺

古代汉文史料中对古印度的称呼。

【11】突厥

吐蕃北境一国，时而与吐蕃为友，时而与吐蕃为敌。敦煌古藏文历史文书通常以 dru gu 来称突厥。

【12】回鹘

hor 对译。敦煌古藏文文书藏汉词汇对照中以 hor 来对应回鹘。Hor 一词后来多词义。元代指蒙古，后指西藏境内的蒙古后裔，今既是西藏北部尤其是那曲地区牧民的泛称，又是青海土族的藏语称呼。

【13】四境大小诸国

吐蕃周边国家和地区，指唐朝、回鹘、南诏、于阗、天竺、泥婆罗、克什米尔等。自松赞干布即位以来，吐蕃与周边地区关系密切，时而和睦相处，时而以兵戎相见。无论战之或和之，客观上都促进和加强了吐蕃与周边国家和地区之间的政治、文化、经济关系。

【14】陵墓取名“杰钦垂”（rgyal chen vphrul）为好

“杰钦垂”为 rgyal chen vphrul 之音译，有圣神之王之意。

吐蕃历代王陵都取有尊号，赤德松赞墓葬以“杰钦”着称。根据《西藏王统记》记载，此墓葬内埋有极其丰富的珍宝随葬品。

十六、唐蕃会盟碑

（一）解 题

《唐蕃会盟碑》，因碑文追述了吐蕃与唐朝和好的历史和甥舅情谊，也称作《甥舅会盟碑》，又会盟碑立于唐穆宗长庆年间，又称之为《长庆会盟碑》。唐长庆元年、吐蕃彝泰七年（821年），唐朝与吐蕃双方使节会盟于唐京师长安，复于长庆二年、彝泰八年（822年）又会盟于在吐蕃逻些以东哲堆菜一地，长庆三年、彝泰九年（823年），盟约勒石竖碑于吐蕃逻些和唐京师长安，藏文史料记载又有同文碑置于唐蕃交接之地。今吐蕃逻些石碑犹存，现立于拉萨大昭寺前，即为《唐蕃会盟碑》，唐京师长安和唐蕃交接之地石碑早已无踪可寻。

现根据2020年新测定的数字，碑通高为561.54厘米，由碑帽、碑身、碑座三部分组成。碑身与碑座无缝连接，犹如一体。碑座为龟形，龟头微露，四肢收拢，整体雕刻古朴生动。碑帽通高98.37厘米，平面上宽71.85厘米，厚38.74厘米，主体类庑殿顶式样，顶脊上置一莲花座宝珠。宝珠下部内收。碑帽底部四侧浮雕云朵图案。碑身高373.36厘米，上段宽86.62厘米，下段宽129.32厘米，厚36.52厘米，截面为梯形长方形。碑座高89.81厘米，宽148.93厘米，厚74.79厘米。

石碑四面书文，西为正面，上刻藏汉两体文意相同的对照盟约，左半横书藏文77列，约583字节；右半直书汉文6行，正楷，约464字（451字）。东面独刻藏文盟辞，藏文78列，约1012字。北面以藏汉对照刻吐蕃参与会盟官员的职衔和名称，南面以藏汉对照刻唐朝参与会盟官员的职衔和名称，两面上为藏文、下为汉文，计18人。左右两面部分文字字迹漫漶，已无法辨析。

研究此碑最早者当属藏族学者。早在藏历第七饶迥水虎年（1422）一名不知名的藏族先人抄录了五个碑刻文字，汇成一册，其中收有该碑文东西两面盟约。此水虎年五碑刻录文册子辗转多次，经手多人，20世纪四十年代不知是抄件还是原件流落到英国人黎吉生手中，后由黎吉生赠送给英国牛津大学，现保存在英国牛津大学图书馆。另拉萨哲蚌寺乃久拉康保存有一份名为

“（赞普）盟约与碑文”的抄件，其中又收录了《唐蕃会盟碑》的东西两面盟约，与水虎年五碑刻录文中文字有所区别。1642 年，第五世达赖喇嘛所著《西藏王臣记》中曾述及此碑文，并以“天上日月同辉，地上甥舅佳话”来高度赞扬唐蕃会盟关系。

唐蕃会盟碑西面藏汉盟辞

根据王尧教授的《吐蕃金石录》，李方桂、柯蔚南合著，王启龙翻译的《古代西藏碑文研究》提供的信息，近现代研究此碑刻的中国学者有罗振玉、罗常培、陈寅恪、姚薇元、张政烺、常任侠等；国外学者有布什尔、弗兰克、瓦德尔、寺本婉、佐藤长、山口瑞风、黎吉生、图齐、李方桂、柯蔚南等。

1980 年后对《唐蕃会盟碑》的研究，中国学者王尧、陈践、贡确次丹等教授作出了突出贡献。尤其王尧教授依据罗振玉的拓片，参酌国内外诸学者的研究成果撰写的《吐蕃金石录》一书，在挖掘汉文史料的基础上对此碑进行了详尽的考释，尤其是王尧教授的东面藏文盟辞汉译文，更是为后人的深入研究开启了广阔的领域。王尧教授还对英国人黎吉生借研究之名对碑文别有用心的解读，进行了有力的批驳。

唐蕃会盟碑追述了吐蕃与唐朝友好的历史和甥舅情谊，叙述了唐蕃于长庆年间结盟过程，“舅甥二主商议社稷如一，结立大和盟约”，体现了深厚汉藏情谊和友好相处的珍贵历史见证。作为拉萨市重要历史文化遗产，石碑的保护历来受到党和政府的高度重视。1985 年 5 月，为配合城市基本建设，清理出了长期埋在地下的石碑基座。2013 年 5 月在老城改造保护过程中，对石碑再次进行了更加精密的维修保护。

下面录文根据罗文华研究员提供的最新拓片和图照而成，参考了水虎年五碑刻录文和哲蚌寺的抄件中的录文，对以往见于学术著作中的碑刻东西盟辞录文进行了校勘，纠正了一些错字、补录了少量漏字。应该说，现所刊布的盟辞录文整体文字基本准确，文义不会产生大的歧义。

（二）西面藏文盟辞

1. // bod kyi rgyal po chen po（1）

༄༅། བོད་ཀྱི་རྒྱལ་པོ་ཆེན་པོ་

2. vphrul gy*i* lha btsan po[1] dang/ /

འཕྲུལ་གྱི་ལྷ་བཙན་པོ་དང་། །

3. rgyav*i* rgyal po chen po rgyal rje hwang te/（2）

རྒྱའི་རྒྱལ་པོ་ཆེན་པོ་རྒྱལ་རྗེ་ཧྭང་ཏེ།

4. dbon zhang gny*i*s / /chab srid

དབོན་ཞང་གཉིས། །ཆབ་སྲིད་

5. gc*i*g tu mol nas/ /mjal dum（3）

གཅིག་ཏུ་མོལ་ནས། །མཇལ་དུམ་

6. chen po mdzad de gts*i*gs（4）bcas

ཆེན་པོ་མཛད་དེ་གཙིགས་བཅས་

7. pa/ /nam zhar yang my*i* vgyur bar（5）

པ། །ནམ་ཞར་ཡང་མྱི་འགྱུར་བར་

8. lha my*i* kun gy*i*s shes shing dpang byas

ལྷ་མྱྀ་ཀུན་གྱྀས་ཤེས་ཤིང་དཔང་བྱས་

9. te/ /tshe tshe rabs rabs su/ /brjod（6）

ཏེ། །ཚེ་ཚེ་རབས་རབས་སུ། །བརྗོད་

10. du yod pav*i* phyir/ mjal dum（7）gyi gtsigs

དུ་ཡོད་པའྀ་ཕྱིར། མཇལ་དུམ་གྱི་གཙིགས་

11. ky*i* mdo（8）rdo rings la bris pavo/ /

ཀྱྀ་མདོ་རྡོ་རིངས་ལ་བྲིས་པའོ། །

12. // vphrul gy*i* lha btsan po khr*i* gtsug

༄། །འཕྲུལ་གྱྀ་ལྷ་བཙན་པོ་ཁྲྀ་གཙུག

13. lde brtsan gy*i* zha snga nas/ /rgya rje

ལྡེ་བརྩན་གྱྀ་ཞ་སྔ་ནས། །རྒྱ་རྗེ་

14. bvun bvu hevu tig hwang te[2]dang/ /dbon

བཱུན་བཱུན་ཧེའུ་ཏིག་ཧྭང་ཏེ་དང་། །དབོན་

15. zhang gnyis/ /sgam dkyel chen pos

ཞང་གཉིས། །སྒམ་དཀྱེལ་ཆེན་པོས་

16. ni/ /vphral yun gnyis gyi（9）legs

ནི། །འཕྲལ་ཡུན་གཉིས་གྱི་ལེགས་

17. nyes c*i* yang mkhyen/（10）/thugs rje chen

ཉེས་ཅྀ་ཡང་མཁྱེན། །ཐུགས་རྗེ་ཆེན་

18. pos n*i*/ /bkav dr*i*n gy*i*s dgab pa

པོས་ནྀ། །བཀའ་དྲྀན་གྱྀས་དགབ་པ་

19. la phy*i* nang myed pas/ /mang po kun bde

ལ་ཕྱྀ་ནང་མྱེད་པས། །མང་པོ་ཀུན་བདེ་

20. kyid par bya ba la n*i* dgongs pa gcig

སྐྱིད་པར་བྱ་བ་ལ་ནྀ་དགོངས་པ་གཅིག་

21. yun r*i*ng por legs bav*i* don chen po

ཡུན་རིང་པོར་ལེགས་པའི་དོན་ཆེན་པོ་

22. la n*i* bkav gros mthun te/ /gnyen

ལ་ནི་བཀའ་གྲོས་མཐུན་ཏེ། །གཉེན་

23. rnying（11）pav*i* sri zhu n*i* bstud/（12）/khy*i*m tshes

རྙིང་པའི་སྲི་ཞུ་ནི་བསྟུད། །ཁྱིམ་ཚེས་

24. dgyes pav*i* tshul slar du brtseg par

དགྱེས་པའི་ཚུལ་སླར་དུ་བརྩེག་པར་

25. mol nas/ /mjal dum chen pov

མོལ་ནས། །མཇལ་དུམ་ཆེན་པོའ་

26. mdzad de/ /bod rgya gnyis/ /da ltar

མཛད་དེ། །བོད་རྒྱ་གཉིས། །ད་ལྟར་

27. su（13）mngav bav*i* yul dang mtshams[3] srung

སུ་མངའ་བའི་ཡུལ་དང་མཚམས་སྲུང་

28. zhing/ /devi shar phyogs thams cad n*i*/

ཞིང་། །དེའི་ཤར་ཕྱོགས་ཐམས་ཅད་ནི།

29. rgya chen povi yul/ /nub phyogs thams

རྒྱ་ཆེན་པོའི་ཡུལ། །ནུབ་ཕྱོགས་ཐམས་

30. cad n*i* yang thag（14）par bod chen povi

ཅད་ནི་ཡང་ཐག་པར་བོད་ཆེན་པོའི་

31. yul te/ /de las phan tshun dgrar my*i*

ཡུལ་ཏེ། །དེ་ལས་ཕན་ཚུན་དགྲར་མྱི་

32. vthab/ /dmag myi drang/ yul myi

འཐབ། །དམག་མྱི་དྲང་། ཡུལ་མྱི་

33. mrnam/（15）/y*i*d ma ches pa zh*i*g yod

མནམ། །ཡིད་མ་ཆེས་པ་ཞིག་ཡོད་

34. na/ /my*i* bzung zhing gtam dr*i*s te/ /

ན། །མྱི་བཟུང་ཞིང་གཏམ་དྲིས་ཏེ། །

35. brdzangs nas phy*i*r gtang ngo/ /

བརྫངས་ནས་ཕྱིར་གཏང་ངོ། །

36. da chab srid gcig c*i*ng/ /mjal

ད་ཆབ་སྲིད་གཅིག་ཅིང། །མཇལ་

37. dum chen po vd*i* ltar mdzad pas/ /

དུམ་ཆེན་པོ་འདི་ལྟར་མཛད་པས། །

38. dbon zhang dgyes pavi bkav phrind

དབོན་ཞང་དགྱེས་པའི་བཀའ་ཕྲིནད་

39. snyan pas kyang vdrul （16） dgos te/ /

སྙན་པས་ཀྱང་འདྲུལ་དགོས་ཏེ། །

40. phan tshun gy*i* pho nya vdong ba yang/ /lam

ཕན་ཚུན་གྱི་ཕོ་ཉ་འདོང་བ་ཡང། །ལམ་

41. rnying par byung nas/ / snga lugs bzhin

རྙིང་པར་བྱུང་ནས། ། སྔ་ལུགས་བཞིན་

42.// bod rgya gnyis ky*i* bar/ /tsang kun

། །བོད་རྒྱ་གཉིས་ཀྱི་བར། །ཙང་ཀུན་

43. yog[4] tu rta brjes la/ / stse zhung cheg[5] du

ཡོག་ཏུ་རྟ་བརྗེས་ལ། །སྩེ་ཞུང་ཆེག་ དུ་

44. rgya dang phrad pa man cad n*i* rgyas phu dud

རྒྱ་དང་ཕྲད་པ་མན་ཅད་ནི་རྒྱས་ཕུ་དུད་

45. bya/ /tseng shu hyw*a*n[6] du bod dang phrad pa

བྱ། །ཙེང་ཤུ་ཧྱྭིན་དུ་བོད་དང་ཕྲད་པ་

46. yan cad n*i* bod kyis phu dud bya ste/ /

ཡན་ཅད་ནི་བོད་ཀྱིས་ཕུ་དུད་བྱ་སྟེ། །

47. dbon zhang nye zh*i*ng gnyen bav*i* tshul bzhin

དབོན་ཞང་ཉེ་ཞིང་གཉེན་བའི་ཚུལ་བཞིན་

48. du / /sr*i* zhu dang bkur st*i*vi lugs

དུ། །སྲི་ཞུ་དང་བཀུར་སྟིའི་ལུགས་

49. yod par sbyar te/ /yul gny*i*s kyi

ཡོད་པར་སྦྱར་ཏེ། །ཡུལ་གཉིས་ཀྱི་

50. bar na dud rdul n*i* myi snang/ / glo bur

བར་ན་དུད་རྡུལ་ནི་མྱི་སྣང་། ། གློ་བུར་

51. du sdang ba dang dgravi my*i*ng n*i* myi grag ste

དུ་སྡང་བ་དང་དགྲའི་མྱིང་ནི་མྱི་གྲག་སྟེ་

52. sa mtshams srung bav*i* myi yan cad

ས་མཚམས་སྲུང་བའི་མྱི་ཡན་ཅད་

53. kyang dogs sh*i*ng vjigs pa myed par

ཀྱང་དོགས་ཤིང་འཇིགས་པ་མྱེད་པར་

54. sa sa mal mal na（17）bag brkyang ste/ /bde

ས་ས་མལ་མལ་ན་བག་བརྐྱང་སྟེ། །བདེ་

55. bar vkhod c*i*ng/ /skyid pav*i* bkav dr*i*n

བར་འཁོད་ཅིང་། །སྐྱིད་པའི་བཀའ་དྲིན་

56. ni rabs khr*i*vi bar du thob/ /snyan pav*i*

ནི་རབས་ཁྲིའི་བར་དུ་ཐོབ། །སྙན་པའི་

57. sgra skad ni gnyi（18）zlas slebs so chog du

སྒྲ་སྐད་ནི་གཉི་ཟླས་སླེབས་སོ་ཆོག་དུ་

58. khyab te// bod bod yul na skyid/ /

ཁྱབ་ཏེ།། བོད་བོད་ཡུལ་ན་སྐྱིད།།

59. rgya rgya yul na skyid pav*i* srid chen po

རྒྱ་རྒྱ་ཡུལ་ན་སྐྱིད་པའི་སྲིད་ཆེན་པོ་

唐蕃会盟碑
南面正射影像图

60. sbyar nas gts*i*gs bcas pa vd*i*

སྦྱར་ནས་གཙིགས་བཅས་པ་འདི།།

61. nam zhar my*i* vgyur bar/ /dkon mchog

ནམ་ཞར་མྱི་འགྱུར་བར། །དཀོན་མཆོག་

62. gsum dang/ /vphags pav*i* rnams dang

གསུམ་དང་། །འཕགས་པའི་རྣམས་དང་

63. gny*i*（19）zla dang gza（20）skar la yang dpang du

གཉི་ཟླ་དང་གཟའ་སྐར་ལ་ཡང་དཔང་དུ་

64. gsol te/ /tha tshig g*i* rnam pas kyang

གསོལ་ཏེ། །ཐ་ཚིག་གི་་རྣམ་པས་ཀྱང་

65. bshad/ /srog chags bsad de mnav

བཤད། །སྲོག་ཆགས་བསད་དེ་མནའ་

66. yang bor nas/ /gts*i*gs bcas so/ /

ཡང་བོར་ནས། །གཙིགས་བཅས་སོ།།

67. gts*i*gs vd*i* bzhin du ma byas sam/ /

གཙིགས་འདི་བཞིན་དུ་མ་བྱས་སམ།།

68. bsh*i*g na/ /bod rgya gnyis gang gis sngar nyes

བཤིག་ན། །བོད་རྒྱ་གཉིས་གང་གིས་སྔར་ཉེས་

69. pa la sd*i*g cing/ /lan du dku sgyu c*i* byas kyang

པ་ལ་སྡིག་ཅིང་། །ལན་དུ་དཀུ་སྒྱུ་ཅི་བྱས་ཀྱང་

70. gts*i*gs bsh*i*g pa la ma gtogs so//

གཙིགས་བཤིག་པ་ལ་མ་གཏོགས་སོ།།

71. vd*i* ltar bod rgya gny*i*s ky*i* rje blon gyis zhal

འདི་ལྟར་བོད་རྒྱ་གཉིས་ཀྱི་རྗེ་བློན་གྱིས་ཞལ་

72. gy*i*s bshags mnav bor te/ / gts*i*gs

གྱིས་བཤགས་མནའ་བོར་ཏེ།། གཙིགས་

73. ky*i* y*i* ge zh*i*b mor br*i*s nas/ / rgyal po chen

ཀྱི་ཡི་གེ་ཞིབ་མོར་བྲིས་ནས། །རྒྱལ་པོ་ཆེན་

74. po gny*i*s ky*i* ni phyag rgyas btab/ / blon po

པོ་གཉིས་ཀྱི་ནི་ཕྱག་རྒྱས་བཏབ།། བློན་པོ

75. gts*i*gs vdzin pa la gtogs pa rnams

གཙིགས་འཛིན་པ་ལ་གཏོགས་པ་རྣམས་

76. ky*i* ni lag y*i*g tu bris te/ / gts*i*gs kyi

ཀྱི་ནི་ལག་ཡིག་ཏུ་བྲིས་ཏེ།། གཙིགས་ཀྱི་

77. y*i* ge yang so sov*i* phyag sbal du bzhag go/ /

ཡི་གེ་ཡང་སོ་སོའི་ཕྱག་སྦལ་དུ་བཞག་གོ།།

（三）校 勘

（1）chen po，水虎年五碑刻录文缺漏。

（2）te，水虎年五碑刻录文：de。

（3）dum，谁虎年五碑刻录文：dums。

（4）gts*i*gs，据王尧（1982）、黎吉生（1985），水虎年五碑刻录文：tsigs。

（5）bar，据水虎年五碑刻录文、黎吉生（1985），王尧（1982）：par。

（6）brjod，据黎吉生（1985），王尧（1982）：gtam brjod，水虎年五碑刻录文：brjod yod/。

（7）mjal dum，水虎年五碑刻录文缺漏。

（8）mdo，水虎年五碑刻录文：ming。

（9）gnyis gyi，据黎吉生（1985），王尧（1982）：yul gy*i*。

（10）mkhyen，据黎吉生（1985），王尧（1982）、水虎年五碑刻录文：bsrung。

（11）rnying，据王尧（1982）、黎吉生（1985），水虎年五碑刻录文缺漏。

（12）bstud，据黎吉生（1985）、水虎年五碑刻录文，王尧（1982）：dang。

（13）su，据黎吉生（1985），水虎年五碑刻录文、王尧（1982）：du。

（14）thag，王尧（1982）、水虎年五碑刻录文：dag。

（15）mrnam，水虎年五碑刻录文：dmangs。

（16）vdrul，水虎年五碑刻录文：vdul。

（17）sa sa mal mal na，水虎年五碑刻录文：sa mal。

（18）gnyi，据王尧（1982）、黎吉生（1985），水虎年五碑刻录文：nyi。

（19）gnyi，据王尧（1982）、黎吉生（1985），水虎年五碑刻录文：nyi。

（20）gza，据王尧（1982）、黎吉生（1985），水虎年五碑刻录文：gza。

（四）西面汉文盟辞

大唐文武孝德皇帝[1]与大蕃圣神赞普[2]甥舅[3]二主商议社稷如一结立大和盟约永无沦替神人俱以证知世世代代使其称赞是以盟文节目题之于碑也

文武孝德皇帝与大蕃圣神赞普猎赞陛下[4]二圣舅甥浚哲鸿被晓今永之屯享矜愍之情恩覆其无内外商议叶同务令万姓安泰所思如一成久远大喜再续慈亲之情重申邻好之义为此大好矣今

蕃汉二国所守见管本界[5]以东悉为大唐国境已西尽是大蕃境土彼此不为寇敌不举兵革不相侵谋封境或有猜阻捉生问事讫给以衣粮放归今社稷叶同如一为此大和然舅甥相好之义善谊

每须通传彼此驿骑一往一来悉遵曩昔旧路蕃汉并于将军谷[6]交马其绥戎栅[7]已东大唐祇应清水县[8]已西大蕃供应须合舅甥亲近之礼使其两界烟尘不扬罔闻寇盗之名复无惊恐之患封人撤备乡土俱

安如斯乐业之恩垂于万代称美之声遍于日月所照矣蕃于蕃国受安汉亦汉国受乐兹乃合其大业耳依此盟誓永久不得移易然三宝及诸贤圣日月星辰请为知证如此盟约各自契陈刑牲[9]为盟设此大

约倘不依此誓蕃汉君臣任何一方先为祸也仍须雠报及为阴谋者不在破

盟之限蕃汉二君臣并稽告立誓周细为文二君之验证以官印登坛之臣亲署姓名如斯誓文藏于玉府[10]焉

（以上盟辞依据拓片抄录，参照了载于《全唐文吐蕃史料》中的《盟吐蕃题柱文》《卫藏通志》和《吐蕃金石录》。）

（五）汉文盟辞注释

【1】大唐文武孝德皇帝

唐穆宗李恒的尊号。821 年即位，年号为长庆，于 824 逝世，在位只有短短四年。据《旧唐书·穆宗本记》记载，长庆元年七月，群臣上尊号为“文武孝德皇帝”。

【2】圣神赞普

圣神赞普为藏文 vphrul gyi lha btsan po 之对译。藏文史籍古老传说云，悉补野即吐蕃第一代赞普聂赤乃是天神下凡人间,为黑头黎民百姓之主,固有“圣神赞普”之称谓。唐书和汉文碑文中皆译作“圣神赞普”。

【3】甥舅

此碑东面藏文盟辞云：唐贞观之年吐蕃赞普松赞干布迎娶文成公主，唐景龙之岁吐蕃赞普弃隶缩赞（今写作赤德祖赞）迎娶金城公主，吐蕃赞普与唐朝皇帝成甥舅之谊，皆大欢喜。这一段文字是对“甥舅”一词的最早解读。

【4】猎赞陛下

猎赞是藏文 lde brtsan 的音译，今译作德赞，全称赤祖德赞（在位：815–838/841），汉文史籍《新唐书》（卷 216）、《册府元龟》（卷 981）、《通鉴吐蕃史料》（第 251 页）称其为可黎可足。赤祖德赞是唯一一位使用年号的吐蕃赞普，815 年他登上赞普位，定年号为彝泰，故《资治通鉴》（卷 246）又称赤祖德赞为彝泰赞普。11 世纪后的藏文史料中又把该赞普称作赤热巴巾，意即散发者，形容该赞普的头发披散长垂。后期藏文史料中把赤祖德赞与松赞干布、赤松德赞合称“法王祖孙三代”。

【5】蕃汉二国所守见管本界

755年，唐开元年间安禄山发动叛唐战争。为了对付叛军，朝廷把河西、陇右一带军队内调后撤。吐蕃军队乘唐西北边防空虚之际长驱直入，河西、陇右尽陷落于吐蕃手中。后来又经几次会盟，划定边界。821年，长庆元年唐蕃会盟之时，陇右以西许多地方仍由吐蕃控制。王尧教授曾详考“本界”，认为“本界”应指783年清水会盟中所定边界（可参阅《吐蕃金石录》第46—47页）。

【6】将军谷

汉文史籍和有关历史地理文献中不见其地名。王尧教授认为，应该是位于陇州至泾州的秦陇古道上的一地名（参见《吐蕃金石录》第47页）。

【7】绥戎栅

何处地名，诸学者观点不尽相同。王尧教授主张，是位于泾州境内，即今甘肃省泾川县以西一地名（参见《吐蕃金石录》第47页）。

【8】清水县

唐秦州所辖四县之一。王尧教授转引《甘肃通志》卷十三记载：“清水故城在今甘肃省清水县西十五里牛头山下，俗名西城。”（参见《吐蕃金石录》第47页）。

【9】契陈刑牲

吐蕃习俗，赞普与大臣之间为了巩固双方的政治及经济利益，时常举行盟誓，对此，吐蕃碑刻和敦煌古藏文历史文献多有记载。根据《新唐书·吐蕃列传》记载，赞普与众臣一年举行一次小盟誓，每三年举行一次规模较大的盟誓。盟誓时举行祭祀仪轨，根据吐蕃习俗，宰杀羊、犬、马、牛等作为祭祀品，契陈刑牲即指这类祭祀仪轨。

【10】玉府

玉府，藏文称之为 phyag sbal，指王室保存贵重物品的府库。

（六）东面藏文碑刻

1. // vphrul gy*i* lha btsan po khri gtsug lde brtsan dang/ rgya rje bvun bvu hevu

༄༅། འཕྲུལ་གྱི་ལྷ་བཙན་པོ་ཁྲི་གཙུག་ལྡེ་བརྩན་དང་། །རྒྱ་རྗེ་བྭུན་བྭུ་ཧེའུ་

2. tig hwang te gny*i*s/ /chab srid gc*i*g tu mol de mjal dum mdzad pav*i*

ཏིག་ཧྭང་ཏེ་གཉིས། །ཆབ་སྲིད་གཅིག་ཏུ་མོལ་ཏེ་མཇལ་དུམ་མཛད་པའི་

3. bod rgya（1）gny*i*s kyi tshul ci vdra ba dang/ /mjal dum mdzad pav*i*

བོད་རྒྱ་གཉིས་ཀྱི་ཚུལ་ཅི་འདྲ་བ་དང་།། མཇལ་དུམ་མཛད་པའི་

4. gtan tshigs rdo ring la bris pavo/ /

གཏན་ཚིགས་རྡོ་རིངས་ལ་བྲིས་པའོ། །

5. /// vphrul gy*i* lha btsan bo vo de spu rgyal/ yul byung sa dod tshun cad

༄༅། འཕྲུལ་གྱི་ལྷ་བཙན་པོ་འོ་ལྡེ་སྤུ་རྒྱལ། ཡུལ་བྱུང་ས་དོད་ཚུན་ཅད་

6. gdung ma vgyur bar/（2）/bod ky*i* rgyal po chen po mdzad pa yang / /gangs ri

གདུང་མ་འགྱུར་བར། །བོད་ཀྱི་རྒྱལ་པོ་ཆེན་པོ་མཛད་པ་ཡང་། །གངས་རི་

7. mthon povi ni dbus/ /chu bo chen povi ni mgo/ /yul mtho sa gtsang

མཐོན་པོའི་ནི་དབུས། །ཆུ་བོ་ཆེན་པོའི་ནི་མགོ། །ཡུལ་མཐོ་ས་གཙང་

8. zhes//（3）gnam gy*i* lha las/ my*i*vi rgyal por gshegs te/ /gtsug lag

ཞེས། །གནམ་གྱི་ལྷ་ལས། མྱིའི་རྒྱལ་པོར་གཤེགས་ཏེ། །གཙུག་ལག

9. chen pos n*i* yund kyi srid btsugs/ /chos khrims bzang pos n*i*/（4）/myivi

ཆེན་པོས་ནི་ཡུནད་ཀྱི་སྲིད་བཙུགས། །ཆོས་ཁྲིམས་བཟང་པོས་ནི། །མྱིའི་

10. lugs bsrang//（5）/byams pav*i* bkav drin gy*i*s n*i* nang g*i* chis（6）sbyard//

ལུགས་བསྲང་།། །བྱམས་པའི་བཀའ་དྲིན་གྱིས་ནི་ནང་གི་ཆིས་སྦྱརད། །

11. dgra thabs mkhas pas ni/ /（7）phy*i*vi dgra btul te/ chab sr*i*d n*i* phyir zhing che

དགྲ་ཐབས་མཁས་པས་ནི། །ཕྱིའི་དགྲ་བཏུལ་ཏེ། ཆབ་སྲིད་ནི་ཕྱིར་ཞིང་ཆེ་

12. dbu rmog n*i* slar zhing brtsan pas/ nam zhar gtsug myi vgyur/ /byin myi

དབུ་རྨོག་ནི་སླར་ཞིང་བརྩན་པས། ནམ་ཞར་གཙུག་མྱི་འགྱུར། །བྱིན་མྱི་

13. nyams pav*i* g–yung drung gi rgyal po chen po yin/（8）/dev*i* phyir/ /lho phyogs

ཉམས་པའྀ་གཡུང་དྲུང་གི་རྒྱལ་པོ་ཆེན་པོ་ཡིན། །དེའྀ་ཕྱིར། །ལྷོ་ཕྱོགས་

14. ky*i* mon（9）rgya gar dang/ nub phyogs ky*i* ta zhig dang/ /byang phyogs ky*i* dru gu no（10）

ཀྱྀ་མོན་རྒྱ་གར་དང་། །ནུབ་ཕྱོགས་ཀྱྀ་ཏ་ཞིག་དང་། །བྱང་ཕྱོགས་ཀྱྀ་དྲུ་གུ་ནོ་

15. smel la stsogs pa/ g–yav g–yovi（11）rgyal po sde chen por bya ba kun kyang（12）

སྨེལ་ལ་སྩོགས་པ། གཡའ་གཡོའི་རྒྱལ་པོ་སྡེ་ཆེན་པོར་བྱ་བ་ཀུན་ཀྱང་

16. vphrul gy*i* lha btsan povi dbu rmog brtsan po dang lugs bzang po la//（13）my*i*

འཕྲུལ་གྱྀ་ལྷ་བཙན་པོའི་དབུ་རྨོག་བརྩན་པོ་དང་ལུགས་བཟང་པོ་ལ། །མྱྀ་

17. phyogs my*i* gus pa myed de/ /phan tshun dgyes shing bkav stsald to chog

ཕྱོགས་མྱྀ་གུས་པ་མྱེད་དེ། །ཕན་ཚུན་དགྱེས་ཤིང་བཀའ་སྩལད་ཏོ་ཆོག

18. nyan pa yin/ /shar phyogs n*i* rgya vdug pa/ mtsho chen povi bar nyi ma

ཉན་པ་ཡིན། །ཤར་ཕྱོགས་ནྀ་རྒྱ་འདུག་པ། མཚོ་ཆེན་པོའི་བར་ཉི་མ་

19. shar pa logs ky*i* rgyal po ste/ lho bal[3] gzhan dang my*i* vdra bar/ srid dang

ཤར་པ་ལོགས་ཀྱྀ་རྒྱལ་པོ་སྟེ། ལྷོ་བལ་གཞན་དང་མྱྀ་འདྲ་བར། སྲིད་དང་

20. chos（14）bzang/ gtsug lag che bas/ bod dang yang/ vthab ky*i* zla/ /gnyen

ཆོས་བཟང་། གཙུག་ལག་ཆེ་བས། བོད་དང་ཡང་། འཐབ་ཀྱྀ་ཟླ། །གཉེན་

21. gy*i* do ste/ /dang po rgya rje l*i* rgya sar zhugs nas/ /devi tang gi srid lo nyi shu

གྱྀ་དོ་སྟེ། །དང་པོ་རྒྱ་རྗེ་ལྀ་རྒྱལ་སར་ཞུགས་ནས། །དེའི་ཏང་གི་སྲིད་ལོ་ཉི་ཤུ་

22. rtsa gsum lon/ /rgyal rabs gc*i*g gi vog du/ vphrul gy*i* lha btsan po

རྩ་གསུམ་ལོན། །རྒྱལ་རབས་གཅྀག་གི་འོག་དུ། འཕྲུལ་གྱྀ་ལྷ་བཙན་པོ་

23. khri srong brtsan dang/ /rgya rje theve tsong b*v*un bu sheng h*w*ang te gny*i*s/ /chab

ཁྲི་སྲོང་བརྩན་དང་། །རྒྱ་རྗེ་ཐེའེ་ཚོང་བྭུན་བུ་ཤེང་ཧྭང་ཏེ་གཉྀས། །ཆབ

24. srid gcig tu mol nas/ /ceng kwan gyi lo la / /mun（15）sheng kong co/ /

སྲིད་གཅིག་ཏུ་མོལ་ནས། །ཅེང་ཀྭན་གྱི་ལོ་ལ་། །མུན་ཤེང་ཀོང་ཅོ།།

25. btsan povi khab du blangs/ /phyis vphrul gyi lha btsan po khri lde gtsug

བཙན་པོའི་ཁབ་དུ་བླངས། །ཕྱིས་འཕྲུལ་གྱི་ལྷ་བཙན་པོ་ཁྲི་ལྡེ་གཙུག

26. brtsan dang/ rgya rje sam lang（16）khave vgwan sheng bvun shin bvu hwang te[8] dang/ /

བརྩན་དང་། རྒྱ་རྗེ་སམ་ལང་ཁའེ་འགྭན་ཤེང་བུན་ཤིན་བུ་ཧྭང་ཏེ་དང་།།

27. chab srid gcig du mol te/ /gnyen brtsegs nas/ /keng lung gi lo la

ཆབ་སྲིད་གཅིག་དུ་མོལ་ཏེ། །གཉེན་བརྩེགས་ནས། །ཀེང་ལུང་གི་ལོ་ལ་

28. kim shing kong co/ /btsan povi khab tu blangs nas/ /dbon zhang du gyur

ཀིམ་ཤིང་ཀོང་ཅོ། །བཙན་པོའི་ཁབ་ཏུ་བླངས་ནས། །དབོན་ཞང་དུ་གྱུར་

29. te dgyes pa las/ /bar dgav phan tshun gyi sovi（17）blon pos gnod pa

ཏེ་དགྱེས་པ་ལས། །བར་དགའ་ཕན་ཚུན་གྱི་སོའི་བློན་པོས་གནོད་པ་

30. dag rdul gyis kyang/ gnyen bavi tshab（18）gang du bya ba/ /thugs brel（19）chen

དག་རྡུལ་གྱིས་ཀྱང་། །གཉེན་བའི་ཚབ་གང་དུ་བྱ་བ། །ཐུགས་བྲེལ་ཆེན་

31. po dag gi tshe/ /dmag stong kyis phan thogs par byas pa dang/ /phan tshun

པོ་དག་གི་ཚེ། །དམག་སྟོང་ཀྱིས་ཕན་ཐོགས་པར་བྱས་པ་དང་། །ཕན་ཚུན་

32. thugs nongs byung ngo chog na/ /dgyes snang dag kyang ma ched par bsris（20）te

ཐུགས་ནོངས་བྱུང་ངོ་ཆོག་ན། །དགྱེས་སྣང་དག་ཀྱང་མ་ཆད་པར་བསྲིས་ཏེ་

33. vdi ltar nye zhing gnyen pa yin na/ /dbon zhang gi tshul kho na ltar/ /thugs

འདི་ལྟར་ཉེ་ཞིང་གཉེན་པ་ཡིན་ན། །དབོན་ཞང་གི་ཚུལ་ཁོ་ན་ལྟར། །ཐུགས་

34. yi dam phabs pa las/ /btsan po yab lha vphrul khri lde srong brtsan gyi zha

ཡི་དམ་ཕབས་པ་ལས། །བཙན་པོ་ཡབ་ལྷ་འཕྲུལ་ཁྲི་ལྡེ་སྲོང་བརྩན་གྱི་ཞ་

35. snga nas/ /sgam dkyel chen pas ni/ /chos srid ci la yang mkhas shing gsal

སྔ་ནས། །སྒམ་དཀྱེལ་ཆེན་པོས་ནི། །ཆོས་སྲིད་ཅི་ལ་ཡང་མཁས་ཤིང་གསལ།

36. byams pavi bkav drin gyis ni/（21）phyi nang myed par/ phyogs brgyad du khyab ste/

བྱམས་པའི་བཀའ་དྲིན་གྱིས་ནི། །ཕྱི་ནང་མྱེད་པར། །ཕྱོགས་བརྒྱད་དུ་ཁྱབ་སྟེ།

37. mtha bzh*i* rgyal po kun dang yang mjald c*i*ng（22）vdum bar mdzad na/ / rgya dang lta

མཐ་བཞྀ་རྒྱལ་པོ་ཀུན་དང་ཡང་མཇལད་ཅྀང་འདུམ་བར་མཛད་ན། །རྒྱ་དང་ལྟ་

38. zhig/ /gnyen rtseg ma/ /yul khyim tshes（23）yin bas/ /lhag par chab srid

ཞིག། །གཉེན་རྩེག་མ། །ཡུལ་ཁྱིམ་ཚེས་ཡིན་བས། །ལྷག་པར་ཆབ་སྲིད་

39. gc*i*g tu dgyes te/ /phan tshun dbon zhang dgongs pa mthun nas/ /rgya rje zheng

གཅྀག་ཏུ་དགྱེས་ཏེ། །ཕན་ཚུལ་དབོན་ཞང་དགོངས་པ་མཐུན་ནས། །རྒྱ་རྗེ་ཞེང་

40. sh*i*n bvun bvu hwang te dang/ /mjal dum du mol te/ /bkav khon rnying pa ni

ཤྀན་བྭུན་བྭུ་ཧྭང་ཏེ་དང་། །མཇལ་དུམ་དུ་མོལ་ཏེ། །བཀའ་ཁོན་རྙིང་པ་ནི་

41. spyangs shing bsald/（24）/dgyes pa gsar n*i* bslas sh*i*ng bstud nas/ /de tshun

སྤྱངས་ཤིང་བསལད། །དགྱེས་པ་གསར་ནྀ་བསླས་ཤྀང་བསྟུད་ནས། །དེ་ཚུན་

42. cad/ /btsan po dbon n*i* sku tshe gc*i*g/ /rgya rje zhang n*i* gdung rabs gsum gy*i*

ཅད། །བཙན་པོ་དབོན་ནྀ་སྐུ་ཚེ་གཅྀག། །རྒྱ་རྗེ་ཞང་ནྀ་གདུང་རབས་གསུམ་གྱྀ་

43. bar du/ /bkav khon gyi gcugs n*i* ma byung/ .dgyes pavi sri zhu n*i* phan tshun

བར་དུ། །བཀའ་ཁོན་གྱི་གཅུགས་ནྀ་མ་བྱུང་། །དགྱེས་པའི་སྲི་ཞུ་ནྀ་ཕན་ཚུན་

44. phyad（25）de/ pho nya gces（26）pa las/ bkav phrin snyan pa dang/ dkor nor /

ཕྱད་དེ། །ཕོ་ཉ་གཅེས་པ་ལས། །བཀའ་ཕྲིན་སྙན་པ་དང་། །དཀོར་ནོར།

45. bzang pos n*i*/ /rgyun du vdrul（27）na/ /mjal dum gyi mdo chen po gtsigs

བཟང་པོས་ནྀ། །རྒྱུན་དུ་འདྲུལ་ན། །མཇལ་དུམ་གྱི་མདོ་ཆེན་པོ་གཙིགས་

46. bca ba lta bu yang ma grub/ /dbon zhang mold bav*i* rjes kyang tshar ma phyin par/ /

བཅ་བ་ལྟ་བུ་ཡང་མ་གྲུབ། །དབོན་ཞང་མོལད་བའྀ་རྗེས་ཀྱང་ཚར་མ་ཕྱིན་པར།།

47. thugs nongs kyis brtsal（28）te/ /bar gyi gcugs rnying pa phran tshegs kyi//

ཐུགས་ནོངས་ཀྱིས་བརྩལ་ཏེ། །བར་གྱི་གཙུགས་རྙིང་པ་ཕྲན་ཚེགས་ཀྱི།

48. dogs phrigs g*i*s/ /legs pa chen povi sku don/ phyi lcigs she dag du gyur

དོགས་ཕྲིག་གིས། །ལེགས་པ་ཆེན་པོའི་སྐུ་དོན། །ཕྱི་ལྕིགས་ཤེ་དག་དུ་གྱུར་

49. nas/ /dgra chos ky*i* thabs dang/ /dmag btsan po dag kyang my*i* rdul du ma

ནས། །དགྲ་ཆོས་ཀྱི་ཐབས་དང་། །དམག་བཙན་པོ་དག་ཀྱང་མྱི་རྡུལ་དུ་མ་

50. rung ste/ /dgra zun gyi tshul du gyurd gyis kang/ /yong nye zhing gnyen la/ /

རུང་སྟེ། །དགྲ་ཟུན་གྱི་ཚུལ་དུ་གྱུརད་གྱིས་ཀྱང་། །ཡོང་ཉེ་ཞིང་གཉེན་ལ།།

51. vphrul gy*i* lha btsan po khri gtsug lde brtsan gyi zha snga nas/ /mkhyen pa ni/ /

འཕྲུལ་གྱི་ལྷ་བཙན་པོ་ཁྲི་གཙུག་ལྡེ་བརྩན་གྱི་ཞ་སྔ་ནས། །མཁྱེན་པ་ནི།།

52. vphrul gy*i* tshul chags / /mdzad pa n*i* lhavi lugs dang mthun te/ /bka*v*（29）

འཕྲུལ་གྱི་ཚུལ་ཆགས་། །མཛད་པ་ནི་ལྷའི་ལུགས་དང་མཐུན་ཏེ། །བཀའ་

53.drin chen pos/ /phy*i* nang gnyis su snyoms shing/ /dbu rmog brtsan/ /bkav

དྲིན་ཆེན་པོས། །ཕྱི་ནང་གཉིས་སུ་སྙོམས་ཤིང་། །དབུ་རྨོག་བརྩན། །བཀའ་

54. lung gnyan te/ rgya rje b*v*un b*v*u hevu tig h*w*ang te dang dbon zhang gnyis/ /

ལུང་གཉན་ཏེ། །རྒྱ་རྗེ་བྭན་བྭ་ཧེའུ་ཏིག་ཧྭང་ཏེ་དང་དབོན་ཞང་གཉིས།།

55. vphrul gyi dgongs pa n*i* mthun/ /legs pav*i*（30）chab srid n*i* gc*i*g ste/ /

འཕྲུལ་གྱི་དགོངས་པ་ནི་མཐུན། །ལེགས་པའི་ཆབ་སྲིད་ནི་གཅིག་སྟེ།།

56. bod rgya gny*i*s/ /rabs khr*i*r bde skyid pav*i* mjal dum chen po mdzad nas/ /

བོད་རྒྱ་གཉིས། །རབས་ཁྲིར་བདེ་སྐྱིད་པའི་མཇལ་དུམ་ཆེན་པོ་མཛད་ནས།།

57. rgya yul du n*i*/ /keng sh*i*vi nub phyogs sheg sang s*i*vi[12] drung du/ /bod chen

རྒྱ་ཡུལ་དུ་ནི། །ཀེང་ཤིའི་ནུབ་ཕྱོགས་ཤེག་སང་སིའི་དྲུང་དུ། །བོད་ཆེན་

58. bovi lovi mying n*i* skyid rtag lo bdun/[13] /rgya chen povi lovi mying n*i*//

བོའི་ལོའི་མྱིང་ནི་སྐྱིད་རྟག་ལོ་བདུན། །རྒྱ་ཆེན་པོའི་ལོའི་མྱིང་ནི།།

59. cang keng lo dang po lcags mo glang gi lovi dgun sla（31）ra ba tshes bcu la

ཅང་ཀེང་ལོ་དང་པོ་ལྕགས་མོ་གླང་གི་ལོའི་དགུན་སླ་ར་བ་ཚེས་བཅུ་ལ་

60. dkyil vkhor la vdzegs nas/（32）/rgya yis gtsigs bzung ngo/ /bod

དཀྱིལ་འཁོར་ལ་འཛེགས་ནས། །རྒྱ་ཡིས་གཙིགས་བཟུང་ངོ། །བོད་

61. yul du ni/ pho brang lha savi shar phyogs sbra stod tshal du bod chen povi

ཡུལ་དུ་ནི། ཕོ་བྲང་ལྷ་སའི་ཤར་ཕྱོགས་སྦྲ་སྟོད་ཚལ་དུ། བོད་ཆེན་པོའི་

62. lovi mying skyid rtag lo brgyad / /rgya chen povi lovi mying cang keng lo

ལོའི་མྱིང་སྐྱིད་རྟག་ལོ་བརྒྱད་། །རྒྱ་ཆེན་པོའི་ལོའི་མྱིང་ཙང་ཀེང་ལོ་

63. gnyis/ /chu pho stag gi lovi dbyar sla（33）vbring po tshes drug la/ /dkyil

གཉིས། །ཆུ་ཕོ་སྟག་གི་ལོའི་དབྱར་སླ་འབྲིང་པོ་ཚེས་དྲུག་ལ། །དཀྱིལ་

64. vkhor la vdzegs te/ /bod kyis gtsigs bzung ngo/ /gtsigs kyi

འཁོར་ལ་འཛེགས་ཏེ། །བོད་ཀྱིས་གཙིགས་བཟུང་ངོ། །གཙིགས་ཀྱི་

65. mdo rdo rings la bris pa vdi yang/ bod chen povi lovi mying skyid rtag

མདོ་རྡོ་རིངས་ལ་བྲིས་པ་འདི་ཡང་། །བོད་ཆེན་པོའི་ལོའི་མྱིང་སྐྱིད་རྟག་

66. lo bgu/ /rgya chen povi lovi mying cang keng lo gsum/ /chu mo yos

ལོ་དགུ། །རྒྱ་ཆེན་པོའི་ལོའི་མྱིང་ཙང་ཀེང་ལོ་གསུམ། །ཆུ་མོ་ཡོས་

67. bu lovi dpyid sla（34）vbring po tshes bcu bzhi la/ /rdo rings la yi ge（35）bris so//

བུ་ལོའི་དཔྱིད་སླ་འབྲིང་པོ་ཚེས་བཅུ་བཞི་ལ། །རྡོ་རིངས་ལ་ཡི་གེ་བྲིས་སོ།།

68. rdo rings vdi vdri bavi spyan yang / /rgyavi pho nya thabs / /vgu

རྡོ་རིངས་འདི་འདྲི་བའི་སྤྱན་ཡང་། །རྒྱའི་ཕོ་ཉ་ཐབས་། །འགུ་

69. shivu cung shing yod pa / do tseve dang / thabs tsan（36）shan de bvu yod pa /

ཤིའུ་ཅུང་ཤིང་ཡོད་པ། དོ་ཙེའེ་དང་། ཐབས་ཙན་ཤན་དེ་བྭུ་ཡོད་པ་

70. li krivu（37）la stsogs pas byas so/ /gtsigs kyi mdo rdo rings la bris pa vdi

ལི་ཀྲིའུ་ལ་སྩོགས་པས་བྱས་སོ། །གཙིགས་ཀྱི་མདོ་རྡོ་རིངས་ལ་བྲིས་པ་འདི་

71. dang vdra ba gcig/ /rgyavi yul keng shir yang gtsugs so/ /

དང་འདྲ་བ་གཅིག །རྒྱའི་ཡུལ་ཀེང་ཤིར་ཡང་གཙུགས་སོ།།

（七）校 勘

（1）bod rgya，据水虎年五碑刻录文，王 尧（1982）、 黎 吉 生（1985）： dbon zhang。

（2）gdung ma vgyur，据黎吉生（1985），王尧（1982）：vung nas myivi rjer。

（3）zhes，据黎吉生（1985）、水虎年五碑刻录文，王尧（1982）：ba la。

（4）nyi，据王尧（1982），碑文已衍化。

（5）lugs bsrang，据水虎年五碑刻录文，王尧（1982）、黎吉生（1985）：tshul gnang。

唐蕃会盟碑侧图（罗文华提供）

（6）chis，王尧（1982）：tshis。

（7）mkhas pas ni，据黎吉生（1985）、水虎年五碑刻录文，王尧（1982）：mkhas nas。

（8）yin，据黎吉生（1985）、水虎年五碑刻录文，王尧（1982）：ni che。

（9）mon，据王尧（1982）、黎吉生（1985），水虎年五碑刻录文无此词。

（10）gru gu no，据黎吉生（1985）：dru gu no，水虎年五碑刻录文，王尧（1982）：dru gu ne。

（11）g-ya g-yovi，据黎吉生（1985），王尧（1982）：此处文字不全，水虎年五碑刻录文：g-yav g-yovo。

（12）kyang，据黎吉生（1985）、水虎年五碑刻录文，王尧（1982）：kyi。

（13）lugs bzang po，据黎吉生（1985）、水虎年五碑刻录文，王尧（1982）：缺漏。

（14）cho，据王尧（1982）、黎吉生（1985），水虎年五碑刻录文：lugs。

（15）mun，水虎年五碑刻录文：kun。

（16）sam lang，水虎年五碑刻录文：sa lang。

（17）sovi，水虎年五碑刻录文：so so。

（18）tshab，据王尧（1982），水虎年五碑刻录文、黎吉生（1985）：chab。

（19）brel，水虎年五碑刻录文：dkyel。

（20）bsris，水虎年五碑刻录文：bsrings。

（21）chos srid ci la yang mkhas sh*i*ng gsal byams pavi bkav drin gyis ni/ 这段文字在水虎年五碑刻录文中缺漏。

（22）mjald c*i*ng，据黎吉生（1985），水虎年五碑刻录文：mjal zhing；王尧（1982）：mjald cing。

（23）yul khyim tshes，水虎年五碑刻录文：缺漏。

（24）bsald，王尧（1982）：gsald，水虎年五碑刻录文：bsal。

（25）phyad，水虎年五碑刻录文：phrad，王尧（1982）：phyang。

（26）gces，水虎年五碑刻录文：ces。

（27）vdrul，水虎年五碑刻录文：vgrul。

（28）brtsal。水虎年五碑刻录文：stsal。

（29）bkav，黎吉生（1985）：bka。

（30）legs bavi，王尧（1982）：bod rgya。

（31）sla，据王尧（1982）、黎吉生（1985），水虎年五碑刻录文：zla。

（32）nas，据王尧（1982）、黎吉生（1985），水虎年五碑刻录文：te。

（33）sla，据王尧（1982）、黎吉生（1985），水虎年五碑刻录文：zla。

（34）sla，据王尧（1982）、黎吉生（1985），水虎年五碑刻录文：zla。

（35）ge，据王尧（1982）、黎吉生（1985），水虎年五碑刻录文：ger。

（36）tsan，据水虎年五碑刻录文、王尧（1982），黎吉生（1985）：can。

（37）li krivu，据水虎年五碑刻录文，黎吉生（1985）：li khre bvu，碑文不显。

（八）译 文

圣神赞普[1]赤祖德赞与大唐文武孝德皇帝二主商议社稷如一，唐蕃结立大和之盟辞勒石以铭。

圣神赞普鹘提悉补野[2]自有村落田地以来遂为人主，承前启后，为大蕃之王。在高耸雪山之中，大江奔流之首，地高土净[3]，王由天神下凡为人主[4]，以仁政善法治天下，以善法良俗[5]子惠黎元，以慈悲之情恩顾于内，以精于兵策征敌于外。可谓四方社稷，圣武威严，依然如故，乃邦基益古之永世之王焉。是故，南方之门天竺[6]、西方之大食[7]、北方之突厥拔悉密[8]等左右周边诸国皆无不畏服于圣神天子赞普之圣武威严和公正法令，彼此欢洽，皆可听命于所有差遣也。东方之国谓之唐，乃地及大海，日之所出之地之王。与洛拍[9]诸国不同，社稷之大，法令公正，典籍浩繁，与蕃国战之为匹敌，和之为友善。初，唐以李氏为帝[10]，当唐立国二十三年[11]，王统方一传，圣神赞普弃宗弄赞[12]与唐主太宗文武圣皇帝[13]商议社稷如一，于贞观之年[14]，赞普迎娶文成公主。圣神赞普弃隶缩赞[15]与唐主三郎开元圣文神武皇帝[16]商议社稷如一，重续姻好。景龙之年[17]，赞普迎娶金城公主[18]，成甥舅之谊，皆大欢喜。即便中间边寨官员时恶意寻衅，以兵争代以姻好，政情危乱之时，仍以千军之力助之。彼此虽有怨隙，和好之情，不曾间断地延续也。如此亲近，惟甥舅之谊，念于心中。父王圣神赞普弃猎松赞[19]陛下，以深沉、雄才，振兴政教。王之恩泽，无分内外，遍及八方，与四邻诸国，亦结立和盟。如唐之国，谊属重亲、地接比邻，尤视社稷叶同如一，甥舅所思皆同。与唐主圣神文武皇帝[20]结立大和之盟，尽释旧恨，更续新好。此后，赞普外甥一代，唐主舅传三代[21]，期间，嫌怨未生，欢好不绝。亲信使者，通传书函[22]，珍宝美货，馈遗频频。然，大和盟约未曾缔结，甥舅所议和盟未曾立起，盖因旧日疑心，使大好之事 ，一再延迟，致使兵戎相见，战争烟尘兴起，几成敌我之势。念亲近之谊，圣神赞普弃祖猎赞[23]陛下聪慧如神奇，举止契合天道，恩顾内外，威权显赫，号令威严，与唐文武孝德皇帝[24]甥舅二主神思一同，蕃汉社稷如一，结立万代大和盟约，于唐之京师西偶兴唐寺[25]前，时大蕃彝泰七年[26]，大唐长庆元年[27]，即铁阴牛年冬十月十日，登坛结盟，唐廷主盟；又盟于拉萨[28]东哲堆蔡[29]，时大蕃彝泰八年[30]，大唐长庆二年，即水阳虎年夏五月六日也，登坛结盟，吐蕃主盟。此盟约勒石立碑，为大蕃彝泰九年[31]，大唐长庆三年，即水阴兔年二月十四日也。竖碑之日，观察使为唐之御史中丞杜载与赞善大夫 ×× 高等参与告成之礼。同一盟约之碑亦竖于唐之京师[32]。

（注：译文基本上以王尧教授《吐蕃金石录》中的文字为准。几处译文有所不同，为笔者解读重译的文字。特此说明。）

（九）译文注释

【1】圣神赞普

藏文 vphrulj gyi lha btsan po 在碑文中译作圣神赞普。赞普为吐蕃帝王或君主的尊称。圣神赞普赤祖德赞中的赤祖德赞在唐书中称为弃祖猎赞，别称可黎可足。赤祖德赞于 815 年即位，821 年，唐长庆元年与唐穆宗会盟，藏族传统史料记载，赤祖德赞毕生推崇佛法，最终被尊信苯教的大臣所害。被害之年有两种说法，即藏历土马年（838）或铁鸡年（841）。又参见西面汉文盟辞注释【4】。

【2】鹘提悉补野

藏文碑刻中把吐蕃赞普祖世尊称为 o lde spu rgyal ，唐史译音作鹘提悉补野。

【3】高耸雪山之中，大江奔流之首，地高土净

源自藏族先民对西藏高原赞美之语。法国国立图书馆所藏敦煌古藏文历史文书 P.T.1286 载：天之中央，地之中部，洲之中心，雪山环绕，众水之源，地高土净。

【4】王由天神下凡为人主

敦煌古藏文历史文书和吐蕃碑刻记载，第一代赞普本是天神之子，后下

凡人间，为黑头百姓之主，成为悉补野第一代国王，史称聂赤赞普。依据这一传说，松赞干布以后之历代吐蕃赞普被尊称为天神赞普，碑文汉文盟辞亦译作“圣神赞普”。

【5】善法良俗

chos khrims bzang po 藏文原意是善法良俗，善法指佛教在吐蕃立足后以佛法良俗治国，良俗又指原有良好的治国律条。

【6】门天竺

门天竺一名指的是与西藏南部门地毗邻的天竺国，即古印度国。此处门地并非为今所谓门巴族居住的门地。藏文中门一词词义宽泛，从西藏南部门达旺以东，西至今西藏阿里与印度拉达克交界一带海拔相对较低的峡谷地区，统称门地，所居住的人群称作“门巴”。古印度被称作门天竺，如同不丹被称作“洛门”，即南部门地。

【7】大食

tag zhig，敦煌古藏文历史文书中亦作 tag zig，tag chig 皆为波斯文 Tazi 或 Taziks 的音译，后期藏文史料写作 sTag gzig，汉文写作大食。唐代以来，汉文史料中向东扩展的阿拉伯帝国称之为大食。吐蕃《琼结达孜桥头碑》称，吐蕃强盛时期“西抵大食，东临陇山”。汉文史料也有类似记载（可参见王尧《吐蕃金石录》第 58 页）。

【8】突厥拔悉密

dru gu ne smel 之对译。王尧教授把 dru gu 译作突厥，ne smel 译作拔悉密，今从之。吐蕃时期除了唐朝、大食外，与吐蕃交集最多的是吐蕃近邻地区的突厥。根据敦煌古藏文历史文书 P.T.1288，突厥时而与吐蕃和好，时而与吐蕃交战。拔悉密是地处吐蕃以北突厥境内的一地方政权，故称作“北方之突厥拔悉密”。

【9】洛拍

Lho bal 之对音。吐蕃时期“洛拍”有两种文意。一是吐蕃自认为地处中央，因泥婆罗、天竺地处吐蕃边境，后泛指吐蕃四周地区为洛拍，把唐朝亦列在“洛拍”之中。王尧教授在《吐蕃金石录》中认为“洛拍”是一种蔑称，其意类似于汉文中的蛮貊，可作参考。二是指吐蕃南部泥婆罗、天竺。如《韦协》所言“洛拍恶咒”，即指泥婆罗、天竺等地所信奉的古印度教咒语。又如，“前往洛拍取经”之语指的是前往印度拜师取经。

【10】唐以李氏为帝

唐朝创建者李渊，其祖父李虎在北周时授封为唐国公，隋朝时李渊袭封唐国公，617年，李渊起兵于晋阳，攻取长安，拥立隋炀帝之孙子杨侑为帝，加封唐王。618年，自立为帝，建立唐朝，成为开国皇帝唐高祖。此后李氏李世民、李治、李显、李旦、李隆基、李亨、李豫、李适、李诵、李纯、李恒等代代为帝，故有“唐以李氏为帝”一说。

【11】当唐立国二十三年

李渊建唐朝于618年，越立国二十三年，正是641年，即太宗贞观十五年文成公主远嫁吐蕃之年。期间经过了武德九年，贞观十五年，正好立国二十三年整。

【12】弃宗弄赞

弃宗弄赞是唐代 Khri srong brtsan 之音译，见于《旧唐书·吐蕃列传》和《资治通鉴》等。如《旧唐书·吐蕃列传》第一百四十六上云：“贞观八年，其赞普弃宗弄赞始遣使朝贡。”《通鉴》卷一九四：“甲申，吐蕃赞普弃宗弄赞遣使朝贡，仍请婚。”《通典》又作弃苏弄赞、《册府元龟》作器宗弄赞（见王尧《吐蕃金石录》第58页）。今多译之“赤松赞”。敦煌古藏文文书载，众臣民给“赤松赞”上尊号为松赞干布。

【13】唐太宗文武圣皇帝

唐朝第二代皇帝唐太宗李世民的谥号。李世民为唐高祖李渊第二子、武德八年，即626年，发动“玄武门之变”，杀死太子李建成和齐王李元吉。高祖李渊退位后，即位为帝，为唐代第二位皇帝，在位23年，贞观二十三年，即849年去世。谥号为文武大圣大广孝皇帝，碑文中简称为太宗文武圣皇帝。

【14】贞观之年

贞观，为唐太宗李世民年号，武德九年，即626年，高祖李渊退位后，李世民即位为帝，次年为贞观元年。此处贞观之年指贞观十五年，藏历铁牛年，即641年文成公主远嫁吐蕃之年。文成公主为唐朝宗室女，藏文中称“甲萨”，意即汉公主。贞观十四年，即640年被太宗皇帝册封为文成公主，贞观十五年，即641年，远嫁吐蕃，成为吐蕃赞普松赞干布之王后。唐蕃自此结为姻亲之好，欢好二百余年。

【15】弃隶缩赞

弃隶缩赞是赤德祖赞之唐代音译，见于新旧《唐书》，如“国人立器弩悉弄之子弃隶缩赞为赞普，时年七岁。”等语。敦煌古藏文文书P.T.1288载，赤德祖赞生于藏历木龙年（704），去世于木羊年（755）。

【16】唐主三郎开元圣文神武皇帝

三郎为唐玄宗李隆基未即位前的昵称，他是唐睿宗李旦第三子，故有李三郎之称。开元为其年号，圣文神武皇帝为其谥号。712即位，756年太子李亨继位，上太上皇尊号。在位期间有开元和天宝两个年号。713年开元元年，至741年开元二十九年，共计29年。

【17】景龙之岁

景龙，唐朝第四位皇帝唐中宗李显年号。李显先后两次即位，第二次继位后，年号为景龙，707年为景龙元年，710年景龙四年逝世。此处景龙之岁指景龙四年，藏历铁狗年（710），此年是金城公主远嫁给吐蕃赞普弃隶缩赞之年。

【18】金城公主

金城公主，盟辞中藏文写作kim shing kong jo。另外后期藏文史料中还有gyim shing kong jo，kem shing kong jo， keng shing kong jo等几种拼写法。金城公主乃是高宗皇帝之第六子李贤（母为武后则天）之子“嗣雍王”李守礼之女。后李贤弟唐中宗皇帝收金城公主为养女。唐书记载，景龙四年，金城公主远嫁吐蕃，中宗皇帝亲自送至始平县，设宴饯行。看到公主即将远离而去，中宗悲痛难忍，为纪念公主出嫁，改始平县为金城县，派左晓卫大将军杨矩送至吐蕃。又参见《拉萨雪碑》注释【29】。

【19】弃猎松赞

弃猎松赞是 khri lde srong brtsan 之唐代音译，见于新旧《唐书》，今多写作赤德松赞。赤德松赞为赤松德赞之子，约在 799 年王兄牟尼赞普逝世后即位，815 年去世，其子为赤祖德赞，唐史称作弃祖猎赞。

【20】唐主圣神文武皇帝

唐德宗李适之尊号。780 年即位，上尊号为圣神文武皇帝。805 年逝世。在位期间，吐蕃赞普赤德松赞派使者与唐朝开始商议结盟（见《察雅仁达摩崖石刻》题记）。

【21】赞普外甥一代，唐主舅传三代

吐蕃赞普赤德松赞约于 799 年即位， 815 年逝世，传一代。期间唐朝传了唐德宗（在位时间 780–804）、唐顺宗（在位时间 805）、唐宪宗（在位时间 806–820）三代，藏文碑文中云“赞普外甥一代，唐主舅传三代”。

【22】亲信使者，通传书函

唐贞观八年，即 634 年，唐朝与吐蕃正式互派使者以来，终吐蕃崩溃，200 余年间，双方使者频繁来往于唐蕃古道，通传书函。据不完全统计双方使者往来多达 191 次，几乎平均每年有一次（参见《西藏地方历史资料选辑》）。

【23】弃祖猎赞

Khri gtsug lde brtsan 之对音。汉文史料又称可黎可足，如《通鉴》卷二三九：“西川奏，吐蕃赞普卒，新赞普可黎可足立。”今多译作赤祖德赞。

【24】文武孝德皇帝

唐穆宗李恒尊号。元和十五年（820）唐宪宗李纯暴崩，唐穆宗李恒即位，群臣上尊号文武孝德皇帝，次年改年号为长庆。 长庆四年（824）病死，在位计五年。

【25】兴唐寺

Sheg sang sivi 之对译。根据汉文史料应是一座唐朝京师长安之西寺院名称，但已见于后期史料中的唐代长安寺院名称中找不到与其相对应的。王尧教授依据唐代宗永泰元年（665）间吐蕃曾与唐朝在兴唐寺结盟一事，译作兴唐寺，此从之。但兴唐寺一名与藏文 Sheg sang sivi 发音差距甚大，仍需进一步考证。

【26】大蕃彝泰七年

彝泰 (skyid rtag) 是吐蕃赞普赤祖德赞，即汉文史料中的可黎可足之年号。赤祖德赞于 815 年即位，定年号为彝泰，时年为彝泰元年。彝泰七年，即藏历铁牛年（821）。彝泰是见于史料中的吐蕃赞普的唯一年号。赤祖德赞设置彝泰年号，似乎仿效了唐朝的年号。

【27】长庆元年

唐穆宗李恒年号。李恒于 820 即位，次年改年号为长庆，即为长庆元年。在位仅有短短五年。长庆元年，吐蕃彝泰七年，即铁阴牛年（821）唐朝与吐蕃结盟，吐蕃使者与唐朝官员在唐之京师长安，登坛结盟，唐廷主盟。这是中国历史上一件重大事件，为藏汉民族关系史写上了和睦相处的浓墨重彩的一笔。

【28】拉萨

这是藏文史料中所见到的“拉萨”一名的最早记载。此前古拉萨被称作 Ra sa，唐史译音为逻些。可以说，拉萨一名最早出现在 823 年所立《唐蕃会盟碑》东面盟辞中。

【29】哲堆蔡

哲堆蔡是 sbra stod tshal 的音译，吐蕃史研究者对此地名有错解，多视作是一处位于今拉萨市内的地名。碑文中的拉萨以东之“东”字表明该地在拉萨以东。传统藏文史料认为，哲堆蔡即为松赞干布的出生地亚嫩哲堆蔡（yar snon sbra stod tshal），是位于古亚嫩境内的一地名。依据敦煌吐蕃历史史料，松赞干布父王囊日伦赞时期从雅砻出兵吉曲河（即拉萨河）流域，征服森波杰邦国过程中，亚嫩一地的嫩氏同韦氏、娘氏一道立有汗马功劳。亚嫩一地亦成为嫩氏封地，617年，藏历火牛年松赞干布出生于亚嫩哲堆蔡行宫，后期史料中此行宫名称演变为“强巴弥久林宫”，但如此之名非吐蕃时期用语。大约11世纪后藏文史料中哲堆蔡所在地亚嫩以甲玛之名替代。所谓拉萨以东哲堆蔡，即位于今拉萨市墨竹工卡县甲玛乡境内。另，亚嫩中的嫩字藏文中写作sNon，应源自mnon，吐蕃统一政权初期为著名氏族。亚嫩一地即为嫩(mnon或snon)氏祖地。囊日伦赞统一吉曲河流域后嫩一地赏给嫩氏族作为封地。

【30】大蕃彝泰八年

吐蕃赞普赤祖德赞彝泰八年，大唐唐穆宗长庆二年，即水阳虎年（822）吐蕃大相沙门钵掣逋（唐书中又称钵阐布）与唐朝使者刘元鼎在拉萨以东哲堆蔡登坛结盟，吐蕃主盟。

【31】大蕃彝泰九年

吐蕃赞普赤祖德赞彝泰九年，大唐唐穆宗长庆三年，水阴兔年（823），吐蕃与唐朝会盟，在吐蕃勒石立碑，唐之京师立有同一盟辞之碑。后期藏文史料云又一个同一内容的石碑立于当时的吐蕃与唐朝交接之处。

【32】同一盟约之碑亦竖于唐之京师

大蕃彝泰九年，大唐长庆三年，水阴兔年（823），在吐蕃勒石立碑之时，刻有同一盟辞的石碑立于唐京师。竖碑之日，唐之大臣御史中丞杜载等参加了竖碑之盛典。

（十）北面碑刻

1. /// bod chen povi blon po che phra mjal

༄༅། བོད་ཆེན་པོའི་བློན་པོ་ཆེ་ཕྲ་མཇལ་

2. dum gyi gtsigs vdzin pa la gtogs

དུམ་གྱི་གཙིགས་འཛིན་པ་ལ་གཏོགས་

3. pavi thabs dang mying rus la//

པའི་ཐབས་དང་མྱིང་རུས་ལ། །

大相好立寮
蕃等登盟名
宰和壇官位[1]

4. // bod chen povi chab srid kyi blon po chen

༄ ༅། བོད་ཆེན་པོའི་ཆབ་སྲིད་ཀྱི་བློན་པོ་ཆེན་

5. po bkav la gtogs pav*i* thabs dang mying

པོ་བཀའ་ལ་གཏོགས་པའི་ཐབས་དང་མྱིང་

6. rus//

རུས།།

大宰同章名
蕃相平事位[2]

7. /// bkav chen po la gtogs te phyi nang

༅། བཀའ་ཆེན་པོ་ལ་གཏོགས་ཏེ་ཕྱི་ནང་

8. gnyis la dbang zhing chab srid vdzin pa

གཉིས་ལ་དབང་ཞིང་ཆབ་སྲིད་འཛིན་པ་

9. ban de chen po dpal chen po yon tan//

བན་དེ་ཆེན་པོ་དཔལ་ཆེན་པོ་ཡོན་ཏན།།

* * 平門雲
* * 章鉢丹
* 政事闡[3]
* 同沙布

唐蕃会盟碑东面拓片
（罗文华提供）

10. × × × × × × dmag go chog gi blon × × khri sum rje × × × （1）

××××××དམག་གོ་ཆོག་གི་བློན་ ××ཁྲི་སུམ་རྗེ་×××

* 天都平綺
* 下元章心
* 兵帥事兒

* 馬 同 尚[4]

11. // blon chen po blon lho

༄༅། ××××××བློན་ཆེན་པོ་བློན་ལྷོ་ ××××××

[宰] 同 章 論 熱

[相] 平 事 [土] *

12. /// gung blon chen po dpon dmag

༄༅། གུང་བློན་ཆེན་པོ་དཔོན་དམག་ × × × × × ×

13. × × × × × × × × bzang × × × × × × × ×

××××××××བཟང་ ××××××××××

天 馬 帥 章 *

下 副 同 事 *

兵 元 平 * *

14. /// chab sr*i*d kyi blon po chen po blon rgyal

༄༅། ཆབ་སྲིད་ཀྱི་བློན་པོ་ཆེན་པོ་བློན་རྒྱལ་

15. khri mdo gzigs //（2）

ཁྲི་མདོ་གཟིགས་། །

* * * * *

* * * * *

* * * * *

16. // chab sr*i*d kyi blon po blon mch*i*ms zhang

༄༅། ཆབ་སྲིད་ཀྱི་བློན་པོ་ཆེན་པོ་བློན་མཆིམས་ཞང་

17. rgyal btsan bzher //（3）

རྒྱལ་བཙན་བཞེར་། །

宰 平 論 叵

相 章 結 熱

同 事 贊

18. /// chab srid kyi blon po zhang khri btsan

༄༅། ཆབ་སྲིད་ཀྱི་བློན་པོ་ཆེན་པོ་ཞང་ཁྲི་བཙན་

19. khod ne stang //

ཁོད་ནེ་སྟང་།།

宰 平 尚 贊 悉

相 章 綺 窟 當

同 事 立 寧[5]

20. /// chab srid kyi blon po zhang khri bzher

༄༅། ཆབ་སྲིད་ཀྱི་བློན་པོ་ཆེན་པོ་ཞང་ཁྲི་བཞེར་

21. lha mthong //

ལྷ་མཐོང་།།

宰 平 尚 熱 通

相 章 綺 貪

同 事 立

22. /// chab srid kyi blon po chen po blon rgyal bzang

༄༅། ཆབ་སྲིད་ཀྱི་བློན་པོ་ཆེན་པོ་བློན་རྒྱལ་བཟང་

23. vdus kong

འདུས་ཀོང་

宰 平 論 弩 恭

相 章 頰 悉

同 事 藏

24. /// bod chen povi blon po phal gyi thabs dang

༄༅། བོད་ཆེན་པོའི་བློན་པོ་ཕལ་གྱི་ཐབས་དང་

25. mying rus//

མྱིང་རུས་།།

大 諸 宲 壇 名

蕃 寮 登 者 位

26. /// nang blon mchims zhang rgyal bzher khod ne

༄། ནང་བློན་མཆིམས་ཞང་རྒྱལ་བཞེར་ཁོད་ནེ་

27. btsan//

བཙན།།

囊 琛 頰 窟 贊

論 尚 熱 寧[6]

28. /// phyi blon bkav la gtogs pa cog ro

༄། ཕྱི་བློན་བཀའ་ལ་གཏོགས་པ་ཅོག་རོ་

29. blon btsan bzher lho gong //

བློན་བཙན་བཞེར་ལྷོ་གོང་།།

紕 羅 屬 贊 恭

論 篤 盧 熱[7]

伽 波 論 土

30. /// snam phyi pa mch*i*ms zhang brtan bzher stag

༄། སྣམ་ཕྱི་པ་མཆིམས་ཞང་བརྟན་བཞེར་སྟག

31. tsab

ཚབ།།

悉 波 旦 諾

南 琛 熱 布

紕 尚 悉[8]

32. // mngan pon khab so vo chog g*i* bla vbal blon

༄། མངན་པོན་ཁབ་སོ་འོ་ཆོག་གི་བླ་འབལ་བློན་

33. klu bzang myes rma

ཀླུ་བཟང་མྱེས་རྨ་

岸 蘇 劫 論 藏

奔 户 羅 矩 名

楂 屬 末 立 摩[9]

34. /// bkav*i* phrin blon bran ka blon stag bzher hab

༄༅། བཀའི་ཕྲིན་བློན་བྲན་ཀ་བློན་སྟག་བཞེར་ཧབ་

35. ken

ཀེན་

給 勃 論 熱

事 闡 悉 合

中 伽 諾 斡[10]

36. /// rtsis pa chen po rngegs blon stag *zi*gs rgan kol

༄༅། རྩིས་པ་ཆེན་པོ་རྔེགས་བློན་སྟག་ཟིགས་རྒན་ཀོལ། །

資 折 論 昔

悉 逋 悉 斡

波 額 諾 窟[11]

37. /// phy*i* blon vbro zhang klu bzang lha bo brtsan

༄༅། ཕྱི་བློན་འབྲོ་ཞང་ཀླུ་བཟང་ལྷ་བོ་བརྩན་

紕 盧 樓 他

論 尚 勃 *

没 * 藏 贊[12]

38. /// zhal ce pa chen po zhal ce vo chog *gi*

༄༅། ཞལ་ཅེ་པ་ཆེན་པོ་ཞལ་ཅེ་འོ་ཆོག་གི་

39. bla/（4）/myang blon rgyal gen（5）legs tsan //

བླ། །མྱང་བློན་རྒྱལ་གེན་ལེགས་ཙན། །

刑 尚 明 結 歷

部 書 論 研 贊[13]

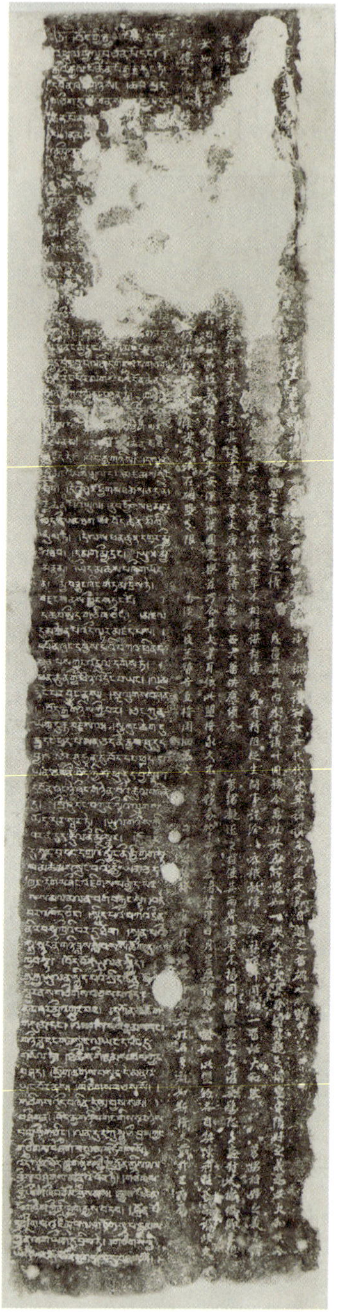

唐蕃会盟碑西面拓片
（罗文华提供）

（十一）校 勘

（1）blon ×khri sum rje ××，据黎吉生（1985），王尧（1982）：blon zhang khri sum rje sbeg lha。

（2）khri mdo gzigs，据王尧（1982），黎吉生（1985）：缺漏。

（3）rgyal btsan bzher，据对应汉文和王尧（1982），黎吉生（1985）：kri tsan bzher。

（4）bla，据黎吉生（1985），王尧（1985）： blon。

（5）gen，王尧（1982），黎吉生（1985）： nyen。

（十二）北面汉文注释

【1】大蕃宰相等

大蕃宰相等是 bod chen bo blon po che phra 之对译。“等”字中除了宰相级大臣外，还包括一些比大相品级低一些的大臣。

【2】宰相同平章事

宰相同平章事在藏文中写作 chab srid kyi blon po chen po，其直意是赞普御前参与国政之大臣。唐代担任宰相职务的也呼作同平章事。

【3】沙门钵阐布云丹

沙门钵阐布云丹是藏文 ban de chen bo dpal chen po yon tan）之对音。汉文中除“政同平章事沙”等几个字外，其余文字已风化，不可辨认。好在藏文中全名清晰。王尧教授根据藏文和唐史资料，补出了“门钵阐布云丹”。唐史称其为“吐蕃宰相沙门钵阐布”，《新唐书·吐蕃列传》载，元和五年（810），唐使者徐复带着一封唐廷赐给钵阐布的“敕吐蕃宰相沙门钵阐布”书函出使吐蕃，书函出自诗人白居易之手，碑文汉文盟辞中其名又写作钵掣逋。钵掣逋或钵阐布是吐蕃著名的第一位出任首席大相的僧人，位居群臣之上。其姓 bran ka，碑文中音译为勃阐伽，名云丹。838 年或 841 年吐蕃政局突变，赞普赤祖德赞被权臣所杀，云丹被诬与王妃有染，亦遭杀害。后世的藏族史家认为云丹是被冤杀的。今拉萨市林周县境内诸多寺院如噶丹曲廓林的护法殿中供奉有一位护法神，称之为“曲论”，便是云丹之化身。

【4】琦心儿

根据早期拓片，琦心儿（khri sum rje）一名在碑文上显现，但不是全名，其余名字，以及姓氏已衍化，从最新拓片上看，藏汉文人名已全部风化漫漶，无从辨认，因此以往见于学术著作中对此人名有种种猜测。按“琦心儿”是吐蕃臣僚常见的人名，《吐蕃金石录》中藏文人名录文是“论尚琦心儿贝拉（blon khri sum rje sbeg lha）”，但汉文中人名仅为“尚琦心儿”，既无“论”字，又无“贝拉”二字。笔者以为《吐蕃金石录》中藏文人名“论尚琦心儿贝拉”似乎源自《贤者喜宴》一书，而非碑刻之文。但汉文中“马都元帅同平章事＊琦心儿”清晰，王尧教授在根据藏文碑文“马”字前补上了“天下兵”，全名写作“天下兵马元帅同平章事尚琦心儿”。如此说来，“尚琦心儿”是为吐蕃权臣“没庐氏尚琦心儿”，从碑文吐蕃大臣列名顺序来看，“琦心儿”位列第二，符合史实。没庐氏尚绮心儿全名是“绮心儿悉诺囊（khri sum rje stag snang）”，时位居兵马统帅之位，排名在僧相沙门钵阐布云丹之后。但笔者存有一疑，碑文藏汉拓片中不见“尚”字，似乎已衍化。

【5】尚绮立赞窟宁悉当

此职衔人名中的“尚”字表明此大臣出身于外戚家族，但未标明其姓氏。吐蕃时期最为知名外戚豪族有四家：琛氏（mchims）、没卢氏（vbro）、纳囊氏（sna nam）和茨蚌（tshes spong）氏家族，享用“尚”字的臣僚基本上出生于以上四个氏族。

【6】曩论

曩论（nang blon）是内臣之音译，负责境内包括王室内部事务的臣僚称之为内臣，级别上大小之分。如《新唐书吗·吐蕃列传》载：“又有内大相，曰曩论掣逋，亦曰论莽热。”此曩论在碑文中列名为曩论琛尚颊热窟宁赞，其中琛尚两字，说明该臣出身于外戚琛氏家族，颊热窟宁赞为其名。

【7】纰论

纰论是（phyi blon）外臣之音译，负责非内务的政治、军事事务的臣僚。碑文中此纰论全称伽罗笃波属卢论赞热土恭。其中伽罗笃波是 bkav la gtogs pa 之对音。仿照唐制，有参与诏令之意。属卢是 cog ro 之音译，吐蕃著名氏族，论是臣之意。属卢氏族虽然有女性与王室联姻，但论一字说明此家族未列入尚论之列。赞热土恭为其名。

【8】悉南纰波

悉南纰波是 snam phyi pa 之对音，赞普及王室近臣称之为悉南纰波，属中层官职。碑文中此琛尚旦热悉诺布，琛尚说明该臣出身于著名外戚家族琛氏，旦热悉诺布为其名。

【9】岸奔

岸奔是 mngan dpon 之对音。敦煌古藏文文献中亦写作 rngan dpon，是吐蕃地方管理财政、税收之官员。碑文中此岸奔全称写作岸奔榼苏户属劫罗末论矩立藏名摩。其中榼苏户属劫罗是 khab so vochog gi bla 之对音，意即管理地方财政、税收官员之首领。末论是臣末氏之意，矩立藏名摩是其名。末氏（vbal）是吐蕃著名氏族，唐书所载 9 世纪下半叶活动于今青海境内吐蕃权臣论恐热出身于末氏。

【10】给事中

给事中是 bkavi vphrin blon 之意译，按藏文字面是为赞普呈递或给下臣传达文书之官职。王尧教授在《吐蕃金石录》释作“为诏令承旨之官”，贴近原意。碑文中称给事中勃阑伽论悉诺热合干，其中勃阑伽论是 (bran ka blon) 之对音，臣勃阑伽氏之意。勃阑伽是吐蕃著名氏族，与僧相“吐蕃宰相沙门钵阐布”属同一个氏族，今一般译作“阐噶”，悉诺热合干是其名。

【11】资悉波折逋

资悉波折逋为 rtsis pa chen po 之对音，财政审计、税收收支，管理土地民户清册的官职。碑文中担任此官职人为额论悉诺昔干窟，额论是（rngegs blon）系臣额氏之意。悉诺昔干窟为其名。额系吐蕃古老氏族，最初发祥于西藏南部今山南市，早在悉补野第一位国王聂赤赞普在位时，额氏已臣服于其治下。11 世纪后，藏文文献中再也见不到 rngegs 氏的记载，而 rngogs 氏累见于文献中，那么吐蕃时期的 rngegs 氏与 11 世纪的 rngogs 氏究竟是何关系，还需要进一步的考证。17 世纪中叶后甘丹颇章地方政权时期专设审计院（rtsis khang），主管称之为“孜本”（rtsis dpon），四品职衔。

【12】没卢尚

没卢尚是 vbro zhang 之对音，意即舅臣没卢氏。没卢氏为吐蕃著名外戚家族，故有“尚”之称呼。早在 6 世纪悉补野赞普赤聂松赞娶没卢氏彤姜希日为王妃，7 世纪，松赞干布之孙芒松芒赞娶没卢氏赤玛罗为王妃，8 世纪赞普赤松德赞娶没卢氏赤杰莫赞为王妃，9 世纪赤德松赞娶没卢氏赤玛列为王妃。没卢氏赤玛列为吐蕃历史上赫赫有名的王妃，曾权倾一时。没卢氏赤杰莫赞为第一个以王妃身份遁入佛门出家之人。没卢氏赤玛列为赞普赤祖德赞和达磨之生母。8 世纪上半叶和 9 世纪上半叶，没卢氏家族出现过两名权倾一时的大相：没卢氏琼桑沃芒（vbro chu bzang vor mang）和没卢氏赤苏然夏（vbro chri gzugs ram shags）。

【13】刑部尚书

刑部尚书意即众刑部官员之首，故汉文译之“刑部尚书”。碑文中该刑部尚书职衔和姓氏写作明论，即臣明氏之意。明（myang）为吐蕃著名氏族，9 世纪初，赞普赤德松赞推崇佛法，沙门出任僧相，置于众臣之上。时明氏僧相定额增（myang ting nge vdzin）是两首席僧相之一。

（十三）南面碑刻

1. /// rgya chen pov*i* blon po che phra mjal dum gy*i*

༄། རྒྱ་ཆེན་པོའི་བློན་པོ་ཆེ་ཕྲ་མཇལ་དུམ་གྱི་

2. gts*i*gs vdz*i*n pa la gtogs pav*i* thabs

གཙིགས་འཛིན་པ་ལ་གཏོགས་པའི་ཐབས་

3. dang my*i*ng rus la//

དང་མྱིང་རུས་ལ། །

大 相 好 立 寮

唐 等 登 盟 名

宰 和 檀 官 位

4. /// rgya chen pov*i* chab sr*i*d ky*i* blon po chen po

༄། རྒྱ་ཆེན་པོའི་ཆབ་སྲིད་ཀྱི་བློན་པོ་ཆེན་པོ་

5. bkav la gtogs pav*i* thabs dang my*i*ng rus//

བཀའ་ལ་གཏོགས་པའི་ཐབས་དང་མྱིང་རུས། །

大 宰 同 章 名

唐 相 平 事 位

6. // jeng vg*i* dav*i* pu zh*i*vu mun ha zhi lang gi thabs

༄། ཇེང་འགི་དའི་པུ་ཞིའུ་མུན་ཧ་ཞི་ལང་གི་ཐབས་

7. yod pa bkav chen po la gtogs pa

ཡོད་པ་བཀའ་ཆེན་པོ་ལ་གཏོགས་པ་ ××××

8. × × × × × × × ×

正 夫 侍 平 李

議 門 朗 章 逢

大 小 同 事 吉[1]

9. /// × × × × dav*i* pu zh*i*vu cung shu zhi lang gi thabs

༄། ××××དའི་པུ་ཞིའུ་ཅུང་ཤུ་ཞི་ལང་གི་ཐབས་

10. yod pa bkav chen po la gtogs pa × × × ×

ཡོད་པ་བཀའ་ཆེན་པོ་ལ་གཏོགས་པ་ ××××

正 夫 侍 平 崔

議 中 朗 章

唐蕃会盟碑南面拓片
（罗文华提供）

大 書 同 事 植[2]

11. thav*i* cvung davi pvu zh*i*vu cung shu（1）zhi lang *gi* thabs

ཐའི་ཙྭང་དའི་པྭུ་ཞིའུ་ཙུང་ཤུ་ཞི་ལང་གི་ཐབས་

12. yod pa bkav chen po la gtogs pa v*w*ang pha//

ཡོད་པ་བཀའ་ཆེན་པོ་ལ་གཏོགས་པ་འྭང་ཕ། །

太 夫 侍 平 王

中 中 朗 章

大 書 同 事 播[3]

13. /// cvung dave pvu zh*i*vu zhang shu ho bvo zh*i* lang gi thabs

༄༅། ཙྭང་དའེ་པྭུ་ཞིའུ་ཞང་ཤུ་ཧོ་བྭོ་ཞི་ལང་གི་ཐབས་

14. yod pa bkav chen po la gtogs pa dvo vg*w*an

ཡོད་པ་བཀའ་ཆེན་པོ་ལ་གཏོགས་པ་དྭོ་འགྭན་

15. y*w*eng//

ཡྭེང། །

中 書 侍 平 杜

大 户 朗 章 元

夫 部 同 事 穎

尚[4]

16. /// jeng v*gi* dave pu peng bvo zhang shu thabs yod

༄༅། ཛེང་འགི་དའེ་པུ་པེང་བྭོ་ཞང་ཤུ་ཐབས་ཡོད་

17. pa bkav chen po la gtogs pa sevu vb*w*en//

པ་བཀའ་ཆེན་པོ་ལ་གཏོགས་པ་སེའུ་འབྭེན། །

正 大 兵 尚 蕭

議 夫 部 書 俛[5]

18. /// rgya chen povi blon po phal gy*i* thabs dang mying

༄༅། རྒྱ་ཆེན་པོའི་བློན་པོ་ཕལ་གྱི་ཐབས་དང་མྱིང་

19. rus//

རུས། །

大 諸 寀 壇 名

唐 寮 登 者 位

20. /// kim tsvi kwang log dave pu（2）zhang shu dza bvog ya vi

༄༅། ཀྀམ་ཙྭྀ་ཀྭང་ལོག་དའེ་པུ་ཞང་ཤུ་ཛ་བྭོག་ཡ་འི་

21. thabs yod pa han kavu//

ཐབས་ཡོད་པ་ཧན་ཀའུ། །

金 禄 尚 僕 皋

紫 大 書 射[6]

光 夫 左 韓

22. /// jevu vgi lang vgu shi cung shing gi thabs yod pa

༄༅། ཇེའུ་འགྀ་ལང་འགུ་ཤི་ཅུང་ཤྀང་གི་ཐབས་ཡོད་པ་

23. vgivu sing zhu//

འགྀའུ་སིང་ཞུ། །

朝 郎 史 丞 僧

議 御 中 牛 孺[7]

24. /// thavi cung davi pu kvem kevu zhang shu tsa bog ya li bo

༄༅། ཐའྀ་ཅུང་དའྀ་པུ་ཀྭེམ་ཀེའུ་ཞང་ཤུ་ཙ་བོག་ཡ་ལི་བོ་

25. zhang shu thabs yod pa li kang//

ཞང་ཤུ་ཐབས་ཡོད་པ་ལི་ཀང་། །

太

中 尚 僕 吏 書

大 書 射 部 李

夫 右 兼 尚 絳

26. /// vgin tsheng kwang log davi phvu ho bo zhang shu

༄༅། འགིན་ཚེང་ཀྭང་ལོག་དའི་པྭུ་ཧྭོ་བོ་ཞང་ཤུ

27. thabs yod pa yang wu ling

ཐབས་ཡོད་པ་ཡང་ཨུ་ལིང་

銀 禄 户 書 于

青 大 部 楊 陵

光 夫 尚

28. // thong vgv*i*（3）dave pvu shv*i* lvevi bvo zhang shu thabs

༄༅། ཐོང་འགྭྀ་དའེ་པྭུ་ཤྭྀ་ལྭེའི་བྭོ་ཞང་ཤུ་ཐབས་

29. yod pa vwuv*i* zh*i*vu //

ཡོད་པ་འྭུའི་ཞྀའུ།།

通 大 禮 尚 韋

議 夫 部 書 綏

30. /// vgan tsheng kwang log dave pu kem kevu zhang

༄༅། འགན་ཚེང་ཀྭང་ལོག་དའེ་པུ་ཀེམ་ཀེའུ་ཞང་

31. shu tsa bvog ya kyam thavi shang keng g*i* thabs yod pa

ཤུ་ཙ་བྭོག་ཡ་ཀྱམ་ཐའི་ཤང་ཀེང་གྀ་ཐབས་ཡོད་པ་

32. cavu tsong zhu//

ཙའུ་ཙོང་ཞུ།།

銀 大 右 太 宗

青 夫 僕 常 儒

光 尚 射 卿

禄 書 兼 趙

33. ///thavi cung dav*i* pvu levi bvo zhang shu kyam

༄༅། ཐའི་ཅུང་དའྀ་པྭུ་ལེའི་བྭོ་ཞང་ཤུ་ཀྱམ་

34. × × × × keng gi thabs yod pa bvev*i* bu//

××××ཀེང་གི་ཐབས་ཡོད་པ་བྭེའྀ་བུ། །

太 夫 尚 司 裴

中 禮 書 農 武

大 部 兼 卿

35. /// jeng vgi（4）dave pvu zhivu keng cevu（5）yun kyam vgu shi

༄༅། ཇེང་འགྀ་དའེ་པྭུ་ཞྀའུ་ཀེང་ཅེའུ་ཡུན་ཀྱམ་འགུ་ཤི་

36. dave pvu thabs yod pa livu kong cag//

དའེ་པྭུ་ཐབས་ཡོད་པ་ལྀའུ་ཀོང་ཅག། །

正 夫 尹 史 柳

議 京 兼 大 公

大 兆 御 夫 綽

37. /// vgin tsheng kwang log dave pvu kem kevi kong bvo zhang

༄༅། འགིན་ཚེང་ཀྭང་ལོག་དའེ་པྭུ་ཀེམ་ཀེའུ་ཀོང་བྭོ་ཞང་

38. shu kyam tsa kim vgo vvevi davi tsang kun gyi thabs yod

ཤུ་ཀྱམ་ཙ་ཀྀམ་འགོ་ཝྭེའྀ་དའྀ་ཙང་ཀུན་གྱི་ཐབས་ཡོད་

39. pa kwag tshung //

པ་ཀྭག་ཚུང་། །

銀 大 尚 金 將

青 夫 書 吾 軍

光 工 兼 衛 郭

禄 部 右 大 鏦

40. dzavu cing dave pu zhivu davi li keng kyam vgu shi dave

ཛའུ་ཅིང་དའེ་པུ་ཞྀའུ་དའྀ་ལི་ཀེང་ཀྱམ་འགུ་ཤི་དའེ་

41. pvu thabs yod pa livu vgwan teng//

པྭུ་ཐབས་ཡོད་པ་ལིའུ་འགྭན་ཏེང་། །

朝 夫 卿 史 劉

政 大 兼 大 元

大 理 御 夫 鼎[8]

42. /// jevu vgi lang zhivu zhang shu dza s*vi* lang cung kyam vgu

༄༅། ཇེའུ་འགི་ལང་ཞིའུ་ཞང་ཤུ་ཛ་སྭྀ་ལང་ཅུང་ཀྱམ་འགུ་

43. shi cung shing gi thabs yod pa l*i*vu shi lavu

ཤི་ཅུང་ཤིང་གི་ཐབས་ཡོད་པ་ལྀའུ་ཤི་ལའུ། །

朝 尚 郎 史 師

議 書 中 中 老

郎 左 兼 丞[9]

司 御 劉

44. /// cing zh*i* deve cung keng zhang shu k*w*ag long × × × × zh*i* × × × ×

༄༅། ཅིང་ཞྀ་དེའེ་ཅུང་ཀེང་ཞང་ཤུ་ཀྭག་ལོང་ ×××× ཞྀ་ ××××

45. cang × × × × deve pvu × × × × thabs yod pa li × × × ×

ཅང་ ×××× དེའེ་པྭུ་ × ××× ཐབས་ཡོད་པ་ལི་ ××××

46. × × × ×

××××། །

* * 舍 監 驍

* * 奉 察 騎

郎 * 御 御 尉

* 尚 兼 史 李

武[10]

47. /// jevu san lang keng cevu × × × × zheng × × × ×

༄༅། ཇེའུ་སན་ལང་ཀེང་ཅེའུ་ ×××× ཞེང་ ××××

48. × × × × ko × × × × kyam × × × ×

×××× ཀོ་ ×××× ཀྱམ་ ××××

49. × × × × × × × × //

××××××××། །

朝	京	奉	丞	察	李	
散	兆	先	兼	御	公	
郎	府	縣	監	史	度	[11]

（十四）校 勘

（1）cung shu，据王尧（1982），黎吉生（1985）： zh*i*vu cung shu。

（2 ）pu，据黎吉生（1985），王尧（1982），phu。

（3）vgv*i*，据王尧（1982），黎吉生（1985）：g*i*。

（4）vg*i*，据王尧（1982），黎吉生（1985）：g*i*。

（5）cevu，据王尧（1982）。黎吉生（1985）：tsavu。

（十五）南面汉文注释

【1】李逢吉

李逢吉一名在藏汉碑文中均已漫漶。王尧教授否定了罗振玉先生提出的是段文昌一说，并依据张克强先生的意见补录了李逢吉一名。如是李逢吉，其职衔为正议大夫门小侍郎同平章事。但王尧先生又认为李逢吉一名在碑文中是被人为凿去的，此事需要“唐史的专家全面研讨”。今细观之碑文拓片，文字乃完全风化，无凿去痕迹。

【2】崔植

崔植一名在藏汉碑文中均已漫漶。《旧唐书·吐蕃列传》所载长安唐蕃会盟盟辞中，记载了丞相崔植为参加会盟的唐朝首席代表。《吐蕃金石录》依据碑文残存的“中书侍郎”和《旧唐书·吐蕃列传》崔植领衔参加唐蕃在长安会盟的相关记载，补录了崔植一名，今从之。

【3】王播

王播一名和其职衔在藏汉碑文中均已漫漶，王尧教授依据《旧唐书·吐蕃列传》所载长安唐蕃会盟盟辞中王播与崔植、杜元颖一起为参加会盟的唐朝主要代表一事，补录了其名、职衔、简略生平（参见《吐蕃金石录》第52页）。

【4】杜元颖

杜元颖一名在碑文中已风化漫漶，职衔中有同平章事，即为宰相一级。王尧教授依据《旧唐书·吐蕃列传》所载长安唐蕃会盟盟辞中记载杜元颖与崔植、王播两宰相级大臣一起主持参加了唐蕃会盟之事，补录了其名、职衔：中书大夫户部侍郎同平章事杜元颖（参见《吐蕃金石录》第52页）。

【5】萧俛

萧俛的职衔是正议大夫兵部尚书。《吐蕃金石录》根据《资治通鉴》所载云，唐元和十五年正月唐宪宗逝世，唐穆宗继位，萧俛入阁为相，长庆元年（821）被罢相为礼部尚书，同年十月唐蕃在长安会盟前官职已为兵部尚书。唐吐会盟时，萧俛缘何名在宰臣之列，可参阅《吐蕃金石录》之表述。

【6】韩皋

韩皋的职衔是紫光绿大夫尚书左仆射，唐宪宗元和年间，曾出任吏部尚书。穆宗长庆元年（821）官拜尚书右仆射，二年转左仆射，唐蕃会盟碑盟辞上以尚书左仆射列名。

【7】牛僧孺

曾触怒宰相李吉甫，成为牛李党争“牛党”首领。唐穆宗即位初，长庆元年（821）官拜御史丞，长庆元年参与唐蕃会盟，盟辞上以御史中丞落名。唐文宗时期曾出任兵部尚书。晚年官职累贬。《全唐文全唐史吐蕃史料》收录有牛僧孺的“奏议吐蕃维州降将状”一文。今依据碑文拓片，牛僧孺、赵宗儒、裴武三人名和职衔，清晰可辨。李绛、杨于陵、韦绶、柳公绰、郭鏦之名和职衔依稀可认。王尧教授在《吐蕃金石录》中对牛僧孺以下的李绛、杨于陵、韦绶、赵宗儒、裴武、柳公绰、郭鏦等人的生平作了简要的考述，此不转引，可参考《吐蕃金石录》第54—55页。

【8】刘元鼎

刘元鼎职衔是朝政大夫大理卿御史大夫，长庆元年十月在长安参加唐蕃会盟仪式的唐朝官员之一，时吐蕃盟使是论讷罗。根据《旧唐书·吐蕃列传》所载，长安会盟结束后，唐穆宗“遣刘元鼎与论讷罗入吐蕃，亦与其宰相以下盟”。长庆二年四月到达吐蕃赞普牙帐，五月六日正式与吐蕃大相及臣僚举行会盟仪式。同年八月底返回长安复命。刘元鼎借此出使吐蕃之际，撰写有《使吐蕃经见记略》一文，十分珍贵，是当今学者研究吐蕃社会、地理、民情等方面的重要文献。尤其研究唐吐蕃古道，此文献是不可多得的依据资料。全文收录在《全唐文》中，文字基本上相同的节录亦收录在《旧唐书·吐蕃列传》和《新唐书·吐蕃列传》。

【9】刘师老

刘师老一姓名和职衔在碑文中基本上已漫漶不清，职衔中只有御史二字可辨。根据《新唐书·吐蕃传》所载，长庆二年（822）以刘元鼎为首的会盟使团入吐蕃时，刘师老为使团副首领。王尧教授依据唐书补录了其姓名和其职衔，为朝议郎尚书左司郎中兼御史中丞。

【10】李武

碑文中只有监察御史骁骑尉可辨认。王尧先生说，民国时期罗振玉教授根据拓片，辨出李武姓名，并与《旧唐书·吐蕃列传》所载相合。王尧先生在《吐蕃金石录》中认为李武的职衔是尚舍奉御兼监察御史。参见《吐蕃金石录》57页。

【11】李公度

李公度一名和职衔在碑文中完全漫漶，无法辨认。《吐蕃金石录》中依据《旧唐书·吐蕃列传》补出李公度姓名。其职衔是京兆府奉先县丞兼监察御史，与李武一起随刘元鼎、刘师老入蕃，为唐会盟使官。

附：王尧教授简录的大唐各官员的职衔和姓名

大唐宰相等和好登坛立盟官寮名位　　大唐宰相同平章事名位

正议大夫门小侍郎同平章事李逢吉

正议大夫中书侍郎同平章事崔植

太中大夫中书侍郎同平章事王播

中书大夫户部侍郎同平章事杜元颖

正议大夫兵部尚书萧俛

大唐官寮侍登坛者名位

进紫光绿大夫尚书左仆射韩皋

朝议郎御史中丞牛僧孺

太中大夫尚书右仆射兼吏部尚书李书绛

银青光禄大夫户部尚书杨于陵

通议大夫礼部尚书韦绶

银青光禄大夫尚书仆射兼太常卿赵宗儒

太中大夫礼部尚书兼司农卿裴武

正议大夫京兆尹兼御史大夫柳公绰

银青光禄大夫工部尚书兼右金吾卫大将军郭鏦

朝政大夫大理卿兼御史大夫刘元鼎

朝议郎尚书左司郎中兼御史中承刘师老

* * 郎 **** 尚舍奉御兼监察御史骁骑尉李武

朝散郎京兆府奉先县丞兼监察御史李公度

十七、楚布寺碑

（一）解 题

此碑立于今拉萨市堆龙德庆区境内噶玛噶举主寺楚布寺大院内，称作江浦碑（lCang-bu Inscriptions），王尧先生取名为楚布江浦寺碑，碑文提及此碑竖立于江浦一地。考江浦，似乎是楚布附近一地的古地名，后来石碑有可能从江浦移至楚布寺；或江浦本身有可能是楚布的古名，对此，目前学界无定论，现藏学界普遍称该石碑为楚布寺碑。

此碑原碑身高2.45米，宽0.46米（见李方桂文），正面为南面，书46行，东面书21行，共434字。

20世纪六十年代的“文化大革命”中，此碑受到毁坏，从第38与39行处断裂成两块。1982年楚布寺僧人把刻有第1行至38行文字的原石碑的碑身上部分重新竖立在寺院正殿前的大院中。而刻有第39行至46行的碑身下部分已不知下落。

根据碑文，此碑竖立于吐蕃赞普赤祖德赞（在位：815–838/841）时期。

研究此碑最早者是黎吉生。1946年和1948年黎吉生两次前往楚布寺，对碑刻进行拍照和抄录。1949年在英国《皇家亚洲学会学报》上发表了碑刻录文及英文释读。1950年图齐亦刊布了碑文和英语译文。黎吉生在1985年出版的《早期西藏碑刻文集》一书中再次收录有碑刻正文、译文和解读。此碑的研究者还有王尧、索南吉、李方桂、高瑞、龙布杰等诸学者。

下录碑刻1至38行是笔者于2016年再次抄录而成，石碑上文字清晰可辨，39行至46行是按黎吉生、王尧的文字所录，文意基本顺畅。黎吉生、王尧的录文只是个别点符、句符稍有差异，对此校勘中不作专门讨论。

（二）碑 文

南 面

1. /// zhang tshes pong stag bzang nya stos

༄༅། ཞང་ཚེས་པོང་སྟག་བཟང་ཉ་སྟོས།

2. stod kyi lcang bur/ gtsug lag khang grts*i*gs

སྟོད་ཀྱི་ལྕང་བུར། གཙུག་ལག་ཁང་བརྩིགས་

3. pavi lo rgyus/ / rdo rings la br*i* bar/ brtsan

པའི་ལོ་རྒྱུས།། རྡོ་རིངས་ལ་བྲྀ་བར།།བརྩན་

4. povi bkavs gnang ste bris pav//

པོའི་བཀའས་གནང་སྟེ་བྲིས་པའ།།

5. /// btsan po lha sras yab myes kyi sku ring la/

༄༅། བཙན་པོ་ལྷ་སྲས་ཡབ་མྱེས་ཀྱི་སྐུ་རིང་ལ།

6. dam pav*i* chos brnyes nas/ /gdung rabs:

དམ་པའྀ་ཆོས་བརྙེས་ནས། །གདུང་རབས༔

7. su dam pav*i* （1） chos my*i* gtang zhing mdzad par:

སུ་དམ་པའྀ་ཆོས་མྱྀ་གཏང་ཞིང་མཛད་པར༔

8. chos gtsigs dang/ bkav lung stsal*d* pa

ཆོས་གཙིགས་དང་། བཀའ་ལུང་སྩལད་པ་

9. las vbyung ba bzh*i*n/ （2） /zhang tshes pong nya stos

ལས་འབྱུང་བ་བཞྀན། །ཞང་ཚེས་པོང་ཉ་སྟོས།

10. dam pav*i* chos nyams su blangs/ /btsan:

དམ་པའྀ་ཆོས་ཉམས་སུ་བླངས། །བཙན༔

11. po lha sras/ khr*i* gtsug lde brtsan vphrul gyi: （3）

པོ་ལྷ་སྲས། ཁྲྀ་གཙུག་ལྡེ་བརྩན་འཕྲུལ་གྱི༔

12. bkav dr*i*n/ /zhang nya sto la cher stsald pas

བཀའ་དྲྀན། །ཞང་ཉ་སྟོ་ལ་ཆེར་སྩལད་པས་

13. bkav dr*i*n chen po bsab pav*i* phyir//

བཀའ་དྲྀན་ཆེན་པོ་བསབ་པའྀ་ཕྱིར།།

14. btsan po sku yon du bsngos te/ /smon lam

བཙན་པོ་སྐུ་ཡོན་དུ་བསྔོས་ཏེ། །སྨོན་ལམ༔

15. rgya cher btab nas/ stod lungs ky*i* lcang bur:

རྒྱ་ཆེར་བཏབ་ནས། །སྟོད་ལུངས་ཀྱི་ལྕང་བུར༔

16. gtsug lag khang brts*i*gs ste/ /dkon

གཙུག་ལག་ཁང་བརྩིགས་སྟེ།[3] །དཀོན་

17. mchog gsum gy*i* rten btsugs/ dge

མཆོག་གསུམ་གྱི་རྟེན་བཙུགས། དགེ་

18. slong bzh*i* （4） gnas par sbyard nas/ rkyen ky*i*

སློང་བཞི་གནས་པར་སྦྱར་ནས། །རྐྱེན་ཀྱི་

19. bran dang （5） zh*i*ng vbrog dang / lha cha dang/ nor rdzas

བྲན་དང་ཞིང་འབྲོག་དང་། ལྷ་ཆ་དང་། ནོར་རྫས་

20. dang / rkang vgros las stsogs pa/ tshang bar:

དང་། རྐང་འགྲོས་ལས་སྟོགས་པ། ཚང་བར༔

21. bcad de// btsn po khri gtsug lde brtsan: （6）

བཅད་དེ།། བཙན་པོ་ཁྲི་གཙུག་ལྡེ་བརྩན༔

22. gyi sku yon rgyun m*i* vchad par byed do/

གྱི་སྐུ་ཡོན་རྒྱུན་མི་འཆད་པར་བྱེད་དོ།།

23. gtsug lag khang vd*i*vi mtshan yang

གཙུག་ལག་ཁང་འདིའི་མཚན་ཡང་།།

24. btsan povi bkav zhal gy*i*s btags ste/

བཙན་པོའི་བཀའ་ཞལ་གྱིས་བཏགས་སྟེ།

25. von cang dovi thugs dam gy*i* gtsug lag

འོན་ཅང་དོའི་ཐུགས་དམ་གྱི་གཙུག་ལག་

26. khang chen povai mjug la gdags sh*i*ng/

ཁང་ཆེན་པོའི་མཇུག་ལ་གདགས་ཤིང་།

27. tshis （7） kyang / /bla nas mdzad par/ /bkavs

ཚིས་ཀྱང་། །བླ་ནས་མཛད་པར། །བཀའས་

28. gnang / /lha ris kyi vbangs dang/ dkor

གནང་། །ལྷ་རིས་ཀྱི་འབངས་དང་། དཀོར་

29. la/ /khral myi dbab pa dang / khaw dang / chad ka:

ལ། །ཁྲལ་མྱི་དབབ་པ་དང་། ཁྭ་དང་། ཆད་ཀཿ

30. myi（8）bzhes pa las stsogs pa yang lha ris:（9）

མྱི་བཞེས་པ་ལས་སྩོགས་པ་ཡང་། །ལྷ་རིསཿ

31. chen povi thang du/ /bkavs gnang ngo//

ཆེན་པོའི་ཐང་དུ། །བཀའས་གནང་ངོ།།

32. gtsug lag khang vdivi rkyen ris bsngo zhing

གཙུག་ལག་ཁང་འདིའི་རྐྱེན་རིས་བསྔོ་ཞིང་

33. sbyar（10）pa yang / /zhang nya stos/ ji ltar byas shing /

སྦྱར་པ་ཡང་། །ཞང་ཉ་སྟོས། ཇི་ལྟར་བྱས་ཤིང་།

34. bsngos pa bzhin brtsan par/ /bkavs gnango /

བསྔོས་པ་བཞིན་བརྩན་པར། །བཀའས་གནངོ།

35. nam zhig na/ /zhang nya sto la / bu tsha rgyud yong:

ནམ་ཞིག་ན། །ཞང་ཉ་སྟོ་ལ། བུ་ཚ་རྒྱུད་ཡོངཿ

36. myes pa zhig du gyur na / khol yul las stsogs

མྱེད་པ་ཞིག་དུ་གྱུར་ན། ཁོལ་ཡུལ་ལས་སྩོགས་

37. pa dbang ngo cog/ /blar yang myi bzhes/

པ་དབང་ངོ་ཅོག། །བླར་ཡང་མྱི་བཞེས།

38. gyang（11）myi sbyin bar/ /gtsug lag khang vdi rkyen/

གྱང་མྱི་སྦྱིན་བར། །གཙུག་ལག་ཁང་འདི་རྐྱེན།

39. du bsnan par/ /bkvs gnang ngo/

དུ་བསྣན་པར། །བཀའས་གནང་ངོ།

40. gtsug lag khang gi rkyen bcad pavi dkar:

གཙུག་ལག་ཁང་གི་རྐྱེན་བཅད་པའི་དཀརཿ

41. cag dang / bsngos y*i*g bla dpe ni/ /bcom ldan

ཅག་དང་། བསྔོས་ཡིག་བླ་དཔེ་ནི། །བཅོམ་ལྡན་

42. vdavs ring lugs kyi vdun sar bzhag/ /

འདའས་རིང་ལུགས་ཀྱི་འདུན་སར་བཞག། །

43. vog dpe ni/ von cang do gtsug lag khang g*i*:

འོག་དཔེ་ནི། འོན་ཅང་དོ་གཙུག་ལག་ཁང་གིཿ

44. gnas brtan dang / mngan la stsal*d* / dpe:

གནས་བརྟན་དང་། མངན་ལ་སྩལད་། དཔེཿ

45. de dang vdra ba gc*i*g ni/ /gtsug lag khang:

དེ་དང་འདྲ་བ་གཅིག་ནི། །གཙུག་ལག་ཁངཿ

46. vdir gzhag par/ /bkvs gnang ngo/

འདིར་གཞག་པར། །བཀའས་གནང་ངོ་།

东 面

1. //zhang tshes pong

༄། ཞང་ཚེས་པོང་

2. gsas stovi bu

གསས་སྟོའི་བུ་

3. tsha/ gts*i*gs:

ཚ། གཙིགསཿ

4. gnang bv*i* bla

གནང་བའི་བླ་

5. dpe ni/ /phying ba

དཔེ་ནི། །ཕྱིང་བ

6. vi skun mkhar（12）

འི་སྐུན་མཁར་

楚布寺碑刻文

7. na/ /gts*i*gs:

ན། །གཙིགས༔

8. chen po gzhan gy*i*

ཆེན་པོ་གཞན་གྱི་

9. zla la bzhag/ /de

ཟླ་ལ་བཞག། །དེ་

10. dang vdra ba rnam:

དང་འདྲ་བ་རྣམ༔

11. gc*i*g ni/ /gtsig*s*

གཅིག་ནི། །གཙིགྶ་

12. gzhan gy*i* zla la

གཞན་གྱི་ཟླ་ལ་

13. bkav*i* sar bzhag:

བཀའི་སར་བཞྒ༔

14. /gts*i*gs kyi/

།གཙིགས་ཀྱི།

15. vog dpe vphra: （13）

འོག་དཔེ་འཕྲ༔

16. men gy*i* sgrom bu:

མེན་གྱི་སྒྲོམ་བུ༔

17. ni / gtsug lag:

ནི་། གཙུག་ལག༔

18. khang vd*i*vi mdzod

ཁང་འདིའི་མཛོད་

19. du gzhag（14）par

དུ་གཞག་པར།

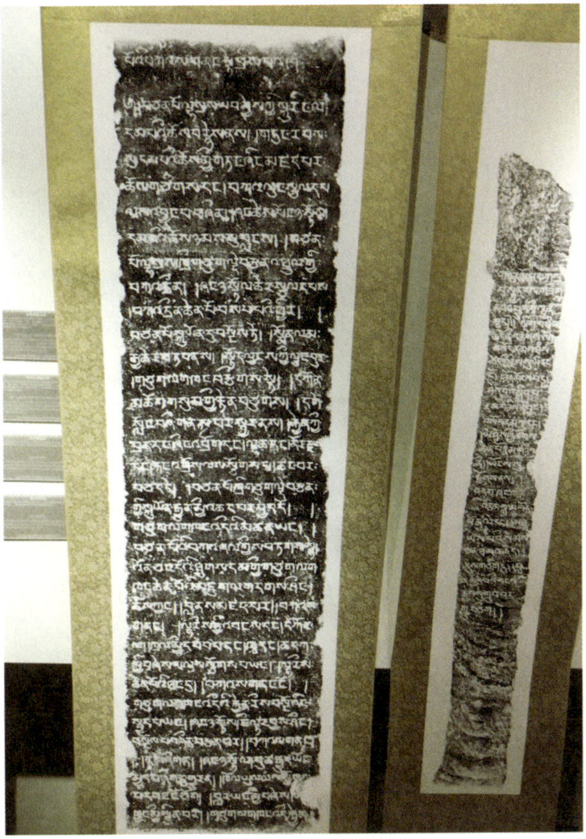

楚布寺碑拓片

20. bkavs gnang

བཀའས་གནང་

21. ngo//

ངོ།།

（三）校 勘

（1）pav*i*，王尧（1982）：pavi。

（2）bzh*i*n，王尧（1982）、黎吉生（1985）：bzhin。

（3）gyi:，王尧（1982）：gyi。

（4）bzh*i*，王尧（1982）：bzh。

（5）dang/，王尧（1982）：dang。

（6）brtsan:，王尧（1982）：brtsan。

（7）tshis，黎吉生（1985）、李方桂（1987）：chis。

（8）myi，王尧（1982）：my*i*。

（9）*r*is，王尧（1982）：ris:。

（10）sbyar，王尧（1982）：sbyad。

（11）gyang，王尧（1982）：kyang。

（12）mkhar，黎吉生（1985）：mkhar:。

（13）vphra:，黎吉生（1985）：vphra。

（14）gzhag，王尧（1982）、黎吉生（1985）：bzhag。

（四）译 文

南 面

尚蔡邦·达桑聂朵[1]于堆之江普[2]修建佛寺[3]之事，奉赞普诏敕勒石。

赞普天子父祖[4]之世，奉正法，赐盟约，颁诏敕，云后世代代，不弃正法。此依盟约，尚·聂朵奉行正法，为仰报天子赤祖德赞[5]之隆恩，回向赞普之功德，广为祈祷，于堆龙之江浦修筑佛寺，立三宝所依处，安住四比丘[6]。寺院所需寺产奴户、农田、牧场、供品、财物、支差牲畜等项一概拨齐，为的是赞普赤祖德赞之功德供养相续不缺。此佛寺之名，于供奉本尊之温江朵大寺[7]修筑之后由赞普颁诏赐予。寺院所需食粮概由王室供应。佛寺僧田、奴户为大寺产[8]，王特此颁敕允诺不予征收赋税。不准损害佛寺声誉。为此寺所赐一切民户、僧财、如先前尚·聂朵所请准予掌理。赞普令，一旦尚·聂朵子孙绝嗣，所属土地、奴户一概不上收，不转赠，惟增拨给此佛寺为寺产。赞普颁旨，划拨给佛寺资财之目录和功德回向文存于世尊教法僧统议事处[9]，一份抄件由温江朵寺尊者[10]和“恩”[11]保存。另一份抄件可由该寺持有。

东　面

赞普下诏，赐给尚·赛朵[12]之子孙盟约正文与其他大盟约已合存于青瓦王宫[13]。另一份同文抄件与其他盟约合存[14]于王处，一份置于颇罗弥匣[15]内的抄件存于此佛寺库府。

（五）译文注释

【1】尚蔡邦·达桑聂朵

尚为舅父之意；蔡邦为吐蕃著名氏族，祖辈封地分别在雅砻河谷（今山南地区乃东区）、吉曲河（拉萨河，今拉萨市曲水县境内）下游等地。赤松赞和牟尼赞普、赤德松赞等赞普母后皆出生于该氏。由于与王室联姻之故，该氏男性姓氏前可加“尚”字，以表明其王室舅家，即外戚家族的身份。

【2】堆之江普

“堆”指堆龙地区，即今拉萨市堆龙德庆区辖境。“江普”为堆龙境内的某一地名，似乎与今楚布寺相距不远，但具体地望有待进一步考查。敦煌古藏文历史文书大事记P.T.1288几次出现“江普”一地名，指不同地区名为“江普”之地。

【3】佛寺

gtsug lag khang 之意译，即祖拉康。在 8 世纪后半叶修建吐蕃佛、经、僧三宝俱全的第一座寺院桑耶寺前，吐蕃只有佛堂、佛殿，无学经、修持佛法的吐蕃出家僧人。这类佛堂、佛殿诸如大昭寺、小昭寺等藏文中一概称作祖拉康。桑耶寺修建后，吐蕃大兴土木，修建众多寺院，依然称之为祖拉康，故此处译作佛寺。赤祖德赞时期修建佛寺登峰造极，史称“修建寺院直至满百零八座”。达桑聂朵修建佛寺之事《弟吴宗教源流》有简略记载：修筑温江朵佛寺后尚蔡邦·达桑聂朵以该寺所剩土石修建了堆龙之兰（lhan）寺。《乃吾佛法源流》亦云：尚蔡邦·达桑聂朵修建了堆龙拉玛（lhag ma）寺。兰（lhan）寺、拉玛（lhag ma）寺今无考，但与江普寺似乎关系密切。

【4】赞普天子父祖

指祖父赤松德赞（在位：755–797）和父王赤德松赞（799？ –815）。两位赞普执政期间，为弘扬佛法，先后多次与王室成员及诸臣结盟立誓，并昭告天下，“后世代代，不弃圣教正法”。

【5】赤祖德赞

唐史称弃祖猎赞、可黎可足、彝泰赞普（在位：815–838/841），赤德松赞之子，由于其弘扬佛法功德，后史把赤祖德赞与赤松赞、赤松德赞一起合称法王祖孙三人。又参见《唐蕃会盟碑》注释【4】。

【6】安住四比丘

按佛教之规，一座寺院之所以称作寺院，僧伽集团的底数应有四名比丘组成，才成为寺院。故有“安住四比丘”之说。

【7】温江朵大寺

温江朵（von cang do）为地名，此处修建有王宫、佛寺。位于今拉萨市曲水县才纳乡境内。根据敦煌古藏文文书 P.T.1288 记载，早在赞普堆松芒布杰时期，此地为赞普行营。赤德松赞时期在此地建有王宫，著名的有关厘订文字的《声明二卷》颁布于此。赤祖德赞时期在此修建佛寺，后世盛赞温江朵佛寺规模宏大，庄严无比，有九层之高。今布达拉壁画上绘有九层温江朵寺。

【8】大寺产

lha ris chen po 之对译。赞普为供奉寺院，保证寺院佛事的费用和僧众基本生活所需求而赐给了土地、牧场、奴户等，皆属于寺院大寺产。史学名著《韦协》表明，吐蕃时期由“二百户臣民供养一座三宝寺院”，也有“为每座寺院划拨的属民户数为一百户”记载。寺院已拥有寺属土地、牧场、奴户等，表明后来寺庙在西藏政治生活中享有极高特权源自于吐蕃时期。

【9】世尊教法僧统议事处

bcom ldn vdas ring lugs kyi vdun sa 之译文。吐蕃时期设议事处来决断政教大事，藏文称之为 vdun sa。宗教事务常有寺院住持等上层僧人议事处理，称之为世尊教法僧统议事处。

【10】尊者

gnas brtan: 之对译。指佛寺主要僧人，如堪布、善知识等。如《弟吴宗教源流》云：尊者早者为巴廓·杰喀彭、门·释迦、噶·释迦等。又参见《察雅仁达摩崖石刻》注释【15】。

【11】“恩”

“恩”为 mngan 对音，全称为“恩本（mngan dpon）”，吐蕃时期管理地方财产、差税的官员。

【12】尚蔡邦·赛朵

尚蔡邦·达桑聂朵家族的祖辈或长者。

【13】青瓦王宫

青瓦王宫，全称青瓦达孜宫堡，悉补野政权最早宫堡，位于今山南市琼结县县城所在地。

【14】合存

意即盟约正文作为其他盟约抄件一起存放。

【15】颇罗弥匣

vphra men 之意译。吐蕃告身有颇罗弥告身，按唐书记载，似乎是一种银饰金的金属，藏文中金银合金制成的匣称为颇罗弥匣。

十八、普兰碑

（一）解 题

此碑位于西藏阿里地区普兰县细德乡觉若村路口，因石碑正面雕有观世音像，一些学者称作普兰观世音像碑，今称之为普兰碑。

此碑通高1.70米，宽0.50米，厚0.20米。正面为观世音立像，左面书19行，右面书24行，共132字，碑文至今清晰可辨。

根据碑文，此碑立于赤祖德赞赞普执政时期（815–838/841）的某个马年。赤祖德赞在位期间有两个马年：826年和838年。立碑年份当在其中一年。

研究此碑的学者有次仁曲杰、达瓦次仁、绛央、夏格旺堆和奥地利学者克里斯坦亚胡达（Christian Jahoda）、克里斯坦卡兰塔里（Christian Kalantari）等。1994年《西藏藏语文工作》（藏文版）第11期上发表了次仁曲杰、达瓦次仁合撰的“新发现的普兰观世音像碑考证”一文，对碑文的历史背景、文字语法、书写特点作了探讨。2009年奥地利科学院东亚研究所克里斯坦亚胡达和克里斯坦卡兰塔里两学者以德语发表了相关研究文章。

由于碑文文字清晰可辨，下录文字是笔者于2014年6月抄录的，应准确无误，笔者于2011年出版的拙作《吐蕃碑刻汇编及考注》一书中转录其他研究文中的录文，多有错录文字，此处一并勘误（校勘中以“2011年拙作”代表拙文）。

（二）碑 文

左 面

1. //rtavi lovi//

༄། རྟའི་ལོའི། །

2. Ston zla ra ba vi ngo

སྟོན་ཟླ་ར་བ་འི་ངོ་

3. la/ seng ge zhang

ལ། །སེང་གེ་ཞང་

4. chen po vbro khri brtsan

ཆེན་པོ་འབྲོ་ཁྲི་བརྩན་

5. sgra/ /mgon po rgyal

སྒྲ་། །མགོན་པོ་རྒྱལ་

6. gy*i*s/ mtha*v*（1）yas pa/

གྱིས། མཐྭ་ཡས་པ་

7. v*i* sems can tha*m*s

འི་སེམས་ཅན་ཐཾས་

8. chad dang / /thun mong

ཆད་དང་། །ཐུན་མོང་

9. du bsngos te//

དུ་བསྔོས་ཏེ།།

10. vphags pa/ /spyan（2）

འཕགས་པ། །སྤྱན་

11. ras gz*i*gs//（3）

རས་གཟིགས།།

12. dbang phyuk gi/ sku

དབང་ཕྱུག་གི། སྐུ་

13. gzugs/ /rdo（4）

གཟུགས། །རྡོ་

14. vbur du bgyis

འབུར་དུ་བགྱིས་

15. nas/ /bzhengs

ནས། །བཞེངས་

16. gsol pa//

གསོལ་པ།།

17. // dge bav*i* rtsa ba vdi

༄།། དགེ་བའི་རྩ་བ་འདི་

18. skye vgro ma lus pa/

སྐྱེ་འགྲོ་མ་ལུས་པ།

19. kun ky*i*（5）don du bsngo*v*/（6）

ཀུན་ཀྱི་དོན་དུ་བསྔཱོ།

右 面

1. //na mo vphags

༄༅། ན་མོ་འཕགས་

2. pa spyan ras gzig*s*

པ་སྤྱན་རས་གཟིགྶ་

3. dbang phyug g*i* spyan

དབང་ཕྱུག་གི་སྤྱན་

4. sngar/ /sdig pa tha*m*s

སྔར། །སྡིག་པ་ཐཾས་

5. chad n*i* vchags so/

ཆད་ནི་འཆགས་སོ།

6. bsod nams tha*m*s

བསོད་ནམས་ཐཾས་

7. chad ky*i* rjes su yi（7）rang

ཆད་ཀྱི་རྗེས་སུ་ཡི་རང་

8. ngo/ nyon mongs ba da*n*g

ངོ། ཉོན་མོངས་བ་དྔ

9. shes byav*i* sgrib pa

ཤེས་བྱའི་སྒྲིབ་པ་

10. rnam gnyis ni byang /

རྣམ་གཉིས་ནི་བྱང་།

11. bsod nams dang

བསོད་ནམས་དང།

12. ye shes gy*i* tshogs

ཡེ་ཤེས་ཀྱི་ཚོགས་

13. chen po rnam gny*i*s

ཆེན་པོ་རྣམ་གཉིས་

14. n*i*/ /yongs（8）su

ནི། །ཡོངས་སུ་

15. rdzogs nas

རྫོགས་ནས

16. bdag zhang vbro

བདག་ཞང་འབྲོ་

17. khri brtsan sgra mgon

ཁྲི་བརྩན་སྒྲ་མགོན་

18. po rgyal dang/ /mthav（9）

པོ་རྒྱལ་དང། །མཐའ་

19. yas pa v*i* sems

ཡས་པ་འི་སེམས་

20. can thams cad//

ཅན་ཐམས་ཅད།།

21. dus（10）gcig du/ bla

དུས་གཅིག་དུ། བླ་

22. na myed pa v*i* sangs

ན་མྱེད་པ་འི་སངས་

23. rgyas su grub par

རྒྱས་སུ་གྲུབ་པར་

24. gyur cig//

གྱུར་ཅིག །

普兰碑观世音像

（三）校 勘

（1）mthav，2011 年拙作：mtha。

（2）/spyan，2011 年拙作：spyan。

（3）gz*i*gs，2011 年拙作：gzigs。

（4）/rdo，2011 年拙作：rdo。

（5）:ky*i*，2011 年拙作：kyi。

（6）bsngo*v*，2011 年拙作：bsngov。

（7）yi，2011 年拙作：yid。

（8）/yongs，2011 年拙作：yongs。

（9）mtha*v*，2011 年拙作：mthav。

（10）dus，2011 年拙作：su。

（四）译 文

左 面

马年[1]孟秋之月，森格[2]大尚没庐·赤赞札贡布杰[3]为与无边众生一道共同回向，石碑上镌刻圣观世音自在[4]浮雕像[5]。愿此善举为一切有情发愿回向[6]。

右 面

顶礼圣观世音自在佛，忏悔一切罪孽，随喜于一切福泽，消除烦恼障和所知障二障[7]，尽得福德资粮和智慧资粮[8]两大资粮。愿我尚没庐·赤赞札贡布杰和一切众生同一时获无上正觉[9]佛位。

（五）译文注释

【1】马年

石碑暗示立于赤祖德赞时期（在位：815–838/841）。赤祖德赞执政时期有两个马年，即藏历火马年（826）和藏历土马年（838），文中所指马年居其中一年。

【2】森格

按字面讲，有“狮子”之意。此处姓名前冠以“森格”二字，似乎表明其家族或人物的显赫地位。

【3】大尚没庐·赤赞札贡布杰

普兰碑碑文

大尚没庐·赤赞札贡布杰属吐蕃著名外戚家族没庐氏，故自称大尚，意即王室大舅家。没庐是唐代大氏族“卓”（vbro）的对译。汉文史籍如《唐史》《通典》称“卓”氏为没庐氏或没卢氏。没庐氏家族是吐蕃显赫家族，与琛氏（mchims）、那囊（sna nam）氏三氏族凭借与吐蕃王室联姻成为著名外戚家族，史称“三尚”。7世纪后半叶赤松赞之孙芒松芒赞娶没庐氏赤玛罗为王妃；8世纪赤松德赞娶没庐·赤杰莫赞为王妃，9世纪赤德松赞娶没庐·拉杰芒木吉为王妃，如此以来没庐氏男性则以“尚论”之名出任大臣，权高位尊，有多人官至大相。如没庐·琼桑沃芒、没庐·赤苏然夏、没庐·赤松吉达囊（唐史称尚绮心儿）等曾是掌握军政大权，权势显赫的大相。按藏文史料，没庐氏祖地或封地在“堆”，即“茹拉堆”，“茹拉上部地区”。吐蕃强盛时期没庐氏统领“茹拉堆”四个万户府，其辖境在今日喀则市拉孜、萨迦两县境内。笔者认为没庐氏发家，或其祖地在今拉孜县境内。8世纪上半叶吐蕃占领于阗，这个历史时期没庐氏为将领的军队经今阿里往返，期间极有可能没庐氏一显赫人物落脚于阿里地区普兰，成为阿里地区著名家族之一。《新唐书·吐蕃传》载吐蕃末代统治鄯州（今青海乐都）一带的吐蕃节度使尚婢婢就出身于羊同没庐氏，如此看来，大尚没庐·赤赞札贡布杰与尚婢婢应属同一个家族。

【4】圣观世音自在

随侍如来佛的八大菩萨之一。佛教认为，集合了一切佛语，以大慈悲为性，以大悲眼永世平等为顾念、照见一切有情，教化救度一切众生的十地菩萨称作观世音自在。

【5】石碑上镌刻圣观世音自在浮雕像

根据藏文史料，吐蕃石雕佛像的出现可追溯到7世纪松赞干布修建昌珠寺时期。依据考古资料，石刻佛像始流行于赤松德赞时期，盛行于赤德松赞时期。如邓柯隆绒摩崖石刻（俗称昭阿拉姆，位于四川省甘孜州石渠县洛须镇），昌都察雅仁达毗卢遮那（大日如来）及八随侍摩崖浮雕，昌都芒康嘎托毗卢遮那及八随侍摩崖浮雕，青海玉树毗卢遮那及八随侍浮雕等均是赤松德赞和赤德松赞时期所镌刻。但两赞普时期岩壁上的浮雕佛像主尊为毗卢遮那，非观世音。石碑上独镌刻观世音浮雕像普兰石碑似乎是唯一的。

【6】回向

佛教用语，又可译作转变、增长。以发愿，转变轮回因力，使诸善根获得菩提之因，使有尽善根增长为无尽善根。最终使自我与他人在三世所积累的一切有漏或无漏福泽，变成无上菩提之因，此为回向。

【7】二障

佛教用语，指烦恼障和所知障。所谓烦恼障指一种阻碍证得解脱的心绪。这种心绪使心无法平静，扰乱身心，造作恶业。佛书认为生起烦恼有六因：所依、所缘、亲近、邪教、串习和作意。所知障，又称智障，是那种由于烦恼习气，产生错乱，障碍正确认识外境的一种智的心绪。有上中下三品智障。佛教认为人们修证佛法，就要消尽二障，做到二障清净，二智圆满，才能获得解脱，达到觉者的境界。

【8】福德资粮和智慧资粮

佛教用语，简称二资粮。所谓具有福德资粮之人，指具有积善之心，奉行供施等善业之人；所谓具有智慧资粮之人，又称无缘妙智资粮，指那些修空性大法，得大菩提心摄持，能证得智慧法身之果位的无漏众善。此处所谓无漏，指不以外境影响，能使不增长烦恼之心的修法者。

【9】无上正觉

佛教认为能证得无上正觉，或无上正等菩提，即证得觉位，即佛陀之果位，达修法最高境界者称之为无上正觉者。

十九、昌钦碑

（一）解 题

1990年西藏自治区文物工作者在西藏拉孜县曲玛乡昌钦村北侧古吐蕃墓葬群（即为昌钦墓葬群）中发现了断裂为三块的石碑，称之为昌钦（khrom chen）碑。此碑命运较为坎坷，当初发现之时，由于昌钦村不具备保存此碑的条件，自治区文物管理委员会（自治区文物局前身）把三块残碑运到拉萨，用水泥粘合三块断裂处，竖立在罗布尔卡院南侧。大约2000年左右，拉孜县人民政府重新把石碑按原先三段拆散后运回该县。2010年笔者前往该县进行学术考察时，三块石碑堆放在县监狱院内。目前日喀则市石刻博物馆又经多方努力把三块残碑运回市博物馆，重新接合，得到了妥善保存。

此碑发现之初三块断碑散落于地上，碑帽、碑座均未发现，故原先立于何处不得而知。根据碑文可知石碑原为一新建寺庙而立，但发现处的地表上已不见任何寺庙遗址。

根据原西藏自治区文物管理委员会内部刊印的相关资料，此碑高约3.50米，宽0.60米，厚0.60米，四面书，正面32行，第8行处断裂，现残存209字，背面28行，第7行为断裂处，残存191字，右面24行，残存58字，左面28行，残存24字。

根据碑文内容，此碑当属9世纪赤祖德赞赞普执政时期（815–838/841）所立。

1997年笔者在《西藏研究》（藏文版）第1期上发表了《昌钦碑考》一文，时碑文的解读多有不足。研究此碑的有索朗旺堆、夏吾卡先和奥地利学者。

下引录文由原西藏自治区文物管理委员会主任索朗旺堆先生提供给笔者的抄文，参照了奥地利藏学家迪姆伯格博士提供的图照。由于千年日晒风吹，碑刻风化严重，许多文字已不能辨认，无法以图照进行校勘。加之所依据的抄文，许多文字疑是错字，字义无解，有待于专家学者的进一步考证。

（二）碑 文

正 面

1. /// shes rab rnal vbyor

༄༅། ཤེས་རབ་རྣལ་འབྱོར་

2. gtsug lag khang gi chos

གཙུག་ལག་ཁང་གི་ཆོས་

3. *gi* chags khung pav/ lha sras

གི་ཆགས་ཁུང་པའ། ལྷ་སྲས་

4. kyi bkas bcad pavi hdo/ /btsan

ཀྱི་བཀས་བཅད་པའི་མདོ། །བཙན་

5. po khei gtsug lde btsan（1）gyi sku yon vdi

པོ་ཁྲི་གཙུག་ལྡེ་བཙན་གྱི་སྐུ་ཡོན་འདི་

6. nas nar mar mdzad pa nam du yang myi

ནས་ནར་མར་མཛད་པ་ནམ་དུ་ཡང་མྱི་

7. myi dbri gzhan gyis myi bsgyur/ dar ma

མྱི་དབྲི་གཞན་གྱིས་མྱི་བསྒྱུར། དར་མ་

8. × × × × × × × × × × × × × × × ×（2）

××××××××××××××××

9. pav × × × × po yan cad gar yod

པའ་××××པོ་ཡན་ཅད་གར་ཡོད་

10. bying shugs myi sung / /gzhan yang

བྱིང་ཤུགས་མྱི་སྲུང་། །གཞན་ཡང་

11. gtsug lag khang ya ya nas zhus te

གཙུག་ལག་ཁང་ཡ་ཡ་ནས་ཞུས་ཏེ་

12. chad pa tshun sa（3）slad zhal gyis

ཆད་པ་ཚུན་སྣད་ཞལ་གྱིས་

13. bzhes so vtshal/ vdir de bzhin

བཞེས་སོ་འཚལ། འདིར་དེ་བཞིན་

14. nam zhar mdzad/ sus kyang de las

ནམ་ཞར་མཛད། སུས་ཀྱང་དེ་ལས་

15. vgul ba myi bgyi bar yid dam dang bro

འགུལ་བ་མྱི་བགྱི་བར་ཡིད་དམ་དང་བྲོ་

16. yod kan stsal ba la gtogs par

ཡོད་ཀན་སྩལ་བ་ལ་གཏོགས་པར་

17. vtsal cig/

འཚལ་ཅིག།

18. /// dgung gcig bzhin/ dkon

༄༅། དགུང་གཅིག་བཞིན། དཀོན་

19. mchog la bshos cha gcig drang /

མཆོག་ལ་བཤོས་ཆ་གཅིག་དྲང་།

20. × × × × × × × × ng × s ma las

××××××××ང×ས་མ་ལས

21. × × gsar phyogs lung × × × ×

××གསར་ཕྱོགས་ལུང་××××

22. m × gcig b × × nad snyom × × ×

མ× གཅིག་བ× ×ནད་སྙོམ ×××

23. dge bsnyen bcuavi vtsho bavi slad

དགེ་བསྙེན་བཅུའི་འཚོ་བའི་སླད།

24. dge slong bzhis rgyun du bsnyom ba *ci*

དགེ་སློང་བཞིས་རྒྱུན་དུ་བསྙོམ་བ་ཅི་

25. spyod du mdzad/ dar ma mdos grav

སྤྱོད་དུ་མཛད། དར་མ་མདོས་གྲའ་

26. gcig dge bsnyen bcuv*i* nang nas

གཅིག་དགེ་བསྙེན་བཅུའི་ནང་ནས་

27. dru ×（4）du gdugs la bar cad ma mchis

དྲུ×དུ་གདུགས་ལ་བར་ཅད་མ་མཆིས་

28. par klag/ dus su × × du men tog rol

པར་ཀླག། དུས་སུ××དུ་མེན་ཏོག་རོལ

29. mo sil snyan bdug spod yon chab gdugs

མོ་སིལ་སྙན་བདུག་སྤོད་ཡོན་ཆབ་གདུགས་

30. × gs mcod dbyangs kyis dkon mcog

×གས་མཅོད་དབྱངས་ཀྱིས་དཀོན་མཅོག་

31. vkhor dang yang mchod/ btsan po khri

འཁོར་དང་ཡང་མཆོད། བཙན་པོ་ཁྲི་

32. gtsug lde brtsan（5）chos skyong bavi sku ched

གཙུག་ལྡེ་བརྩན་ཆོས་སྐྱོང་བའི་སྐུ་ཆེད་

背　面

1. mchod stod sol/ dgung gcig

མཆོད་སྟོད་གསོལ། དགུང་གཅིག་

2. tu dge bcu spod bgyi nar ma stang

ཏུ་དགེ་བཅུ་སྤོད་བགྱི་ནར་མ་སྟང་

3. rgyad du myi ngo du mchis bas dkon

རྒྱད་དུ་མྱི་ངོ་དུ་མཆིས་བས་དཀོན་

4. mchog lav sang zho re（6）ban de sgo mang

མཆོག་ལའ་སང་ཞོ་རེ་ བན་དེ་སྒོ་མང་

5. bzhi la myi ngo re sman nam spos zhe re

བཞི་ལ་མྱི་ངོ་རེ་སྨན་ནམ་སྤོས་ཞེ་རེ་

6. × × bam × × va ya re dbul/ × ×

× × བའམ་× ×འ་ཡ་ རེ་དབུལ། ××

7. × ×× ×× ×× ×× ×× ×× ××（7）

××××××××××××××

8. dbul zhing sku yon du bsngo/ dgun

དབུལ་ཞིང་སྐུ་ཡོན་དུ་བསྔོ། དགུན་

9. sla ra ba dang dpyid sla ra ba nyav

སླ་ར་བ་དང་དཔྱིད་སླ་ར་བ་ཉའ་

10. bar zhugs mur khru brgya rtsa brgyad

བར་ཞུགས་མུར་ཁྲུ་བརྒྱ་རྩ་བརྒྱད་

11. lha r*i*s kyis rgyu sbyar te lha myis

ལྷ་རིས་ཀྱིས་རྒྱུ་སྦྱར་ཏེ་ལྷ་མྱིས་

12. bltam/ dbyar sla ra ba dang ston sla ra ba

བལྟམ། དབྱར་སླ་ར་བ་དང་སྟོན་སླ་ར་བ་

13. nyav dbar la cav × ce t*i* stong

ཉའ་དབར་ལ་ཅའ་×ཅེ་ཏི་སྟོང་

14. lhas ris gyis sbyar te lha my*i*s gdung

ལྷས་རིས་གྱིས་སྦྱར་ཏེ་ལྷ་མྱིས་གདུང་

15. × sa gav stong ba ri gyi vbang kyis

×ས་གའ་སྟོམ་བ་རི་གྱི་འབངས་ཀྱིས་

16. × gyam la ce ti mu ti phyag rgya dang bchas

×གྱམ་ལ་ཅེ་ཏི་མུ་ཏི་ཕྱག་རྒྱ་དང་བཆས་

17. pav bum × ×× ×× ×× ×× ×

པའ་བུམ་××××××××××

18. × ×× × × yang dcon mcog

××××× ཡང་དཀོན་མཆོག་

19. mcod cing smon lam gdab dus

མཆོད་ཅིང་སྨོན་ལམ་གདབ་དུས་

20. dang sbyar zh*i*ng lha ris kyi vbangs

དང་སྦྱར་ཞིང་ལྷ་རིས་ཀྱི་འབངས་

21. kyis sems can vbum phrag srog gdon

ཀྱིས་སེམས་ཅན་འབུམ་ཕྲག་སྲོག་གདོན་

22. pa gdugs re zh*i*ng yang dcon mcog

པ་གདུགས་རེ་ཞིང་ཡང་དཀོན་མཅོག་

23. mcod smon lam gdab skabs ni

མཅོད་སྨོན་ལམ་གདབ་སྐབས་ནི་

24. mchis pa na/ yul my*i* la stsogs pa

མཆིས་པ་ན། ཡུལ་མྱི་ལ་སྩོགས་པ་

25. chos snyan pa la chos bshad cing bslab

ཆོས་སྙན་པ་ལ་ཆོས་བཤད་ཅིང་བསླབ་

26. rgya mngav nab la thabs ch*i* vos su dkon

རྒྱ་མངའ་ན་བླ་ཐབས་ཆི་འོས་སུ་དཀོན་

27. mcog mchod vkhor rnams bzhengs/

མཅོག་མཆོད་འཁོར་རྣམས་བཞེངས།

28. phongs pa la sbyin gtong bgyi/

ཕོངས་པ་ལ་སྦྱིན་གཏོང་བགྱི།

29. lo

ལོ་

右　面

1.btsan po khri

བཙན་པོ་ཁྲི་

2. gtsug lde brtsan gyi//

གཙུག་ལྡེ་བརྩན་གྱི།།

3. ku yon nar

སྐུ་ཡོན་ནར་

4. ma mdzad pa/ myi（8）

མ་མཛད་པ། མྱི་

5. dbri gzhan gyis ×

དབྲི་གཞན་གྱིས་ ×

6. bsgyur na/ vdir ×

བསྒྱུར་ན། འདིར་×

7. sa nas bsod

ས་ནས་བསོད་

8. nams ba × ×

ནམས་བ་ ××

9. × × ca te（9）gang ×

××ཅ་ཏེ་གང་ ×

10. bgyid do/ × ×

བགྱིད་དོ། ××

11. × ×× la × ×

×××ལ་ ××

12. × × × yang d ×

×××ཡང་ད×

13. bsu × rkya × ×

བསུ×རྐྱ××

14. btang bavi rna

བཏང་བའི་རྣ་ ×

15. × su vbyung pavi

×སུ་འབྱུང་པའི་

16. don dang / mdor

དོན་དང་། མདོར་

17. na myang go bab ×

ན་མྱང་གོ་བབ×

18. *vi* bag dam gya

འི་བག་དམ་གྱ×

19. × × sbya × ×

××སྦྱ××

20. × × sa log pha

××ས་ལོག་ཕ་

21. × × dal ba ×

××དལ་བ×

22. × na shes rab

×ན་ཤེས་རབ་

23. kyis goms

ཀྱིས་གོམས་

24. par bgyis

པར་བགྱིས།

左 面

1. × × srid la

××སྲིད་ལ་

2. stsogs pa

སྩོགས་པ་

3. mngav thang

མངའ་ཐང་

4. × sa san gs

×ས་སངས་

5. rgyas kyi yon

རྒྱས་ཀྱི་ཡོན་

昌钦碑（罗布林卡，1998 年）

6. × × chags

××ཆགས་

7. × × × ×

×××××

8. × × × × ×

×××××

9. × × × × ×

×××××

10. × × mya × na ×

××མྱ×ན×

11. × × × × dge

××××དགེ་

12. bavi bshes gnyen

བའི་བཤེས་གཉེན་

13. mdzad par rjes

མཛད་པར་རྗེས་

14. vbabgs kyis

འབངས་ཀྱིས་

15. × × × nga bcas

×××ང་བཅས་

16. × × × ra sro

×××ར་སྲོ་

17. × × × ba gdab

×××བ་གདབ་

18. × × × × ×

××××××

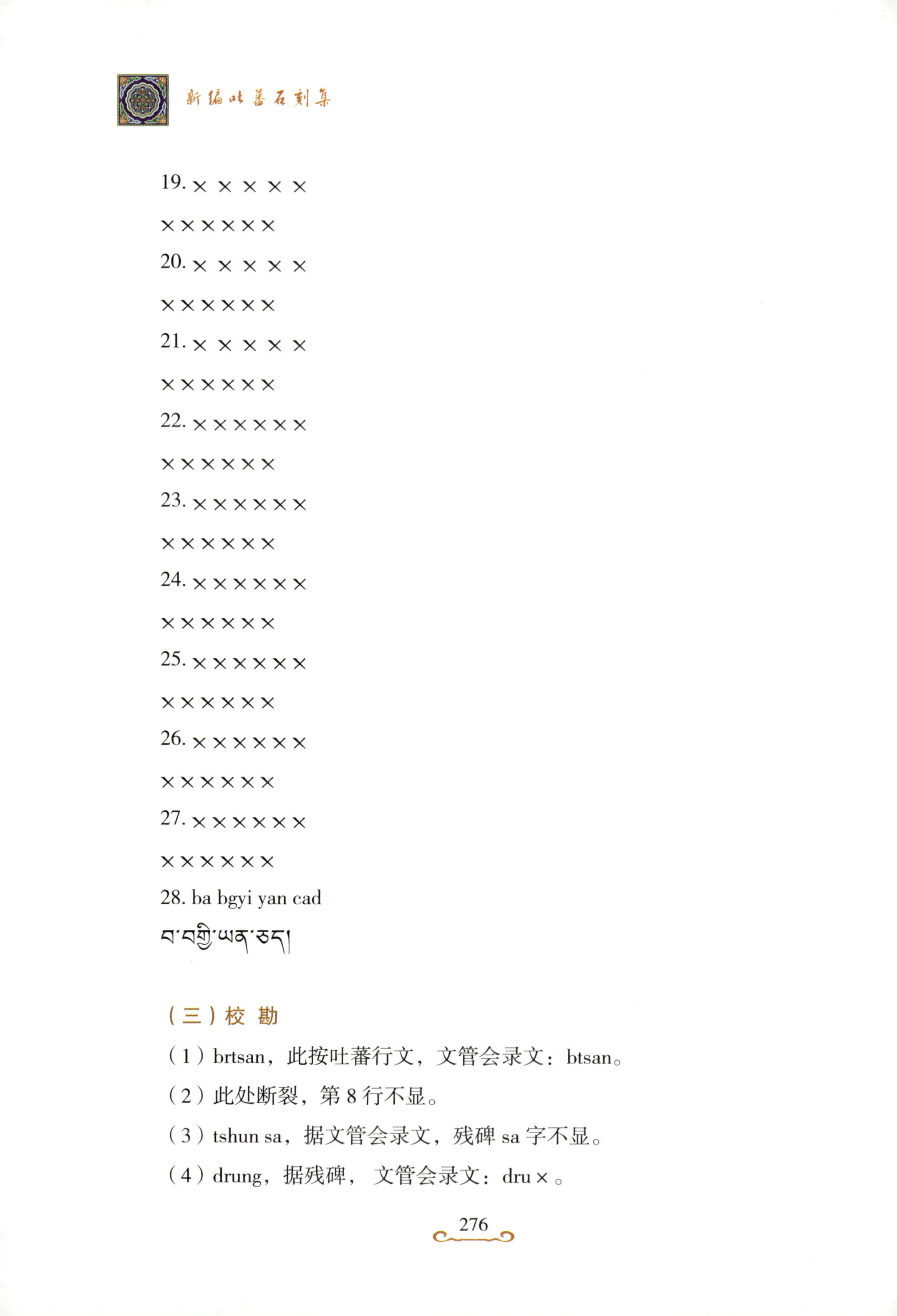

19. × × × × ×

××××××

20. × × × × ×

××××××

21. × × × × ×

××××××

22. ××××××

××××××

23. ××××××

××××××

24. ××××××

××××××

25. ××××××

××××××

26. ××××××

××××××

27. ××××××

××××××

28. ba bgyi yan cad

བ་བགྱི་ཡན་ཅད།

（三）校 勘

（1）brtsan，此按吐蕃行文，文管会录文：btsan。

（2）此处断裂，第 8 行不显。

（3）tshun sa，据文管会录文，残碑 sa 字不显。

（4）drung，据残碑， 文管会录文：dru × 。

（5）brtsan，据残碑，文管会录文：bthan。

（6）zhe re，据文管会录文，拟是：zho re。

（7）此处断裂，第7行不显。

（8）myi，吐蕃行文，文管会录文：ma。

（9）te，按吐蕃行文，文管会录文：he。

（四）译 文

昌钦碑残石刻文

智慧瑜伽佛寺[1]建成渊源，天神之子谕旨要义。赞普赤祖德赞[2]之功德无间不息，永世不减、不使因他人所变，典籍××××，所藏不全者，可从上部佛寺求得补全。如此永远遵循。任何人不得变动，此皆属盟约以内所定。

如一日，向至宝[3]功献祭品××××××。为十名近事男[4]生计，由四比丘[5]筹谋一切。妙法经卷可由十比丘之一诵读不断，时时以花朵、铙钹、熏香、净水、华盖、法音供奉至宝及侍众，为赤祖德赞赞普所奉行佛法敬献礼赞。如一日至宝像前供奉十善熏香一钱，××××四比丘每人药料香一钱，××××为、皆为功德发愿回向。自孟冬[6]至孟春[7]十五日，由寺属臣民出资建一百零八肘之高神人像[8]，孟夏[9]至孟秋[10]之际由僧俗造千座“吉迪（ce ti）”[11]。“吉迪”及珍珠法印等××××祈祷供养至宝。如有寺属臣民为被夺取生命的数十万有情，每日前来向至宝祈祷供奉，可传法授经。××××可用一切之法修造法轮。向贫穷者布施。

赞普赤祖德赞所造无间之功德如不减，不变，以此福缘来造“吉迪”。××××总之，娘廓帕[12]××××以智慧了知。×××××××××××××××××佛之功德×××××××××。善知识[13]之行臣民要随喜××××。

（五）译文注释

【1】智慧瑜伽佛寺

shes rabs rnal vbyor gtsug lag khang 之意译。修行智慧、正确观行，具备比丘戒的僧团聚集场所，即寺院。此处 rnal vbyor 常译作瑜伽，是沿着正确道行而修行之意。

【2】赤祖德赞

赤祖德赞，藏语又以赤热巴坚（khri ral pa can）之名著称。可参见《唐蕃会盟碑》【4】和《楚布寺碑》注释【5】。

【3】至宝

dkon hchog 之意译。世界上最为珍稀的东西称为至宝。佛教认为，佛法乃是非污浊，成就自他利益，成为众生善根，性永不可变的世间最珍贵之法，故称之为至宝。常把佛、法、僧称作三个至宝，即三宝。

【4】近事男

即居士，诺守佛教最基本五戒而居家之俗人男子。五戒为不杀生、不偷盗、不邪淫、不妄语、不饮酒。

【5】四比丘

即四众僧伽，是指一座有具备比丘戒，已入道的比丘四人组成的寺院。佛教教义认为，一座寺院作为僧人从事佛法活动的居所，必须有四个或四个以上比丘集体住寺。少于四个比丘就不成为寺院。

【6】孟冬

根据藏历算出的月份，藏历十月称为孟冬。

【7】孟春

根据藏历算出的月份，藏历一月称为孟春。

【8】神人像

神人为 lha mi 之对译，此处似乎指寺院塑造各种佛像和人物像。

【9】孟夏

根据藏历算出的月份，藏历四月称为孟夏。

【10】孟秋

根据藏历算出的月份，藏历七月称为孟秋。

【11】“吉迪”

为 ci te 之音译，古碑文中又写作 ce te、ce ti。梵文 cee tya 之谐音。状如塔型小型佛教祭祀建筑。内装擦擦等泥塑佛像，早期与佛堂、寺院同建，或独建，敦煌古藏文文献中亦有“建‘吉迪’与‘佛堂’”之说。

【12】娘廓帕

myang go bab 之音译，拟是人名。娘为姓，唐代译作明，廓帕为名字。

【13】善知识

dge bavi bshes gnyen 之对译，佛教术语中精通佛教典籍，取舍正道的良师、善友称之为善知识。

二十、扎叶巴刻石

（一）解 题

此刻石由扎叶巴（brag yer pa）寺保存。该寺位于拉萨市东北，距市区仅 10 多公里，寺庙主要建筑由一处处修行洞窟构成，甚为幽静神圣。根据后期史籍，扎叶巴最初的佛堂和佛塔由松赞干布王妃蒙萨赤江和王子贡日贡赞所建。由于扎叶巴是藏传佛教胜迹，如今一年四季前来朝圣的信徒络绎不绝。

扎叶巴众多洞窟佛堂中有一洞窟被誉为 9 世纪吐蕃高僧拉龙·白杰多吉修行洞，洞中供奉一块由底座和一节四方组成的断石，底座高约 0.15 米，绘有花形纹饰，其上是一块高约 0.20 米，四面方形断石，每面各刻有一人名，两个人名为比丘名，另外两个人名为臣僚名。

此刻石虽无年代可供参考，但从文字书写特点和所书人名来看，可以确定是吐蕃后期历史文化遗产。

（二）正 文

第一面

1.dge slong　　2. dpal gy*i* rdo rje/

དགེ་སློང་　　དཔལ་གྱི་རྡོ་རྗེ།

第二面

1. dge slong　　2. rgyal bee blo gros/

དགེ་སློང་　　རྒྱལ་བེ་བློ་གྲོས།

第三面

1. blon mang rje　　2. legs z*i*gs/

བློན་མང་རྗེ་　　ལེགས་ཟིགས།

第四面

1. blon legs　　2. su*m* rje klu dpal/

བློན་ལེགས་　　སུཾ་རྗེ་ཀླུ་དཔལ།

（三）译 文

第一面

比丘白吉多杰[1]

第二面

比丘嘉培洛卓[2]

第三面

论芒杰列斯[3]

第四面

论列松杰鲁白[4]

（四）译文注释

【1】比丘白吉多杰

拟是9世纪著名的僧人拉龙·白吉多杰。《智者喜宴》载：拉龙·白吉多杰出生于拉萨以东仲堆（今达孜县邦堆乡）库莫齐之地，此地离扎叶巴寺以东仅有几公里之距。拉龙·白吉多杰俗名呼作达聂桑（stag nya bzang），从天竺高僧毗玛拉弥扎尊前出家，常年在扎叶巴寺闭关修行，为著名密宗修行者。9世纪三四十年代交替之际，正是他弑杀了达磨赞普，由此吐蕃陷入内战，最终导致政权的崩溃。《宁玛教法史》云：拉龙·白吉多杰为莲花生大师著名的25名弟子之一，弑杀达磨赞普后前往康区，在丹玛一地长期修行传法。

扎叶巴刻石残碑

【2】比丘嘉培洛卓

rgyal bee blo gros 之音译，拟是比丘嘉瓦洛卓。此处 bee 是 bvi 的另外一种写法。如是，嘉培洛卓应是嘉瓦洛卓，其姓氏为智（vbre），全称智·嘉瓦洛卓。根据《宁玛教法史》载：早年前往天竺学佛，精通译经，后为莲花生大师著名的25名弟子之一，具备修炼长寿之“法力”。

【3】论芒杰列斯

“论”为大臣之意，“芒杰列斯”为人名，人名或姓名前冠以“论”，是为吐蕃臣僚的典型称呼。论芒杰列斯其人其事不见史载。

【4】论列松杰鲁白

“论”为大臣之意，“列松杰鲁白”为人名，人名或姓名前冠以“论”，是为吐蕃臣僚的典型称呼。论列松杰鲁白其人其事不见史载。

二十一、工布朗嚓碑

（一）解 题

此碑位于林芝市米林市（传统工布地区）丹木娘乡朗喀（glang mkhar）村旁一山坡上，村名原写作朗嘎（glang dkar），今依据夏吾卡先文章，村名为朗喀，碑文称作工布朗喀碑。

上世纪九十年代初自治区文管会曾组织人员对该碑文进行了首次实地考察。1991 年冬，《雪域文化》发表了自治区文管会文物工作人员欧朝贵撰写的《米林丹木娘石碑及艺术特点》一文，对石碑基本造型和石帽、底座上的纹饰进行了介绍和初步的分析，但无录文。

此碑由碑帽、碑身、碑座组成。碑帽（已脱落于石碑旁）为不规则三角形，刻有日月、狮子纹饰，底座正面为长方形，中为大象，四周雕刻有宝珠。根据欧朝贵先生的文字，碑体高 383 厘米，宽 90 厘米，厚 31 厘米。

工布朗喀碑底座石象

1992 年以来笔者曾多次前往朗喀村，对石碑进行实地考察和拍照，受条件限制，未能进行复制拓片。由于石壁粗糙，加之千年日晒雨淋，风化严重，所书31行文字基本上磨损，仅有30余字可辨认。从残文可知，此碑竖立于赤松德赞赞普执政时期（755–797），应该是“工布雍仲增石刻”所提到的“父王赤松德赞”赐给工噶波王的盟誓。

多年来我曾希望有更多学者复制拓片，抄录更多文字并予以刊布，为吐蕃史研究提供更多的历史信息。值得欣慰的是，近年来西藏大学青年学者夏吾卡先刊布了拓片录文，并对碑文进行了深入研究。下列录文是笔者以夏吾卡先的文字为基础而成，参照了笔者以往的图照和原米林市文教部门提供的照片文字。

（二）碑 文

工布朗喀碑碑帽

1. /// lha btsan po khri srong lde

༄༅། ལྷ་བ ×××× ལྡེ་

2. brtsan gy*i* ring la/ × × ×

བརྩན་གྱི་རིང་ལ། ×××

3. stsald te/ /gcen kar po mang po rje lta zhig × ×

སྩལད་ཏེ། །གཅེན་ཀར་པོ་མང་པོ་རྗེ་ལྟ་ཞིག །××

4. b × sogs/ /sku bla gnyen po mchod cing / /lha

བ×སོགས། །སྐུ་བླ་གཉེན་པོ་མཆོད་ཅིང་། །ལྷ།

5. btsan poai/ /sku r*i*ng × × × la/ /srog gy*i* ×

བཙན་པོའི་། །སྐུ་རིང་×××ལ། །སྲོག་གྱི་×

6. bgyis/ / × × ga/ /glo ba nye nas/ /kar po yab myes × × kyang / /

བགྱིས། །××ག། །གློཿབ་ཉེ་ནས། །××ཀར་པོ་ཡབ་མྱེས་××ཀྱང་།།

7. × / gsar × spyan ras gy*i* × sa te/ /gzhi las/ /gcen gyi chu srid

×། གསར་×སྤྱན་རས་གྱི་×ས་ཏེ། །གཞི་ལས། །གཅེན་གྱི་ཆུ་སྲིདཿ

8. × dang du dard nas/ /gtsig dang × yon gy*i* × × lar phyv*i* d × ×

×དང་ དུ་དརད་ནས། །གཙིག་ དང་ ×ཡོན་གྱི་ ××ལར་ཕྱིའི་ད ××

9. × × × no/ /

×××ནོ། །

10. /// brtsan po khri srong lde brtsan gy*i* ring la / /bkas

༄༅། བཙན་པོ་ཁྲི་སྲོང་ལྡེ་བརྩན་གྱི་རིང་། བཀས་

11. / / kar po mang po rje la gnang /

། །ཀར་པོ་མང་པོ་རྗེ་ལ་གནང་།

12. nam nam zha zha bar du/ /kar po mang po rje lav/ / rgyal brtsan gy*i* rgyud las rgyal por skos ×

ནམ་ནམ་ཞ་ཞ་བར་དུ། །ཀར་པོ་མང་པོ་རྗེ་ལའ། །རྒྱལ་བརྩན་གྱི་རྒྱུད་ལས་རྒྱལ་པོར་སྐོས་ ×

13. × × bstsal par gnang / khol yul × × dpya khral bla skyel/ /dbar bar g × ×

×× བསྩལ་པར་གནང་། ཁོལ་ཡུལ་ ×× དཔྱ་ཁྲལ་བླ་སྐྱེལ། །དབར་བར་ག ××

14. /// gcen kar po mang po rjevi bkav/ /lha zha sngavi chab srid gy*i* blon po ×

༄༅། གཅེན་ཀར་པོ་མང་པོ་རྗེའི་བཀའ། །ལྷ་ཞ་སྔའི་ཆབ་སྲིད་གྱི་བློན་པོ་×

15. gcung man chad vbangs yan chad la stsald pa dang/ / ngvi zha snga nas zhugs pav/ /blon po ×

གཅུང་མན་ཆད་འབངས་ཡན་ཆད་ལ་སྩལད་པ་དང་། །ངའི་ཞ་སྔ་ནས་ཞུགས་པའ། །བློན་པོ་×

16. × × × so/ /snying gc*i*g / bkav gros mthun te/ /blar my*i* snying × r sku ma gro sbyard:/ / vog

×××སོ། །སྙིང་གཅིག ། བཀའ་གྲོས་མཐུན་ཏེ། །བླར་མྱི་ སྙིང་×ར་ སྐུ་མ་གྲོ་སྦྱརད༔།།འོག་

17. ni vbangs la bya*m* shing chis vjam/ /lha btsan pos kyang/ /rgyal phran gzhan las

ནི་འབངས་ལ་བྱམ་ཤིང་ཆིས་འཇམ། །ལྷ་བཙན་པོས་ཀྱང་། །རྒྱལ་ཕྲན་གཞན་ལས་

18. vphags pa spyan ras gy*i*s btsas te/ /gsol × vdz*i*n gnang / /bya dgav gser dngul da*ng* /

འཕགས་པ་སྤྱན་རས་གྱིས་བཙས་ཏེ། །གསོལ་×འཛིན་གནང་། །བྱ་དགའ་གསེར་དངུལ་ཏྲ།

19. zab dar/ /bc*i*bs pa dang/ /bran zhing las stsald te/ /yul rur bsrings zheng du n*i* bkyed/ /vo

ཟབ་དར། །བཅིབས་པ་དང་། །བྲན་ཞིང་ལས་སྩལད་ཏེ། །ཡུལ་× རུར་བསྲིངས་ཞེང་དུ་ནི་བཀྱེད། །འོ་

20. cag × × la gy*i* chu srid kyang / /na*m* yang my*i* vgyur ba/ /g–yung drung bzh*i*n te/ /de las dbon sras dang /

ཅག་××ལ་གྱི་ཆུ་སྲིད་ཀྱང་། །ནཾ་ཡང་མྱི་འགྱུར་བ། །གཡུང་དྲུང་བཞིན་ཏེ། །དེ་ལས་དབོན་སྲས་དང་།

21. chab srid gy*i* blon po da*ng*/ /gcung sa × × × / /bgyis/ /gts*i*gs bca*s*/

ཆབ་སྲིད་གྱི་བློན་པོ་ཏྲ། །གཅུང་ས་×××། །བགྱིས། །གཙིགས་བཅས།

22. × × gnas pa dang/ / × × × vgal bar gy*i* shig /

××གནས་པ་དང་། །×××འགལ་བར་གྱི་ཤིག །

23. /// nam nam zha zha bar du/ / × × × sras da*ng*/ /rgyal brtsan gy*i* dbon sras snyung la × vbring re

༄༅། ནམ་ནམ་ཞ་ཞ་བར་དུ། །×××སྲས་ཏྲ། །རྒྱལ་བརྩན་གྱི་དབོན་སྲས་སྙུང་ལ་×འབྲིང་རེ་

24. lha btsan po rje:/ /blon gyi:/ bkas/ /gnang × × stsald ba las/ / × as myed × ×

ལྷ་བཙན་པོ་རྗེ༔ །བློན་གྱི༔ བཀས། །གནང་××སྩལད་བ་ལས། །×ལས་མྱེད་××

25. rgya por vdzin re/ /gcung mched gzhan zh*i*g g*i*s/ /ngavi dbon sras dang / / rgyal blon po lhad kyis snying re

རྒྱལ་པོར་འཛིན་རེ། །གཅུང་མཆེད་གཞན་ཞིག༔གིས། །ངའི་དབོན་སྲས་དང་། །རྒྱལ་བློན་པོ་ལྷད་ཀྱིས་སྙིང་རེ་

26. blavi × × byed pa zhig / de nas × × blar × × bor × × × re/ / dbon sras

བླའི་××བྱེད་པ་ཞིག། དེ་ནས་××བླར་×××རེ། །དབོན་སྲས

27. rgyud × × la dbri re/ / × × × rgyal × × × myi × × × ×

རྒྱུད་ ××ལ་དབྲི་རེ། །×××རྒྱལ་×××་མྱི་ ××××

28./// blon × × rgyal bzher × × × ba las vgal ba dang /

༄༅། བློན་ ××རྒྱལ་བཞེར་ ×××བ་ལས་འགལ་བ་དང་།

29.log pa × × × to/ /

ལོག་པ་×××ཏོ། །

30. /// gcung gyi × × × rgyud du log pa dang vgal bgyid ×

༄༅། གཅུང་གྱི་ ×××རྒྱུད་དུ་ལོག་པ་དང་འགལ་བགྱིད་×

31. /// × × × × × ×

༄༅། ××× ×××

（三）译 文

圣神赞普赤松德赞[1]在位之时赐工噶波王[2]谕旨。噶波王向来祭祀王族守护神[3]，圣神赞普在世时噶波王忠信立诚，其祖辈世受王室厚恩。今兄噶波王[4]的基业受到毁损 ××××× 故赞普赤松德赞颁谕噶波芒布杰，许诺世世代代由坚赞[5]后嗣继任噶波邦主之位，属地臣民不受变动，支给王室的差税依循旧规，不予变革。赐给噶波王之谕，令吾弟赞普[6]以下，臣民以上，以及御前群臣知晓。今与噶波王合议盟约颁旨，为使安民乐业。圣神赞普视噶波邦国殊于其他邦国[7]，赏给金银、土地，使其扩疆拓土，着衣可用绫罗绸缎。吾之社稷“雍仲”般永世不变，王室后嗣、参政臣僚应遵循此盟约，不可违之。为邦国君位世世代代由坚赞后嗣继任，圣神赞普下诏，众大臣附议。

（注：原文多有缺字、错字，句子不顺之处，此译文仅根据上下文译之，一些段落有揣测之处，特此说明。）

（四）译文注释

【1】赤松德赞

为8世纪后半叶吐蕃著名赞普，藏历水马年（742）生，藏历火牛年（797）去世，藏历木羊年（755）即位，在位42年，与唐朝肃宗李亨、代宗李豫、德宗李适处于同一个时期。赤松德赞以其文功武略，拓疆扩土，同时又迎请印度高僧、修建寺院，建立译经院，翻译佛经，让藏人剃度出家为僧，推行佛教在吐蕃弘扬的政策，时被誉为“圣神菩萨赞普”。又参见《琼结达孜桥头碑》【4】。

【2】工噶波王

根据敦煌古藏文历史文书P.T.1287记载，悉补野第七代国王直贡赞普被杀后聂齐、夏齐两子逃亡工布，后弟夏齐回到雅砻继承王位，兄聂齐在工布建立地方政权，成为工布邦国君主，史称工噶波王。又参见《工布雍仲增刻石》注释【2】。

【3】王族守护神

王族守护神是sku bla gnyn po之意译。广义上指王族守护神（神山），狭义指工噶波王尊奉的工布地方神山第穆（今多写作德木）。

【4】兄噶波王

赤松德赞追述历史，因第一代噶波王是第八代悉补野国王夏齐的兄长，故此处称工噶波王为兄。

【5】坚赞

赤松德赞时期工布邦国君主工噶波王之名，全称噶波坚赞。赤松德赞和赤德松赞（在位：799/800–815）均许诺工噶波王的王位由坚赞子孙继承。

【6】弟赞普

赤松德赞追述历史，因第八代悉补野国王夏齐是第一代噶波王聂齐之弟，故此处自称为弟赞普。

【7】其他邦国

赤松德赞时期另有娘布（nyang po）等邦国。

二十二、巴尔蒂斯坦刻石

（一）解 题

石刻发现于巴基斯坦国北部巴尔蒂斯坦地区斯卡杜县境内。巴尔蒂斯坦地区在唐代属于勃律之境，藏文史料中称作 bru-sha。《新唐书·西域下》把勃律分成大小勃律。8 世纪吐蕃进兵勃律，后又遣王室公主远嫁勃律，以军事和联姻手段征服了该地。根据藏文史料记载，勃律被吐蕃征服后，藏族文化包括佛教文化、藏语曾是该地区的主流文化和语言，以致 11 世纪及其后该地出现了许多著名的藏传佛学家。大约从 16 世纪以来，藏语及藏文化逐渐被伊斯兰文化所取代，但直至今日，巴尔蒂斯坦的居民热衷学习藏文，商店匾额也用藏文。

2010 年 5 月中国作家马丽华一行出访巴基斯坦，沿着巴基斯坦境内的印度河流域，包括巴尔蒂斯坦地区进行历史文化考察时会见了当地历史文化学者默罕默德·尤索夫·侯赛因阿巴迪先生，并参观了其收藏品，其中发现了一块长约 180 厘米，宽约 20 厘米，厚约 12 厘米的长条形吐蕃刻石。据侯赛因阿巴迪先生介绍，此刻石是在巴尔蒂斯坦地区斯卡杜城里发现的。同年，《中国藏学》第 6 期刊登了署名陈庆英、马丽华、默罕默德·尤索夫·阿巴侯赛巴尔蒂合撰的《巴基斯坦斯卡杜县发现的吐蕃王朝时期的藏文碑刻》一文，对碑刻内容和所涉及的历史背景作了探讨。

此碑刻的发现对研究吐蕃与勃律的历史文化关系和研究佛教在该地的传播活动具有重要的文献价值。

承蒙陈庆英研究员、马丽华女士的厚意，把刻石的数码图照送给笔者。从图照上看，刻石为长条形，上书三行横向阴刻文字，第一行仅残存几个不完整的字，无法释读。第二行和第三行的文字录文于下。

（二）正 文

1. × × × × × × myi vjig par gso zhing gces pa dang / mngon par byang cub

××××××མྱི་འཇིག་པར་གསོ་ཞིང་གཅེས་པ་དང་། མངོན་པར་བྱང་ཅུབ་

ky*i* mchod pavi dus su/ ci te（1）mchod pava（2）rkyen yang/ so so sgo sgos phul

ཀྱྀ་མཆོད་པའི་དུས་སུ། ཅི་ཏེ་མཆོད་པའ་རྐྱེན་ཡང་། སོ་སོ་སྒོ་སྒོས་ཕུལ་

nas/ mngon par byang chub（3）kyi lha ris dang thang yig gzhung gc*i*g tu bris

ནས། མངོན་པར་བྱང་ཆུབ་ཀྱི་ལྷ་རིས་དང་ཐང་ཡིག་གཞུང་གཅྀག་ཏུ་བྲིས་

bzhag go// ci te（4）vdi rnams × × × × × ×

བཞག་གོ།༔།༔། ཅི་ཏེ་འདི་རྣམས་××××××

2. × × × × × × gyog rnams so/ ce te vd*i*v*i* yon kyis/ /lha brtsan po sku tshe

×××××གཡོག་རྣམས་སོ། ཅེ་ཏེ་འདིའི་ཡོན་ཀྱིས། །ལྷ་བཙན་པོ་སྐུ་ཚེ་

r*i*ng/ chab sr*i*d che/ mthar bla na myed pav*i* go vphang bsnyes pa da*ng*/

རིང་། ཆབ་སྲིད་ཆེ། མཐར་བླ་ན་མྱེད་པའི་གོ་འཕང་བསྙེས་པ་དང་།

bdag cag dad pa mthun par × × × × × × sems can thams chad（7）bla na myed pav*i* sangs

བདག་ཅག་དད་པ་མཐུན་པར་××××××སེམས་ཅན་ཐམས་ཆད་བླ་ན་མྱེད་པའི་སངས་

rgyas su grub par shog//

རྒྱས་སུ་གྲུབ་པར་ཤོག།

（三）校 勘

（1）ce ti，陈庆英（2010）：ce te。

（2）pava，陈庆英（2010）：pavi。

（3）chub，陈庆英（2010）：cub。

（4）ce te。陈庆英（2010）：ce ti。

（5）dang，陈庆英（2010）：dang。

（四）译 文

× × × × × × 不使遭受毁灭而倍加珍惜。在供奉圆满成就佛尊[1]之时“吉迪”[2]祭品亦由各自敬献。

供奉正法寺院的寺产[3]和寺规[4]之文合写一处存之。众“吉迪”× × × × × × 以“吉迪”之功德，祈愿天神赞普长寿，社稷广大，终获无上果位。我等众信奉者 × × × × × 成就无上佛位。

（五）译文注释

【1】圆满成就佛尊

此处为 mngon par byang cub 之意译，即为佛陀。原意是圆满成就之佛陀。佛书认为成佛，或得佛陀的果位，应该达到能够具备现前证得一切所知，全知一切，究竟圆满的智慧。故佛陀称之为圆满成就，证得一切觉位之佛。

【2】“吉迪”

为 ci te 之音译，梵文 cee tya 之谐音。状如塔型，一种佛教祭祀建筑。内装擦擦等泥塑佛像。古藏文文献中常有“建‘吉迪’与‘佛堂’”之说。又参见《昌钦碑》注释【11】。

【3】寺产

系 lha ris 之意译，与 rkyen ris 同义。此处 lha 一词指寺院。

ris 意即属于寺院的财产，包括土地、牧场、奴户等。按吐蕃规制“为每座寺院划拨的属民户数有一百户”。陈庆英研究员译作“神佛画像”，与本文有所不同，可供参考。可参见《噶迥寺碑》注释【10】。

【4】寺规

thang yig 之意译，此处指记录造册的寺院财产包括土地、牧场、民户等文案，赞普或王室颁布，由寺院保存。

附：陈庆英、马丽华译文

……使其不坏而保养和爱护，在现证菩提的供祭之时，供祭的顺缘（物品）也由各家各户奉献。现证菩提的神佛画像和记事文书也一并写造成一册放置。如是此等……仆人等。如是，因此功德，祈愿天 神赞普圣寿绵长，国政广大，最终证得无上果位，对我等以共同信仰养育，……成就无上佛陀！

二十三、扁都口石佛寺题记

（一）解 题

甘肃省民乐县扁都口有一座寺院叫石佛寺。石佛寺内墙岩壁上绘有三尊佛像和一句藏文题记。根据题记，三尊佛像和题记是吐蕃时期历史遗产。

研究此摩崖石刻题记的有谢继胜、才让、恰嘎·旦正、王州塔等教授。才让教授认为佛像和题记刻于 806 年。

（二）题 记

// btsan povi sku yon dang sems can gyi don gyi phyir dge slong pa gor ye shes dbyangs kyis bgyis//[1]

༄༅། བཙན་པོའི་སྐུ་ཡོན་དང་སེམས་ཅན་གྱི་དོན་གྱི་ཕྱིར་དགེ་སློང་པ་གོར་ཡེ་ཤེས་དབྱངས་ཀྱིས་བགྱིས། །

（三）译 文

为赞普之功德和众生利益比丘巴廓·益西央[1]所造。

扁都口石佛寺题记

（四）注 释

【1】巴廓·益西央

巴廓·益西央是赞普赤德松赞时期（799？ –815）著名的比丘高僧。藏历木猴年（804），巴廓·益西央奉赞普之命组织了一个由吐蕃人和唐人联合组成的团队在吐蕃东部沃吾（仁达）、蚌、隆塘等地的岩壁上镌刻佛像和经文。其后巴廓·益西央又在扁都口石佛寺岩壁上刻有佛像，并以巴廓·益西央之名留有题记。藏历火狗年（806）又有同名的大译师比丘益西央的高僧，负责在贝廓岩壁上组织镌刻了毗卢遮那（大日如来）和八大近侍的像，以及题记和“普贤行愿陀罗尼经”等。以往研究者包括笔者在内认为，贝廓岩壁题记中的大译师比丘益西央与在仁达、扁都口石佛寺岩壁上造像和镌刻题记的巴廓·益西央应是同一人。现依据仁达“普贤行愿王略经”和贝廓岩壁上的“普贤行愿心陀罗尼经”中所收录的“普贤行愿王经”的经文是出自两个不同译本，因此有理由认为仁达巴廓·益西央和贝廓比丘益西央不是同一人。扁都口的题记极有可能是巴廓·益西央前往沙洲（敦煌）途中留下的。汉文史料记载，唐代扁都口是经丝绸南路前往沙州的必经之路，同样，从多麦（今青海藏区）前往沙洲也经扁都口。

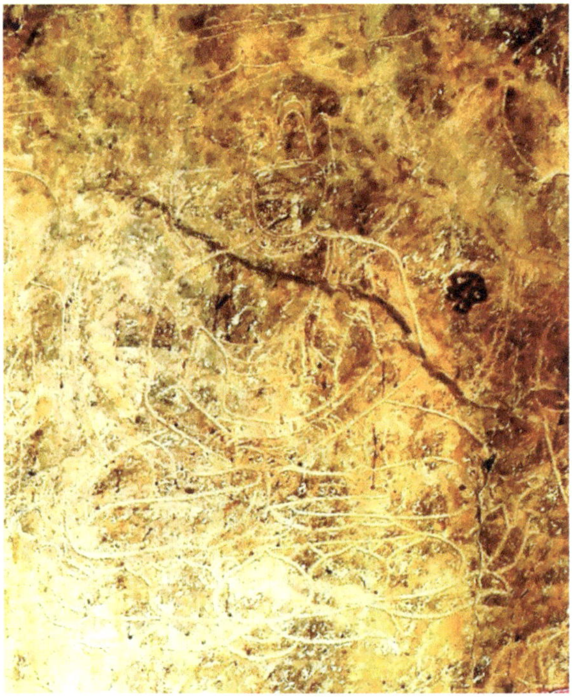

扁都口石佛佛像

二十四、瓜州榆林25窟题记

（一）解 题

甘肃省瓜州县榆林石窟是与敦煌千佛洞齐名的我国著名佛教石窟。榆林石窟位于瓜州县城以南75公里处，在榆林峡谷河东西岩壁上共凿有43个石窟。石窟中有石雕、泥塑佛像，以及壁画佛像共有224尊。另外在1000多平方米的岩壁上绘有表现菩萨道界以及洞窟供养人、大唐和吐蕃平民的生产生活场面的壁画。

根据榆林石窟简介，自北魏在榆林开凿石窟以来，历经唐、五代、宋、元、明、清开凿石窟不断，以致成今日之规模。

榆林峡谷东面25窟是吐蕃占领瓜州时期的洞窟，洞窟以其精美的壁画，丰富的历史画面闻名于世。25窟坐东朝西，从洞窟布局来看，窟门左右是文殊经变、普贤经变和两幅供养人画。洞窟主室正中是佛坛，东壁为八大菩萨曼陀罗经变，南壁是观无量寿经变，北壁是弥勒经变。北壁弥勒经变画中左侧绘有着世俗装的吐蕃、大唐平民的生产、婚嫁生活画面。

到目前为止，敦煌学家对榆林25窟研究成绩很大。尤其是陕西师范大学教授沙武田教授于2016年出版的《榆林25窟 敦煌图像中的唐蕃关系》一书，是一本全面、系统研究25窟壁画以及壁画所体现的唐蕃关系的力作。

榆林25窟壁画是吐蕃统治瓜州时期的历史遗迹。根据藏汉史料，瓜州两度陷落于吐蕃。敦煌古藏文文书P.T.1287记载，赞普赤德祖赞时期（704–755）兔年，即藏历火兔年（727）吐蕃第一次攻陷瓜州，《唐书》又载，唐大历十一年（776）吐蕃再次攻陷瓜州。吐蕃第二次占领瓜州后在榆林开始开凿石窟，石窟中塑佛像，绘壁画。

北壁弥勒经变画面中有份藏文题记，约20个字。题记内容是壁画施主的姓名和以何缘分绘就弥勒经变壁画。学者们认为，藏文题记具有重要的历史研究价值，黄维忠、谢继胜、沙武田等教授对题记作过开拓性的解读、翻译，但题记中施主是唐人，其姓名以藏文注音，还有一处汉文词汇也是藏文注音的，因此这两处如何还原汉文，颇有难度。

瓜州榆林 25 窟壁画

（二）题 记

/// dzevu devi cung gyis phagsj pa cig bgyis pa vdi shang shev I sku yon du bsngs bav legs so/

༄༅། ཛེའུ་དེའི་ཅུང་[1] གྱིས་ཕགས་པའི་ཕོར་ཅིག་[2] བགྱིས་པ་འདི་ཤང་ཤེའི་[3] སྐུ་ཡོན་དུ་བསྔས་པའ་[4] ལེགས་སོ།

（三）译 文

曹德忠[1]造圣者一铺[2]此为“上师”（或“禅师”）[3]功德之

回向。[4]善哉！[5]

（四）注 释

【1】曹德忠

是 dzevu devu cung 的对译，是壁画题记中唐人施主之姓名。根据敦煌写经生汉藏名录和藏文注音的汉文文书，dzevu 可译作“曹”，当无异议。devu cung 的音译还原较为费折，按 devu cung 是曹姓某人的名字，暂姓名译作“德忠”。时吐蕃占领瓜州期间曹姓为瓜州第一大姓，有财力作洞窟壁画施主，但相关史料中的曹姓人名中不见有姓名为“曹德忠”之人。

【2】造圣者一铺

圣者为 phags pa 之意译，一般对诸如观世音、弥勒等菩萨均称之为圣者。此处“造圣者一铺”指的是绘一铺弥勒经变图。

【3】“上师”

shang shev 藏文注音的汉文词汇，可能是“上师”或“禅师”的音译。明代汉文中“上师”也写作“尚师”。

【4】回向

藏文 bsngs bav 之对译，bsngs 字缺元音 o，正确书写为 bsngos。

【5】题记的译文

以往学者对题记的翻译有所不同。黄维忠、谢继胜两位教授译作：“曹氏幼弟施画此铺圣图，此乃回向，‘尚希’之功德，甚佳。”2008 年笔者参加“敦煌吐蕃文化学术研讨会”，曾与沙武田教授、霍巍教授、陆离博士、杨清凡博士一起研讨题记的翻译，笔者建议译作：“曹德忠作圣者一铺，此为‘上师’（禅师）功德之祈愿。甚佳！” 今重译作：曹德忠作圣者一铺，此为“上师”（或“禅师”）功德之回向。善哉！

二十五、都兰血渭塘吐蕃第3墓出土刻石

（一）解 题

1982年青海省都兰县城察汗乌苏镇10公里处热水乡境内名为shevu thang的山脚和草坝上发现了众多吐蕃墓穴。青海考古研究所的考古研究人员把shevu thang译作“血渭塘”。“血渭”（shevu）乃是吐蕃著名氏族，十二邦国时期，“血渭”氏族生息繁衍在拉萨河下游“降”（vjang）一地（今拉萨市曲水县南木乡境内），氏族保护神山名为“喀热”（kha rag），位于今山南市浪卡子县和拉萨市曲水县交界处。笔者认为663年吐蕃灭吐谷浑后，今都兰一带驻扎着由吐蕃将领“血渭”氏统领的军民，故墓葬所在地有“血渭塘”之名，恰嘎·旦正和宗喀漾正冈布两教授持同样观点。

1999年北京大学文物考古研究所和青海省社会科学院考古研究所联合对其中4座中大型墓穴进行了发掘。2018年从“血渭塘”第1号墓穴出土了金银器、铜器、丝织品、藏文木简、藏文印章等。2020年“血渭塘”第1号墓穴列为全国十大考古发现之一。又，发掘“血渭塘”第3号墓穴时出土了4块长石，每块长石上分别刻有一个藏文词。第一块长石上刻有blon，第二块长石上刻有khri，第三块长石上刻有shevu，第四块长石上刻有ka。北京大学和青海考古工作者根据长石发现的先后顺序，4块长石按blon、khri、shevu、ka分别编号为99BDNM3：157-1、99BDNM3：157-2、99BDNM3：157-3、99BDNM3：157-4。于是诸多研究者就blon、khri、shevu、ka 4字究竟何意，若是人名，如何排列等问题发表文章，各抒己见，众说纷纭。笔者认为4个长石的文字是一个完整的吐蕃大臣姓名，如何排序在下文中分析。

（二）刻石与译文

blon，编号为99BDNM3：157-1，译作：论。

khri，编号为99BDNM3：157-2，译作：赤。

shevu，编号为99BDNM3：157-3，译作：血渭。

Ka，编号为99BDNM3：157-4，译作：噶。

（三）刻石文字排列

4 块长石上的 blon、khri、shevu、ka 如何排列？首先此 4 个词中 shevu 是姓氏，blon 是臣或大臣之意，khri ka 为人名。其次，按吐蕃大臣之姓名表示法，约定俗成的姓氏和职衔排列顺序有两种：第一种排列是非外戚出身的臣相的姓名职衔排序依次是姓氏、职衔、人名，如《唐蕃会盟碑》所载：末论矩立藏名摩（vbav blon klu bzang myes rma）、勃阑伽论悉诺热合干（bran ka blon stag bzher hab ken）、额论悉诺昔干窟（rngegs blon stag zigs rgan kol）、明论结研历赞（myang blon rgyal gen legs tsan）等。这系列排列中第一是姓氏，如末、勃阑伽、额、明等；第二是职衔“论”（blon，臣），第三是人名，如矩立藏名摩、悉诺热合干、悉诺昔干窟、结研历赞等。第二种排列，若是外戚家族男性出任臣相，其职衔和姓氏的排序是：第一是职衔“论”（blon，臣），第二是姓氏，如琛、没庐，第三是“尚”（舅）字，表明出身外戚家族的特殊用词，第四是名字，如论琛尚结赞匝热（blon mchims zhang rgyal btsan bzher），这一排列中依次是职衔“论”、姓氏琛，外戚身份“尚”，人名结赞匝热。有时略去“论”，直接以姓氏、“尚”、人名来排列，如琛尚颊热窟宁赞（mchims zhang rgmyal bzher khod ne btsan）没庐尚楼勃藏他（vbro zhang klu bzang lha）。此排列中依次是姓氏琛，或没庐，其次是“尚”，再次是名颊热窟宁赞，或楼勃藏他。

依据如此排序，编号为 99BDNM3：157-3、99BDNM3：157-1、99BDNM3：157-2、99BDNM3：157-4 的 blon khri shevu ka 的正确的排列是 shevu blon khri ka，即姓氏为血渭大臣赤嘎。

shevu　blon　khri　ka

血渭　论　赤　嘎

二十六、敦煌365窟题记

（一）解 题

敦煌17窟（藏经洞）左侧毗邻的三层石窟的中层有一编号为365窟的洞窟。其上洞窟编号为366窟，底层洞窟编号为16窟。因洞窟正中设佛坛，供有毗婆尸佛、尸弃佛、毗舍浮像、拘留孙佛、迦那迦牟尼佛、迦叶佛和释迦牟尼佛等七佛的塑像，因而洞窟以七佛洞窟闻名于敦煌学界。2016年《敦煌研究》第6期上赵燕林和赵晓星两位敦煌学家发表了《莫高窟第365窟七佛榜题录释》一文，对洞窟的开凿历史、七佛的汉文榜题作了分析研究，认为敦煌法藏汉文文书P.T.4640《大蕃沙州释门教授和尚洪䛒修功德碑》所言“开七佛，药师之堂”，便指的是“第365窟”。

根据敦煌学专家的研究，365窟曾经历了两个历史阶段。第一时期是唐后期吐蕃占领敦煌期间，在此洞窟修建有佛寺，并有汉藏文题记。第二时期是西夏时期对破败的洞窟进行了补修，原有的墙壁上又敷上一层泥墙，覆盖了吐蕃时期的题记。

后来西夏时期的泥墙剥落，吐蕃藏汉文题记重现，引起了学者们的关注。现从残存的藏汉文题记中可以看出，题记呈T状，藏文在上，汉文在下。根据藏文题记，吐蕃赞普赤祖德赞时期藏历水鼠年（832），在此洞窟中开始修建佛堂，藏历木虎年（834）竣工，并举行了开光大典。

最早研究关注365窟题记的学者是马世长，早在1978年马世长教授对残存汉文题记作了录文（见李方桂文）。1980年原西藏社会科学院研究员黄文焕在《文物》第7期上发表了研究365窟题记的文章，并刊布了藏文题记的录文和残存的汉文题记，不久端智嘉和陈庆英先生发表了藏文《敦煌游记》一文，其中抄录有藏文题记，但显不太规范。1987 年李方桂以黄文焕先生的文字为基础用英文发表了一篇研究文章。李方桂教授认为，黄文焕先生的汉文录文中有“洪㿻”二字，似乎是从马世长的汉文残录中补录的。笔者以为，“洪㿻”一名是黄文焕研究员依据藏文题记中 hong ben 二字补录的。马世长先生的 1978 年刊布的汉文题记抄录中只有 13 个字，且与藏文题记内容有些相悖。

下面藏文题记是根据黄文焕先生的录文而成，参考了端智嘉和陈庆英的录文。黄文焕先生的藏文录文有 8 行，端智嘉和陈庆英的录文无行数，两个藏文录文和马世长先生的汉文残录题记分别示于下文，供研究者参考。

（二）录 文

黄文焕录文：

1. /// vprul gy*i* lha btsan po khri gtsug lde brtsan

༄༅། འཕྲུལ་གྱྀ་ལྷ་བཙན་པོ། །ཁྲི་གཙུག་ལྡེ་བརྩན་

2. gy*i* sku r*i*ng la/ /sku yon sems can thams

གྱྀ་སྐུ་རྀང་ལ། །སྐུ་ཡོན་སེམས་ཅན་ཐམས་

3. chad gy*i* bsam × × × × hong ben/ sgos gtsug

ཆད་གྱྀ་བསམ་××××ཧོང་བེན། སྒོས་གཙུག་

4. lag khang vd*i* chu pho byi bav*i* *l*ov*i* dpy*i*d na gtsugs

ལག་ཁང་འདྀ་ཆུ་ཕོ་བྱི་བའྀ་ལོའྀ་དཔྱྀད་ན་གཙུགས་

5. te/ shing pho stag gi lo × × son rtsa × × gyi

ཏེ། ཤིང་ཕོ་སྟག་གི་ལོ་ ××སོན་རྩ་××གྱི་

6. ston sla vbr*i*ng ba// sku gzugs spyan

སྟོན་སླ་འབྲྀང་བ། །སྐུ་གཟུགས་སྤྱན་

7. phyed de/ /zhal bsros so/ /

ཕྱེད་དེ། །ཞལ་བསྲོས་སོ། །

8. tha tha dang sag shen × × smon lam du ksol/

ཐ་ཐ་དང་སག་ཤེན་ ××སྨོན་ལམ་དུ་གསོལ།

端智嘉和陈庆英录文：

1. /// vprul gyi lha btsan po gyi sku ring la/ /sku yon sems can

༄༅། འཕྲུལ་གྱི་ལྷ་བཙན་པོ། །ཁྲི་གཙུག་ལྡེ་བཙན་སྐུ་རིང་ལ། ××སེམས་ཅན་

thams chad gyi sgos gtsug lag khang vdi chu pho byi bavi lovi dpyid mgo × × × ×

ཐམས་ཅད་ཀྱི་སྒོས་གཙུག་ལག་ཁང་འདི་ཆུ་ཕོ་བྱི་བའི་ལོའི་དཔྱིད་མགོ་××××

gtsugs te/ shing pho stag gi lovi ston rtsar/ ston sla vbring po la// sku gzugs

གཙུགས་ཏེ། ཤིང་ཕོ་སྟག་གི་ལོའི་སྟོན་ཚར། སྟོན་སླ་འབྲིང་པོ་ལ། །སྐུ་གཟུགས་

spyan phyes te/ /zhal bsros so/ × × × × ha ra dang lag shin gnyis smon lam du gsol pa × × × ×

སྤྱན་ཕྱེས་ཏེ། །ཞལ་བསྲོས་སོ། ××××ཧ་ར་དང་ལག་ཤིན་གཉིས་སྨོན་ལམ་དུ་གསོལ་པ་××××

马世长（1978）汉文题记抄录残文如下：

当 × 念我 × × × × 洪䛒，坠在生死，系以大傅。（转引自李方桂、柯蔚南著，王启龙译：《古代西藏碑文研究》）

（三）译 文

黄文焕录文译文：

圣神赞普赤祖德赞时期[1]，为众生功德，× × × × 于水鼠年[2]春由洪䛒[3]主持建造此佛殿，木虎年[4]秋竣工，祭祀开光。为此塔塔和萨辛两人[5]发愿。

（四）注 释

【1】赤祖德赞

赤祖德赞于815年即位，年号为彝泰元年。于838年或841被大臣所弑杀。

详参见《唐蕃会盟碑》注释【4】。

【2】水鼠年

赤祖德赞在位期间的水鼠年，即为832年。

【3】洪晉

法藏敦煌古藏文文书中洪晉的藏文译音是hong ben。李方桂先生认为，马世长先生的汉文题记抄录残文中出现“洪晉”一名，说明洪晉与365窟关系密切。实际上敦煌p.4640《大蕃沙州释门教授和尚洪晉修功德碑》中就有洪晉此佛堂关系密切的记载。按敦煌藏汉文书，洪晉是吐蕃占领沙洲期间当地著名的佛教领袖，一代名僧。唐咸通三年（862）洪晉圆寂。法藏敦煌古藏文文书P.T.1201号是一件唐僧人金刚用藏文呈给洪晉的一封信。

【4】木虎年

赤祖德赞在位期间的木虎年，即为834年。

【5】塔塔和萨辛

是藏文注音的唐代两和尚的名字，汉文如何还原待考。

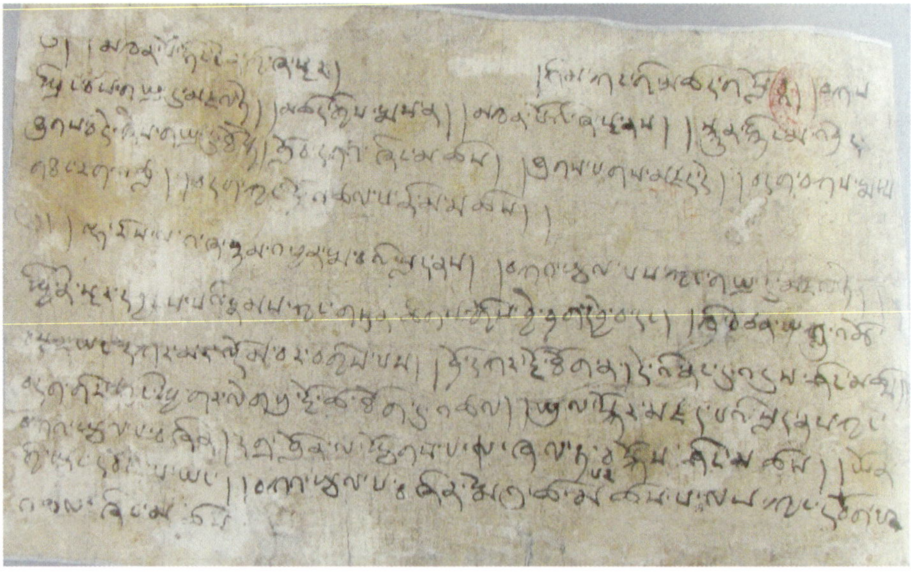

唐代僧人金刚呈给洪晉的一封信图照

二十七、芒康嘎托新发现的摩崖刻石

（一）解题

2016年四川大学中国藏学研究所、四川大学考古系、芒康县文旅局联合对芒康县境内的吐蕃石刻进行实地调查时，新发现了一处吐蕃摩崖石刻文字，文字收录在由杨清凡、卢素文、张延清执笔，三家合名在《藏学学刊》发表的《西藏芒康嘎托镇新发现吐蕃摩崖石刻调查简报》一文中。

根据简报，新发现的摩崖石刻文字位于2014年西藏社会科学院次仁加布研究员发现的嘎托大日如来及八大菩萨浮雕像群南侧约20米处，文字刻在独立大岩石上，书9行，其中2、4、5行部分文字衍化，不可释读。下录《简报》之抄文。

（二）抄文

1. /// lha btsan pho

༄། ལྷ་བཙན་པོ་

2. ××× ma lus pa*vi* sems

××× མ་ལུས་པའི་སེམས་

3. can gyi slad du/ /shag kya thub pa*vi*

ཅན་གྱི་སླད་དུ། ཤག་ཀྱ་ཐུབ་པའི་

4. ××× dang bcas pa lgang yon tan seng ge da*ng* / bsod pas bri*s*

××× དང་བཅས་པ་ལྒང་ཡོན་ཏན་སེང་གེ་དྔ་། བསོད་པས་བྲིས་

5. ××× yon gyis ma lus pav*i* sems

××× ཡོན་གྱིས་མ་ལུས་པའི་སེམས་

6. can/ sangs rgyas kyi sku dang

ཅན། སངས་རྒྱས་ཀྱི་སྐུ་དང་

7. gsung dang / thugs da*ng*/ spyod pa da*ng* ye shes

གསུང་དང་། ཐུགས་དྔ། སྤྱོད་པ་དྔ་ཡེ་ཤེས་

8. mthav dag smon lam ma nya*m* bar

མཐའ་དག་སྨོན་ལམ་མ་ཉཾ་བར་

9. vgyur ro/ /

འགྱུར་རོ།།

（三）译 文

圣神赞普 ××× 为一切众生，释迦牟尼 ××× 岗云丹和索巴书。××× 功德，一切众生，愿诸佛之身口意智慧所发大愿永不衰落。

二十八、桑耶寺新发现的吐蕃刻石

（一）解 题

2022 年西藏桑耶寺新发现吐蕃时期的一块刻石和石雕毗卢遮那（大日如来）半身像。这是七十年来西藏中部首次发现的吐蕃历史石刻文物。根据寺院比丘阿旺桑布介绍，刻石和石雕像发现于一座旧佛堂中。目前刻石和石雕由桑耶寺保存。

从刻石残存的文字中可知，石雕毗卢遮那像是赤松德赞时期（在位 755–797）所造，刻石是赤德松赞（在位 799？ –815）王妃没庐氏赤莫列为赞普去世之功德回向的文字，时间大约在 815 年赤德松赞去世之年。

下列刻石文是依据拓片而录，复制拓片者为洛桑、索朗才让、卓玛加三博士。

（二）正 文

1. ×××× lde srong [1] gyi skuvi ring la/ gor ma la rnam par snang dzad ××××

2. ×× srong brtsan [2] dgung du gshegs pavi [3] sku yon du/ /jo mo khri mo legs [4] ××××

××སྲོང་བཙན་དགུང་དུ་གཤེགས་པའི་སྐུ་ཡོན་དུ། །ཇོ་མོ་ཁྲི་མོ་ལེགས××××

（三）译 文

德松 [1] 在位期间，石雕毗卢遮那像，××××为赤德松赞逝世 [2] 之功德，××××王妃赤莫列 [3] ××××

（四）注 释

【1】德松

敦煌古藏文文书 P.T.1286 载，德松是赤德松赞之名，约在 799 年即位，藏历木羊年（815）去世，在位 16 年左右。又参见《工布雍仲增刻石》注释【1】。

【2】松赞逝世

松赞逝世指的是赤德松赞逝世。根据《唐蕃会盟碑》，藏历木羊年（815）赤祖德赞即位，年号为彝泰元年。此年也是赤德松赞逝世之年，这与后期史料《西藏王臣记》所言赤德松赞逝世之年为藏历木羊年（815）之说相吻合。

【3】王妃赤莫列

王妃赤莫列，出身于著名外戚家族没庐氏，称作没庐氏赤莫列。

根据《贤者喜宴》，赤德松赞有三个王妃：没庐氏赤莫列、琛氏杰萨列莫赞、觉茹萨赞杰。赤德松赞修建噶迥寺时，与王妃、邦国郡王、群臣会盟时王妃赤莫列名列为王妃第一，处在正妃之位。另，敦煌古藏文文书 P.T.1268 记载，赤德松赞的正妃名为没庐氏拉杰芒莫杰，如此看来没庐氏赤莫列似乎是没庐氏拉杰芒姆杰的另一名字，若是同一人，则没庐氏赤莫列是赤祖德赞和达磨的生母。

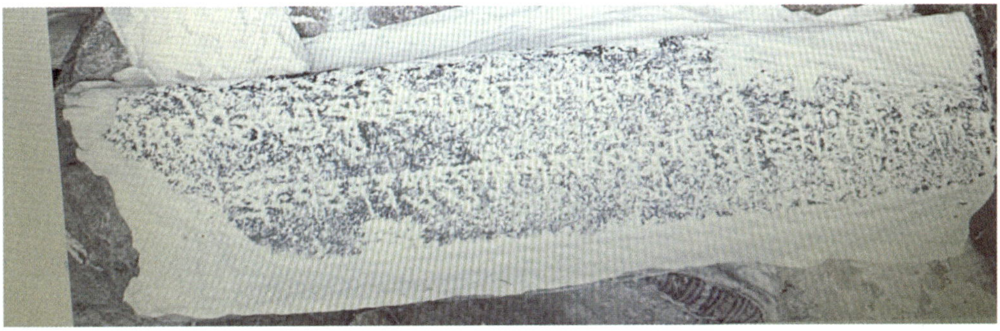

桑耶寺刻石拓片

二十九、石渠须巴山8处刻石

（一）解 题

2010年至2013年间四川省文物考古研究所和石渠县文化局联合展开了全县境内对吐蕃石刻群的调查。调查中在长沙干马乡境内须巴神山发现了13处石刻，分布于须巴神山山脚长17米范围内散落的大石及崖壁上。须巴神山位于石渠县长沙干马乡政府以北约1.5公里处石渠县城至长沙干马乡公路内侧，北距雅砻江约0.5公里，石刻群西侧有僧人依山而建的修行僧房。

根据2013年四川省文物考古研究所和石渠县文化局联合发表的《四川石渠县新发现吐蕃石刻群调查简报》，13处石刻从东往西依次编号为1至13

幅。刻内容有佛像、人物像、咒经、祈愿文等，其中8幅有文字，是吐蕃赞普赤德松赞时期（在位：799？–815）的珍贵历史文化遗产。

此就第1幅至13幅石刻按内容介绍如下：第1幅石刻是一尊佛像，但其衣装为吐蕃俗人，在佛像左右下方石壁上有后期雕刻的8行六字真言和咒经。第2幅石刻是菩萨像和菩萨像右下侧的7行藏文，其中第7行已衍化，无法释读，第5、6行的部分文字也已风化不显。菩萨像与7行文字间岩壁上有一大裂痕。第3幅石刻是一幅鸟形绘画。

第4幅石刻是一尊菩萨像和两个近侍像，但菩萨像头部仅显三分之一。

第5幅石刻是咒经4行和其下的4行祈愿文，共计书8行，但由于岩壁粗糙，咒经与祈愿文之间石壁凹凸不平，无法雕刻文字。祈愿文中有父王赤松德赞字样，即证明了须巴山石刻群是赤松德赞王子赤德松赞时期的历史文化遗产。第6幅石刻是一尊菩萨像与6行残存愿文，大部分文字已风化湮灭。第7幅石刻是毗卢遮那像和像右下8行祈愿文。祈愿文下岩壁上刻有2行后期的六字真言。第8幅石刻是在第7副背面岩壁上所刻7行祈愿文。第9幅石刻是一尊较为模糊的菩萨像和6行清晰可见的诗词。第10幅石刻处于修行僧房内的岩壁上，据说刻有文字，但因僧房已锁，不知文字何内容。第11幅石刻位于修行僧房外侧石壁上，绘有上部为人身，下部为两翼鸟形的飞天，无文字。第12幅石刻书12行，是咒经和诗词，书者落名为卓玛列贡。第13幅石刻位于修行僧房西侧外墙的岩壁上，上书2行文字："钧之弟子玉斯祈祷。"

2016年笔者在石渠县参加学术会议时有机会前往须巴神山，游览目睹了石刻群像，进行了抄录和拍照。下面石刻第2幅、第5幅、第6幅、第7幅、第8幅、第9幅、第12幅和第13幅的文字是根据笔者抄录的文字和石渠县文化局提供的录文而成，参照了《四川石渠县新发现吐蕃石刻群调查简报》中的录文。需要说明的是石渠县文化局提供的录文和《调查简报》中文字未能如实体现吐蕃时期的石刻文字的字形，且有少量错字。

（二）刻 石

第二处石刻

1. ///sangs rgys kun

༄༅། སངས་རྒྱས་ཀུན་

2. kyis thugs rjer .dgong

ཀྱིས་ཐུགས་རྗེར་དགོང་

3. khams sum thugs rje char bzhin

ཁམས་སུམ་ཐུགས་རྗེ་ཆར་བཞིན་

4. vbebs/ sems can kun kyi sdug × ×

འབེབས། སེམས་ཅན་ཀུན་ཀྱི་སྡུག་××

5. bsal / / ma rig mun

བསལ། །མ་རིག་མུན་

6. gi/ × × × × / /de phyir khyod

གི། ××××། །དེ་ཕྱིར་ཁྱོད།

7. × × × × × × × × × ×

×××× ××××××

石渠须巴山一处石刻

第五处石刻

1. ta ra dya tha aom a na le a

༄༅། ཏ་ར་དྱ་ཐ་ཨོཾ་ཨ་ན་ལེ་ཨ།

2. na le bvi sha de bvi sha de bve ra bve ra bdzra dha ×

ན་ལེ་བྭི་ཤ་དེ་བྭི་ཤ་དེ་བྭེ་ར་བྭེ་ར་བཛྲ་དྷ་ ×

3. bav na dha bav na dha ni bdzra bav ni pha ta saw ha/ hum hrum bav na dha pha ×

བྭ་ན་དྷ་བྭ་ན་དྷ་ཎི་བཛྲ་བྭ་ཎི་ཕ་ཏ་སྭཱ་ཧཱ། ཧཱུྃ་ཧྲཱུྃཿབྭ་ན་དྷཿཕ ×

4. saw hav/ /srung shig srung shig / / ꞉꞉

སྭཱ་ཧཱ། །སྲུང་ཤིག་སྲུང་ཤིག། ། ཿཿ།

5. × × yon gis btshan pho khr*i* srong lde brtsan yab

××ཡོན་གིས། བཙན་ཕོ་ཁྲི་སྲོང་ལྡེ་བརྩན་ཡབ་

6. × × × rmog mtho bar smon to/ /mthav yas mu

×××རྨོག་མཐོ་བར་སྨོན་ཏོ། །མཐའ་ཡས་མུ་

7. × × myal bav*i* vj*i*g rten na sems can tha*m*s cad sdug bsngal

×× མྱལ་བའིཿའཇིག་རྟེནཿན་སེམས་ཅན་ཐཾས་ཅད་སྡུག་བསྔལ།

8. las bsgrald te bla na myed pavi chos × × × × ×

ལས་བསྒྲལད་ཏེ་བླ་ན་མྱེད་པའི་ཆོས་ ×××××

第六处石刻

1. /// sku n*i* rin cen shel dag bzhin

༄༅། སྐུ་ནི་རིན་ཅེན་ཤེལ་དག་བཞིན་

2. ××× dar kar ××× ba vdra/ ×××××

××× དར་ཀར་×××× བ་འདྲ། ××××

3. ××××× ba sa bcu pa / /

××××བ་ས་བཅུ་པ་། །

4. ×××××× ba da*n*g be thar cig ni ×××××

×××××× བ་དྔ་བེ་ཐར་ཅིག་ནི་ ××××

5. ××× skyes ××

×××སྐྱེས་××

6. mtho*ngo* cog ni grol tha*r* te/ /de phyir la phyag vtshal lo/ /

མཐོང་ཅོག་ནི་གྲོལ་ཐྲ་ཏེ། །དེ་ཕྱིར་ལ་ཕྱག་འཚལ་ལོ། །

第七处石刻

1. bsod:na*m*s

བསོདཿནཾསཿ

2. lhun kyis grub: pavi: sku/ /sgribs ×××

ལྷུན་ཀྱིས་གྲུབཿཔའིཿསྐུ། །སྒྲིབས་×××

3. × × chos rna*m*s yong*su* stsal*d*/ byang chub chos rnyed kun × × × /

××ཆོས་རྣཾས་ཡོངསུ་སྩལྡ། བྱང་ཆུབ་ཆོས་རྙེད་ཀུན་×××།

4. × × × / /lhun: kyis: grub: pavi: ye: shes: bzhin/ /dmigs myed mnya*m* ba na*m* kai dbyings/ /

×××། །ལྷུན༔ཀྱིས༔གྲུབ༔པ་ཡེ་ཤེས༔བཞིན། །དམིགས་མྱེད་མཉཾ་བ་ནཾ་ཀའི་དབྱིངས།།

5. × × × × g–yung drung ste/ /rna*m*: par: snang: mdzad: yang dag pas/ bdag gis × ×

××××གཡུང་དྲུང་སྟེ། །རྣཾ༔པར༔སྣང༔མཛད༔ཡང་དག་པས། བདག་གིས་གསོལ་××

6. cing mchod phyag btsal/ /gcung: kyi: slob: ma: × × sman legs/ /gus pav*i* sems kyis

ཅིང་མཆོད་ཕྱག་བཙལ། །གཅུང༔ཀྱི༔་སློབ༔མ༔××སྨན་ལེགས། །གུས་པའི་སེམས་ཀྱིས་

7. vgro: bav*i*: sems: can: su: zhig: gis/ /mthong ste: phyag vtshal × × na su /

འགྲོ༔བའི༔སེམས༔ཅན༔སུ་ཞིག༔གིས། །མཐོང་སྟེ༔ཕྱག་འཚལ་××ནསུ་།

8. ××××× ma lus sems can kun/ /bla myed byang chub grub par smon/ /

××××མ་ལུས་སེམས་ཅན་ཀུན། །བླ་མྱེད་བྱང༔ཆུབ༔གྲུབ༔པར༔སྨོན།།

第八处石刻

1. phyogs bcuvi dkon mchog tha*m*s

ཕྱོགས་བཅུའི་དཀོན་མཆོག་ཐཾས་

2. cad la/ /rje*su* yi rang smon pa ni/ /

ཅད་ལ། །རྗེསུ་ཡི་རང་སྨོན་པ་ནི།།

3. btsan pho yab sras sems can kun/ /sdig pa

བཙན་ཕོ་ཡབ་སྲས་སེམས་ཅན་ཀུན་། །སྡིག་པ་

4. grangs myed khyab ste/ bla myed g–yung drung × ×

གྲངས་མྱེད་ཁྱབ་སྟེ། བླ་མྱེད་གཡུང་དྲུང་××

5. par smon/ /bdag nyid tshe rabs gang

པར་སྨོན། །བདག་ཉིད་ཚེ་རབས་གང་

6. skyes kyang/ /bla myed lam da*ng* yong my*i* vbral

སྐྱེས་ཀྱང་། །བླ་མྱེད་ལམ་དྔ་ཡོང་མྱི་འབྲལ་

7. bsam pa lhun kyis grub par smon/ /

བསམ་པ་ལྷུན་ཀྱིས་གྲུབ་པར་སྨོན།།

第九处石刻

1. rna*m* par dag pav*i* sku mchog mdzes pav*i* gzugs/ / ye shes rgya

རྣཾ་པར་དག་པའི་སྐུ་མཆོག་མཛེས་པའི་གཟུགས། །ཡེ་ཤེས་རྒྱ་

2.mtsho gser gy*i* ri rab vdra/ /grags pas vj*i*g rten khyab par rab tu snang/ /

མཚོ་གསེར་གྱི་རི་རབ་འདྲ། །གྲགས་པས་འཇིག་རྟེན་ཁྱབ་པར་རབ་ཏུ་སྣང་།།

3. rab tu la*m* ston rna*m* pa*r* my*i*g btsums*pa*/ /vgro la kyod n*i* nyi ma bzh*in* du snang/ /

རབ་ཏུ་ལཾ་སྟོན་རྣཾ་པཱ་མྱིག་བཙུམསྤ། །འགྲོ་ལ་ཁྱོད་ནི་ཉི་མ་བཞིན་དུ་སྣང་།།

4. na*m* kav*i* rang bzhin shin du grol bee sems/ /sny*i*ng rje grags*pa* yid vo*ng* vja*m* bee mig /

ནཾ་ཀའི་རང་བཞིན་ཤིན་དུ་གྲོལ་བེ་སེམས། །སྙིང་རྗེ་གྲགསྤ་ཡྀི་ཨོཾའཇམ་བེ་མིག།

5. thab da*ng* shes rab zung du vbrel pas sems can sgrol/ /de bas

ཐབས་དྔ་ཤེས་རབ་ཟུང་དུ་འབྲེལ་པས་སེམས་ཅན་སྒྲོལ། །དེ་བས་

6. phyag btsal mchod cing skyab*su* mchi/ /

ཕྱག་བཙལ་མཆོད་ཅིང་སྐྱབསུ་མཆི།།

第十二处石刻

1. Aom ba dzr*i* kro dha/ ma ha bha la/

༄༅། ཨོཾ་བ་ཛྲཱི་ཀྲོ་དྷཱ། མ་ཧ་བྷ་ལ།

2. hum ma pa da sa*w* ha/ /gsang bee mtshan n*i*

ཧུ་མ་པ་ད་སྭ་ཧ། །གསང་བེ་མཚན་ནི་

3. phun sum tshogs/ /shes rab yod pa stobs

ཕུན་སུམ་ཚོགས། །ཤེས་རབ་ཡོད་པ་སྟོབས་

4. po che/ / spy*i* bor dbang bskur yid kyang rno/ /mtsha*n*

པོ་ཆེ། །སྤྱི་བོར་དབང་བསྐུར་ཡིད་ཀྱང་རྣོ། །མཚྣ་

5. dang yang dag ldan pa yi/ /sbyin ba tshul khrims

དང་ཡང་དག་ལྡན་པ་ཡི། །སྦྱིན་བ་ཚུལ་ཁྲིམས་

6. shes rab che/ /rdzu vphrul che ba stobs po

ཤེས་རབ་ཆེ། །རྫུ་འཕྲུལ་ཆེ་བ་སྟོབས་པོ་

7. che/ /bsod nams che ba mthu yang che/ yo*n*

ཆེ། །བསོད་ནམས་ཆེ་བ་མཐུ་ཡང་ཆེ། ཡོྣ་

8. tan rtse mo stobs po che/ /rdzu vphrul chen

ཏན་རྩེ་མོ་སྟོབས་པོ་ཆེ། །རྫུ་འཕྲུལ་ཆེན་

9. po khyod la phyag vtshal lo/ /sngags da*ng*

པོ་ཁྱོད་ལ་ཕྱག་འཚལ་ལོ། །སྔགས་དྔ་

10. vtshig vchad vd*i* bris pee yon gyis btsan po yab sras sku

འཚིག་འཆད་འདི་བྲིས་པཻ་ཡོན་གྱིས་བཙན་པོ་ཡབ་སྲས་སྐུ་

11. tshe ring da*ng* sems chan tham chad bla na myed pee byang chub du

ཚེ་རིང་དྔ་སེམས་ཅན་ཐམས་ཅད་བླ་ན་མྱེད་པཻ་བྱང་ཆུབ་དུ་

12. grub par smon to/ /sgrol ma legs gong gis bri*so*/ /

གྲུབ་པར་སྨོན་ཏོ། །སྒྲོལ་མ་ལེགས་གོང་གིས་བྲིསོ། །

第十三处石刻

1. /// gcung ky*i* slob ma

༄༅། གཅུང་ཀྱི་སློབ་མ་

2. yul zigs ky*i* smon la*m* gsol ba//

ཡུལ་ཟིགས་ཀྱི་སྨོན་ལཾ་གསོལ་བ། །

附录一 吐蕃钟铭

一、天祝恰绒甘丹钦坚佛殿钟铭

2010年在甘肃省天祝藏族自治县发现了一口吐蕃铜钟，上刻有76个文字。2011年《西藏研究》藏文版第1期上由西北民族大学兰却加教授首先撰文介绍了此钟铭。

根据铭文，铜钟是吐蕃赞普赤德祖赞在位时期（704–755）为恰绒甘丹钦坚佛殿（祖拉康）所铸。笔者认为此钟铭文是目前为止发现的吐蕃金石录中年代最早的铭文，极具研究价值。下面钟铭录文是依据兰却加教授的录文和铜钟照片而成。

铭　文：

1. ///bod kyi lha brtsan po khri lde gtsug brtsan mched kyi sku yon du bsngo ste: zhang

༄༅། བོད་ཀྱི་ལྷ་བཙན་པོ་ཁྲི་ལྡེ་གཙུག་བཙན་མཆེད་ཀྱི་སྐུ་ཡོན་དུ་བསྔོ་སྟེ༔ ཞང་

2. lha sgra rgyal slebs spad kyis jag rong dgav ldan byin cen gtsug lag khang gi rkyen du dril

ལྷ་སྒྲ་རྒྱལ་སླེབས་སྤད་ཀྱིས་ཇག་རོང་དགའ་ལྡན་བྱིན་ཅེན་གཙུག་ལག་ཁང་གི་རྐྱེན་དུ་དྲིལ་

3. cen cig phul bavi yon kyis yon bdag dang sems ka tham cad bla na myed de byang cub kyi rgyub

ཅེན་ཅིག་ཕུལ་བའི་ཡོན་ཀྱིས་ཡོན་བདག་དང་སེམས་ཀ་ཐཾ་ཅད་བླ་ན་མྱེད་དེ་བྱང་ཅུབ་ཀྱི་རྒྱུབ་

4. par smon to/ dril vdi lcags kong gis yi ge bris ste dge slong chos prin gyis bluksо/

པར་སྨོན་ཏོ། དྲིལ་འདི་ལྕགས་ཀོང་གིས་ཡི་གེ་བྲིས་སྟེ་དགེ་སློང་ཆོས་སྤྲིན་གྱིས་བླུགས་སོ།

译　文：

为吐蕃赞普赤德祖赞[1]功德祈愿，尚拉扎杰列贝[2]为恰绒甘丹钦坚佛殿[3]敬献一大钟，以此功德祈愿施主和众生获得无上菩萨果位。此钟铭文由嘉贡[4]书写，比丘法云[5]所铸。

注　释：

【1】赤德祖赞

815年，藏历木羊年嗣位，取年号为彝泰。838年或841年被大臣弑杀。

【2】尚拉扎杰列贝

人名，是给恰绒甘丹钦坚佛殿敬献铜钟的施主。“尚”一字表明此人出身于外戚家族。吐蕃赞普赤德祖赞在位时期享有“尚”字的家族有3家：琛氏、没庐氏，那囊氏。

【3】恰绒甘丹钦坚佛殿

吐蕃时期今天祝一带的一座佛殿。此处藏文“祖拉康”（gtsug lag khang）译作佛殿，不能译成寺或寺院。因为赤德祖赞时期吐蕃还没有建成严格意义上的寺院。

【4】嘉贡

人名，似乎是唐僧人之名，吐蕃统治敦煌时期许多唐僧人精通书写藏文，敦煌藏文文书中许多佛经抄本出自唐僧人之手，由抄本上写经生的落名中可知。

【5】法云

chos prin 之对译，笔者认为 chos prin 是唐一比丘的藏文法名，对译应是该比丘。吐蕃时期，唐人精于铸造铜钟，吐蕃本土的两口铜钟的铭文中可知铜钟是唐比丘所铸。

二、桑耶格吉佛殿钟铭

赤松德赞初建桑耶寺时，其3个王妃各自修建有佛殿（祖拉康）。其中王妃没庐氏赤杰莫赞在桑耶寺西侧修建了一座佛殿，名为桑耶格吉佛殿。佛殿修建后，王妃没庐氏赤杰莫赞作为施主铸造了一口铜钟。悬挂在桑耶格吉佛殿的大门上。根据铭文“钟”字用了汉文音译，有理由相信，铜钟出自唐比丘之手。施主没庐氏赤杰莫赞在桑耶寺建寺不久出家为尼，取法名强秋（没庐氏菩提）。出家后她又以施主没庐氏菩提之名给昌珠佛殿铸造了一口铜钟。铜钟铭文明确记载，此铜钟由唐比丘大宝（rin chen）所铸造。后来桑耶格吉佛殿被毁，幸运的是铜钟挪移到桑耶寺，现悬挂在寺院大门上。下面录文是根据黎吉生和王尧教授的录文而成，参照了新拍摄的钟铭图照。

铭　文：

///jo mo rgyal mo brtsan yum sras ky*i*s phyogs bcuv*i* dkon mchog gsum la

༄༅། ཇོ་མོ་རྒྱལ་མོ་བརྩན་ཡུམ་སྲས་ཀྱྀས་ཕྱོགས་བཅུའྀ་དཀོན་མཆོག་གསུམ་ལ།

mchod pav*i* slad du cong vdi bgyis te/ devi bsod nams ky*i* stobs ky*i*s

མཆོད་པའྀ་སླད་དུ་ཅོང་འདི་བགྱིས་ཏེ། དེའི་བསོད་ནམས་ཀྱྀ་སྟོབས་ཀྱྀས་

Lha btsan po khri srong lde brtsan stangs dbyal gsung dbyangs drug cu sgra

ལྷ་བཙན་པོ་ཁྲི་སྲོང་ལྡེ་བརྩན། སྟངས་དབྱལ་གསུང་དབྱངས་དྲུག། ཅུ་སྒྲ་

dbyangs dang ldan te/ bla na myed pav*i* byang cub du grub par smond to//

དབྱངས་དང་ལྡན་ཏེ། བླ་ན་མྱེད་པའྀ་བྱང་ཆུབ་དུ་གྲུབ་པར་སྨོནད་ཏོ།།

三、昌珠佛殿钟铭

此钟铭原悬挂在昌珠寺大门。1950 年意大利藏学家图齐（Tucci）对铭文进行了拍照。1954 年英国人黎吉生依据图齐的图照刊布了铭文。1982 年王尧教授在其著作《吐蕃金石录》中刊布了铭文和研究文章。据王尧教授所言，1965 年此口铜钟仍在昌珠寺。“文化大革命”时期寺庙被毁，铜钟丢失，不知所终。

根据铭文，铜钟是在赤德松赞时期（在位：799/800–815）由施主没庐氏菩提敬献，由唐比丘大宝所铸造。

由于黎吉生、王尧、李方桂 3 人的录文排序不同，下录铭文中依次提供

3 人录文，供研究者参考。

黎吉生录文：

/// dril chen po vd*i* yang/ Lha btsan po khri lde srong brtsan gyi du × × × snyan

༄༅། དྲིལ་ཆེན་པོ་འདི་ཡང་། ལྷ་བཙན་པོ་ཁྲི་ལྡེ་སྲོང་བཙན་གྱི་དུ×××སྙན་

vgrangs pa bzhugs so sol/ lhav*i* rnga sgra bar snang la/ grag pa dang vdra

འགྲངས་པ་བཞུགས་སོ་སོལ། ལྷའི་རྔ་སྒྲ་བར་སྣང་ལ། གྲག་པ་དང་འདྲ་

bar/ yon bdag jo mo byang cub ky*i*s/ bgyis nas mkhen pho rgyav*i* dge

བར། ཡོན་བདག་ཇོ་མོ་བྱང་ཆུབ་ཀྱིས། བགྱིས་ནས་མཁེན་པོ་རྒྱའི་དགེ་

slong rin chen gy*i*s blugs so/ tshal gy*i* sku yon dang/ sems can

སློང་རིན་ཆེན་གྱིས་བླུགས་སོ། ××ཚལ་གྱི་སྐུ་ཡོན་དང་། སེམས་ཅན་

thams cad dge ba bskul bavi phyir/

ཐམས་ཅད་དགེ་བ་བསྐུལ་བའི་ཕྱིར།

王尧教授录文：

/// tshal gy*i* sku yon dang/sems can thams cad dge ba bskul bavi phyir/

༄༅། ཚལ་གྱི་སྐུ་ཡོན་དང་། སེམས་ཅན་ཐམས་ཅད། དགེ་བ་ལ་བསྐུལ་བའི་ཕྱིར།

/// dril chen po vd*i* yang/ Lha btsan po khri lde srong brtsan gyi du × × ×

དྲིལ་ཆེན་པོ་འདི་ཡང་ལྷ། བཙན་པོ་ཁྲི་ལྡེ་སྲོང་བཙན། གྱི་དུ

snyan vgrangs/ pa bzhugs so sol/ lhav*i* rnga sgra bar snang la/ grag

སྙན་འགྲངས་། པ་བཞུགས་སོ་སོལ། ལྷའི་རྔ་སྒྲ་བར་སྣང་ལ། གྲག་

pa dang vdra bar/ yon bdag jo mo byang cub ky*i*s/ bgyis nas mkhen pho

པ་དང་འདྲ་བར། ཡོན་བདག་ཇོ་མོ་བྱང་ཆུབ་ཀྱིས། བགྱིས་ནས་མཁྱེན་པོ་

rgyav*i* dge slong rin chen gy*i*s blugs so/ /

རྒྱའི། དགེ་སློང་རིན་ཆེན་གྱིས་བླུགས་སོ།།

李方桂录文：

/// lhav*i* rnga sgra bar snang la/ grag pa dang vdra bar/ dril chen po vd*i* yang/

༄༅། ལྷའི་རྔ་སྒྲ་བར་སྣང་ལ། གྲག་པ་དང་འདྲ་བར། དྲིལ་ཆེན་པོ་འདི་ཡང་།

Lha btsan po khri lde srong brtsan gyi du × × × snan vgrangs/ pa bzhugs so sol/

ལྷ་བཙན་པོ་ཁྲི་ལྡེ་སྲོང་བཙན་གྱི་དུ×××སྣན་འགྲངས་པ་བཞུགས་སོ་སོལ།

× × sku yon dang/sems can thams cad dge ba la bskul bavi phyir/

××སྐུ་ཡོན་དང་། སེམས་ཅན་ཐམས་ཅད་དགེ་བ་ལ་བསྐུལ་བའི་ཕྱིར།

yon bdag jo mo byang cub kyis bgyis nas mkhen pho / rgyavi dge slong rin

ཡོན་བདག་ཇོ་མོ་བྱང་ཅུབ་ཀྱིས་བགྱིས་ནས་མཁེན་ཕོ། རྒྱའི་དགེ་སློང་རིན་

cen gyis blugs so/ /

ཅེན་གྱིས་བླུགས་སོ། །

四、叶尔巴寺钟铭

此钟原在扎叶巴寺，是吐蕃时期的珍贵的历史文物。大约在 1946 年至 1950 年期间在拉萨的纳粹奥地利人哈里（harrer）对铜钟进行了拍照，1953 年公布了铭文图照。1955 年根据哈里的图片，黎吉生发表了铭文和研究文章。

1982 年王尧教授在《吐蕃金石录》中对铭文作了研究，1987 年美籍华人学者李方桂依据黎吉生和王尧的录文，用英文发表了研究文章。

“文化大革命”期间，叶尔巴的许多佛殿和修行洞遭受了破坏，叶尔巴钟铭也被丢弃，不知运往何处。2021 年《青海民大》（藏文版）第 4 期，敦煌研究院的万玛旺杰刊登文章，宣称在敦煌 96 窟中发现了叶尔巴大钟。笔者仔细关注了相关信息，可以确认敦煌 96 窟发现的大钟确为叶尔巴钟。

铜钟上的铭文是《普贤行愿王经》中的一小段，同样文字可见于法藏敦煌古藏文文书 P.T.0048B 中。

铭　文：

/// rgyal ba rnams ky*i* dam pavi chos vdz*i*n c*i*ng/ /

༄༅། རྒྱལ་བ་རྣམས་ཀྱྀ་དམ་པའི་ཆོས་འཛིན་ཅིང་།།

byang cub spyod pa kun tu snang bar byed/ /

བྱང་ཅུབ་སྤྱོད་པ་ཀུན་ཏུ་སྣང་བར་བྱེད།།

bzang po spyod pa rnam par sbyang ba yang/ /

བཟང་པོ་སྤྱོད་པ་རྣམ་པར་སྦྱང་བ་ཡང་།།

ma vongs bskal pa kun tu spyad par bgy*i*/ /

མ་འོངས་བསྐལ་པ་ཀུན་ཏུ་སྤྱད་པར་བགྱྀ།།

附录二 第七饶迥水虎年（1422）五碑刻录文

水虎年五碑刻录文是藏历第七饶迥水虎年（1422）藏族先民抄录的五座碑刻文字。五座碑刻录名为松赞墓碑即赤德松赞墓碑、琼结桥头碑、噶迥碑、工布石碑、热萨垂囊寺碑。碑刻录文是以藏文行书抄录在6叶半梵架状形式的纸张上汇成一册。录文尾记记载："如此水鼠年立石碑，至今水虎年已越599年。"此处水鼠年立石碑指的是在吐蕃立唐蕃会盟碑之年藏历水鼠，即823年。599年后的水虎年便是藏历第七饶迥水虎年（1422）。

国际藏学界盛传水虎年五碑刻录文一册原保存在18世纪著名历史学家噶托仁增次旺罗布的藏书中。20世纪转入锡金人巴聂阿亭，又名扎西占堆之手。20世纪四十年代巴聂阿亭把录文册书提供给英国人黎吉生研究之用。后来黎吉生把录文册书转送给英国牛津大学图书馆，如今收藏在牛津大学图书馆藏文部。

2008年在维也纳参加一次国际藏学会时承蒙牛津大学图书馆藏文部负责人查尔斯·曼孙（Charles Manson）先生的厚意，赠送给笔者水虎年五碑刻录文一册的电子版，此后西藏大学喜绕桑布教授亦给笔者提供了一份复印件，在此向两位先生深表谢意。

下面附录的水虎年五碑刻录文是依据查尔斯·曼孙先生的电子版排序抄录的，参照了喜绕桑布教授的复印件。第一标题为松赞墓碑，即赤德松赞墓碑；第二标题为琼结桥头碑，即当下有些学者所称赤松德赞记功碑；第三标题是工布石碑，即今工布雍仲增刻石；第四标题是噶迥碑，即噶迥寺碑，第五标题是热萨垂囊碑，即大昭寺前唐蕃会盟碑东西碑文。

水虎年五碑刻录文书写形式是11世纪以后的藏文行书字体，未能如实展现吐蕃碑刻楷体字形。许多词汇的拼写多用后期通行的缩写体，且有不少漏抄句子和错词。下面拉丁转写体是按水虎年五碑刻录文转录的，未做任何校勘，特此说明。

一、（赤德）松赞墓碑文

// btsan po lha sras vo lde spu rgyal gnam gyi mivi rjer gshegs pa

༄༅། བཙན་པོ་ལྷ་སྲས་འོ་ལྡེ་སྤུ་རྒྱལ་གནམ་གྱི་མིའི་རྗེར་གཤེགས་པ་

chos lugs bzang po ni gzhar gzhug mi vgyur/ mngav thang chen po ni

ཆོས་ལུགས་བཟང་པོ་ནི་གཞར་གཞུག་མི་འགྱུར། མངའ་ཐང་ཆེན་པོ་ནི་

chin chad kyang byin mi nyams te chab srid ni phyir zhing che/ dbu rmog

ཆིན་ཆད་ཀྱང་བྱིན་མི་ཉམས་ཏེ་ཆབ་སྲིད་ནི་ཕྱིར་ཞིང་ཆེ། དབུ་རྨོག་

ni shin tu brtsan pavi g–yung drung gi gtsug lag chen po bzhin du btsan

ནི་ཤིན་ཏུ་བརྩན་པའི་གཡུང་དྲུང་གི་གཙུག་ལག་ཆེན་པོ་བཞིན་དུ་བཙན་

po lha sras khri lde srong brtsan mivi rje mdzad pa lhai lugs dang vthun

པོ་ལྷ་སྲས་ཁྲི་ལྡེ་སྲོང་བརྩན་མིའི་རྗེ་མཛད་པ་ལྷའི་ལུགས་དང་འཐུན་

par ni mngav thang che/ gnam gyi chos dang mtshungs par ni bkav brtsan

པར་ནི་མངའ་ཐང་ཆེ། གནམ་གྱི་ཆོས་དང་མཚུངས་པར་ནི་བཀའ་བརྩན་

te thugs sgam povi rlabs dang/ bkav lung bzang povi lugs kyis phyi nang

ཏེ་ཐུགས་སྒམ་པོའི་རླབས་དང་། བཀའ་ལུང་བཟང་པོའི་ལུགས་ཀྱིས་ཕྱི་ནང་

gnyis su legs shing / chab srid che bavi tshul nam du yang mi yongs kyis

གཉིས་སུ་ལེགས་ཤིང་། ཆབ་སྲིད་ཆེ་བའི་ཚུལ་ནམ་དུ་ཡང་མི་ཡོངས་ཀྱིས་

shes par mdo tsam zhig rdo rings la bris pavo/ /// btsan po lha sras

ཤེས་པར་མདོ་ཙམ་ཞིག་རྡོ་རིངས་ལ་བྲིས་པའོ། ༄༅། བཙན་པོ་ལྷ་སྲས་

khri lde srong brtsan lha vphrul gyi zhal snga nas thugs sgam/ khong
ཁྲི་ལྡེ་སྲོང་བརྩན་ལྷ་འཕྲུལ་གྱི་ཞལ་སྔ་ནས་ཐུགས་སྒམ། ཁོང་
yangs/ bkav brtan/ zung thub/ thugs stobs chevo/ rang nyid de lta bas na
ཡངས། བཀའ་བརྟན། ཟུང་ཐུབ། ཐུགས་སྟོབས་ཆེའོ། རང་ཉིད་དེ་ལྟ་བས་ན་
vgreng gi rje mdzad na yang mi dgos pavi las kyi mu bskyungs pas nang
འགྲེང་གི་རྗེ་མཛད་ན་ཡང་མི་དགོས་པའི་ལས་ཀྱི་མུ་བསྐྱུངས་པས་ནང་
du vphrug pa dang mi bde ba med cing/ bod yongs kyis khongs la yul
དུ་འཕྲུག་པ་དང་མི་བདེ་བ་མེད་ཅིང་། བོད་ཡོངས་ཀྱིས་ཁོངས་ལ་ཡུལ་
phyug ste vbangs skyid do/ nam zhar dbon sras rgyud kyi chab srid brtan
ཕྱུག་སྟེ་འབངས་སྐྱིད་དོ། ནམ་ཞར་དབོན་སྲས་རྒྱུད་ཀྱི་ཆབ་སྲིད་བརྟན་
zhing vbangs skyid par bya bavi gdams ngag dang/ phyivi dgra vdul bavi
ཞིང་འབངས་སྐྱིད་པར་བྱ་བའི་གདམས་ངག་དང་། ཕྱིའི་དགྲ་འདུལ་བའི་
byin gyi dgra thabs sngon med pavi bzang po bkav lung du bzhag ste yun
བྱིན་གྱི་དགྲ་ཐབས་སྔོན་མེད་པའི་བཟང་པོ་བཀའ་ལུང་དུ་བཞག་སྟེ་ཡུན་
gyi legs pa yang rgya cher dgongs so/ lha vphrul gyi zhal snga nas mthav
གྱི་ལེགས་པ་ཡང་རྒྱ་ཆེར་དགོངས་སོ། ལྷ་འཕྲུལ་གྱི་ཞལ་སྔ་ནས་མཐའ་
bzhi phyogs brgyad du bkav btsan chab srid che ste/ shar phyogs/ /// rgyal
བཞི་ཕྱོགས་བརྒྱད་དུ་བཀའ་བཙན་ཆབ་སྲིད་ཆེ་སྟེ། ཤར་ཕྱོགས་ཨཿ། རྒྱལ་
po chen por rgya vdug pa dang/ bar du bkav khon byung nas dgrar bsdo
པོ་ཆེན་པོར་རྒྱ་འདུག་པ་དང་། བར་དུ་བཀའ་ཁོན་བྱུང་ནས་དགྲར་བསྡོ་
ba las/ dang po chab srid phyag tu bzhes ma thag tu/ bod kyi dmag gis
བ་ལས། དང་པོ་ཆབ་སྲིད་ཕྱག་ཏུ་བཞེས་མ་ཐག་ཏུ། བོད་ཀྱི་དམག་གིས་
rgyai yul phyogs su drangs pas spa bavo// de tshun chad kyis chab srid
རྒྱའི་ཡུལ་ཕྱོགས་སུ་དྲངས་པས་སྤ་བའོ། །དེ་ཚུན་ཆད་ཀྱིས་ཆབ་སྲིད་
kyi mngav bdag mzhad ma thag la bar du lan vgav rgyas chab srid la
ཀྱི་མངའ་བདག་མཛད་མ་ཐག་ལ་བར་དུ་ལན་འགའ་རྒྱས་ཆབ་སྲིད་ལ་

ma bsdo ste rtag tu vjal dum gsol lo/ / lho phyogs kyi rgyal por rgya gar

མ་བསྡོ་སྟེ་རྟག་ཏུ་འཇལ་དུམ་གསོལ་ལོ། ལྷོ་ཕྱོགས་ཀྱི་རྒྱལ་པོར་རྒྱ་གར་

vdug Pa yang/

འདུག་པ་ཡང་།

题注：此抄录是地面29行，以下14行不显，均在土掩下。石碑露出地面部分高21卡（mtho，又称虎口尺，拇指至中指张开的长度为一卡），宽4卡，窄面（厚）2卡。

二、琼结达孜桥头碑文

/// lha btsan po yab mes lha dang mivi rjer gshegs te chos gtsug lag ni

༄། ལྷ་བཙན་པོ་ཡབ་མེས་ལྷ་དང་མིའི་རྗེར་གཤེགས་ཏེ་ཆོས་གཙུག་ལག་ནི་

lugs kyis bzang / dbu rmog brtsan po ni byin du chevo// /// lha btsan po

ལུགས་ཀྱིས་བཟང་། དབུ་རྨོག་བརྩན་པོ་ནི་བྱིན་དུ་ཆེའོ། ༄། ལྷ་བཙན་པོ་

khri srong lde brtsan gyi zhal snga nas kyang yab mes kyi lugs bzhin

ཁྲི་སྲོང་ལྡེ་བརྩན་གྱི་ཞལ་སྔ་ནས་ཀྱང་ཡབ་མེས་ཀྱི་ལུགས་བཞིན་

lhavi gtsug lag ni ma nyams/ gnam savi chos dang ni vthun par mdzad/

ལྷའི་གཙུག་ལག་ནི་མ་ཉམས། གནམ་སའི་ཆོས་དང་ནི་འཐུན་པར་མཛད།

sku yon tan yongs kyis brjod pavi yi ge nam zhig rdo rings la bris so//

སྐུ་ཡོན་ཏན་ཡོངས་ཀྱིས་བརྗོད་པའི་ཡི་གེ་ནམ་ཞིག་རྡོ་རིངས་ལ་བྲིས་སོ།།

chos rgyal chen pos phrin las su ci mdzad pa dang/ dbug rmog brtsan po

ཆོས་རྒྱལ་ཆེན་པོས་ཕྲིན་ལས་སུ་ཅི་མཛད་པ་དང་། དབུག་རྨོག་བཙན་པོ་

byin gyis chab srid skyes pa la stsogs pavi gtam gyi yi ge zhib mo gcig

བྱིན་གྱིས་ཆབ་སྲིད་སྐྱེས་པ་ལ་སྩོགས་པའི་གཏམ་གྱི་ཡི་གེ་ཞིབ་མོ་གཅིག་

ni gud na yod do///// vphrul gyi lha btsan po khri srong lde brtsan gyi zhal

ནི་གུད་ན་ཡོད་དོ། ༄། འཕྲུལ་གྱི་ལྷ་བཙན་པོ་ཁྲི་སྲོང་ལྡེ་བརྩན་གྱི་ཞལ་

snga nas mthav bzhivi rgyal po gzhan dang mi vdra ste/ byin gyi sgam

སྔ་ནས་མཐའ་བཞིའི་རྒྱལ་པོ་གཞན་དང་མི་འདྲ་སྟེ། བྱིན་གྱི་སྒམ་

dkyel chen po dang dbu rmog brtsan pos yar ni ta zhig gyi mtshams man

དཀྱེལ་ཆེན་པོ་དང་དབུ་རྨོག་བརྩན་པོས་ཡར་ནི་ཏ་ཞིག་གྱི་མཚམས་མན་

chad/ mar ni long shan gyi la rgyud yan chad chab vog tu vdu ste chab

ཆད། མར་ནི་ལོང་ཤན་གྱི་ལ་རྒྱུད་ཡན་ཆད་ཆབ་འོག་ཏུ་འདུ་སྟེ་ཆབ་

srid ni lho byang shar nub mthas klas par chevo/ de ltar chab srid che

སྲིད་ནི་ལྷོ་བྱང་ཤར་ནུབ་མཐས་ཀླས་པར་ཆེའོ། དེ་ལྟར་ཆབ་སྲིད་ཆེ་

bavi byin gyis bod yongs yul che khong phyug tu gyurd pas nang nas

བའི་བྱིན་གྱིས་བོད་ཡོངས་ཡུལ་ཆེ་ཁོང་ཕྱུག་ཏུ་གྱུརད་པས་ནང་ནས་

kyang nam zhar bde zhing skyid par gnas so// thugs la byang chub kyi

ཀྱང་ནམ་ཞར་བདེ་ཞིང་སྐྱིད་པར་གནས་སོ།། ཐུགས་ལ་བྱང་ཆུབ་ཀྱི་

spyod pa rlabs po che mngav bas vjig rten las vdas pavi chos bzang po

སྤྱོད་པ་རླབས་པོ་ཆེ་མངའ་བས་འཇིག་རྟེན་ལས་འདས་པའི་ཆོས་བཟང་པོ་

brnyes nas kun la bkav drin du byi*no*/ de ltar vgreng dud gnyis la

བརྙེས་ནས་ཀུན་ལ་བཀའ་དྲིན་དུ་བྱིནོ། དེ་ལྟར་འགྲེང་དུད་གཉིས་ལ་

vphral yun gnyis kyi bkav drin chen pos ma khyab pa med de/ mi yongs

འཕྲལ་ཡུན་གཉིས་ཀྱི་བཀའ་དྲིན་ཆེན་པོས་མ་ཁྱབ་པ་མེད་དེ། མི་ཡོངས་

kyis mtshan yang vphrul gyi lha byang chub chen por gsol to//

三、噶迴寺碑文

/// vphrul gyi lha btsan po khri lde srong brtsan gyi ring la/ dam pavi chos

༄། །འཕྲུལ་གྱི་ལྷ་བཙན་པོ་ཁྲི་ལྡེ་སྲོང་བཙན་གྱི་རིང་ལ། དམ་པའི་ཆོས་

yun du brtan pavi gtsigs brnan pa/ /// vphrul gyi lha btsan po mes khri

ཡུན་དུ་བརྟན་པའི་གཙིགས་བརྣན་པ། ༄། །འཕྲུལ་གྱི་ལྷ་བཙན་པོ་མེས་ཁྲི་

srong brtsan gyi ring la/ *sr*gyas kyi chos mdzad de ra savi gtsug lag

སྲོང་བརྩན་གྱི་རིང་ལ། སརྒྱས་ཀྱི་ཆོས་མཛད་དེ་ར་སའི་གཙུག་ལག་

khang la sogs pa brtsigs te/ dk*oo*g gsu*m* gyi rten btsugs pa dang / mes

ཁང་ལ་སོགས་པ་བརྩིགས་ཏེ། དཀོོག་གསུྃ་གྱི་རྟེན་བཙུགས་པ་དང་། མེས་

khri vdus srong gi ring la/ gling gi khri rtse la sogs par gtsug lag khang

ཁྲི་འདུས་སྲོང་གི་རིང་ལ་གླིང་གི་ཁྲི་རྩེ་ལ་སོགས་པར་གཙུག་ལག་ཁང་

brtsigs te/ dk*oo*g gsu*m* gyi rten btsugs pa dang / mes kri

བརྩིགས་ཏེ། དཀོོག་གསུྃ་གྱི་རྟེན་བཙུགས་པ་དང་། མེས་ཁྲི་

lde gtsug brtsan gyi ring la brag dmar gyi ka cu dang / vching phur gtsug

ལྡེ་གཙུག་བརྟན་གྱི་རིང་ལ་བྲག་དམར་གྱི་ཀ་ཅུ་དང་། འཆིང་ཕུར་གཙུག་

lag khang brtsigs ste dk*oo*g gsu*m* gyi rten btsugs pa dang / yab khri

ལག་ཁང་བརྩིགས་སྟེ་དཀོོག་གསུྃ་གྱི་རྟེན་བཙུགས་པ་དང་། ཡབ་ཁྲི་

srong lde brtsan gyi ring la brag dmar gyi bsa*m* yas la sogs par

སྲོང་ལྡེ་བཙན་གྱི་རིང་ལ་བྲག་དམར་གྱི་བསྃ་ཡས་ལ་སོགས་པར་

dbung mthar gtsug lag khang brtsigs pa dang/ lha btsan po khri lde srong

དབུང་མཐར་གཙུག་ལག་ཁང་བརྩིགས་པ་དང་། ལྷ་བཙན་པོ་ཁྲི་ལྡེ་སྲོང་

btsan gyi ring la yang skar cung gtsug lag khang la sogs pa brtsigs te/

བཙན་གྱི་རིང་ལ་ཡང་སྐར་ཅུང་གཙུག་ལག་ཁང་ལ་སོགས་པ་བརྩིགས་ཏེ།

dk*oo*g gsu*m* gyi rten btsugs pa la sogs pa gdung rabs rgyud kyis vdi

དཀོོག་གསུྃ་གྱི་རྟེན་བཙུགས་པ་ལ་སོགས་པ་གདུང་རབས་རྒྱུད་ཀྱིས་འདི་

ltar chos mdzad pa vdi/ nam du yang ma zhig ma

ལྟར་ཆོས་མཛད་པ་འདི། ནམ་དུ་ཡང་མ་གཞིག་མ་

btang na legs pa dpag du med par vgyur/ btang ste zhig nas med par gyur

བཏང་ན་ལེགས་པ་དཔག་དུ་མེད་པར་འགྱུར། བཏང་སྟེ་ཞིག་ནས་མེད་པར་གྱུར་

na sdig pa grangs med pa vong bas/ da phyin chad nam nam zhar zhar

ན་སྡིག་པ་གྲངས་མེད་པ་འོང་བས། ད་ཕྱིན་ཆད་ནམ་ནམ་ཞར་ཞར་

vphrul gyi lha btsan po yab khri srong lde brtsan gyi ring la/ dk*oog* gsu*m*

འཕྲུལ་གྱི་ལྷ་བཙན་པོ་ཡབ་ཁྲི་སྲོང་ལྡེ་བརྩན་གྱི་རིང་ལ། དཀོོག་གསུྃ་

gyi rten btsugs pa dang / *srg*yas kyi chos mdzad pa mi btang ma zhig par

གྱི་རྟེན་བཙུགས་པ་དང་། སྲྒྱས་ཀྱི་ཆོས་མཛད་པ་མི་བཏང་མ་ཞིག་པར་

gdung rab rgyud kyis yi dam bca vo zhes vbung ba la sogs pa/ btsan po

གདུང་རབ་རྒྱུད་ཀྱིས་ཡི་དམ་བཅའ་འོ་ཞེས་འབྱུང་བ་ལ་སོགས་པ། བཙན་ པོ་

yab sras rje lon kun gyi dbu snyung dang bro bor te gtsigs kyi yi ge

ཡབ་སྲས་རྗེ་བློན་ཀུན་གྱི་དབུ་སྙུང་དང་བྲོ་བོར་ཏེ་གཙིགས་ཀྱི་ཡི་གེ་

dang rdo rings la bris pa bzhin du mdzad do/ vdi ltar yab mes rgyud

དང་རྡོ་རིངས་ལ་བྲིས་པ་བཞིན་དུ་མཛད་དོ། འདི་ལྟར་ཡབ་མེས་རྒྱུད་

kyis dk*oog* gsu*m* gyi rten btsugs shing / *srg*yas kyi chos mdzad pa

ཀྱིས་དཀོོག་གསུྃ་གྱི་རྟེན་བཙུགས་ཤིང་། སྲྒྱས་ཀྱི་ཆོས་མཛད་པ་

vdi gces spras/ spyi la yang sdig go zheva*m* / mi legs so zhes mo dang

འདི་གཅེས་སྤྲས། སྤྱི་ལ་ཡང་སྡིག་གོ་ཞེའྃ། མི་ལེགས་སོ་ཞེས་མོ་དང་

rmi ltas la sogs te civi phyir yang rung mi gzhig*o* mi spang ngo/ de

རྨི་ལྟས་ལ་སོགས་ཏེ་ཅིའི་ཕྱིར་ཡང་རུང་མི་གཞིགོ་མི་སྤང་ངོ་། དེ་

skad ces che chung sus gsol kyis kyang de ltar mi mdzad do/ btsan

སྐད་ཅེས་ཆེ་ཆུང་སུས་གསོལ་ཀྱིས་ཀྱང་དེ་ལྟར་མི་མཛད་དོ། བཙན་

po dbon sras sku chung ngur bzhu*gs* pa yan cad/ chab srid kyi

པོ་དབོན་སྲས་སྐུ་ཆུང་ངུར་བཞུགས་པ་ཡན་ཆད། ཆབ་སྲིད་ཀྱི་

mngav bdag mdzad pa man chad kyang dge slong las dge bavi

མངའ་བདག་མཛད་པ་མན་ཆད་ཀྱང་དགེ་སློང་ལས་དགེ་བའི་

bshes gnyen bskos ste chos thug*su* ci chud chud du slob cing/ bod yongs

བཤེས་གཉེན་བསྐོས་ཏེ་ཆོས་ཐུགསུ་ཅི་ཆུད་ཆུད་དུ་སློབ་ཅིང་། བོད་ཡོངས་

kyi chos bslab cing spyad pavi sgo mi bcad/ nam du yang bod ya rab

ཀྱི་ཆོས་བསླབ་ཅིང་སྤྱད་པའི་སྒོ་མི་བཅད། ནམ་དུ་ཡང་བོད་ཡ་རབ་

man chad bod vbangs las thar par gzud pavi sgo mi bgag par dad pa rn*m*s

མན་ཆད་བོད་འབངས་ལས་ཐར་པར་གཟུད་པའི་སྒོ་མི་དགག་པར་དད་པ་རྣཾས་

las thar pa btsud de/ devi nang nas nus pa las bc*dom*s kyi ring lu*g*s rtag

ལས་ཐར་པ་བཙུད་དེ། དེའི་ནང་ན་ནུས་པ་ལས་བཅོཾས་ཀྱི་རིང་ལུགས་རྟག་

tu vde*m*s shing/ bc*dom*s kyi ring lu*gs* byed pavi gtam chos vkhor gyi las

ཏུ་འདེཾས་ཤིང་། བཅོཾས་ཀྱི་རིང་ལུགས་བྱེད་པའི་གཏམ་ཆོས་འཁོར་གྱི་ལས་

dang dbang byed cing dge bavi bshes gnyen pa bsko vo/ rab tu byung

དང་དབང་བྱེད་ཅིང་དགེ་བའི་བཤེས་གཉེན་པ་བསྐོ་འོ། རབ་ཏུ་བྱུང་

ba rn*m*s nged yab sras kyis mchod gna*su* gnang ba bzhin du bya

བ་རྣཾས་ངེད་ཡབ་སྲས་ཀྱིས་མཆོད་གནསུ་གནང་བ་བཞིན་དུ་བྱ་

ste/ btsan povi ph*rong* na gan du mi bgyi vo/ mdor na btsan povi ph*rong*

སྟེ། བཙན་པོའི་ཕྲོང་ན་གན་དུ་མི་བགྱི་འོ། མདོར་ན་བཙན་པོའི་ཕྲོང་

dang bod kha*m*s na dk*oog* gsu*m* med pa dang/ dk*oog* gsu*m* gyi rkyen

དང་བོད་ཁཾས་ན་དཀོོག་གསུཾ་མེད་པ་དང་། དཀོོག་ གསུཾ་གྱི་རྐྱེན་

bcad pavi rnams kyang ma smad ma zhig pavi chos so zhes lha ris kyi

བཅད་པའི་རྣམས་ཀྱང་མ་སྨད་མ་ཞིག་པའི་ཆོས་སོ་ཞེས་ལྷ་རིས་ཀྱི་

khyim yig*e* mgo mnan las byung ba bzhin du mi mdzad do/ da phyin chad

ཁྱིམ་ཡིགེ་མགོ་མནན་ལས་བྱུང་བ་བཞིན་དུ་མི་མཛད་དོ། ད་ཕྱིན་ཆད་

gdung rab re*e* bzhin yang btsan po yab sras kyis vdi bzhin du yi dam

གདུང་རབ་རེེ་བཞིན་ཡང་བཙན་པོ་ཡབ་སྲས་ཀྱིས་འདི་བཞིན་དུ་ཡི་དམ་

bcav vo/ vdi las mnav kha phud pa dag mi bya mi bgyi mi sgyur bar

བཅའ་འོ། འདི་ལས་མནའ་ཁ་ཕུད་པ་དག་མི་བྱ་མི་བགྱི་མི་སྒྱུར་བར་

vji*net* las vdas pa dang/ vji*net* gyi mi ma yin pa tha*md* kyang dpang du

འཇིནྟེ་ལས་འདས་པ་དང་། འཇིནྟེ་གྱི་མི་མ་ཡིན་པ་ཐཾད་ཀྱང་དཔང་དུ་

gsol te btsan po rje blon kun kyis kyang dbu snyung dang bro bor ro/

གསོལ་ཏེ་བཙན་པོ་རྗེ་བློན་ཀུན་ཀྱིས་ཀྱང་དབུ་སྙུང་དང་བྲོ་བོར་རོ།

gtsigs bsnan pavi yi ge zhib mo vdi yab kyi ring la gtsigs kyi yi ge bris

གཙིགས་བསྣན་པའི་ཡི་གེ་ཞིབ་མོ་འདི་ཡབ་ཀྱི་རིང་ལ་གཙིགས་ཀྱི་ཡི་གེ་བྲིས་

pavi zla la bzhago/

པའི་ཟླ་ལ་བཞགོ

题注：抄自噶迥杰德碑刻。

四、工布碑刻录文

/// lha btsan po khri srong lde brtsan dang / lde srong yab sras kyi ring

༄༅། ལྷ་བཙན་པོ་ཁྲི་སྲོང་ལྡེ་བཙན་དང་། ལྡེ་སྲོང་ཡབ་སྲས་ཀྱི་རིང་

lav/ rkong dkar po la gtsigs gnang bav/ /// dkar po mang po rje dang blon

ལའ། རྐོང་དཀར་པོ་ལ་གཙིགས་གནང་བའ། ༄༅། དཀར་པོ་མང་པོ་རྗེ་དང་བློན་

po lhavi zung gis gsold par/ thog ma phywa ya bla bdag drug gi sras

པོ་ལྷའི་ཟུང་གིས་གསོལད་པར། ཐོག་མ་ཕྱྭ་ཡ་བླ་བདག་དྲུག་གི་སྲས་

las/ gnyav khri btsan po myi yul gyi rjer/ lha ri gyang dor gshegs pa tshun

ལས། གཉའ་ཁྲི་བཙན་པོ་མི་ཡུལ་གྱི་རྗེར། ལྷ་རི་གྱུང་ དོར་གཤེགས་པ་ཚུན་

chad/ dri gum btsan po phan chad/ gdung rabs bdun gyi bar du phying

ཆད། དྲི་གུམ་བཙན་པོ་ཕན་ཆད། གདུང་རབས་ བདུན་གྱི་བར་དུ་ཕྱིང་

ba stag rtse na bzhugs bzhugs/ /dri gum btsan povi sras gcen nya khyi

བ་སྟག་རྩེ་ན་བཞུགས་བཞུགས། དྲི་གུཾ་བཙན་པོའི་སྲས་གཅེན་ཉ་ཁྱི་

dang gcung sha kyi gnyis las gcung sha kyi ni lha btsan po/ gcen nya khyi

དང་གཅུང་ཤ་ཁྱི་གཉིས་ལས། གཅུང་ཤ་ཁྱི་ནི་ལྷ་བཙན་པོ། གཅེན་ཉ་ཁྱི་

ni rkong yul du bzhugs te/ gcen dkar po ni thog ma yas gshegs pav tshe

ནི་རྐོང་ཡུལ་དུ་བཞུགས་སྟེ། གཅེན་དཀར་པོ་ནི་ཐོག་མ་ཡས་གཤེགས་པའི་ཚེ་

mched gnyis kyis sku bla gnyan po gsol ba dang / sku bla de mo dang bshos pavi

མཆེད་གཉིས་ཀྱིས་སྐུ་བླ་གཉན་པོ་གསོལ་བ་དང་། སྐུ་བླ་དེ་མོ་དང་བཤོས་པའི་

lha bdag bgyid kyis kyang lha sras kyis skuvi rim gro la bdag gi srog la
ལྷ་བདག་བགྱིད་ཀྱིས་ཀྱང་ལྷ་སྲས་ཀྱིས་སྐུའི་རིམ་གྲོ་ལ་བདག་གི་སྲོག་ལ་
bab pa man chad kyi cho gar mdzad pa srog vphongs ma bgyis te/ lha sras
བབ་པ་མན་ཆད་ཀྱི་ཆོ་གར་མཛད་པ་སྲོག་འཕོངས་མ་བགྱིས་ཏེ། ལྷ་སྲས་
kyi chab srid vdi ltar mtho/ dbu rmog brtsan/ yong lha sras gna*m* dang
ཀྱི་ཆབ་སྲིད་འདི་ལྟར་མཐོ། དབུ་རྨོག་བརྩན། ཡོང་ལྷ་སྲས་གནཾ་དང་
vdra bavi chags vog na/ gna*m* kol du gnang bvang ci bas zhig mchis na/
འདྲ་བའི་ཆགས་འོག་ན། གནཾ་ཀོལ་དུ་གནང་བའང་ཅི་བས་ཞིག་མཆིས་ན་
bdag cag lta zhig thog ma mched gyes pa nas/ pha mes dang po lha mi
བདག་ཅག་ལྟ་ཞིག་ཐོག་མ་མཆེད་གྱེས་པ་ནས། ཕ་མེས་དང་པོ་ལྷ་མི་
ma bye ba tshun chad bde skyid cing chu srid g–yung drung dang vdra
མ་བྱེ་བ་ཚུན་ཆད་བདེ་སྐྱིད་ཅིང་ཆུ་སྲིད་གཡུང་དྲུང་དང་འདྲ་
bar gnang gis kyang/ deng sang du khab so dpon sna dag gis khral gyi sna
བར་གནང་གིས་ཀྱང་། དེང་སང་དུ་ཁབ་སོ་དཔོན་སྣ་དག་གིས་ཁྲལ་གྱི་སྣ་
vtshal te gces shing mchis na / na*m* duvang bde bar thugs dpag mdzad pavi
འཚལ་ཏེ་གཅེས་ཤིང་མཆིས་ན། ནཾ་དུའང་བདེ་བར་ཐུགས་དཔག་མཛད་པའི་
gtsigs tsa*m* zhig ci gnang zhes gsold nas de bzhin du gnang ste/ gtsigs
གཙིགས་ཙཾ་ཞིག་ཅི་གནང་ཞེས་གསོལད་ནས་དེ་བཞིན་དུ་གནང་སྟེ། གཙིགས་
vphra men sgro*m* bur stsal bavi dper bris pa/ /// btsan po lha sras khri
འཕྲ་མེན་སྒྲོཾ་བུར་སྩལ་བའི་དཔེར་བྲིས་པ། ༄༅། བཙན་པོ་ལྷ་སྲས་ཁྲི་
srong lde brtsan gyi ring la dkar povi gtsigs gnang ba la/ lha sras lde
སྲོང་ལྡེ་བརྩན་གྱི་རིང་ལ་དཀར་པོའི་གཙིགས་གནང་བ་ལ། ལྷ་སྲས་ལྡེ་
srong gi sku ring la gtsigs snga ma bas bskyed par bkavs gnang ba/
སྲོང་གི་སྐུ་རིང་ལ་གཙིགས་སྔ་མ་བས་བསྐྱེད་པར་བཀས་གནང་བ།
nam zhar kyang rkong dkar povi rgyal por gzhan mi bzhugs par dkar
ནམ་ཞར་ཀྱང་རྐོང་དཀར་པོའི་རྒྱལ་པོར་གཞན་མི་བཞུགས་པར་དཀར་

po mang po rjevi bu tsha vphel rgyud las stsal bar gna*ngo* / dkar po mang

པོ་མང་པོ་རྗེའི་བུ་ཚ་འཕེལ་རྒྱུད་ལས་སྩལ་བར་གནངོ་། དཀར་པོ་མང་

po rjevi rgyud rab chad na gcen rgyal po dkar povi ming mi rlag par rgyal

པོ་རྗེའི་རྒྱུད་རབ་ཆད་ན་གཅེན་རྒྱལ་པོ་དཀར་པོའི་མིང་མི་རླག་པར་རྒྱལ་

por yang dkar po rgyal brtsan gyi rgyud las bskovo/ rgyal brtsan gyi

པོར་ཡང་དཀར་པོ་རྒྱལ་བརྩན་གྱི་རྒྱུད་ལས་བསྐོའོ། རྒྱལ་བརྩན་གྱི་

rgyud kyang rab chad na nye vsha*m* las kha chems kyis gang gsol bavi

རྒྱུད་ཀྱང་རབ་ཆད་ན་ཉེ་འཚཾས་ལས་ཁ་ཆེམས་ཀྱིས་གང་གསོལ་བའི་

nang nas spus dang sbyard te gang vos pa 1stsald par gna*ngo* / /// rkong

ནང་ནས་སྤུས་དང་སྦྱརད་ཏེ་གང་འོས་པ་༡སྩལད་པར་གནངོ་།༄། རྐོང་

dkar povi bran dang zhing vbrog slan chad mi dbri zhing rje blas dang /

དཀར་པོའི་བྲན་དང་ཞིང་འབྲོག་སླན་ཆད་མི་དབྲི་ཞིང་རྗེ་བླས་དང་།

dpya khral bla skyes mi dbab pa dang/ stsang ra phya nas dang vbras

དཔྱ་ཁྲལ་བླ་སྐྱེས་མི་དབབ་པ་དང་། སྩང་ར་ཕྱ་ནས་དང་འབྲས་

gang vbul yang rung / vbul bavi sa tshig da ltar gyi las mi bsring bar lha

གང་འབུལ་ཡང་རུང་། འབུལ་བའི་ས་ཚིག་ད་ལྟར་གྱི་ལས་མི་བསྲིང་བར་ལྷ་

sas yab kyi bkas gnang ba bzhin du/ lha sras lde srong gi sku ring la rje

སྲས་ཡབ་ཀྱི་བཀས་གནང་བ་བཞིན་དུ། ལྷ་སྲས་ལྡེ་སྲོང་གི་སྐུ་རིང་ལ་རྗེ་

blon mol te bkas gnang ngo//

བློན་མོལ་ཏེ་བཀས་གནང་ངོ་།།

五、热萨垂囊寺碑文
（唐蕃会盟碑）

/// vphrul gyi lha btsan po khri gtsug lde brtsan dang/ rgya rje bun bu

༄། འཕྲུལ་གྱི་ལྷ་བཙན་པོ་ཁྲི་གཙུག་ལྡེ་བཙན་དང་། རྒྱ་རྗེ་བུན་བུ་

hevu tig hwang de gnyis chab srid gcig tu mol te mjal dums mdzad pavi

ཧེའུ་ཏིག་ཧྭང་དེ་གཉིས་ཆབ་སྲིད་གཅིག་ཏུ་མོལ་ཏེ་མཇལ་དུམས་མཛད་པའི་

Tshe/ bod rgya gnyis kyi tshul ci vdra ba dang/ mjal dums mdzad pavi

ཚེ། བོད་རྒྱ་གཉིས་ཀྱི་ཚུལ་ཅི་འདྲ་བ་དང་། མཇལ་དུཾས་མཛད་པའི་

gtan tshigs rdo ring la bris pavo/ /vphrul gyi lha btsan bo vod lde spu rgyal

གཏན་ཚིགས་རྡོ་རིངས་ལ་བྲིས་པའོ། །འཕྲུལ་གྱི་ལྷ་བཙན་པོ་འོད་ལྡེ་སྤུ་རྒྱལ་

yul byung sa dod tshun chad gdung ma vgyur bar bod kyi rgyal po chen po mdzad

ཡུལ་བྱུང་ས་དོད་ཚུན་ཆད་གདུང་མ་འགྱུར་བར་བོད་ཀྱི་རྒྱལ་པོ་ཆེན་པོ་མཛད་

pa yang/ gangs ri mthon povi ni ngogs/ /chu bo chen povi ni mgo/ yul

པ་ཡང་། གངས་རི་མཐོན་པོའི་ནི་ངོགས། ཆུ་བོ་ཆེན་པོའི་ནི་མགོ། ཡུལ་

mtho sa gtsang zhes gnam gyi lha las mivi rgyal por gshegs te/ gtsug lag

མཐོ་ས་གཙང་ཞེས་གནམ་གྱི་ལྷ་ལས་མིའི་རྒྱལ་པོར་གཤེགས་ཏེ། གཙུག་ལག་

chen pos ni yund kyi srid btsugs/ chos khrims bzang pos ni mivi lugs

ཆེན་པོས་ནི་ཡུན་གྱི་སྲིད་བཙུགས། ཆོས་ཁྲིཾས་བཟང་པོས་ནི་མིའི་ལུགས་

bsrang/byams pavi bkav drin gyis ni nang gi tshis sbyar/ dgra thabs mkhas pas

བསྲང་། བྱམས་པའི་བཀའ་དྲིན་གྱིས་ནི་ནང་གི་ཚིས་སྦྱར། དགྲ་ཐབས་མཁས་པས་

ni phyivi dgra btul te/ chab srid ni phyir zhing che/ dbu rmog ni slar

ནི་ཕྱིའི་དགྲ་བཏུལ་ཏེ། ཆབ་སྲིད་ནི་ཕྱིར་ཞིང་ཆེ། དབུ་རྨོག་ནི་སླར་

zhing btsan pas nam zhar gtsug mi vgyur/ byin mi nyams pavi g-yung

ཞིང་བཙན་པས་ནམ་ཞར་གཙུག་མི་འགྱུར། བྱིན་མི་ཉམས་པའི་གཡུང་

drung gi rgyal po chen po yin/ devi phyir lho phyogs kyi rgya gar dang/

དྲུང་གི་རྒྱལ་པོ་ཆེན་པོ་ཡིན། དེའི་ཕྱིར་ལྷོ་ཕྱོགས་ཀྱི་རྒྱ་གར་དང་།

nub phyogs kyi ta zhig dang/ byang phyogs kyi gru gu no smel la sogs pa/

ནུབ་ཕྱོགས་ཀྱི་ཏ་ཞིག་དང་། བྱང་ཕྱོགས་ཀྱི་གྲུ་གུ་ནོ་སྨེལ་ལ་སོགས་པ།

g–yas g–yovi rgyal po sde chen por bya ba kun kyang vphrul gyi lha btsan

གཡས་གཡོའི་རྒྱལ་པོ་སྡེ་ཆེན་པོར་བྱ་བ་ཀུན་ཀྱང་འཕྲུལ་གྱི་ལྷ་བཙན་

povi dbu rmog btsan po dang lugs bzang po la/ mi phyogs mi gus pa med

པོའི་དབུ་རྨོག་བཙན་པོ་དང་ལུགས་བཟང་པོ་ལ། མི་ཕྱོགས་མི་གུས་པ་མེད་

de/ phan tshun dgyes shing bkav stsald to cog nyan pa yin/ shar phyogs

དེ། ཕན་ཚུན་དགྱེས་ཤིང་བཀའ་སྩལ་ཏོ་ཅོག་ཉན་པ་ཡིན། ཤར་ཕྱོགས་

na rgya vdug pa/ phyivi rgya mtsho chen povi bar nyi ma shar logs kyi

ན་རྒྱ་འདུག་པ། ཕྱིའི་རྒྱ་མཚོ་ཆེན་པོའི་བར་ཉི་མ་ཤར་ ལོགས་ཀྱི་

rgyal po ste/ lho bal gzhan dang mi vdra bar srid dang lugs bzang/ gtsug

རྒྱལ་པོ་སྟེ། ལྷོ་བལ་གཞན་དང་མི་འདྲ་བར་སྲིད་དང་ལུགས་བཟང་། གཙུག་

lag che bas bod dang yang vthab kyi zla/ gnyen gyi sde/ dang po rgya rje

ལག་ཆེ་བས་བོད་དང་ཡང་འཐབ་ཀྱི་ཟླ། གཉེན་གྱི་སྡེ། དང་པོ་རྒྱ་རྗེ་

li rgya sar zhugs nas/ devi tang gi srid lo nyi shu rtsa gsum lon/ rgyal rabs

ལི་རྒྱལ་སར་ཞུགས་ནས། དེའི་ཏང་གི་སྲིད་ལོ་ཉི་ཤུ་རྩ་གསུམ་ལོན། རྒྱལ་རབས་

gcig*i* vog*tu*/ vphrul gyi lha btsan po khri srong brtsan dang/ rgya rje theve

གཅིགི་འོགྟུ།། འཕྲུལ་གྱི་ལྷ་བཙན་པོ་ཁྲི་སྲོང་བཙན་དང་། རྒྱ་རྗེ་ཐེའེ་

dzung bu sheng hwang de gnyis chab srid gcig tu mol nas/ cang

ཛུང་བུ་ཤེང་ཧྭང་དེ་གཉིས་ཆབ་སྲིད་གཅིག་ཏུ་མོལ་ནས། ཅང་

k*w*an gyi lo la kun sheng kong co btsan povi khab tu blangs/ phyis vphrul

ཀྭན་གྱི་ལོ་ལ་ཀུན་ཤེང་ཀོང་ཅོ་བཙན་པོའི་ཁབ་ཏུ་བླངས། ཕྱིས་འཕྲུལ་

gyi lha btsan po khri lde gtsug btsan dang/ rgya rje sa*m* lang khave vg*w*an

གྱི་ལྷ་བཙན་པོ་ཁྲི་ལྡེ་གཙུག་བཙན་དང་། རྒྱ་རྗེ་སཾ་ལང་ཁའེ་འགྭན་

sheng b*v*un shin b*v*u h*w*ang de dang chab srid gcig tu mol te gnyen rtsegs nas/

ཤེང་བྺུན་ཤིན་བྺུ་ཧྭང་དེ་དང་ཆབ་སྲིད་གཅིག་ཏུ་མོལ་ཏེ་གཉེན་རྩེགས་ནས།

keng lung gi lo la ma shang kong co btsan povi khab tu blangs nas/dbon

ཀེང་ལུང་གི་ལོ་ལ་མ་ཤང་ཀོང་ཅོ་བཙན་པོའི་ཁབ་ཏུ་བླངས་ནས། དབོན་

zhang du gyur te dgyes pa las/ bar dgav phan tshun gyi so sovi blon pos
ཞང་དུ་གྱུར་ཏེ་དགྱེས་པ་ལས། བར་འགའ་ཕན་ཚུན་གྱི་སོ་སོའི་བློན་པོས་
gnod pa dag brdul gyis kyang gnyen pavi chab gang du bya ba/ thugs
གནོད་པ་དག་བརྡུལ་གྱིས་ཀྱང་གཉེན་པའི་ཆབ་གང་དུ་བྱ་བ། ཐུགས་
dkyel chen povi dag gi tshe/ dmag stongs kyis phan thogs par byas pa
དཀྱེལ་ཆེན་པོའི་དག་གི་ཚེ། དམག་སྟོངས་ཀྱིས་ཕན་ཐོགས་པར་བྱས་པ་
dang/ phan tshun thugs nongs byung ngo cog la/ dgyes gnang dag kyang
དང་། ཕན་ཚུན་ཐུགས་ནོངས་བྱུང་ངོ་ཅོག་ལ། དགྱེས་གནང་དག་ཀྱང་
ma chad par bsrings te/ vdi ltar nye zhing gnyen pa yin na/ dbon zhang gi
མ་ཆད་པར་བསྲིངས་ཏེ། འདི་ལྟར་ཉེ་ཞིང་གཉེན་པ་ཡིན་ན། དབོན་ཞང་གི་
tshul kho na ltar thugs yid ma phebs pa las/ btsan po yab lha vphrul khri
ཚུལ་ཁོ་ན་ལྟར་ཐུགས་ཡིད་མ་ཕེབས་པ་ལས། བཙན་པོ་ཡབ་ལྷ་འཕྲུལ་ཁྲི་
lde srong brtsan gyi zhal snga nas/ bsgam dkyel chen pos ni phyi nang
ལྡེ་སྲོང་བརྩན་གྱི་ཞལ་སྔ་ནས། བསྒམ་དཀྱེལ་ཆེན་པོས་ནི་ཕྱི་ནང་
med par phyogs brgyad khyab ste/ khyab ste/ mtha bzhi rgyal po kun
མེད་པར་ཕྱོགས་བརྒྱད་ཁྱབ་སྟེ། མཐའ་བཞི་རྒྱལ་པོ་ཀུན་
dang yang mjal zhing vdun par mdzad na/ rgyal lta zhig gnyen brtsegs
དང་ཡང་མཇལ་ཞིང་འདུན་པར་མཛད་ན། རྒྱལ་ལྟ་ཞིག་གཉེན་བརྩེགས་
ma yin pas lhag par chab srid gcig tu dgyes te/ phan tshun dbon zhang
མ་ཡིན་པས་ལྷག་པར་ཆབ་སྲིད་གཅིག་ཏུ་དགྱེས་ཏེ། ཕན་ཚུལ་དབོན་ཞང་
dgongs pa vthun nas rgya rje zheng shing bun bvu hwang ti dang mjal
དགོངས་པ་འཐུན་ནས་རྒྱ་རྗེ་ཞེང་ཤིང་བུན་བྭུ་ཧྭང་ཏི་དང་མཇལ་
dums su mol te/ bkav khon rnying pa ni spyangs shing bsal/ dgyes pa
དུམས་སུ་མོལ་ཏེ། བཀའ་ཁོན་རྙིང་པ་ནི་སྤྱངས་ཤིང་བསལ། དགྱེས་པ་
gsar pa ni bslar zhing bsdur/ de tshun chad btsan po dbon ni sku tshe gcig
གསར་པ་ནི་བསླར་ཞིང་བསྡུར། དེ་ཚུན་ཆད་བཙན་པོ་དབོན་ནི་སྐུ་ཚེ་གཅིག

rgya rje zhang ni gdung rabs gsum gyi bar du bkav khon gyi gcugs ni

རྒྱ་རྗེ་ཞང་ནི་གདུང་རབས་གསུམ་གྱི་བར་དུ་བཀའ་འཁོན་གྱི་གཙུགས་ནི་

ma byung/ dgyes pavi sri zhu ni phan tshun phrad de/ pho nya ces pa las

མ་བྱུང་། དགྱེས་པའི་སྲི་ཞུ་ནི་ཕན་ཚུན་ཕྲད་དེ། ཕོ་ཉ་ཅེས་པ་ལས་

bkav phrin snyan pa dang dkor nor bzang pos ni rgyun du vgrul na/

བཀའ་ཕྲིན་སྙན་པ་དང་དཀོར་ནོར་བཟང་པོས་ནི་རྒྱུན་དུ་འགྲུལ་ན།

mjal dum gyi mdo chen po gtsigs bca ba lta bu yang ma grub/ /dbon

མཇལ་དུམ་གྱི་མདོ་ཆེན་པོ་གཙིགས་བཅ་བ་ལྟ་བུ་ཡང་མ་གྲུབ། དབོན་

zhang mold bavi rjes kyang tshar ma phyin par thugs nongs kyis rtsal te/

ཞང་མོལ་བའི་རྗེས་ཀྱང་ཚར་མ་ཕྱིན་པར་ཐུགས་ནོངས་ཀྱིས་རྩལ་ཏེ།

bar gyi gcug rnying pa phran tshegs kyi dogs vphrig gis legs pa chen

བར་གྱི་གཙུག་རྙིང་པ་ཕྲན་ཚེགས་ཀྱི་དོགས་འཕྲིག་གིས་ལེགས་པ་ཆེན་

povi sku don phyi lcigs she dag tu gyur nas/ dgra chos kyij thabs dang

པོའི་སྐུ་དོན་ཕྱི་ལྕིགས་ཤེ་དག་ཏུ་གྱུར་ནས། དགྲ་ཆོས་ཀྱི་ཐབས་དང་

dmag btsan po dag kyang mi brdul du ma rung ste/ dgra zun gyi tshul du

དམག་བཙན་པོ་དག་ཀྱང་མི་བརྡུལ་དུ་མ་རུང་སྟེ། དགྲ་ཟུན་གྱི་ཚུལ་དུ་

gyurd gyis kang yong nye zhing gnyen la/ vphrul gyi lha btsan po khri

གྱུར་གྱིས་ཀུང་ཡོང་ཉེ་ཞིང་གཉེན་ལ། འཕྲུལ་གྱི་ལྷ་བཙན་པོ་ཁྲི་

gtsug lde btsan gyi zhal snga nas/ mkhyen pa ni vphrul gyi tshul chags /

གཙུག་ལྡེ་བཙན་གྱི་ཞལ་སྔ་ནས། མཁྱེན་པ་ནི་འཕྲུལ་གྱི་ཚུལ་ཆགས།

mdzad pa ni lhavi lugs dang mthun te/ bkav drin chen pos phyi nang

མཛད་པ་ནི་ལྷའི་ལུགས་དང་མཐུན་ཏེ། བཀའ་དྲིན་ཆེན་པོས་ཕྱི་ནང་

gnyi*su* snyoms shing/ dbu rmog brtsan/ bkavlung gnyan te/ rgya rje

གཉིསུ་སྙོམས་ཤིང་། དབུ་རྨོག་བརྩན། བཀའ་ལུང་གཉན་ཏེ། རྒྱ་རྗེ་

bvun bu hevu tig hwang te dang dbon zhang gnyis vphrul gyi dgongs pa

བུན་བུ་ཧེའུ་ཏིག་ཧྭང་ཏེ་དང་དབོན་ཞང་གཉིས་འཕྲུལ་གྱི་དགོངས་པ་

ni vthun/ legs pavi chab srid ni gcig ste/ bod rgya gnyis rabs khrir bde

ནི་འཐུན། ལེགས་པའི་ཆབ་སྲིད་ནི་གཅིག་སྟེ། བོད་རྒྱ་གཉིས་རབས་ཁྲིར་བདེ་

skyid pavi mjal dums chen po mdzad nas/ rgya yul du ni keng shivi nub

སྐྱིད་པའི་མཇལ་དུམས་ཆེན་པོ་མཛད་ནས། རྒྱ་ཡུལ་དུ་ནི་ཀེང་ཤིའི་ནུབ་

phyogs sang shivi drung du/ bod chen povi lovi ming skyid rtag lo bdun/

ཕྱོགས་སང་ཤིའི་དྲུང་དུ། བོད་ཆེན་པོའི་ལོའི་མིང་སྐྱིད་རྟག་ལོ་བདུན།

rgya chen povi lovi ming cang keng lo dang po / lcags mo glang gi lovi

རྒྱ་ཆེན་པོའི་ལོའི་མིང་ཅང་ཀེང་ལོ་དང་པོ། ལྕགས་མོ་གླང་གི་ལོའི་

dgun zla ra bavi tshes bcu la dky*ior* la vdzegs te/ rgyas gtsi*gs* bzung ngo/

དགུན་ཟླ་ར་བའི་ཚེས་བཅུ་ལ་དཀྱིོར་ལ་འཛེགས་ཏེ་རྒྱས་གཙིགས་གཟུང་ངོ།།

bod yul du ni pho brang lha savi shar phyogs sbra stod tshal du/ bod chen

བོད་ཡུལ་དུ་ནི་ཕོ་བྲང་ལྷ་སའི་ཤར་ཕྱོགས་སྦྲ་སྟོད་ཚལ་དུ། བོད་ཆེན་

povi lovi ming skyid rtag lo brgyad/ rgya chen povi lovi ming cang keng

པོའི་ལོའི་མིང་སྐྱིད་རྟག་ལོ་བརྒྱད། རྒྱ་ཆེན་པོའི་ལོའི་མིང་ཅང་ཀེང་

lo gnyis/ chu pho sta*gi* lovi dbyar zla vbring povi tshes drug la dky*ior* la

ལོ་གཉིས། ཆུ་ཕོ་སྟགི་ལོའི་དབྱར་ཟླ་འབྲིང་པོའི་ཚེས་དྲུག་ལ་དཀྱིོར་ལ་

vdz*egs* te bod kyis tsi*gs* gzung ngo/ / rtsi*gs* kyi mdo rdo rings la bris pa

འཛེགས་ཏེ་བོད་ཀྱིས་ཙིགས་གཟུང་ངོ།། རྩིགས་ཀྱི་མདོ་རྡོ་རིངས་ལ་བྲིས་པ་

vdi yang bod chen povi lovi ming skyid rtag lo bgu/ rgya chen povi lovi

འདི་ཡང་བོད་ཆེན་པོའི་ལོའི་མིང་སྐྱིད་རྟག་ལོ་དགུ། རྒྱ་ཆེན་པོའི་ལོའི་

ming cang keng lo gsu*m*/ chu mo yos lovi dpyid zla vbring po tshes bcu

མིང་ཅང་ཀེང་ལོ་གསུམ། ཆུ་མོ་ཡོས་ལོའི་དཔྱིད་ཟླ་འབྲིང་པོའི་ཚེས་བཅུ་

bzhi la/ rdo rings la yi ger bris so// rdo rings vdi dris bavi spyan yang

བཞི་ལ། རྡོ་རིངས་ལ་ཡི་གེར་བྲིས་སོ།། རྡོ་རིངས་འདི་བྲིས་བའི་སྤྱན་ཡང་།

rgyavi pho nya thabs cung shing yod pa do tseve dang/ thabs tsan shan

རྒྱའི་ཕོ་ཉ་ཐབས་ཅུང་ཤིང་ཡོད་པ་དོ་ཙེའེ་དང་། ཐབས་ཙན་ཤན་

de bvu yod pa /li krivu la sogs pas byas so/ rtsigs kyi mdo rdo rings la

དེ་བྭུ་ཡོད་པ་ལི་ཀྲིའུ་ལ་སོགས་པས་བྱས་སོ། རྩིགས་ཀྱི་མདོ་རྡོ་རིངས་ལ་

vdi vdra cig/ rgyavi yul keng shir yang gtsugs so/ /

འདི་འདྲ་ཅིག རྒྱའི་ཡུལ་ཀེང་ཤིར་ཡང་གཙུགས་སོ།།

题注：以上为东面碑文，西面如下：

/// bod kyi rgyal po chen po vphrul gyi lha btsan po dang/ rgyavi rgyal po

༄༅། བོད་ཀྱི་རྒྱལ་པོ་འཕྲུལ་གྱི་ལྷ་བཙན་པོ་དང་། རྒྱའི་རྒྱལ་པོ་

chen po rgyal rje hwang te dbon zhang gnyis chab srid gcig tu mol nas

ཆེན་པོ་རྒྱལ་རྗེ་ཧྭང་ཏེ་དབོན་ཞང་གཉིས་ཆབ་སྲིད་གཅིག་ཏུ་མོལ་ནས་

mjal dums chen po mdzad cing/ gtsigs bcas pa nam zhar yang mi vgyur bar/

མཇལ་དུམས་ཆེན་པོ་མཛད་ཅིང་། གཙིགས་བཅས་པ་ནམ་ཞར་ཡང་མི་འགྱུར་བར།

lha mi kun gyis shes shing dpang byas te tshe tshe rabs rabs su brjod

ལྷ་མི་ཀུན་གྱིས་ཤེས་ཤིང་དཔང་བྱས་ཏེ་ཚེ་ཚེ་རབས་རབས་སུ་བརྗོད་

yod zhir tsigs kyi ming rdo rings la bris pavo/ / vphrul gyi lha btsan po

ཡོད་ཞིར་རྩིགས་ཀྱི་མིང་རྡོ་རིངས་ལ་བྲིས་པའོ། །འཕྲུལ་གྱི་ལྷ་བཙན་པོ་

khri gtsug lde brtsan gyi zhal snga nas/ rgya rje bvun bvu hevu tig hwang

ཁྲི་གཙུག་ལྡེ་བརྩན་གྱི་ཞལ་སྔ་ནས། རྒྱ་རྗེ་བྭུན་བྭུ་ཧེའུ་ཏིག་ཧྭང་

de/ vphrul dbon zhang gnyis bsgam dkyel chen pos ni vphral yun gnyis

དེ། འཕྲུལ་དབོན་ཞང་གཉིས་བསྒཾ་དཀྱེལ་ཆེན་པོས་ནི་འཕྲལ་ཡུན་གཉིས་

gyi leg nyes ci yang mkhyen/ thugs rje chen pos ni bkav drin gyis dgab

གྱི་ལེགས་ཉེས་ཅི་ཡང་མཁྱེན། ཐུགས་རྗེ་ཆེན་པོས་ནི་བཀའ་དྲིན་གྱིས་དགབ་

pa la phyi nang med pas/ mang po kun bde zhing kyid par bya ba la ni

པ་ལ་ཕྱི་ནང་མེད་པས། མང་པོ་ཀུན་བདེ་ཞིང་སྐྱིད་པར་བྱ་བ་ལ་ནི་

dgongs pa gcig/ yun ring por legs bavi don chen po la ni bkav gros vthun

དགོངས་པ་གཅིག ཡུན་རིང་པོར་ལེགས་པའི་དོན་ཆེན་པོ་ལ་ནི་བཀའ་གྲོས་འཐུན་

te/ gnyen rnying pavi sri zhu ni bstud/ khyim tshes dgyes pavi tshul slar
ཏེ། གཉེན་རྙིང་པའི་སྲི་ཞུ་ནི་བསྟུད། ཁྱིམ་ཚེས་དགྱེས་པའི་ཚུལ་སླར་
du rtseg mar mol nas/ mjal dums chen po mdzad de/ bod rgya gnyis
དུ་རྩེག་མར་མོལ་ནས། མཇལ་དུམས་ཆེན་པོ་མཛད་དེ། བོད་རྒྱ་གཉིས་
da ltar su mngav bavi yul dang mtshams bsrung zhing/ devi shar phyogs
ད་ལྟར་སུ་མངའ་བའི་ཡུལ་དང་མཚམས་བསྲུང་ཞིང༌། དེའི་ཤར་ཕྱོགས་
tham*d* rgya chen povi yul/ nub phyogs tham*d* ni yang dag par bod chen
ཐཾད་རྒྱ་ཆེན་པོའི་ཡུལ། ནུབ་ཕྱོགས་ཐཾད་ནི་ཡང་དག་པར་བོད་ཆེན་
povi yul te/ de las phan tshun dgrar mi vthab/ dmag mi drang/ yul gyi mi
པོའི་ཡུལ་ཏེ། དེ་ལས་ཕན་ཚུན་དགྲར་མི་འཐབ། དམག་མི་དྲང་། ཡུལ་གྱི་མི་
mangs rna*m*s yid ma ches pa zhig yod na/ mi bzung zhing gtam dris te
མངས་རྣཾས་ཡིད་མ་ཆེས་པ་ཞིག་ཡོད་ན། མི་བཟུང་ཞིང་གཏམ་དྲིས་ཏེ་
phyir gtang ngo/ / da chab srid gcig cing/ mjal dums chen po vdi ltar
ཕྱིར་བཏང་ངོ།། ད་ཆབ་སྲིད་གཅིག་ཅིང་། མཇལ་དུམས་ཆེན་པོ་འདི་ལྟར་
mdzad pas/ dbon zhang dgyes pavi bkav phrin snyan pas kyang vdul
མཛད་པས། དབོན་ཞང་དགྱེས་པའི་བཀའ་ཕྲིན་སྙན་པས་ཀྱང་འདུལ་
dgos te/ phan tshun gyi nya vdong ba yang lam rnying par byung nas/
དགོས་ཏེ། ཕན་ཚུན་གྱི་ཕོ་ཉ་འདོང་བ་ཡང་ལམ་རྙིང་པར་བྱུང་ནས།
snga lugs bzhin/ bod rgya gnyis kyi bar/ tsang kun yog tu rta brjes la/ stse
སྔར་ལུགས་བཞིན་བོད་རྒྱ་གཉིས་ཀྱི་བར་ཙང་ཀུན་ཡོག་ཏུ་རྟ་བརྗེས་ལ། སྩེ་
zhung cheg tu rgya dang phrad pa man cad ni rgyas phu dud bya/ tseng
ཞུང་ཆེག་ཏུ་རྒྱ་དང་ཕྲད་པ་མན་ཅད་ནི་རྒྱས་ཕུ་དུད་བྱ། ཙེང་
shu hyan du phrad pa yan chad ni bod kyis phu dud bya ste/
ཤུ་ཧྱན་དུ་ཕྲད་པ་ཡན་ཆད་ནི་བོད་ཀྱིས་ཕུ་དུད་བྱ་སྟེ།
dbon zhang nye zhing gnyen bavi tshul bzhin du sri zhu dang bkur stivi
དབོན་ཞང་ཉེ་ཞིང་གཉེན་བའི་ཚུལ་བཞིན་དུ་སྲི་ཞུ་དང་བཀུར་སྟིའི་

lugs yod par sbyar te/ yul gnyis kyi bar na dud brdul mi snang/ glo bur

ལུགས་ཡོད་པར་སྦྱར་ཏེ། ཡུལ་གཉིས་ཀྱི་བར་ན་དུད་བརྡུལ་མི་སྣང༌།། གློ་བུར་

du ddang ba dang dgravi ming ni mi grag ste sa mtshams bsrung bavi

དུ་དདང་བ་དང་དགྲའི་མིང་ནི་མི་གྲག་སྟེ་ས་མཚམས་བསྲུང་བའི་

mi dang yang/ dogs shing vjigs pa med par sa mal na bag brkyang ste bde

མི་དང་ཡང༌། དོགས་ཤིང་འཇིགས་པ་མེད་པར་ས་མལ་ན་བག་བརྐྱང་སྟེ་བདེ་

bar vkhod cing/ skyid pavi bkav drin ni rabs khrivi bar du thob/ snyan

བར་འཁོད་ཅིང༌། སྐྱིད་པའི་བཀའ་དྲིན་ནི་རབས་ཁྲིའི་བར་དུ་ཐོབ། སྙན་

Pavi sgra skad ni nyi zlas slebs so cog tu khyab te/ bod bod yul na skyid/

པའི་སྒྲ་སྐད་ནི་ཉི་ཟླས་སླེབས་སོ་ཅོག་ཏུ་ཁྱབ་ཏེ། བོད་བོད་ཡུལ་ན་སྐྱིད།

rgya rgya yul na skyid pavi srid chen po sbyar nas bcas pa vdi/ nam zhar

རྒྱ་རྒྱ་ཡུལ་ན་སྐྱིད་པའི་སྲིད་ཆེན་པོ་སྦྱར་ནས་ཙིགས་བཅས་པ་འདི། ནམ་ཞར་

mi vgyur bar/ dkoog gsum dang/ vphags pavi rnams dang/ nyi zla dang/

མི་འགྱུར་བར། དཀོོག་གསུམ་དང། འཕགས་པའི་རྣྃས་དང༌། ཉི་ཟླ་དང༌།

gzav skar la yang dbang du gsol te/ tha tshig rnams kyang bshad/ srog

གཟའ་སྐར་ལ་ཡང་དབང་དུ་གསོལ་ཏེ། ཐ་ཚིག་རྣྃས་ཀྱང་བཤད། སྲོག་

chags bsad de mnav yang bor nas tsigs bcas so/ tsigs vdi bzhin du ma

ཆགས་བསད་དེ་མནའ་ཡང་བོར་ནས་ཙིགས་བཅས་སོ། ཙིགས་འདི་བཞིན་དུ་མ་

byas sam bshig na/ bod rgya gnyis gang gis sngar nyes pa la bsdig cing/

བྱས་སམ་བཤིག་ན། བོད་རྒྱ་གཉིས་གང་གིས་སྔར་ཉེས་པ་ལ་བསྡིག་ཅིང༌།

lan du brku sgyu byas kyang tsigs bshig pa la ma gtogs so/ vdi ltar bod

ལན་དུ་བརྐུ་སྒྱུ་བྱས་ཀྱང་ཙིགས་བཤིག་པ་ལ་མ་གཏོགས་སོ།། འདི་ལྟར་བོད་

rgya gnyis kyi rje blon gyis zhal gyis bshegs/ mnav bor te/ tsigs kyi yi ge

རྒྱ་གཉིས་ཀྱི་རྗེ་བློན་གྱིས་ཞལ་གྱིས་གཤེགས། མནའ་བོར་ཏེ། ཙིགས་ཀྱི་ཡི་གེ་

zhib mor bris nas/ rgyal po chen po gnyis kyis ni phyag rgyas btab/ blon

ཞིབ་མོར་བྲིས་ནས། རྒྱལ་པོ་ཆེན་པོ་གཉིས་ཀྱིས་ནི་ཕྱག་རྒྱས་བཏབ། བློན་

po tsigs vdzin pa la gtogs pa rnams kyis ni lag yig tu bris te/ tsigs kyi yi

པོ་ཚིགས་འཛིན་པ་ལ་གཏོགས་པ་རྣམས་ཀྱིས་ནི་ལག་ཡིག་ཏུ་བྲིས་ཏེ། ཚིགས་ཀྱི་ཡི་

ge so sovi phyag rbal du bzhag go/ / shu bham/

གེ་སོ་སོའི་ཕྱག་རྒྱལ་དུ་བཞག་གོ།། ཤུ་བྷཾ།

题注：南面是唐之臣僚名，北面为吐蕃臣僚名。如此水鼠年（823）立石碑，至今水虎年（1422）已越 599 年。

附录三 11世纪前后碑刻

一、堆龙热擦寺碑文

堆龙亚地有一座著名寺院，名为热擦寺。寺院大门西侧竖立有一座石碑，上书39行字。根据碑文，此寺是由一名僧人热·云丹杰布所建。但史书与民间又有一些不同说法。史学名著《青史》谓该寺院是11世纪著名历史人物那囊·多吉旺秋所建，民间传说由译师热·多吉扎巴（1016–1125）修建。根据碑文文字风格，史书记载和民间传说，寺院建于 11 世纪的推断应该成立。最早研究此碑文的是原自治区文管会仁增先生。

下面录文是根据 2023 年 4 月洛桑、索朗才让、卓玛加 3 人抄录寺庙保存的拓片文字校勘而成。

录 文：

1. /// sngon dkon mchog gsum gyi

༄༅། སྔོན་དཀོན་མཆོག་གསུམ་གྱི་

2. rten zhan cing/ dam pavi chos

རྟེན་ཞན་ཅིང་། དམ་པའི་ཆོས་

3. bkav ma dar bavi dus su//

བཀའ་མ་དར་བའི་དུས་སུ།།

4. zhang se vgo vbrivu brtsan mon

ཞང་སེ་འགོ་འབྲིའུ་བརྩན་མོན་

5. chung lta zhig gis/ mar chung bsevi

ཆུང་ལྟ་ཞིག་གིས། མར་ཆུང་བསེའི་

6. khang dmar la/ rdon rei bcav btsud

ཁང་དམར་ལ། རྡོན་རེི་བཅའ་བཙུད་

7. nas/ mngav thang rgyal dang mnyam

ནས། མངའ་ཐང་རྒྱལ་དང་མཉམ་

8. zhing/ chab srid rgung bas mthov

ཞིང་། ཆབ་སྲིད་རྒུང་བས་མཐོའ་

9. ste/ vbangs la bkav drin gyi

སྟེ། འབངས་ལ་བཀའ་དྲིན་གྱི་

10. dbyig chen bo gnang ngo/ de nas

དབྱིག་ཆེན་པོ་གནང་ངོ་།༔ དེ་ནས་

11. dus kyis zhig pavi gnas skabs

དུས་ཀྱིས་ཞིག་པའི་གནས་སྐབས་

12. Su/ bla dkon mchog la rdo rings

སུ། བླ་དཀོན་མཆོག་ལ་རྡོ་རིངས་

13. dang them skas su phul lo/ /

དང་ཐེམ་སྐས་སུ་ཕུལ་ལོ། །

14. //snga rabs kyi rje blon vphruld kyi

། །སྔ་རབས་ཀྱི་རྗེ་བློན་འཕྲུལད་ཀྱི་

15. rjes su / / da ltar/ yul yab du/

རྗེས་སུ། །ད་ལྟར། ཡུལ་ཡབ་དུ།

16. ra ban de yon tan rgyal pos/

ར་བན་དེ་ཡོན་ཏན་རྒྱལ་པོས།

17. gtsug lag khang brtsigs shing/

གཙུག་ལག་ཁང་བརྩིགས་ཤིང་།

18. dkon mchog gsum gyi rten btsugs

དཀོན་མཆོག་གསུམ་གྱི་རྟེན་བཙུགས་

19. pa vdi/ /da phyin chad kyang/ ra

པ་འདི། །ད་ཕྱིན་ཆད་ཀྱང་། ར་

20. ban de yon tan rgyal povi bu tsha

བན་དེ་ཡོན་ཏན་རྒྱལ་པོའི་བུ་ཚ་

21. rgyud gyis gzhi bzung nas/

རྒྱུད་གྱིས་གཞི་བཟུང་ནས།

22. sev vgo gnam lcags pavi

སེའ་འགོ་གནམ་ལྕགས་པའི་

23. rje vbangs yongs gyis:

རྗེ་འབངས་ཡོངས་གྱིས༔།

24. gyar dam dam par blangs

གཡར་དམ་དམ་པར་བླངས་

25. nas/ myi bkur re/ myi mchod

ནས་། མྱི་བཀུར་རེ་། མྱི་མཆོད་

26. re/ spang re/ gzhig re/ brgyud

རེ་། སྤང་རེ་། གཞིག་རེ་། བརྒྱུད་

27. phyel bar bor re/ mnav kha

ཕྱེལ་བར་བོར་རེ་། མནའ་ཁ་

28. dbud pa tsam yang bgyi re/

དབུད་པ་ཙམ་ཡང་བགྱི་རེ་།

29. vjig rten las vdas pav

འཇིག་རྟེན་ལས་འདས་པའ་

30. dang/ vjig rten gyi lha dang

དང་། འཇིག་རྟེན་གྱི་ལྷ་དང་

31. myi ma yin ba thams chad kyang

མྱི་མ་ཡིན་བ་ཐམས་ཆད་ཀྱང་

32. dpang du gsol lo:/ /

དཔང་དུ་གསོལ་ལོ༔།།

33. phyi nang gang nas kyang dgev

ཕྱི་ནང་གང་ནས་ཀྱང་དགེའ་

34. vdun vdu bavi sgo vphrog pa

འདུན་འདུ་བའི་སྒོ་འཕྲོག་པ་

35. dang/ ngan du sems pa dang

དང་། ངན་དུ་སེམས་པ་དང་།

36. ngan du spyod pa de dag la/

ངན་དུ་སྤྱོད་པ་དེ་དག་ལ།

37. Nyes byas kyi mchad pa/ myi

ཉེས་བྱས་ཀྱི་མཆད་པ། མྱི་

38. dang myi ma yin pa kun kyis

དང་མྱི་མ་ཡིན་པ་ཀུན་ཀྱིས་

39. vphral du yang gcad do//

འཕྲལ་དུ་ཡང་གཅད་དོ།།

二、彭域杰拉康碑文

杰拉康寺位于彭域（今林周县辖境），早期著名的噶当派寺院。后期史料记载，彭域杰拉康是藏历水鼠年（1012）由鲁美楚臣益西弟子那囊·多吉旺秋所建。根据近代著名学者根敦群培先生所言，1934 年瞻拜杰拉康寺时有石碑立于寺院大门附近外墙，今石碑位于寺院院落里，石碑的西面和南面刻有文字。根敦群培先生在其著作《世界游览记》中刊布了石碑文字。1947 年英国人黎吉生也发表了碑录文和研究文章。笔者从 1997 年起曾 3 次前往杰拉康寺，对石碑文字进行了抄录和拍照。下面录文是根据笔者的抄文而成，参照了根敦群培先生的录文，先生录文中又个别词汇与碑文有所不同。

录　文：

1. × × × × × × × × × × × × × × × ×

××××××××××××××××

2. btsug pa la/ spyi deng sang gi du*su* ni/

བཙུག་པ་ལ། སྤྱི་དེང་སང་གི་དུསུ་ནི།

3. dge ba la phyogs gcig pa dang/ legs

དགེ་བ་ལ་ཕྱོགས་གཅིག་པ་དང་། ལེགས་

4. pa la gros vthun pa ni nyung na/ vo na yang dkon

པ་ལ་གྲོས་འཐུན་པ་ནི་ཉུང་ན། འོ་ན་ཡང་དཀོན་

5. mchog gsum la skyabs su gsol bavi myi

མཆོག་གསུམ་ལ་སྐྱབས་སུ་གསོལ་བའི་མྱི་

6. rnams kyis ni/ lhar sangs rgyas gzungs/ gros

རྣམས་ཀྱིས་ནི། ལྷར་སངས་རྒྱས་གཟུངས། གྲོས་

7. phug chos la/ gtad/ gtsor rta ba sbyang/ tshig

ཕུག་ཆོས་ལ། གཏད། གཙོར་རྟ་བ་སྦྱང་། ཚིག་

8. spyod rnal du dbab/ vtsho ba gtsang mar bsgrub/

སྤྱོད་རྣལ་དུ་དབབ། འཚོ་བ་གཙང་མར་བསྒྲུབ།

9. byed dgu chos dang sbyar/ spyi gros gcig du

བྱེད་དགུ་ཆོས་དང་སྦྱར། སྤྱི་གྲོས་གཅིག་དུ

10. bzlum/ sgo gnyer so sor blang/ ngan gros dgog

བཟླུམ། སྒོ་གཉེར་སོ་སོར་བླང་། ངན་གྲོས་དགོག་

11. du dbyung/ bden gtam dang du blang/ vdi ltar

དུ་དབྱུང་། བདེན་གཏམ་དང་དུ་བླང་། འདི་ལྟར་

12. byas na tshe vdi dang phyi ma gnyi gar bde bar

བྱས་ན་ཚེ་འདི་དང་ཕྱི་མ་གཉི་གར་བདེ་བར་

13. vgyur byas/ tshig × × × × × × bcu po vdi yal

འགྱུར་བྱས། ཚིག་××××××བཅུ་པོ་འདི་ཡལ་

14. bar ma bor × × × × × zhing gzungs/

བར་མ་བོར་×××××ཞིང་གཟུངས་

15. su bzung na × × × × × legs so/

སུ་བཟུང་ན་×××××ལེགས་སོ།

南 面：

vphan/ yul klung skyes ngo mtshar che/

འཕན། ཡུལ་ཀླུང་སྐྱེས་ངོ་མཚར་ཆེ།

三、彭域杰拉康石雕弥勒像题记

彭域杰拉康院落外有一间新盖的小型房屋里供奉有一座一人高的石雕弥勒像，1934 年根敦群培先生瞻拜杰拉康时石雕弥勒像供奉在寺院内殿一侧。当时与根敦群培先生同行的印度学者罗赫列见到佛像时惊呼一座印度石雕出现在杰拉康。后来见到石像背面藏文题记时才确认石雕是出于在藏印度工匠之手。后来根敦群培先生在其著作《世界游览记》中收录了完整题记。

“文化大革命”时石雕像被毁，石像两只手背被断裂。1980 年后寺院僧人修补石像，接上了用水泥做成的两只手背，并给石像上色。

据推测，石像塑造与杰拉康寺建成应该是同一时期，即藏历水鼠 1012 年。笔者曾先后三次瞻拜石雕弥勒像，对题记进行了抄录和拍照。

下面题记录文是根据笔者的抄文和根敦群培先生的录文而成。文字应该准确无误。

录　文：

///mchod gnas dam pa byams pavi gzugs vdi/

༄༅། མཆོད་གནས་དམ་པ་བྱམས་པའི་གཟུགས་འདི། །

yon bdag dam pa gtsang rdo kun brtsegs kyis/

ཡོན་བདག་དམ་པ་གཙང་རྡོ་ཀུན་བརྩེགས་ཀྱིས། །

gnas kyi dam par rgyal mtshan btsugs pa vdi/

གནས་ཀྱི་དམ་པར་རྒྱལ་མཚན་བཙུགས་པ་འདི། །

vbras bu dam pa byang chub mchog thob shog/

འབྲས་བུ་དམ་པ་བྱང་ཆུབ་མཆོག་ཐོབ་ཤོག །

Avo*m* me ha ra na hvu*m*/

ཨོཾ་མེ་ཧ་ར་ན་ཧཱུཾ།

四、玉树称多格日山摩崖石刻

2009年青海玉树称多县文化局开始关注在协吴镇格日山发现的两处摩崖石刻。石刻位于协吴镇格日村公路右侧小山上，2016年5月玉树学者降央尼玛和浙江大学谢继胜教授首先对此进行研究。同年8月青海考古研究所蔡林海先生和四川大学文化历史学院博士生朱德涛联合进行了深入调查。2017年《藏学季刊》第1期上发表了署名蔡林海和朱德涛的研究文章。根据蔡林海和朱德涛的文章，摩崖石刻有一至十幅佛及菩萨像、佛塔、海螺等图像和题记。第一幅石刻是两座佛塔；第二幅石刻是正中一尊佛像，两边各一尊菩萨像，菩萨像西面落名为菩提萨埵；第三幅石刻书5行题记；第四幅石刻是手持金刚宝剑的护法神释利摩诃嘎啦像；第五幅石刻书4行题记；第六幅石刻是一座佛塔，左面一小海螺；第七幅刻有一条龙，一头公牛像和7个小海螺，下面是后期所刻六字真言；第八幅石刻是一头大象和一个似乎是大象主人的人像，下刻有后期文字：不可触摸图像。第九幅石刻是一尊观世音像，下面是刻有观世音名称“阿亚巴洛”。第十幅石刻是一尊手持宝剑骑马的天女像。下面落名为护法神与天女。

由于格日山岩壁粗糙，加之近千年风吹日晒，部分石刻图像和文字已衍化不显。从第 5 幅石刻题记中可知，摩崖上镌刻图像和文字是藏历第二饶迥铁蛇年（1101），镌刻施主是当地居热（kyu ra）氏族的僧人荀努喇嘛。

根据第五幅石刻题记，石刻刻于佛涅槃 3234 年，藏历铁蛇年由荀努喇嘛随刻。此处佛涅槃 3234 年之说是采用了萨迦派教法对佛陀涅槃时间的说法，藏历铁蛇年当是 1101 年。

下面文字是依据蔡林海先生、朱德涛的文章而录，少量字有疑惑，但因笔者无可以借鉴的其他录文无法校勘，特此说明。

第三幅书 5 行题记：

1. /// kyu ra ban de rin chen bsab sku × × ×

༄༅། ཀྱུ་ར་བན་དེ་རིན་ཆེན་བསབ་སྐུ་ ×××

2. de yi pu ni gzhon nu yis/ bcom ldan

དེ་ཡི་པུ་ནི་གཞོན་ནུ་ཡིས། །བཅོམ་ལྡན་

3. rmdo × × × ban de

རྨདོ་ ×××བན་དེ་

4. devi sam stsogs sems can thar

དེའི་སམ་སྩོགས་སེམས་ཅན་ཐར་

5. par smon/ /ja × × × × × ×

པར་སྨོན། །ཇ ××× ×××

第五幅书 4 行题记：

1. ston pa bcom ldan mya ngan las vdas nas

སྟོན་པ་བཅོམ་ལྡན་འདས་མྱ་ངན་ལས་འདས་ནས

2. lo sum stong nyis brgya sum bcu bzhi nas/ vbri klung du myi kyu ra

ལོ་སུཾ་སྟོང་ཉིས་བརྒྱ་སུཾ་བཅུ་བཞི་ནས། འབྲི་ཀླུང་དུ་མྱི་ཀྱུ་ར་དང་

3. lha × × × mngav dar bavi dus su/ lcags mo sbrul lo

ལྷ་ ×××མངའ་དར་བའི་དུས་སུ། ལྕགས་མོ་སྦྲུལ་ལོ་

4. la gzhon nu bla mavi sug pas bris/ /

ལ་གཞོན་ནུ་བླ་མའི་སུག་པས་བྲིས། །

第九幅石刻：

是一尊观世音像，下面刻有“南无（顶礼）阿亚巴洛（观世音梵文名称）”。

1. /// na mo a rya pa lo/

༄༅། ན་མོ་ཨ་རྱ་པ་ལོ།

2. smvo × × × ban de

སྨྭོ་ ×××བན་དེ་

3. gzhon nu bla ma g–yang

གཞོན་ནུ་བླ་མ་གཡང་

附录四　大唐天竺使出铭

一、解题

1990 年由四川大学霍巍、李永宪两位教授带队的西藏自治区文管会文物普查队在今日喀则市吉隆县宗嘎镇西北 5 公里之处发现了一通额题为《大唐天竺使出铭》的摩崖石刻碑铭。这是迄今西藏发现的年代早于吐蕃藏文碑刻的唯一唐代汉文碑铭，为研究唐朝与吐蕃亲密关系、研究唐蕃古道、研究古中印关系史具有重要历史意义和研究价值。1994 年《考古》第 7 期发表了文物普查队介绍此碑铭的文章《西藏吉隆县发现唐显庆三年<大唐天竺使出铭>》（下称普文）。

霍巍、李永宪教授是最先研究此碑铭的知名学者。1994 年霍巍教授在日本《东方学报》上发表了《“大唐天竺使出铭”及其相关问题研究》和《中国西藏》第 4 期上发表了《“大唐天竺使出铭”摩崖石碑的考古发现》[①]等对同仁极具启示的研究文章。1993 年 2 月和 1994 年 4 月笔者两度前往宗嘎对碑铭进行了抄录，并拍摄了照片。

宗嘎《大唐天竺使出铭》摩崖石刻碑铭镌刻在一山咀修凿出的平整崖面上，其宽为 81.5 厘米，残高平均为 51 厘米。[②]残存碑铭阴刻楷体 24 行，其中部分文字漫漶不清，原刻满行字数已不可估计。现残存每行 6 至 13 字不等，共计 211 字。额题 7 字即《大唐天竺使出铭》系篆刻阳文，清晰可读，碑铭下端已损毁无存。依据笔者的临摹录文，并参照所摄照片，碑铭残存文字与普文所刊布之文字基本相同，只是笔者根据临摹录文补上了普文错录或漏文 10 个字。兹将碑铭录文如下。

二、碑铭

大唐天竺 [1] 使出铭

1. 記錄人劉嘉賓撰 記錄人 [2][下残]

2. □人□扶□亨（1）書□賀守一書 [3][下残]

3. 維顯慶二季（2）[4] 六月大唐馭天下之 [下残]

4. 聖□軌系重光玄化 [5] □於無 [下残]

5. □同（3）方□道格□穹□三五以 [下残]

①2001 年《中国藏学》第 1 期上霍巍教授又发表了《“大唐天竺使出铭”相关问题再探》。

②《西藏吉隆县发现唐显庆三年<大唐天竺使出铭>》记“残高平均为 53 厘米”，见《考古》1994 年第 7 期，第 619—633 页。

6. 祠（4）及踵□□之國覘風雨而來 [下残]

7. 逾山海□□□□□身毒近隔 [下残]

8. □文（5）序□遑□納□□念濡之（6）[下残]

9. 大□□左驍衛長史王玄策宣 [下残]

10. 劉仁楷選□□良家之子 [9][下残]

11. 亂之方□□□邊之術於是出 [下残]

12. 聲超雪嶺 [10] 擅鷲山 [11] 以道鶩 [下残]

13. 季夏五月 [12] 屆於小楊童 [13] 之西 [下残]

14. 時水□方壯棧□斯□乃權 [下残]

15. 山隅□則雪□□□□白雲 [下残]

16. 迴擁墨霧而□□西瞰連峰 [下残]

17. 箭水萬壑之□流寔天 [下残]

18. 險也但燕然既邇猶刊石 [16]「下残]

19. 銅而□勳（7）況功百往事（8）路 [下残]

20. 之□猷默皇華之域（9）□乃（10）[下残]

21. 小人為其銘曰

22. 懿皇華兮奉□天則騁輶 [下残]

23. 窮地域勒貞石兮靈山側 [下残]

24. 使人息王令敏□侄使 [下残]

三、校勘

（1）亨字在普文中写作奥字。此据笔者临摹录文改之。

（2）普文中写作显庆三年，此据笔者临摹录文改为显庆二年。

（3）同字普文缺漏， 此补上。

（4）祠字普文缺漏， 此补上。

（5）文字普文缺漏，此补上。

（6）之字普文缺漏，此补上。

（7）勋字普文缺漏，此补上。

（8）事字普文缺漏，此补上。

（9）域字普文缺漏，此补上。

（10）乃字普文缺漏，此补上。

四、碑铭考释

碑铭下端损毁无存，残文中损泐之字又甚多，这给碑铭的正确考释造成了极大困难。尽管如此，笔者愿在名家研究的基础上就碑铭中所涉及的人物、事件、地名等进行多方考证，并就普文中未涉及的内容略术个人观点。

【1】天竺

额题《大唐天竺使出铭》，表明此碑铭是记载唐朝使臣出使天竺之事。唐初五十年内，唐朝使臣曾多次出访天竺。天竺为古印度之称。汉代称之“身毒”，《后汉书·西域传》：“天竺国一名身毒，在月氏之东南数千里。”《晋书》《魏书》均沿称“天竺”。唐代亦称“天竺”，《新唐书·西域传》：“天竺国，汉时身毒国。”《册府元龟·外臣部》：“身毒即天竺，盖传译音字不同，其实一也。”同书记载，天竺时分东、西、南、北、中，史称五天竺。中天竺为其中心国，亦称摩揭它或摩伽陀，即今印度比哈尔邦境内。晋代僧人法显、唐代玄奘均曾到此游历。其地多有佛教遗迹，为佛教徒心目之圣地。玄奘在其《大唐西域记》一书中，始用“印度”代天竺二字。唐开元年间，新罗僧人慧超巡游至天竺，并撰有《往五天竺国传》三卷。

【2】记录人刘嘉宾撰，记录人……

碑铭开篇，就系碑铭记录人之姓名，至少有两人，一人系刘嘉宾，另一人姓名残缺。刘嘉宾，诸史不书其人其事，其身份应系使团成员。

此处记录人撰，可能指某人口述，记录人撰写碑铭。

【3】……亨书□贺守一书

贺守一可能是碑铭书写者。贺守一身份当系使团普通成员。唐初出访天竺使团中，唯有使团首领正使、副使等人之姓名见于正史，诸如梁怀璥、李义表、王玄策、蒋师仁等。贺守一等辈身份低微，通常史籍不载其事。另“亨”，在普文中为“奥”，此处依据笔者之临摹录文及照片改之。

【4】显庆二季

显庆二季。“显庆”二字部分笔画已漫漶，但仍能辨认无误。“季”，为“年”之本字，“二”在普文中录为“三”，经仔细辩认，此字当系“二”，其上一横，粗而长，符合楷体“二”字书写规律。显庆二年，为唐高宗李治年号，即公元657年。查唐史，此年有唐朝使团出访天竺，两者相符，因此“显庆二季”当系无误。

【5】重光玄化

“重光”指日和月，比喻帝王功德的前后相继。《书·顾命》：“昔君文王，武王宣重光。”孙星衍疏：“重光者 ...... 言文武仕成之德比于日月也。”[①]“重光玄化”，乃指唐皇之武功文德，如日月相继，教化于绝域殊邦。

【6】三五以……

“三五”指参宿、昂宿等，亦指三辰五星。按三辰为日、月、星，五星为金、木、水、火、土。《史记·天宫书》：“为天数者，必通三五。”[②]“三五”另有三皇五帝、三五成群等意。因上下文残缺，此处“三五”其话意不明。

【7】身毒

身毒为古印度，即天竺之称。《史记·大宛列传》：“大夏东南有身毒国。”《后汉书·西域传》：“天竺国一名身毒，在月氏东南数千里。”汉使张骞出使西域，

① 孙星衍撰《尚书今古文注疏》，中华书局，2004年，第479页。
②《史记》卷二七，《天宫书第五》，第1289-1353页。

始闻身毒之名。唐代称为天竺,《大唐西域记》中称作印度(参见注释[1])。

【8】左骁卫长史王玄策宣

左骁卫,唐时武官衔。据《旧唐书·职官三》载,唐循隋制设左右骁卫、即大将军各一人,正三品。下设长史二员,从六品上。《新唐书·百官四》亦有相同记述。王玄策,“王”字已损,筞与策同字。此据“玄筞”二字补上“王”字即为玄策。王玄策为唐初中印关系史上重要人物,前后三度出使天竺,撰有《中天竺行记》十卷。[①]《旧唐书·经籍志》《新唐书·艺文志》,皆著录有这部《中天竺行记》。可惜此书早已不传,唐释道世所撰《法苑珠林》[②]中载有其中一些重要内容。

【9】刘仁楷选……良家之子

刘仁楷其人,史籍不载,生平不详。其身份可能系使团成员。从下文“良家之子”来看,其文意似指刘仁楷挑选良家之子组成使团成员或随员。

【10】声超雪岭

声超雪岭,意即威名超越雪岭。雪岭与雪山意同。唐代文献中又称为雪山。《大唐西域记》卷二载:“五印度之境,周九万余里,三垂大海,北背雪山。”同书卷七亦云:“尼波罗(今尼泊尔)国,周四千余里,在雪山中。”近代藏族著名学者根敦群培所撰《北面之雪山考释》一文中谓“尼泊尔地处雪山之中”,[③]两句可互为印证。因此,此处雪岭、雪山或北面之雪山皆指喜马拉雅山脉。

【11】擅鹫山

擅鹫山即为鹫山,为中天竺著名佛教圣迹(梵文中作 Grdhrakuta)。《法显传》和一些古汉译佛经中译作“耆崛山”,《大唐西域记》中译音作“姞栗陀罗矩吒山”,意译为灵“鹫山”“鹫头”“鹫峰”“灵山”等。《大智

①《法苑珠林》卷三五,上海古籍出版社影印本,1991 年,第 271 页。

②《法苑珠林》是我国现存篇幅最大、最重要的佛教类书,由唐释道世所编。1991 年上海古籍出版社出版了其影印本。

③《根敦群培著作》,西藏古籍出版社,1996 年。

度论》卷三谓："耆阇名鹫，崛名头。"因"山顶似鹫"，山中多鹫，故名。《大唐西域记》又载，"有天魔化雕鹫，发难于山中坐禅之阿难（释迦牟尼之弟子），佛力护之，故曰雕鹫窟山。"按藏传佛教说法，当年佛祖居此山设法堂说般若经时，众多菩萨化身为鹫鸟前来受法，故名鹫山 (bya rgod phung po ri བྱ་རྒོད་ཕུང་པོ་རི）。鹫山地处古印度摩伽陀国王舍城东北部，法显曾登此山，《法显传》中记载："佛说法堂已毁坏，止有砖壁基在"，"慨然悲伤，收泪而言：'佛昔于此住，说《首楞严》。法显生不值佛，但见遗迹处所而已。'"①"擅鹫山以道骛"句，表明了使团成员急于到达目的地鹫山即中天竺之心情。

【12】季夏五月

因年号及年份残缺，故不知指何年"夏五月"。若把第3行之"显庆二年六月"视作使团离开唐都之时，则"五月"当指第二年即显庆三年之夏天。此时使团"届于小杨童之西"。

【13】小杨童

杨童，唐史中又写作羊同或杨同。《唐会要》卷九九、《册府元龟·外臣部》皆云："大羊同国东接吐蕃，西接小羊同，北直于阗。"杨童或羊同，按藏文典籍称作 zhang zhung（ཞང་ཞུང），今多译作"象雄"。象雄为青藏高原古文明发源地之一，是藏族土著宗教苯教的主教派雍仲苯教之诞生地。②苯教典籍习惯上把象雄一地分划成上、中、下三区，即藏文中之 sgo phug bar gsum（སྒོ་ཕུག་བར་གསུམ）。象雄三区的范围上至从今印度拉达克，下至松巴朗青金雪，即今昌都市丁青县境内。对象雄三区的划分，藏族史家有不同看法。依笔者之观点，首先，象雄三区是表明地理范围的地名，上象雄基本包括今阿里上部西南地区、印度之拉达克以及西面之部分地区；中象雄属有阿里西南部地区日喀则地区西部仲巴、昂仁、萨嘎、宗嘎、吉隆等地；下象雄泛指今黑河地区大部、昌都地区西部丁青等地区。其次，公元7世纪前后在象雄腹地设

① 《法显传》，上海古籍出版社影印本，1991年，第113页。

② 南喀罗布《藏族远古史》（藏文），四川民族出版社，1990年，第·64页。

立了政治实体象雄邦国。公元7世纪初，象雄邦国为西藏高原十二个邦国之一。松赞干布时期臣属吐蕃后，在象雄邦国之地设置了吐著重要军政区域11个“千户府”。汉文史籍中的“小杨童”或“小羊同”，基本上指藏文文献的中部象雄。所谓“届于小杨童之西”，指明碑铭所在地宗嘎（今吉隆县境）位处小杨童之西，此说为研究小杨童或小羊同之地望提供新的证据。

【14】但燕然既迩，犹刊石……

燕然，山名，即今蒙古人民共和国三音诺颜汗中部之杭爱山。据《后汉书·窦宪传》，汉大将窦宪大破匈奴北单于，登燕然山，刻石记功。此行文字与下行“况功百往事路”残文联系起来看，碑铭作者意在炫耀王玄策出使极西边之天竺，逾雪山之险，宣国威于异域，声驰万里。其举世之功，远胜于燕然山上“刻石勒功，记汉威德”之举，自当勒石记功。

【15】皇华

皇华，亦作“皇皇者华”。《诗经·小雅》篇名。《诗序》谓“君遣使臣也，送之以礼乐，言远而有皇华也。”①故“皇华”为称颂使臣之辞。

【16】勒贞石兮灵山侧

勒贞石兮灵山侧，意即唐使臣在灵山勒石刻文。“灵山”即鹫山。据《法苑珠林》卷二十九载，王玄策以副使衔于贞观十七年(643)三月随正使李义表出使天竺，其年十二月抵中天竺摩伽陀国。贞观十九年(645)正月，李、王二人登鹫山，勒贞碑于山冈。“因铭其山，用传不朽，使大唐皇帝，与日月而长明，佛法弘宣，共此山而同固。”②碑文收录于《法苑珠林》卷二十九。故“勒贞石兮灵山侧”一句可能指此事，但亦不排除宗嘎为吐蕃边境，邻近天竺，“灵山侧”可理解为宗嘎位处灵山即天竺之近边。于此地勒石，以铭王玄策等人出使天竺途中备尝艰辛之功。

【17】王令敏

①《毛诗正义》卷九，中华书局·，2009年，第868–870页。
②《法苑珠林》卷二九，上海古籍出版社影印本，1991年，第220页。

王令敏，其事不见史籍，身份当系使团成员，拟与王玄策有某种亲缘关系。

五、王玄策其人其事

宗嘎摩崖石刻《大唐天竺使出铭》虽遭受了严重的损毁，但从残文的字里行间可知碑铭记载显庆二年(657)唐朝使团取道吐蕃出使天竺。唐使团的首领正是碑文所提及的累建功业于异域的外交使臣王玄策。

众所周知，唐初中印通道跃异常，两国政府与民间来往频繁，这一切始于闻名于世的玄奘法师。而步玄奘之后尘，为中印关系建立功勋者当为王玄策。王玄策，河南洛阳人。贞观至龙朔年间几度出使印度。《新唐书·西域记》《新唐书·吐蕃传》《旧唐书·西戎传》《册府元龟·外臣部》皆记载其奉使之事。可惜仅此而已，未有更多的资料见于正史。究其原因，王玄策以六品左骁卫长史之衔奉使，后跃升为五品朝散大夫，与新旧《唐书》列传中的人物相比显得“官小人微”，从封建官僚出身的修史者来看，不足以为他树碑立传。故后人无从知晓他的生卒年月，对其生平功绩的了解亦仅限于几次出使天竺之事。

对于国外汉学家和藏学家来说，王玄策是早已为人熟悉的历史人物。20世纪初，法国著名学者列维(S.Levi)在《亚洲学报》发表了他所辑录的散见于《法苑珠林》中的王玄策事迹。[①]后由冯承钧先生译成中文，题曰《王玄策使印度记》。《法苑珠林》之有关王玄策的记载主要源于《中天竺国行记》一书，其作者正是王玄策本人。书名著录在《新唐书·艺文志》中：王玄策《中天竺国行记》十卷；《旧唐书·经籍志》亦载：《中天竺国行记》十卷，王玄策撰；《法苑珠林》卷一百曰：《中天竺中行记》十卷，王朝朝散大夫王玄策撰。可惜此书早已亡佚，后人主要从《法苑珠林》中见到十几条有关内容。此书与正史中王玄策奉使之记载是下文中我们勾勒其事迹的史料来源。

①《法苑珠林》卷三五，上海古籍出版社影印本，1991年，第271页。

国内，发现《大唐天竺使出铭》前，除了研究古中印关系史或吐蕃史者外，很少有人对王玄策其人其事给予更多关注。多数藏族历史学家最初是从根敦群培先生所撰《白史》中知悉王玄策出使古印度时与吐蕃有关的一段历史。[①]讨论王玄策出使天竺，即古印度的事迹，首先，我们有必要追溯唐初中印两国发生关系的最初阶段。贞观初，玄奘法师西行求法至中天竺，向其王尸罗逸多介绍了唐朝之强盛、太宗之神武。于是其王在“贞观十五年(641)，自称摩伽陀王，遣使者上书。帝命云骑尉梁怀璥持节尉抚”[②]。这是唐朝使臣第一次出使印度的记载。梁怀璥完成使命回国之际，尸罗逸多“复遣使者随入朝”。[③]随后于贞观十七年(643)三月，唐朝派遣正使“卫尉寺承上护军李义表、副使前融州黄水县令王玄策等，送婆罗门客（指天竺使者）还国”，[④]这是王玄策第一次出使天竺。

对此新旧《唐书》未曾记录更多的事，而《法苑珠林》则记述了唐朝使臣在印度时的一些重要活动。根据《法苑珠林》卷一十九所记，李、王使团计二十二人于贞观十七年(643)三月出发，同年十二月至摩伽陀（即中天竺），途中费时九个月。摩伽陀乃佛教圣地，遗迹比比皆是。王玄策等人于贞观十九年(645)正月二十七日与二月十一日先后巡游摩诃菩提寺和耆崛山（即鹫山或灵山），并分别立碑刻文，用传不朽。同卷记载：“此汉使奉敕往摩伽陀国摩诃菩提立碑……使典司门令史魏才书”，又“王使至彼……其匠宋法智等巧穷圣容，图写圣颜，来到京都，道俗竟模”。[⑤]在佛教圣迹刻石记功以及宋法智图写佛像是此次唐朝使臣在印度所进行的主要活动。宋法智和书碑的魏才当属使团随员。

贞观二十一年(647)，王玄策以右卫率府长史职衔与副使蒋师仁第二次奉

①《根敦群培著作》（藏文）第3集，西藏藏文古籍出版社，2012年，第276页。
②《新唐书·西域传》卷二二一。
③《新唐书·西域传》卷二二一。
④《法苑珠林》卷二九，上海古籍出版社影印本，1991年，第220页。
⑤《法苑珠林》卷一十九，上海古籍出版社影印本，1991年。

使印度。不想至印度后遇中天竺内乱。《旧唐书·西戎传》记载了此事件的前因后果。当王玄策奉使至中天竺，时其王尸罗逸多(贞观十五年，曾遣使朝贡)已死，大臣阿罗那顺自立为王，并发兵拒唐使。王玄策及从骑三十人不敌战败，只身逃至吐蕃求援。松赞干布从吐番发兵一千二百人，从吐蕃属国泥婆罗发七千余骑助之，王玄策、蒋师仁率领吐蕃及泥婆罗军队，进兵至中天竺，大战三日，斩首三千余人，捕获阿罗那顺，于贞观二十二年(648)班师回朝，王玄策执阿罗那顺献于阙下。《新唐书·西域传》和《册府元龟·外臣部》亦有类似记载。王玄策此次征战能够取得胜利与吐蕃的出兵分不开。当时，由于松赞干布先后娶泥婆罗和唐朝之公主，吐蕃与唐朝、泥婆罗的关系亲密异常，加之泥婆罗此时已臣属于吐蕃，吐蕃从本土及属国出兵救助唐朝使臣亦在情理之中。当然不可否认是，时值吐蕃日益强盛之际，对中大竺的出兵，亦可视作其对外扩张战略的一部分。

王玄策奉使天竺遇兵祸，却借助吐蕃的势力，在印度中部进行了成功的征战，这对唐朝来说是一次宣扬国威的大好时机，王玄策本人亦因此战功而跃升为朝散大夫。① 又据《册府元龟·外臣部》载，有“章求拔国”亦发兵助王玄策，其地“在悉立西南，而悉立国在吐蕃西南”。查“悉立”当为藏文所称 Se-rib（སེ་རིབ），乃吐蕃一小属国。其地位于今尼泊尔北部山区，与今西藏吉隆县相连，正好在吐蕃之西南。“章求拔”拟是藏文中的 bzang bgyud pa（བཟང་བརྒྱུད་པ），位邻悉立，亦处在今尼泊尔北部山区。根据《下部阿里贡唐王朝世系》之记载，13 世纪“章求拔”和同处一个地区的洛瓦 (Glo-bo གློ་བོ) 均隶属于贡唐王朝（建立在今吉隆县境内的地方政权）。

显庆二年(657)，王玄策第三次出使印度。虽然正史不书其事，《法苑朱林》卷一六则有如下记载：“唐显庆二年敕使王玄策等往西国送佛袈裟。”这次王玄策奉使，“送佛袈裟”等佛事活动是其主要使命。期间他再次访问了佛教圣地菩提寺，会见了寺主戒龙。《法苑珠林》卷三九载：“王玄策至，

①《新唐书·西域传》卷二二一。

大唐显庆五年(660)九月二十七日菩提寺主戒龙为汉使王玄策等设大会……至赞十月一日，寺主及余众僧饯送使人。”[①]次年即龙朔元年(661)春回到唐都。王玄策第三次奉使，再次取道吐蕃。在途经宗嘎时给后人留下了一通极其珍贵石刻碑铭。可以断言，西藏境内发现的年代最早的汉文碑铭《大唐天竺使出铭》，不仅为研究王玄策的生平事迹，也为研究唐代民族交流交往交融历史提供了具有极高价值的史料。

《大唐天竺使出铭》的另外一条重要学术价值是为今人研究唐蕃古道提供了重要史料。627年李世民登上了大唐皇帝之位后，第三年松赞干布即赞普位，开始统一青藏高原，建立强大的吐蕃王朝。贞观八年(634)，松赞干布开始遣使朝责，作为回礼，同年唐太宗派冯德遐出使吐蕃。[②]这是见于正史的吐蕃与唐朝之间第一次正式发生关系的记载。其后吐蕃和唐朝使臣往来频繁，加之贞观十五年（641）文成公主远嫁吐番后，西藏高原与中原之间的政治关系更加密切，经济、文化交流得到了加强。这种背景下，一条自中原经西藏出尼泊尔至印度的全新交通线——唐番古道正式形成。出唐番古道经尼婆罗（尼泊尔）至天竺是唐番古道重要的延线通道。

追溯历史，自东晋法显游历天竺以来，既有汉地沙门远涉天竺求法，亦有天竺僧人东行中原弘法。至唐初，玄奘西行，大开求法之路，汉僧西去求法者日渐增多。当时中原通向天竺的西行路线主要有：一是天山北路，即玄奘西去时所经路线。二是天山南路，即玄奘回归时所经路线。三是海路，自广州取海路，或经狮子国（今锡兰）至古印度，则是义净(635—713年)孤征南海，赴古印度求法所经路也。另有滇缅道。唐蕃古道则是唐初新开辟的一条重要通道。依据藏文史籍，早在松赞干布前五代赞普拉托托日年赞时，已有天竺两名学者班智达罗生措和译师里梯生从天竺至吐蕃传法。[③]松赞干布继

①《新唐书·西域传》卷三九，第306页。
②《新唐书·吐蕃传》卷二一六。
③迅鲁伯著，郭和卿译注《青史》，拉萨：西藏人民出版社，1985年，第26页。

位后派遣吞米·桑布扎等多名吐蕃子弟前往古印度留学，继而与泥婆罗（尼泊尔）联姻，此时已有今西藏通往尼泊尔和印度的交通线。唐贞观十五年（641）文成公主远嫁吐蕃，正式开辟了忙碌而畅通无阻的唐蕃古道。当时从唐朝取道吐番西行天竺，既有官方使者，也有求法高僧。

关于官方使者，据《旧唐书·西戎传》记载，贞观十五年(641)，太宗命云骑尉梁怀璥出使天竺，[①]是年文成公主出嫁吐蕃，唐蕃古道业已形成，虽然梁怀璥出使天竺线路史籍未载，但极有可能取道吐蕃。又贞观十七年（643），唐使李义表、副使王玄策奉使天竺，途经泥婆罗并会见了其王那时提瓦（那陵提婆）。毫无疑问，唐使李义表和副使王玄策经泥婆罗前往天竺，定是取道唐蕃古道。贞观二十一年(647)，唐使王玄策第二次出使天竺时遇其国内乱，使团被劫，王玄策退避吐蕃属国悉立，求救吐蕃。松赞干布发吐蕃、泥婆罗等兵救助，王玄策得以凯旋回国。其往返之路，取道吐蕃应顺理成章。宗嘎《大唐天竺使出铭》便是记载显庆二年(657)，王玄策取道唐蕃古道第三次出使天竺之事。

关于求法高僧，玄奘西行求法获成功后，唐僧慕名而西去求法者众多。按义净《大唐西域求法高僧传》记载，太宗、高宗、太后三朝，计有60人。[②]梁启超先生依据义净著作，在其《中国印度之交通》一文中列出了贞观至天宝年间赴印度求法者53人之姓名。上述求法高僧西行天竺者中，取道唐蕃古道，出泥婆罗，往天竺者一时盛行。

贞观年间，沙门玄照西行求法，行至吐蕃，获文成公主之保护，送往天竺，归途又经“泥波罗国，蒙王发遣……资给归唐”。[③]取道唐蕃古道入天竺的唐僧有慧轮、道生、道方、玄太、道希等人。唐僧慧轮、道生、师鞭、师子惠、玄会、末府僧诃等人还选择取道唐蕃古道回归，不想归途中皆客死在泥婆罗，[④]

①《新唐书·西域传》卷二二一。
②汤用彤《隋唐佛教史稿》，北京：中华书局，1982年，第71页。
③季羡林《中印文化关系史论文集》，北京：三联书店，1982年，第87页。
④梁启超《佛学研究十八篇》，第215—116页。

但正是唐蕃古道的通畅众唐僧才选择经泥婆罗取道吐蕃回国的道路。季羡林先生认为："在短时间内有这样多的人走尼波罗道是空前的也是绝后的。"[①]

唐蕃古道不仅是使臣往来、高僧求法之路，也是中印文化交流之通道。通过唐蕃古道中原的蚕种、造酒、碾炮、纸墨，以及杂伎、乐理等文化输入吐蕃外，"中国的丝绸从这条路运到印度完全可以想象得到的"。[②]

从宗嘎《大唐天竺使出铭》记载的王玄策是从"小杨童之西"，即今西藏日喀则市吉隆县出境，经今泥婆罗，前往天竺的。这一重要史料证明了唐代宗嘎（今吉隆）路线是唐初唐蕃古道上通往泥婆罗、天竺的最重要的路线。对此藏文文献也可以提供众多佐证，泥婆罗赤尊公主（布丽库蒂）、天竺或古印度高僧大德菩提萨埵、莲花生等入吐蕃皆取道宗嘎，即今吉隆一线。直至11、12世纪，前往尼泊尔、印度求学的多名藏族佛教信徒亦选择此路出境。

（原载《西藏研究》1996年第3期 此次文章结构和个别文字作了修改。）

① 季羡林《中印文化关系史论文集》，第274页。
② 季羡林《中印文化关系史论文集》，北京：三联书店，1982年，第88页。